MUNDO RURAL E GEOGRAFIA
GEOGRAFIA AGRÁRIA NO BRASIL:
1930-1990

FUNDAÇÃO EDITORA DA UNESP

Presidente do Conselho Curador
Herman Jacobus Cornelis Voorwald

Diretor-Presidente
José Castilho Marques Neto

Editor-Executivo
Jézio Hernani Bomfim Gutierre

Conselho Editorial Acadêmico
Alberto Tsuyoshi Ikeda
Áureo Busetto
Célia Aparecida Ferreira Tolentino
Eda Maria Góes
Elisabete Maniglia
Elisabeth Criscuolo Urbinati
Ildeberto Muniz de Almeida
Maria de Lourdes Ortiz Gandini Baldan
Nilson Ghirardello
Vicente Pleitez

Editores-Assistentes
Anderson Nobara
Fabiana Mioto
Jorge Pereira Filho

MUNDO RURAL E GEOGRAFIA
GEOGRAFIA AGRÁRIA NO BRASIL: 1930-1990

DARLENE APARECIDA DE OLIVEIRA FERREIRA

© 2001 Editora UNESP

Direitos de publicação reservados à:
Fundação Editora da UNESP (FEU)
Praça da Sé, 108
01001-900 – São Paulo – SP
Tel.: (0xx11) 3242-7171
Fax: (0xx11) 3242-7172
www.editoraunesp.com.br
www.livrariaunesp.com.br
feu@editora.unesp.br

Dados Internacionais de Catalogação na Publicação (CIP)
(Câmara Brasileira do Livro, SP, Brasil)

Ferreira, Darlene Aparecida de Oliveira
    Mundo rural e geografia. Geografia agrária no Brasil: 1930-1990 / Darlene Aparecida de Oliveira Ferreira. – São Paulo: Editora UNESP, 2002. – (PROPP)

    Bibliografia.
    ISBN   85-7139-389-3

    1. Geografia agrícola – Brasil   2. Geografia agrícola – Brasil – História   I. Título.   II. Título: Geografia agrária no Brasil: 1930-1990.   III. Série.

02-1016   CDD-630-981

Índice para catálogo sistemático:
1. Brasil: Geografia agrária   630.981

Este livro é publicado pelo projeto *Edição de Textos de Docentes e Pós-Graduados da UNESP* – Pró-Reitoria de Pós-Graduação e Pesquisa da UNESP (PROPP) / Fundação Editora da UNESP (FEU)

Editora afiliada:

*Aos estudiosos da agricultura no Brasil,
em especial os geógrafos agrários.*

AGRADECIMENTOS

A ideia de desenvolver um trabalho que procurasse suprir a lacuna existente na historiografia geográfica brasileira, relativa à Geografia Agrária, foi fecundada a partir de conversas (in)formais tidas ao longo de meu contato com geógrafos e estudiosos da agricultura no Brasil. Apresentado sob a forma de tese de doutorado, o estudo *O mundo rural sob o ponto de vista geográfico: a trajetória da Geografia Agrária brasileira da década de 1930 à de 1990* reuniu ao final um conjunto de informações e dados até então ainda não copilados com essa dimensão. A participação em alguns dos Encontros Nacionais de Geografia Agrária e a experiência acumulada por minha orientadora, no mundo da Geografia Agrária, desencadearam um processo de trocas e discussões bastante frutífero. A participação e incentivo da professora Lúcia Gerardi foram fundamentais para o cumprimento dos objetivos aos quais nos propomos. O resultado é o que se apresenta neste livro.

O pleno cumprimento das atribuições e exigências com as quais deparei durante o tempo de desenvolvimento deste trabalho foi possível graças à colaboração de inúmeras pessoas. Assim, quero agradecer, indistintamente, a todas as pessoas – funcionários e professores – dos seguintes locais: Departamento de Antropologia, Política e Filosofia – FCL UNESP – CAr, Faculdade de Ciências e

Letras – UNESP – Campus de Araraquara, Biblioteca do IGCE e Ceapla – UNESP – Campus de Rio Claro. Algumas pessoas devem ser lembradas de maneira particular – Profª Drª Maria Augusta H. W. Ribeiro, Laura Narcizo, Selma de Fátima Chicareli, Abílio Duran e Moema de Baptista Medina – às quais gostaria de externar minha gratidão, pois além de profissionais corretíssimos, demonstraram ser, antes de mais nada, amigos para todas as horas.

Um trabalho acadêmico, apresentado em seu resultado final, além de todo o conteúdo teórico e pragmático, traz consigo uma carga afetiva escondida nas centenas de linhas que contém, resultado da participação de pessoas que, alheias ao mundo acadêmico, contribuem para uma caminhada menos penosa. Agradeço, particularmente, à minha família, sempre presente em todos os momentos e, em especial, ao meu marido, companheiro e amigo, pela presença constante ao longo do tempo deste trabalho.

SUMÁRIO

Prefácio   11

Introdução   15

1 Geografia Agrária no Brasil: conceitos e tempos   23
O pensar o agro do ponto de vista geográfico   26
Os períodos e as fases de desenvolvimento da
Geografia Agrária no Brasil   55

2 Geografia e Geografia Agrária: fronteiras   65

3 Geografia Agrária brasileira: fontes e referências   113
Um pouco de história: as publicações geográficas
no Brasil e a Geografia Agrária   113
A sistematização das fontes   135

4 As décadas de 1940 e 1950 – anos dourados   187
A ênfase dos fatores naturais na relação
agricultura e meio ambiente   192
A ênfase do fator humano, da colonização,
da questão da terra e do hábitat rural   196
A ênfase das técnicas e da organização agrária   214
A ênfase da comercialização da produção agrícola   225
O aspecto fisionômico e o estudo das paisagens rurais   231

5 As décadas de 1960 e 1970 – anos turbulentos 235
Início da década de 1960: o enfraquecimento da
Geografia Tradicional 237
A segunda metade da década de 1960: as evidências
das mudanças metodológicas 252
A tipologia agrícola e os estudos classificatórios
do início da década de 1970 262
A consolidação do processo de modernização e o estudo da
agricultura capitalista em finais da década de 1970 275

6 As décadas de 1980 e 1990 – influências 287
As transformações da agricultura e a
realidade da década de 1980 289
Década de 1990: diversidade de temas e áreas estudadas 323

7 Ao final, um balanço e o futuro 335

Bibliografia 343

PREFÁCIO

É muito oportuna a publicação, como livro, da tese de doutoramento da professora Darlene Aparecida de Oliveira Ferreira, defendida na Universidade Estadual Paulista, Campus de Rio Claro, SP. Na verdade, as editoras brasileiras, sobretudo as universitárias, deveriam dar maior atenção às teses de doutoramento e de livre-docência, e até a algumas dissertações de mestrado que vêm sendo defendidas perante bancas examinadoras, altamente credenciadas, a fim de publicá-las. Transformadas em livros, elas teriam maior divulgação e seriam úteis tanto aos autores como às universidades em que foram elaboradas, mas, sobretudo, ao público estudioso que teria acesso a textos de muito bom nível, a informações e ao debate científico e metodológico dos grandes temas nacionais.

Nesta tese, orientada pela professora doutora Lúcia Gerardi, a autora se propôs a fazer um levantamento e uma análise crítica da Geografia Agrária brasileira, desde o período colonial até os nossos dias, indicando as fontes e as tendências de cada período, de cada momento histórico. Assim, ela se refere a trabalhos elaborados no período colonial e reflete sobre eles, quando livros de viajantes, de administradores e de estudiosos procuravam caracterizar as paisagens e os problemas da então colônia. Em seguida, segura do seu método, ela estabelece as delimitações entre a Geografia e a Geografia Agrária, apesar de parte destas se comunicar com vários ramos científicos, não geográficos.

Faz um exaustivo levantamento crítico da produção da Geografia Agrária no Brasil, tanto por meio de livros como de publicações periódicas, como revistas, hoje muito numerosas no meio universitário brasileiro, anais de congressos, de assembleias gerais e de encontros da Associação dos Geógrafos Brasileiros. Na verdade, essa associação, antes da criação dos cursos de pós-graduação, funcionou como um autêntico centro de estudos pós-graduados no país, merecendo que se faça uma análise da vida desta nos vários períodos em que ela se estruturou, se reestruturou e se adaptou aos desafios da ciência geográfica e da realidade brasileira.

A autora concentrou seus estudos e reflexões nas seis últimas décadas, caracterizando-as em três períodos: o de 1940/1960, o de 1960/1970 e o dos anos 80 aos 90. Períodos de grande agitação e de mudanças nas formas de encarar e de analisar o Brasil, tanto em um plano geral como em suas subdivisões regionais, estaduais e locais.

No primeiro período, observou-se uma grande influência francesa e, em menor escala, alemã, com a atuação de estrangeiros que trabalharam no Brasil, como Pierre Defontaines, Pierre Mombeig, Francis Ruellan e Leo Waibel; nele havia uma preocupação essencialmente qualitativa, dando grande ênfase às condições naturais, às relações entre a agricultura e o meio ambiente, aos problemas de colonização, sobretudo nos Estados do Sul, à questão da terra, do hábitat rural, técnicas que vinham sendo implantadas, muitas vezes modificando sistemas tradicionais de cultura, à organização agrária e à comercialização da produção rural, à fisionomia das paisagens rurais e reflexões sobre essas paisagens. Foi um período em que se formaram e se afirmaram os primeiros geógrafos profissionais no Brasil, muito ligados aos cânones e aos mestres europeus, mas que procuravam conhecer e interpretar o Brasil dentro de matrizes brasileiras.

Ao se iniciarem os anos 50, observa-se que a chamada Geografia Tradicional estava em fase de esgotamento e que a comunidade de geógrafos, bem ampliada com o desenvolvimento do ensino e da pesquisa nesta ciência, se expandia além do eixo Rio-São Paulo e procurava novos métodos e técnicas, surgidos no pós-guerra. Também o capitalismo se expandia pelo território nacional e ia eliminando os resíduos do sistema patriarcal, que resistia às mudanças. Daí a grande inquietação na sociedade brasileira e nos meios científicos. As inovações defendiam uma forte mudança metodológica, com o desenvolvimento do uso de métodos quantitativos, em uma linha anglo-saxônica que dava ênfase à análise de uma tipologia agrícola, forte na União Geográfica Internacional; alguns grupos defendiam uma maior preocupação teórica com a geografia e com o aprofundamento filosófico das reflexões sobre certos conceitos, como espaço e território, e grupos que defendiam a análise do problema agrário, levando-se em consideração a necessidade de mudanças, em grande parte revolucionárias, na estrutura agrária que fora implantada no período colonial e que, com pequenas adaptações, subsistia até então e resistia ao processo de expansão capitalista. Entre outros temas, abordava o da reforma agrária, que não fora sugerida em períodos anteriores, e que era abordada e discutida por estudiosos em geral e por geógrafos especializados, deixando de ser vista apenas como um tema político para ser encarada também como um tema científico.

A questão agrária continuou a preocupar a população brasileira e a atingi-la, ante o grande êxodo rural, a modernização da atividade agrícola, a substituição das áreas anteriormente de florestas por áreas cultivadas, com fortes implicações ecológicas sobre as várias regiões brasileiras, e com o desmatamento desenfreado do Centro-Oeste e da Amazônia, fazendo que, a partir dos anos 80, houvesse grandes preocupações, sobretudo interdisciplinares, com a agricultura brasileira. E o momento em que vivemos leva os geógrafos, sobretudo agrários, a encarar problemas que necessitam ser resolvidos com urgência em uma sociedade que está sendo atingida de forma impiedosa pelo processo de globalização.

A grande importância do livro deriva tanto de razões de ordem metodológica ligadas ao próprio livro e ao seu desenvolvimento como de desafios que os brasileiros enfrentam. A sua força deriva da grande documentação utilizada, do equilíbrio demonstrado pela autora em suas análises e proposições e do valor didático da exposição. É um livro que veio para ficar, para ser lido e meditado por geógrafos e estudantes de geografia, por estudiosos de história e de ciências sociais em geral e por pessoas que tenham preocupações com o futuro do país e da sociedade brasileira.

Afora essas qualidades, o livro também tem um grande interesse por abordar temas da atualidade e a forma como os geógrafos se comportam diante das limitações e dos desafios que os motivaram nas várias décadas. É também um chamamento à interdisciplinaridade, de vez que se observam, durante a sua leitura, as grandes ligações que tem a ciência geográfica com os problemas econômicos, sociais, agronômicos, biológicos, diante do relacionamento da produção com o mercado, da produção com os problemas de posse e uso da terra e dos impactos da agricultura sobre o meio ambiente. Trata-se, desse modo, de um livro que provocaria profundas reflexões nos leitores e terá implicações não só entre os estudiosos como entre os administradores, os planejadores e os políticos.

Agosto de 1999

Manuel Correia de Andrade

INTRODUÇÃO

Num mundo em transformação, a reconstituição de um caminho ou de uma trajetória nos permite recuperar ideias, posicionamentos, história. Na ciência geográfica, a valorização do tempo coloca-se como fundamental para qualquer estudo; afinal, lidamos com objetos em movimento, em mudança, em processo.

A valorização de um ou outro objeto implica saber o que é primordial no momento, em resposta às ansiedades e expectativas de grupos ou indivíduos. A pesquisa tem um sentido prático, que não pode ser esquecido. Estudar a realidade significa responder às indagações prementes em um dado momento. É em busca dessas respostas que a ciência se desenvolve e varia.

Ciência, realidade e tempo são as principais variáveis analisadas no presente livro. Nosso objeto de análise é a Geografia Agrária, ramo que muito marcou o desenvolvimento da ciência geográfica. Nosso estudo preocupa-se em identificar como esse ramo, que estuda o fato rural, desenvolveu suas análises, respondendo às inquietações de uma realidade diversa e dinâmica.

Nosso objeto não é estático. Tratamos da ciência e da realidade em movimento, sendo o tempo, aqui, a variável que define a análise.

O entendimento de como se comportou o estudo sobre a agricultura, efetuado pela Geografia, ao longo de sua existência no

Brasil e a reconstrução da trajetória e características que marcaram tal desenvolvimento são as propostas deste livro.

Como atividade econômica bastante importante para o país, a agricultura definiu formas de produzir e de organizar o território brasileiro. Os primeiros registros sobre essa atividade foram realizados por viajantes que se preocupavam em descrever, em relatos de cunho não científico, a organização da atividade agrícola.

A sistematização da ciência geográfica no país introduziu formas específicas de análise e, como ciência do espaço, a Geografia procurou privilegiar as formas diferenciadas de distribuição da atividade no território nacional.

Identificando facetas particulares que distinguiam a paisagem como resultado de um conjunto de ações e atitudes dos produtores para com a terra, que determinavam gêneros de vida, sistemas de cultivo ou organizações espaciais muito próprias e localizáveis no espaço, indicando até a formação de regiões agrícolas, os estudos sobre agricultura, na Geografia, desenvolveram-se sob a influência da escola francesa e num ambiente agrícola em transformação: passava-se de uma sociedade agrária para uma urbano-industrial.

Apesar de a Geografia ter sido institucionalizada, em meados da década de 1930, num momento posterior a uma aguda crise sofrida pela oligarquia agrária brasileira (a crise de 1929), o conhecimento do território nacional foi registrado, muito em razão da atividade agrícola, a qual determinará, também, um período bastante rico em trabalhos sobre a realidade rural brasileira.

A agricultura permanece como temática de estudo para o geógrafo brasileiro durante todo o tempo. As formas de análise mudam, acompanhando as transformações ocorridas no meio rural e, na ciência geográfica, de maneira geral. A hegemonia agrária se perde e a cidade passa a ser o espaço de pesquisa, e a indústria, a atividade que o organizará.

Porque possui uma expressão econômica e social bastante forte no contexto nacional, justificada pela existência de um fórum de debates específico para as questões agrícolas não apenas na perspectiva geográfica, mas também sob outras formas de objetivação, podemos abstrair que a atividade agrícola, como temática de estudos, sempre ocupou lugar de destaque junto às ciências no Brasil e marcou o discurso de muitas delas.

As mudanças ocorridas no campo são sentidas a partir de processos socioespaciais indicadores de novos arranjos. A modernização da agricultura, a migração campo-cidade, o acirramento da concentração da renda e das terras e os conflitos sociais são alguns dos novos elementos de análise da atividade agrícola. O geógrafo acompanha essas mudanças, vislumbrando novos paradigmas, novas teorias, uma nova realidade.

Assim, agricultura e Geografia fundiram-se, nutrindo pesquisas que buscaram evidenciar o papel desempenhado pela atividade agrícola no entendimento e na caracterização do espaço rural brasileiro. Isso fez surgir um modo geográfico de ver a agricultura, tema deste livro, e que resume o que é a Geografia Agrária como objeto de estudo.

A complexidade do tema e do conjunto de informações que se alinham para análise fez surgirem algumas indagações. A verificação da produção geográfica nacional sobre agricultura desperta o interesse para alguns aspectos importantes:

- os estudos sobre agricultura, na Geografia, apresentaram diferentes fases estabelecidas em razão da dinâmica da sociedade e das transformações teórico-metodológicas pelas quais passaram o conhecimento científico e a Geografia em particular;
- à medida que o produtor agrícola tornava suas relações com a sociedade e o espaço mais complexas, maior era o interesse em estudá-lo ou compreender sua racionalidade. À medida que esse elemento, como organizador do espaço, estabelecia um novo processo de relações, ou era envolvido nesse processo, a configuração espacial estabelecida era avaliada sob novo enfoque;
- a dinâmica da historiografia geográfica e da sociedade fez o objeto e o objetivo da Geografia diversificarem-se, seguindo uma trajetória, em geral, imposta para o conjunto das ciências. Essa diversificação, em alguns momentos, fez o geógrafo utilizar-se do aporte teórico de outras fontes

científicas, comprometendo a identidade geográfica e perdendo, em muitos casos, a referência espacial.

Calcada nesses aspectos, a problemática colocada para estudo resgata as mudanças ocorridas na Geografia Agrária em razão das transformações na realidade econômica e social brasileira, das mudanças paradigmáticas sofridas pela própria ciência geográfica e da influência de outras ciências.

A efetivação dessa proposta baseou-se na análise da história do pensamento geográfico no Brasil, ainda não desenvolvida dessa perspectiva. A análise da bibliografia, que sustenta este estudo, permite a identificação de temáticas e concepções teóricas propostas para o entendimento da agricultura e conduz ao mapeamento da produção geográfica sobre a atividade agrícola, em consonância com as questões postas pela realidade do agrobrasileiro em suas diferentes facetas.

Geografia e agricultura, no Brasil, apresentam uma história composta por diversos capítulos, os quais nos remetem a um conjunto de informações extenso e disperso. Onde buscar tais informações? Sem dúvida, a nossa fonte primeira foram os periódicos geográficos nacionais que registraram, ao longo dos sessenta anos de existência da Geografia no Brasil, sua trajetória. Como decorrência, a busca dos dados esteve centrada nos acervos de bibliotecas importantes de universidades e instituições de pesquisa, nas quais foram pesquisados periódicos, livros, teses, relatórios de pesquisa, anais de encontros científicos, que constituíram o corpo do estudo realizado.

A diversidade do material bibliográfico encontrado, não só quanto às fontes, mas também quanto às formas de interpretação, aliada à revisão da literatura sobre a realidade nacional, durante o período de análise, permitiu avaliar os enfoques, as temáticas de estudo que orientaram a produção geográfica no Brasil no que concerne à atividade agrícola, com o objetivo de desvendar como determinado assunto foi examinado, em que circunstâncias foi continuado ou abandonado, utilizando o balizamento de conjuntura econômico-social e do tratamento teórico-metodológico da própria Geografia ou das ciências correlatas.

MUNDO RURAL E GEOGRAFIA

Sem dúvida, o tratamento quantitativo do levantamento bibliográfico possibilitou sua compreensão em forma bruta. A análise qualitativa, por sua vez, mostra a relação entre temas candentes na realidade temporal e temas privilegiados pelos estudiosos, naquele momento; o estudo das formas de análise, ou seja, como, a cada período de tempo, foram registradas as informações e como os autores desenvolveram seus textos, além das características de apresentação dos trabalhos; por último, as áreas ou regiões mais estudadas por período, por autor, por temática, por instituição, apontando para a identificação de "regionalismos".

Para respondermos às questões propostas, as variáveis de observação do trabalho foram: tempo, escolas do pensamento e temáticas. A análise por décadas, num corte temporal, iniciou-se na década de 1930 e finalizou na de 1990, com as primeiras evidências teórico-metodológicas e temáticas desse período.

A definição por décadas permitiu-nos a organização e o manuseio do material bibliográfico levantado, segundo as datas de publicação dos trabalhos, evidenciando, com maior exatidão, o tempo de duração (surgimento, amadurecimento e abandono) de determinada temática no contexto da Geografia Agrária. A evolução dos conteúdos registrados mostrou-se não linear, sem respeitar limites de tempo preestabelecidos, mas intervalos que ultrapassavam os limites das décadas, deixando claro o momento em que tal temática ou postulado teórico passou a fazer parte do rol de discussão do geógrafo agrário.

As escolas do pensamento geográfico estão implícitas na análise da trajetória da Geografia Agrária, numa variação temporal, que não seguiu a divisão rígida por décadas, mas esteve a elas relacionada. Uma escola do pensamento pode ter seu início em um período de evidência de outra e, mesmo quando esta perder sua hegemonia, será possível identificar trabalhos desenvolvidos a partir dos postulados já ultrapassados. Assim, na análise temporal, deixamos evidentes as fases de surgimento, amadurecimento e abandono de proposições metodológicas.

A análise das temáticas oferece a oportunidade de identificarmos a preocupação, agora de caráter empírico e relacionada à realidade socioeconômica, do geógrafo agrário brasileiro e, principalmente, a trajetória diferenciada, em termos metodológicos, sofrida por um mesmo tema ao longo do tempo.

Considerando que este estudo analisa a trajetória de determinado conteúdo – atividade agrícola – ao longo do desenvolvimento da ciência geográfica no Brasil, o tempo foi colocado como variável fundamental de observação, pois indicou, de forma linear ou não, a trajetória do conteúdo (realidade) e das proposições teóricas (geográficas ou não) que marcaram o desenvolvimento da Geografia Agrária no Brasil.

Assim, estudamos a produção nacional em agricultura, da ótica geográfica, descrevendo as temáticas e características metodológicas que marcaram o período compreendido entre meados da década de 1930 e meados da de 1990, em seis capítulos.

O primeiro refere-se à Geografia Agrária no Brasil, tratando de sua conceituação e periodização. As diferentes concepções de Geografia Agrária, ao longo do tempo, foram buscadas em autores que discutiram a definição do que seria a Geografia Agrária e seu papel no contexto da ciência geográfica. Como tais análises e definições variaram e, principalmente, como o desenvolvimento de tal ramo da Geografia não foi uniforme, a indicação de diferentes fases nos estudos foi detectada e tratada num Quadro-Síntese da Geografia Agrária Brasileira.

A análise do modo geográfico de ver a agricultura, substanciada em um conjunto de trabalhos bastante rico em conteúdo factual e inteligível quanto ao direcionamento teórico-metodológico, é permeada pela aproximação da Geografia com uma ou outra ciência afim.

A Geografia, sistematizada como ciência, passou a orientar-se em razão de um caminho, também, comum às outras ciências; características conceituais, teóricas, metodológicas foram também identificadas no processo de desenvolvimento de várias ciências, em específico nas Ciências Sociais.

Nesse sentido, analisamos no capítulo segundo as fronteiras da Geografia Agrária, discutindo a convivência ou relação da Geografia com outras ciências, em princípio as Naturais e a História, posteriormente a Matemática e a Estatística e, mais recentemente, a Economia e a Sociologia.

MUNDO RURAL E GEOGRAFIA

A parte principal – o capítulo terceiro –, e talvez fundamental do trabalho, apresenta a sistematização das fontes ou pesquisa bibliográfica em Geografia Agrária – análise de fontes e referências.

O levantamento bibliográfico referente aos periódicos e anais de congressos concluído permitiu um registro de 1.635 trabalhos, dos quais 862 artigos em 48 periódicos e 773 comunicações, resumos e trabalhos completos publicados em 27 anais de reuniões científicas. Todas as informações obtidas foram coligidas e registradas em forma de tabelas, gráficos e quadros.

As informações levantadas e analisadas referem-se: à produção geográfica em agricultura por décadas em periódicos e anais; às temáticas discutidas; aos autores mais representativos; às instituições responsáveis pela publicação dos periódicos e organização dos anais, divididas em departamentos/universidades, associações e institutos de pesquisa; e às formas de análise empreendidas pelos geógrafos agrários.

Tais informações foram avaliadas considerando sua variação temporal por décadas, possibilitando assim a identificação das mudanças ocorridas ao longo do período de análise, ou seja, da década de 1930 à de 1990.

A produção geográfica sobre agricultura nas décadas de 1940 e 1950, quarto capítulo, desenvolveu-se de forma a alcançar o pleno conhecimento do que e como se produziu o conhecimento do território nacional, organizado em razão da atividade agrícola, hegemônica no período. Os trabalhos encontrados, de maneira geral, procuram descrever a paisagem agrícola brasileira em seus aspectos produtivos e de comercialização, ficando a preocupação com os aspectos agrários demonstrada na discussão sobre a distribuição da terra no país.

Os dois capítulos finais apresentam a discussão da produção geográfica em agricultura nas décadas de 1960/1970 e 1980/1990. O primeiro intervalo foi caracterizado pelo surgimento de inovações nos estudos geográficos as quais estiveram relacionadas ao uso de fotografias aéreas, bem como a incorporação da Matemática e da Estatística, quando a Geografia buscava a cientificidade, resultando em trabalhos sobre o uso da terra e tipologia agrícola. Ao final da década de 1970, a Geografia Agrária brasileira mostrava como a modernização da agricultura estava distribuída no espaço e quais os parâmetros estatísticos de análise do processo. O geógrafo agrário fazia a medição e distribuição da modernização. No período seguinte, décadas de 1980 e 1990 – capítulo cinco –, são estudadas as consequências sociais da modernização da agricultura, privilegiando o papel do pequeno produtor, o avanço do capitalismo no campo, a relação agricultura/indústria e o desenvolvimento rural. Na década de 1990, tais temáticas ganharam nova roupagem e a pequena produção passou a ser estudada com ênfase no trabalho da família, definida teoricamente como unidade familiar de produção, numa linha chayanoviana de análise. A questão da terra também ganhou referência, considerando os estudos sobre reforma agrária e assentamentos rurais.

Os capítulos referentes à produção por décadas caracterizaram-se por ter como fundamento a análise de trabalhos dos períodos em discussão, resultando em uma exposição que procurou analisar alguns textos particularmente, relacionando-os às características da ciência geográfica no período, bem como a realidade social que em vários momentos definiu as temáticas de estudos.

Para finalizar, uma retomada dos aspectos que resumem essa trajetória e a apresentação de aspectos que nos remetem às tendências futuras na área.

I GEOGRAFIA AGRÁRIA NO BRASIL: CONCEITOS E TEMPOS

> ...o conhecimento científico é profundamente dinâmico
> e evolui sob a influência das transformações econômicas e de
> suas repercussões sobre a formulação do pensamento
> científico. Assim, o objeto e os objetivos de uma ciência são
> relativos, diversificando-se no espaço e no tempo, conforme
> a estruturação das formações econômicas e sociais.
> (Andrade, 1989, apud Moro, 1990, p.1)

O estudo da relação homem-natureza acompanha o desenvolvimento da Geografia desde a sua origem. A análise das regularidades na localização do homem e de suas atividades procurou desvendar sempre a lógica dessa distribuição sobre a superfície terrestre. Se essa distribuição tem implícita uma variação no espaço, objeto de estudo da Geografia, ela apresenta também uma lógica temporal, ou seja, a relação homem-natureza varia também no tempo.

As organizações espaciais, porque constituídas pela sociedade, caracterizam-se por um processo de mudanças nas formas de combinar os elementos sociais e naturais. A indissociabilidade espaço/tempo é uma característica importante da análise geográfica e passa pelo entendimento de como o homem reagiu e vem reagindo às influências da natureza ao longo do tempo. Por outro lado, a interpretação, pela ciência, dessas diferentes formas de reação também varia ao longo do tempo, acompanhando as transformações das ideias e dos paradigmas científicos.

Nesse sentido, a Geografia se preocupa não somente com o espaço, entendido como o local de atuação da sociedade, mas também com a conotação temporal, que imprime uma configuração diferenciada, no decorrer do tempo, a cada evento geográfico, seja ele um rio, uma fábrica, uma propriedade agrícola, uma cidade. Entender e caracterizar os eventos geográficos também variou no tempo, e as mudanças nas formas de interpretar o espaço e as distribuições espaciais determinaram conjuntos de procedimentos e de temáticas distintos.

Os eventos com expressão espacial apresentam um conjunto variado de formas e processos que podem resultar em campos de interesses diversos, gerando um rol de conhecimentos especializados. Assim, o interesse em estudar a cidade, a indústria, o campo, a população, as formas do relevo etc. desencadeia pesquisas específicas e, consequentemente, estudos particulares. Por outro lado, um único evento pode ser interpretado de formas distintas por essas especializações. A população, por exemplo, é considerada pelo ramo da Geografia que a estuda, a Geografia da População, em vários aspectos: o do crescimento demográfico, do crescimento vegetativo, das taxas de natalidade, da mortalidade, da migração, da caracterização da população economicamente ativa e tipos de atividade etc.

Para a Geografia Urbana, a população significa um aglomerado de pessoas, em cidades, com problemas de moradia, alimentação, trabalho, etnia, conflitos sociais, violência, que organizam um espaço bastante particular que tem como uma de suas características fundamentais a concentração demográfica.

No campo, a população significa um elemento disperso no espaço, com características culturais distintas da população urbana, com ritmo, relações e técnicas de trabalho particulares e, como tal, é avaliada pela Geografia Agrária.

A consolidação, pois, desses campos de interesse, para cada evento geográfico, resultou em conjuntos sistematizados: o da Geografia

Humana e Física em princípio; o da Geografia da População, Industrial, Agrária, Urbana, dos Transportes, Hidrologia, Geomorfologia, Climatologia posteriormente, que, para alguns, levaram a ciência geográfica a perder a unidade, e, para outros, possibilitaram a realização de estudos mais aprimorados e especializados, mas todos preocupados em definir seu foco, considerando a relação homem/meio-homem/homem componentes fundamentais da análise geográfica.

As transformações na sociedade levaram a mudanças e especializações da ciência. A complexidade das relações estabelecidas pelo homem em suas diferentes formas de ação sobre o espaço gerou uma busca de respostas, que não poderiam ser genéricas, mas próprias a cada campo de interesse científico.

Da análise geral para a particular, cada campo de interesse passou por transformações variadas que, em nenhum momento, deixaram de acompanhar as mudanças gerais por que passava a Geografia. A história do pensamento geográfico retratou o próprio surgimento dos campos de interesse, à medida que os novos paradigmas ou escolas tendiam a adequar-se às necessidades de interpretação impostas pelas transformações da sociedade.

O aprimoramento das relações homem-natureza colocava em discussão novos valores éticos, sociais, econômicos, naturais. Os diferentes campos de interesse procuravam buscar as respostas para as indagações que afloravam, uma vez que a sociedade se transformava. Assim, pode-se considerar que a Geografia, como ciência, acompanhou esse processo de mudanças e enfocou suas temáticas de maneiras distintas, sempre atreladas ao movimento geral de transformação da sociedade.

Cabe ressaltar que as especializações originadas pelas transformações da sociedade favoreceram a aproximação da Geografia com outras ciências, na medida em que muitas dessas transformações se fizeram para além dos limites da interpretação geográfica e necessitaram delas para a plena explicação das mudanças.

Dessa perspectiva, o interesse geográfico pelo estudo do meio rural desenvolveu-se de forma bastante particular e alcançou um papel de destaque no contexto da ciência geográfica, sendo contemporâneo ao desenvolvimento da Geografia Científica do século XIX e início do XX.

Considerando-se que a agricultura é a atividade econômica mais antiga da sociedade e que, quando de sua sistematização, a Geografia surge em meio a uma sociedade agrária, na qual o econômico era o rural e o tipo de organização espacial mais visível e dominante era o rural, a ênfase nos estudos rurais foi, de certa forma, natural.

O PENSAR O AGRO DO PONTO DE VISTA GEOGRÁFICO

A Geografia Agrária apresenta uma história muito particular no tocante ao desenvolvimento da Geografia: conhecer a superfície da terra e detectar as formas de exploração (cultivos, técnicas) aparece como a primeira forma de analisar a agricultura.

Definida como atividade econômica praticada pelo homem e que visa à produção de alimentos e matérias-primas, assim como o extrativismo vegetal e a pesca, a agricultura é tema bastante antigo da Geografia. Já em meados do século XIX a Geografia Agrária figurava em trabalhos de geógrafos

> como as célebres descrições dos "llanos" da Venezuela e das faixas altitudinais do México, contidas no Voyage aux régions equinoxiales du Noveaux Continent de Humboldt, assim como a exposição de Karl Ritter, na sua "Erdkunde", sobre a relação entre a origem da "plantation" e a produção de açúcar para o mercado. (Valverde, 1964a, p.11)

Sem constituir propriamente uma escola, o estudo da agricultura nesse período dá-se em um contexto no qual ela é considerada um elemento da paisagem e, portanto, de interesse de cronistas e viajantes mais que (propriamente) de geógrafos.

No Brasil, Antonil (1711, 1ª ed.) é um dos cronistas que reúnem informações detalhadas sobre a cultura da cana-de-açúcar, do tabaco, a criação de gado e a mineração em seu livro *Cultura e opulência do Brasil*; graças à minúcia com que o autor tratou as atividades citadas, a administração portuguesa ocultou a obra durante longo tempo (Valverde, 1964a).

Outro trabalho, *Notas estatísticas sobre a produção agrícola e carestia de gêneros alimentícios no Império do Brasil* (1860), de Sebastião Ferreira Duarte, merece destaque por ser o primeiro a se preocupar em entender a lógica do comportamento da agricultura brasileira. Nesse trabalho, o autor procurou comprovar que a abolição do tráfico de negros não provocou queda da produção agrícola brasileira, já que a absorção da mão de obra agrícola pela grande exploração ocorria em detrimento das culturas de subsistência.

Até a década de 1930, a literatura de interesse geográfico pode ser enquadrada em quatro fases (Andrade, 1994). A primeira, até a metade do século XIX, é representada por trabalhos de cunho não científico efetuados por cronistas, aventureiros e comerciantes que, em crônicas e relatórios, preocupavam-se com a descrição dos homens e da terra. A segunda fase, que compreende a segunda metade do século XIX, foi marcada pela vinda de viajantes estrangeiros, os quais objetivavam conhecer diferentes áreas do país, observando e colhendo informações e material para estudos.

Compreendendo o período Imperial e a Primeira República, na terceira fase, diferentes cientistas visitaram ou viveram no Brasil,

> realizando trabalhos de campo, levantamentos em áreas em que o governo pretendia investir nos mais diversos misteres...
>
> Eram porém estudos esparsos, específicos sobre determinadas áreas ou sobre determinados problemas e não faziam convergir para uma reflexão científica mais ampla, mais pura; embora enriquecendo o conhecimento geográfico e das demais ciências afins, não contribuíram para fazer surgir uma escola geográfica brasileira... (Andrade, 1994, p.68)

Já em fins do século XIX e início do XX, na quarta fase, alguns trabalhos de cunho literário demonstraram a preocupação em estudar o processo de conquista e ocupação do território brasileiro. São autores como Capistrano de Abreu, Euclides da Cunha e Joaquim Nabuco que escreveram demonstrando compromisso com a Geografia como ciência (ibidem).

Após a Revolução de 1930, ocorre a proliferação de estudos sobre a realidade brasileira e autores como Gilberto Freire, Caio Prado Júnior e Sérgio Buarque de Holanda procuram caracterizar a realidade nacional. A necessidade de conhecer e conquistar o território brasileiro – até então mais conhecido pelos estrangeiros que aqui buscaram conteúdo para seus estudos –, em razão da política de modernização a ser implantada pelo governo federal, torna o conhecimento Geográfico autônomo e o institucionaliza.

Nesse contexto, a Geografia Agrária brasileira se desenvolveu seguindo uma trajetória de influências oferecidas pela própria realidade e pelas mudanças paradigmáticas que determinaram os temas de estudo e as formas de estudá-los. Alguns geógrafos, além de preocuparem-se com o estudo da realidade propriamente dita, efetuaram a discussão e a sistematização teórica desse campo de conhecimento, dentro da Geografia.

É possível perceber, ao longo do período analisado em nosso trabalho, que definir Geografia Agrária não foi tarefa fácil para aqueles que a isso se propuseram. Uma das dificuldades principais esteve no fato de a Geografia Agrária ter como objeto uma atividade estudada também por outras ciências. O estudo da agricultura não é exclusividade da Geografia Agrária e muito menos do geógrafo agrário.

O estudo geográfico da agricultura foi realizado ao longo do tempo por diferentes enfoques que produziram uma diversidade de definições as quais refletiam o modo de pensar do momento. Assim, em princípio, a Geografia Agrária era desenvolvida como "parte" da Geografia Econômica e os estudos econômicos em Geografia tinham, na agricultura, seu foco principal.

Apesar disso, a denominação Geografia Agrária não era adequada, considerando-se que o conteúdo desses estudos voltava-se, prioritariamente, para a análise da produção agrícola, da distribuição dos cultivos e pouca importância era dedicada às questões sociais, característica dos estudos agrários. O produtor agrícola, nesse momento, era considerado um elemento da paisagem, estudado em seu hábitat e gêneros de vida.

A denominação mais adequada para esse ramo da Geografia foi originada por diferentes pontos de vista. Agrária, agrícola, rural e da agricultura nomeavam, genericamente, os estudos sobre o agro no Brasil e o significado de tais denominações radicava no que era priorizado: o econômico, o espacial, o social.

Registrar como a Geografia Agrária foi definida ao longo dos últimos sessenta anos foi tarefa já realizada por vários autores

(Migliorini, 1950; Valverde, 1961 e 1964; Megale, 1976; Diniz, 1984; Galvão, 1987 e 1988 etc.). Entretanto, para um trabalho em que temos como objeto de estudo a Geografia Agrária, não tratarmos de tal assunto, mais que correr o risco de sermos repetitivos é deixarmos uma lacuna. Por outro lado, também é uma provocação, pois ao tentarmos mostrar que, assim como a própria Geografia, o estudo geográfico da agricultura esteve sempre em xeque, buscando uma definição mais "adequada" ou "completa" de si próprio e de seu objeto, também estaremos dando nossa contribuição.

Para tanto, discutiremos esse assunto seguindo uma lógica temporal, procurando agrupar, segundo o período em que foram escritos, os trabalhos cuja temática é a compreensão e a definição da Geografia Agrária, indicando como o assunto foi tratado e qual o contexto histórico vivido naquele momento, o que poderá nos ajudar a determinar a trajetória conceitual da Geografia Agrária no Brasil.

A Geografia, até as décadas de 1930 e 1940, apresentava uma divisão dual acentuada: Física e Humana. Nos aspectos humanos, a prioridade era dada aos estudos econômicos que tinham, na agricultura, o interesse principal. A hegemonia da agricultura fez com que não houvesse necessidade de definir um campo de estudo específico. O papel prioritário desempenhado pela atividade agrícola, no período, colocou-a como temática principal dos trabalhos.

A partir da década de 1950, o desenvolvimento do sistema urbano-industrial e a concretização da divisão social do trabalho colocaram a cidade e a indústria como precursores de uma nova realidade econômica. A complexidade de relações que se estabeleceram levou à necessidade de definição de novos campos e a agricultura, de hegemônica, passou a ser coadjuvante, num sistema econômico constituído por muitos elementos ou partes. A agricultura é uma delas. Então, consequentemente, surgiram novos ramos do conhecimento, sendo necessária a definição exata do campo de estudos de cada um.

Pelas abordagens aqui apresentadas, observamos que a Geografia Agrária não é um ramo científico estabelecido de forma única ou de maneira autônoma, pois, se é representativa, em número de trabalhos, estes não são representativos de um mesmo pensamento.

Andrade (1987b), tratando da conscientização dos geógrafos sobre o esgotamento da Geografia Clássica, afirma que já havia, na década de 1950, uma preocupação com a grande importância que era dada à Geografia Agrária e por consequência a indústria e a cidade deveriam ganhar novo significado. "Os estudos de Geografia Urbana e de Geografia Econômica intensificaram-se, ganharam importância, e a agricultura passou a ser encarada não mais como gênero de vida, mas como uma atividade profissional" (p.96).

Assim, as primeiras contribuições relativas à definição e ao objeto da Geografia Agrária datam da década de 1950 e não são trabalhos escritos por geógrafos pátrios, mas por estrangeiros de renome. Léo Waibel (1979), Elio Migliorini (1950),[1] Daniel Faucher (1953) e Pierre George (1956) são autores que discutiram o objeto, definiram e vivificaram a Geografia Agrária.

A discussão do conceito de Geografia Agrária é tema do primeiro capítulo dos livros dos autores citados. Os demais capítulos tratavam de conteúdo pertinente a seus títulos.

O trabalho de Migliorini (1950) desenvolve-se com base em um conjunto de escritos que permitiram conhecer os objetivos das pesquisas em Geografia Agrária. Para esse autor, a Geografia Agrária é um dos campos da Geografia Econômica e tem, além de uma importância teórica, uma valorização prática, evidenciada na "avaliação da produção e suas eventuais modificações, a maior ou menor conveniência de certas culturas, a influência dos mercados" (p.1072). Segue o autor:

> a indagação geográfica da atividade agrária permite a possibilidade de avaliar, não somente as influências do ambiente fisiográfico, mas também a configuração do solo, sua estrutura, situação, exposição, clima, como ainda a ação exercida pelo homem na escolha dos sistemas de utilização do solo, nas categorias de empreendimentos agrícolas, etc., de modo que se avalie bem, junto aos fatores espaciais e naturais, as influências históricas e econômicas que contribuem para tornar variada a paisagem agrária.

Podemos observar que, para Migliorini (1950), a Geografia Agrária preocupava-se com o estudo de um conjunto complexo de

---

1 O trabalho de Elio Migliorini, cujo original data de 1949, foi publicado, com tradução, no Brasil, no *Boletim Geográfico* em 1950.

características que alia os aspectos fisiográficos aos econômicos. Observamos que ele não privilegia nenhum aspecto em particular, mas o ambiente fisiográfico é o primeiro item a ser citado, como é característica do período, no qual qualquer trabalho era iniciado com a descrição dos aspectos físicos da área em estudo. Podemos concluir também que a paisagem agrária é *in fine* o objeto de estudo, na medida em que todos os aspectos citados contribuem para defini-la.

Em Waibel (1979), Geografia Agrária é a denominação dada a uma disciplina preocupada com a diferenciação espacial da agricultura. Considerada a agricultura como um fenômeno da paisagem, são vários os métodos e pontos de vista que advêm daí. Assim, "a agricultura é um importante fenômeno da superfície da terra e é sua atribuição [da Geografia] tentar descrever a sua diferenciação espacial, procurando ao mesmo tempo esclarecer as forças atuantes" (p.30).

A Geografia Agrária parte sua análise da fito e da zoogeografia e seria a Geografia das plantas úteis e dos animais domésticos, podendo ser considerada segundo "três disciplinas" diferenciadas. Uma, preocupada com a distribuição das espécies vegetais e animais ligadas à agricultura: a Geografia Agrária Estatística. Outra que, tratando das formas da economia, privilegia a relação com o meio ambiente: a Geografia Agrária Ecológica. Uma última, Geografia Agrária Fisionômica, cuja análise é orientada pelos diferentes aspectos da paisagem.

Na concretização dessas propostas, Léo Waibel (1979, p.34) fala de um método ecológico-fisionômico que procuraria "descrever de maneira mais completa e pormenorizada possível o aspecto de uma paisagem". Dever-se-ia efetuar a observação no terreno, ver e interpretar os aspectos examinados, buscando definir a fisiologia de uma formação, resultando, finalmente, na identificação de organizações espaciais e da distribuição de eventos sobre a superfície terrestre.

As propostas de Daniel Faucher (1953) não são diferentes das que foram indicadas até agora. Para esse autor, a Geografia Agrária é qualitativa e "*describe las formas de los medios y de la actividad agrícola...*" (p.12). Ela se diferencia da Agronomia, uma vez que não objetiva o estudo das condições técnicas de produção, mas explica as paisagens e os modos de vida, rurais, por meio dos sistemas agrícolas e sua evolução. Esses sistemas caracterizam o hábitat e a forma dos campos, tendo, como condicionantes, os fatores físicos.

A vida agrícola não é composta apenas pelo trabalho da terra, tendo em vista a produção. Ela comporta ainda a exploração de vegetais espontâneos (extrativismo vegetal), o que torna seu estudo amplo e complexo.

A Geografia Econômica preocupa-se com a análise estatística e quantitativa da atividade agrícola, estudando o volume de produção, o emprego dos produtos e a circulação. A agricultura, segundo esse autor, seria estudada por dois ramos distintos na Geografia, o da Geografia Agrária e o da Geografia Econômica, cada qual centrando suas preocupações em um aspecto da atividade.

Seguindo a mesma tendência em definir papel específico para a Geografia Agrária e a Geografia Econômica, Pierre George (1978, p.7)[2] define poeticamente o objeto da Geografia Agrícola:[3]

> O milagre anual da colheita sempre renovada, que é, no fundo, o próprio milagre da vida, repetido ao infinito em todos os campos do mundo, entre os homens negros, debaixo do sol dos Trópicos e até além do círculo polar em certos pontos.

A prioridade, como observamos, é dada à descrição e à distribuição dos diferentes fatos agrícolas que ocorrem no mundo.

> Compete à Geografia econômica calcular as colheitas das diversas partes do mundo, proceder às classificações de produtores e consumidores, definir as correntes de transporte dos produtos agrícolas. (ibidem)

Assim, encontramos uma diferenciação importante nas colocações de Pierre George (1978), definindo, para o estudo dos aspectos agrícolas, três campos diferentes. A Geografia Agrícola, preocupada com a descrição e distribuição dos eventos agrícolas; a

---

2 Data da terceira edição utilizada. O original do livro é datado de 1955.
3 Nesse trabalho, o autor não faz referência à Geografia Agrária, mas à Geografia Agrícola.

Geografia Econômica, com a produção e o transporte dos cultivos; e a Geografia Social, com o tratamento dos agrupamentos humanos e das civilizações envolvidas com o trabalho da terra.

Em outro trabalho, não muito preocupado em evidenciar especificamente a Geografia Agrária, Pierre George (1956) faz uma descrição do que ele chama de "fato rural através do mundo". Nessa referência, detalha diferentes aspectos da vida rural, estuda sua extensão e diversidade pelo globo, as relações presentes no meio rural, parte do meio físico, passa pela densidade da ocupação humana e conclui com as evidências históricas.

A preocupação do autor está em descrever a diferenciação agrícola mundial, buscando o que ele chama de características geográficas do trabalho agrícola. Ele não define propriamente a Geografia Agrária, mas preocupa-se em mostrar o que o geógrafo deve estudar em relação ao meio rural.

Pierre George (1956) destaca que com um objeto de estudo que não é exclusivo, a agricultura é para a Geografia uma fonte de fatos, distribuídos pelo mundo, e que lhe permite uma objetivação própria, sem esbarrar em outras ciências. Caberia à Geografia Agrícola a descrição desses fatos.

Outro autor que trata da Geografia Agrária na década de 1950 é Erich Otremba (1955). Segundo esse estudioso, a economia agrária e a economia industrial estão interligadas, mas devem ser consideradas de forma distinta. A economia agrária está submetida à ação dos fatores naturais e sua variedade é resultado da dependência das características geográficas, contrariamente à economia industrial. Assim, Otremba (1955, p.3) fala da existência de um método agrogeográfico e outro industrial-geográfico: "*Todo trabajo dirigido tiene que disponer de una gran movilidad metódica. Baste decir que, en Geografia agraria, la* relación de causalidad *sobresale con más fuerza que en la Geografia industrial, donde la* relación de efecto *ocupa el primer plano*" (grifos no original).

As observações de Otremba (1955) revelam dois aspectos importantes: primeiro, a função determinista, que o autor estabelece para o meio físico com relação à agricultura. Em seguida, a análise comparativa que traça entre a Geografia Agrária e a Industrial, buscando definir o papel de cada uma.

Fica evidente, no trabalho desse autor, a diferenciação de ramos que deveriam compor os estudos geográficos. Como dissemos anteriormente, nos anos 50, a referência à indústria e à cidade passa a fazer parte dos estudos de Geografia, e Otembra (1955, p.1) destaca tal fato quando diferencia economia industrial e economia agrária.

> La opinión hoy día generalizada sobre el indiscutible valor atribuíble al paisaje agrícola como objeto de investigación de la ciencia económicogeográfica, exige en sí misma una comprensión sintética de las relaciones económicoespaciales, en la cual la economía agraria no puede separarse de la economia industrial.

Para Otremba (1955, p.5), a "*Geografia Agrícola no tiene su razón de ser por consideraciones teórico-científicas*". Sua função principal estaria no estudo da diferenciação espacial das práticas agrícolas, contribuindo na análise do problema da alimentação da humanidade e abastecimento das matérias-primas agrícolas. Assim, a Geografia Agrária deveria existir em razão de seu papel na sociedade, como ramo que estaria diretamente ligado à questão da produção de alimentos.

A Geografia Agrária é definida por Otremba (1955, p.7-8) como uma típica ciência de relação com a Economia Política, com a História, com as Ciências Naturais.

> Toda ciencia cuya finalidad sea la exploración en un espacio, requiere la colaboración de otra ciencia auxiliar, cuya misión tiene que consistir precisamente en considerar el espacio desde el punto de vista de la propria especialidad. Así, pues, la posición de la Geografia agraria entre la Geografia y Agricultura, es la de una ramificación científica por una parte, y la de una ciencia sintética que ordena las cosas por otra, de acuerdo con el espacio ...
>
> Así, la Geografia agraria se halla objetiva y metódicamente fundamentada y, en cuando a sus resultados, agrupada en el amplio círculo de las ciencias del espacio.

Analisando o que chama de "*metodismo da Geografia agrária*", Otremba (1955, p.17) traça algumas observações:

la condición previa para todo trabajo en el campo de la Geografia agraria es la de poseer, ante todo, un conocimiento profundo de la historia del agro, de la Agricultura, de la ecologia de las pelantas útiles y de los animales domésticos. Después de esta base histórica y objetiva tiene que venir el conocimiento del paisaje geográfico con todas sus relaciones ecológicas y sus diversos elementos. La razón de tales métodos agrogeográficos reside en la necesidad de enlazar el pensamiento geográfico con el económico.

Os trabalhos geográficos sobre agricultura até a década de 1950 podem ser enquadrados em três categorias de análise: estudos econômicos, referentes à avaliação da produção e comercialização de produtos agrícolas, examinados na forma de dados estatísticos; estudos ecológico-físicos, nos quais há análise dos condicionantes físicos: forma do terreno, clima, tipos de solo, importantes para explicar a localização dos cultivos e o uso de recursos; estudos sobre as formas espaciais da agricultura, ou melhor, da paisagem, como resultado da ação humana.

Essas são as propostas que marcam o entendimento do que seja a Geografia Agrária na década de 1950. Considerado o período em que o paradigma da "diferenciação do espaço" ou "regionalista" (Amorim Filho, 1985) dominava, as pesquisas tinham o objetivo de ser cumulativas. Eram descrições que resultavam da observação no campo e revelavam a distribuição no espaço de aspectos, os mais variados, da agricultura.

Podemos dizer que o geógrafo (agrário)[4] estava preocupado em estudar a atividade agrícola evidenciada na paisagem e distribuída distintamente pela superfície da terra em razão dos condicionantes naturais, dos sistemas econômicos (sistemas de cultivo) e da população (hábitat, modo de vida). Essa é a Geografia Agrária da década de 1950: imprecisa quanto à sua definição, representativa como campo de interesse e numerosa quanto à produção científica.

Também é importante assinalar que, por ser ainda bastante recente o desenvolvimento da Geografia no Brasil, os estudos vol-

---

4 Nesse momento, talvez seja precipitado designar tão nitidamente esse especialista. O geógrafo, de uma forma geral, será físico ou humano, havendo ainda um tratamento específico quanto à Geografia Econômica.

tados à definição e à caracterização de diferentes ramos da ciência geográfica, e em particular da Geografia Agrária, são realizados por estrangeiros que têm em seus países uma ciência mais amadurecida e uma diversificação econômica, social e espacial concreta.

Para o período seguinte, não ocorrem grandes mudanças em relação às formas de análise. No Brasil, aparecem dois trabalhos que, na tentativa de definir o campo de estudos da Geografia Agrária, reforçam as propostas anteriores. Sob influência francesa, comum ao período, os escritos de Orlando Valverde (1961 e 1964) discutem o que é a Geografia Agrária. As proposições de Waibel (1979) e Faucher (1953) são retomadas com o objetivo de fundamentar o posicionamento tomado pelo autor.

Em um texto intitulado "A Geografia Agrária como ramo da Geografia Econômica", Valverde (1961a), por intermédio de suas proposições, afirma que a Geografia Agrária deveria ser considerada no âmbito da Geografia Econômica e não isoladamente. À Geografia Agrária deve interessar os sistemas agrícolas e não os produtos agrícolas, as formações econômicas e não os métodos agrícolas. Então o agrogeógrafo deve definir os tipos de paisagem agrícola descrevendo os elementos que compõem essa paisagem. "Não lhe basta, porém, descrever: o geógrafo deve explicar a função que cada um desses elementos desempenha na atividade agrícola" (Valverde, 1961a, p.431).

No início da década de 1960, esse autor fala sobre a influência da Economia Política e, fazendo uso de termos como relações de produção, modo de produção e formas de economia, difere de outros autores na interpretação do meio agrário da ótica geográfica. Na sua perspectiva, o fundamental da agricultura capitalista está na comercialização. Nas economias pré-capitalistas, as proposições da Etnologia (preocupada com a cultura dos povos naturais) eram suficientes para responder aos problemas econômicos simples aí existentes. A economia capitalista é mais complexa, e o geógrafo agrário deve entender as leis de mercado.

A preocupação do autor não está em definir o que é Geografia Agrária, como mesmo diz. A definição da Geografia Agrária seria sem propósito, já que ela é um ramo da Geografia Econômica e o que deve ser definido então é este ramo, ou melhor, o que deve ser priorizado são os aspectos econômicos advindos da atividade agrícola, determinantes dos fatos culturais.

Percebemos pela exposição de Valverde (1961a) que o que a Geografia Agrária vinha realizando até então, estudos descritivos, não explicava mais a realidade. Sendo assim, admite de maneira taxativa a influência da Economia na Geografia Econômica. Isso já mostra que, apesar da especialização incipiente, a Geografia começa a aproximar-se de outras ciências.

As proposições e justificativas de Orlando Valverde (1961) contrariam as de Daniel Faucher (1953), nas quais a Geografia Agrária, como ramo da Geografia Econômica, constituiria a chamada "Geografia econômica agrícola", preocupada com análises quantitativas vinculadas à produção. A "Geografia Agrária", qualitativa, seria um ramo da Geografia Humana. Como vimos, Valverde (1961) afirma ser a Geografia Agrária um ramo da Geografia Econômica.

Para alguns geógrafos brasileiros, a influência quantitativa se reflete no aspecto metodológico da questão, já que "têm-se limitado, na Geografia Agrária, à elaboração de mapas estatísticos (de pontinhos ou isoritmas) e dos respectivos textos de interpretação" (Valverde, 1961a, p.430).

Valverde (1961a) concorda com Waibel, dizendo que à Geografia não interessa a distribuição de uma única cultura, mas o conjunto todo de atividades agrícolas. Uma divisão da Geografia Agrária provoca apenas confusão e separação entre o humano e o econômico, e uma subordinação – como consequência da importância que toma a definição daquilo que se estuda – da Geografia Econômica à Humana. Assim, entendida em seu contexto econômico, o autor salienta que "os estudos de geografia agrária são, fundamentalmente, estudos de geografia econômica" (p.431).

A dissociação entre esses ramos da Geografia não é aceitável, considerando-se que o homem precisa viver e está sujeito às leis econômicas e como produto do meio social em que vive, ele

é portador de uma cultura, que se manifesta de várias maneiras na paisagem.

Os fatos puramente culturais são, porém, de superestrutura e se revelam em pormenores da paisagem, não podendo se contrapor às leis econômicas. Aspectos como o habitat, os tipos de habitação, a alimentação e os gêneros de vida agrícola só foram estudados com devida profundidade quando relacionados com a atividade econômica: a estrutura agrária e as relações de produção. (ibidem)

Passando para o tratamento dos temas centrais da Geografia Agrária, o autor concorda que não são os produtos, mas os sistemas agrícolas a matéria de interesse agrogeográfico. Nessa linha, ele segue os pressupostos de autores como Léo Waibel, Pierre George, E. Laur. Segundo Waibel, apontado por Valverde (1961a), o agrogeógrafo deve preocupar-se não com a classificação dos sistemas agrícolas, mas em estudar as "formações econômicas", "os tipos de paisagem agrícola" que circunscrevem diferentes elementos, correspondendo a uma "anatomia" da paisagem, "morfologia agrária" e *aménagement du terroir agricole*.[5] Esse autor ainda salienta que não basta descrever, é preciso explicar a função desses elementos na atividade agrícola.

No caso de Pierre George, Valverde (1961a) salienta que, para esse autor, a estrutura agrária restringe-se às relações homem e solo cultivado, sem dar conta das relações sociais estabelecidas no processo de produção.

No entendimento da paisagem, Valverde (1961a) concorda que é primordial fazermos a "interpretação histórica", buscando as causas do desaparecimento/surgimento de culturas. Assim, podemos identificar a dinâmica das paisagens em áreas de economia de especulação.

A comercialização merece destaque por parte de Valverde (1961a) quando, na análise da economia capitalista, é necessária a distinção do "objetivo da produção", separando culturas de subsistência das comerciais, nas quais comercialização e rentabilidade devem ser estudadas. A análise da rentabilidade permite distinguir a participação de diferentes classes sociais na distribuição da renda, possibilitando a compreensão da estratificação social em dada área.

Tendo o econômico como aspecto primordial da análise geográfica da agricultura, o autor afirma que o agrogeógrafo se deve permitir buscar leis explicativas para os aspectos da atividade agrícola na Economia Política.

---

5 O que aparece entre aspas é indicado dessa forma no original.

O geógrafo, melhor do que ninguém, poderá verificar a aplicação de suas leis na atividade econômica das diversas regiões. Ele deve procurar caracterizar bem, para uma certa área, as "formas de economia", as "relações de produção" e os "modos de produção". São, por exemplo, as relações de produção que nos vão dar a chave para explicar a clivagem social que se estabeleceu numa certa região. (ibidem, p.432)

Para concluir, o autor afirma que a Geografia Agrária deve ser considerada parte da Geografia Econômica e que, entre esta e a Economia, a relação se sintetiza na ideia de que: "a Geografia Econômica está para a Economia, assim como a Geomorfologia está para a Geologia" (ibidem).

Em seu livro *Geografia Agrária no Brasil* (1964a), o mesmo autor estuda diferentes aspectos desse ramo da Geografia. Inicia com um capítulo intitulado "Metodologia da Geografia Agrária" que, subdividido, aborda a história da Geografia Agrária no Brasil, sua denominação, definição e metodologia.

A indecisão quanto à escolha do nome que melhor designe o estudo da agricultura pela Geografia é justificada por Orlando Valverde (1964a), por tratar-se de uma ciência de história recente. Geografia Agrária e Geografia Agrícola, segundo o autor, são duas expressões conhecidas:

os termos "agrária" e "agrícola" têm quase a mesma significação: *ager, agricultura* = campo, deu agrário; *ager, agri* + *colo* (de *colere* = habitar, cultivar), deu agrícola. Este termo é, portanto, mais restrito; rigorosamente, a expressão "Geografia Agrícola" deveria englobar apenas estudo da distribuição dos produtos cultivados e de suas condições de meio, sem envolver aspectos sociais, como regimes de propriedade, relações de produção, gêneros de vida, hábitat, tipos de habitação etc. Dado o sentido restrito que têm as palavras "agrícola" e "agricultura", não abrangeria sequer a geografia da pecuária. O emprego da expressão "Geografia Agrária" é, por conseguinte, mais conveniente, porque exprime melhor o conteúdo desse ramo da ciência. (Valverde, 1964a, p.18)

Segundo esse autor, o sentido amplo da expressão Geografia Agrária garante que, ao utilizá-lo, o pesquisador esteja envolvido com o estudo geográfico da agricultura e da pecuária.

Quanto à definição de Geografia Agrária, Valverde (1964a, p.21) salienta que algumas das expressões encontradas para definir esse ramo da Geografia esbarram no conteúdo de estudos de outras ciências e, assim, a Geografia perde sua particularidade. Para sanar tal dificuldade, ele propõe uma definição em que a descrição "das diferenças espaciais da superfície da Terra, do ponto de vista da exploração agrícola e a interpretação de suas causas", seja considerada a forma correta a ser adotada, já que o ponto de vista regional utilizado para tal definição atribui uma característica própria e particular à Geografia.

Essa preocupação, denotada na década de 1960, demonstra quanto o geógrafo agrário, apesar da produção numericamente expressiva, encontrava dificuldades para se posicionar diante do meio científico e, mesmo diante de sua ciência de origem, buscava definir como se daria o entendimento geográfico da agricultura ou o pensar geográfico sobre agricultura.

Para a década de 1970, grandes mudanças revelam um objeto de estudos modificado. O processo de modernização da agricultura levou ao campo novas formas de produzir, relações de trabalho mais apropriadas à lógica do sistema capitalista de mercado, numa situação na qual a indústria passa a ser produtora de insumos para a agricultura e consumidora de bens agrícolas.

Um cenário de transformações também é sentido no ambiente acadêmico pelas mudanças metodológicas que ocorriam no meio científico da Europa e da América anglo-saxônica. No Brasil, os estudiosos começam a discutir o assunto e algumas tendências são projetadas. Os trabalhos ligados especificamente à definição e explicação da Geografia Agrária demonstram preocupação com a definição de uma nova ordem teórico-metodológica que responda ao conteúdo e à natureza da atividade agrícola, praticada sob nova lógica, em consonância com as diretrizes do novo paradigma geográfico.

A preocupação dos autores, nesse período, está em determinar qual o campo e a metodologia que melhor se adaptam aos estudos agrários. Definir objeto e método da Geografia Agrária é o objetivo do estudo de Megale (1976) que levanta a discussão com base em trabalhos realizados por autores tradicionais da área. Trata-se de

MUNDO RURAL E GEOGRAFIA 41

uma revisão, na qual o entendimento da Geografia Agrária está atrelado ao posicionamento de alguns autores, já tratados aqui.

Em seu trabalho, Megale (1976) recupera as proposições de diferentes geógrafos, considerados clássicos, e que de alguma forma contribuíram para o entendimento da Geografia Agrária. Após discutir os conceitos principais que envolvem a compreensão da agricultura, pela ótica da Geografia, o autor conclui que "a compreensão total da atividade agrícola é o objeto da geografia agrária" (p.7).

Ao recuperar a contribuição de autores clássicos, como Faucher, Waibel, Valverde, entre outros, Megale (1976) oferece uma revisão dos posicionamentos tomados durante as décadas de 1940 e 1950 na Geografia, no que concerne à agricultura. Não é patente no trabalho a preocupação em avançar na discussão sob os novos métodos em evidência nesse período, uma vez que o autor fez uso dos trabalhos de autores da chamada "Geografia Tradicional". Nessa perspectiva, Megale procura indicar o que (objeto) e como (método) é estudada a Geografia Agrária, como parte da Geografia, uma ciência humana:

> A Geografia, como ciência humana, tem o método das ciências de observação ... Nós, nas ciências da observação – ciências humanas –, não trabalhamos diretamente com a realidade. Colhemos dados destas, constituindo estes dados as instâncias empíricas: dados ou informações de uma situação real, viva, dinâmica. Com estes dados é que procuramos descobrir a causa do problema estudado. (p.12-3)

O método de pesquisa aqui destacado fala da investigação geográfica fundamentada na observação como meio de coleta de informações e dados.

Contrariamente, preocupado com a renovação da Geografia Agrária, Diniz (1973) propõe que os fenômenos geográficos, em virtude de uma renovação metodológica em curso, deveriam ser analisados sob novas concepções e que o estudo geográfico da agricultura deveria se enquadrar nesse processo.[6]

---

6 Apesar de ser um trabalho datado do início da década de 1970, a abordagem efetuada privilegia os aspectos que marcaram os estudos de Geografia Agrária até sua publicação, não indicando propriamente uma análise sobre a referida década.

Segundo Diniz, o estudo da agricultura feito pela Geografia foi o que evoluiu menos quanto à renovação, tanto por ainda existir o aprisionamento a concepções tradicionais quanto pelo fato de não existir um corpo teórico sólido que explicasse os fenômenos agrários.

Preocupado em explicar a origem da renovação da Geografia Agrária e como ela repercutiu no Brasil, Diniz (1973) parte da explicação da Geografia Agrária Tradicional, mostrando seus fundamentos principais confrontados com os novos conceitos.

Iniciando com a Geografia da Paisagem Agrária, na qual a observação da paisagem natural ou transformada era o ponto central, o autor examina os elementos da paisagem rural, a influência do meio físico na execução da atividade agrícola e a preocupação com a abordagem histórica, como as características próprias desta corrente. Diniz (1973, p.35) preocupa-se em mostrar os componentes da análise.

> Os trabalhos de Geografia Agrária mais recentes, e mesmo a metodologia iniciada por diversos autores ligados a essa concepção, não se restringem à descrição da morfologia agrária, ou seja, das culturas e do "habitat" rural. Outros elementos passaram a ser destaque, como os chamados sistemas agrários ou de cultivo, englobando as técnicas de rotação associadas a outros fatos agrários, numa nova tentativa de obtenção de síntese. Um outro fato da organização agrária que passou a ser intensamente estudado foi a forma de propriedade e de exploração da terra, englobados sob o nome de "estrutura agrária".

A Geografia Econômica da Agricultura é outra concepção tratada por Diniz (1973, p.36) e tem no estudo idiográfico seu fundamento, apresentando as seguintes características: "primeira, a ênfase na descrição da distribuição de produtos e rebanhos; segunda, a grande correlação entre essa distribuição e os fenômenos de ordem física; terceira, a definição das 'regiões agrícolas'".

A influência dessa corrente nos estudos da década de 1970 é visível. Para o autor, tais ideias estão inseridas nos estudos de classificações regionais agrícolas, nos quais os princípios da subordinação às divisões climáticas marcam a persistência de tais concepções.

Para precisar o início do processo de renovação, Diniz salienta que ela surge com a contestação às ideias tradicionais, buscadas em novos caminhos conceituais, analíticos e teóricos.

O início da renovação na Geografia Agrária pode ser entendido como o período em que se procurou aumentar a acuidade visual do geógrafo, não mais pela observação da paisagem, mas pelo uso de fotografias aéreas, e tentou-se obter classificações mais objetivas e significantes. (p.39-40)

As mudanças ocorridas na Geografia Agrária Brasileira foram consequência da atuação de duas comissões da União Geográfica Internacional. No trabalho de Diniz (1973), as recomendações da Comissão da UGI, quanto aos estudos em Geografia da Agricultura, propuseram uma análise da agricultura como um sistema no qual os elementos, características ou propriedades da atividade é que deveriam ser usados na definição tipológica. São os chamados elementos internos divididos em sociais, funcionais e de produção. Aqui o que se tem é a valorização de elementos de características sociais e econômicas, sugerindo já uma mudança no conteúdo de estudos da Geografia Agrária.

Diniz (1973) coloca em evidência os fatos que marcaram tais mudanças. Sua preocupação é mostrar as principais características do período, admitindo a dificuldade de defini-lo exatamente. Entretanto, é possível afirmar que

os princípios da Tipologia Agrícola, afastam-se, nitidamente, de uma Geografia idiográfica, esse período mais recente da renovação engloba os conceitos dominantes na Geografia Teorética atual. A Geografia é uma ciência de análise, que procura associações espaciais, podendo transformá-los em padrões, modelos e leis. Caem por terra, portanto, os conceitos de uma Geografia sintética e de descrição do único (Schafer, 1953, p.49)

Para caracterizar o período tratado, no texto, de renovação da Geografia Agrária, são considerados três elementos: "primeiro, a utilização de métodos quantitativos, sobretudo de modelos taxonômicos; segundo, o de desenvolvimento ou ampliação de teorias de localização; terceiro, o enfoque sistêmico" (p.49). Esses elementos são estudados detalhadamente pelo autor e ao final, em sua conclusão, afirma que "a fraqueza da Geografia Agrária decorre mais da falta de métodos do que de desinteresse e, por esta razão, é que reforçamos a necessidade de maior base conceitual para nosso trabalho" (p.73).

A Geografia Agrária, a essa altura, já está consolidada, mas passa por transformações. As novas perspectivas metodológicas e as mudanças na forma de produzir na agricultura deram ao agro nova configuração que precisa ser compreendida, e esta é a preocupação do geógrafo da década de 1970.

> Temos a impressão de que alguns aspectos da agricultura deverão receber maior cuidado do geógrafo: a relação entre o sistema agricultura e a política governamental; a difusão de inovações na agricultura, e o enquadramento global do sistema agrário no sistema urbano mais amplo. Na realidade, recomendamos como mais importante, no momento, temas que procurem explicar o *funcionamento* do sistema, embora não desprezemos as classificações, necessárias como primeira etapa de estudos. (p.72-3, grifo no original)

Com título bastante sugestivo, *Os estudos de Geografia Rural no Brasil: revisão e tendências*, Gusmão (1978a) faz uma análise dos principais enfoques dos estudos em Geografia Rural no Brasil, concordando com as afirmações feitas por Diniz (1973).

Falando de três fases diferentes que compõem o percurso traçado pelos estudos rurais, o autor preocupa-se com a caracterização de cada uma dessas fases, expondo, ao final, as tendências que se mostraram como definidoras dos novos caminhos a serem seguidos.

Diferentes formas de estudar o meio rural definiram as fases tratadas por Gusmão (1978a). Primeiramente, a descrição/explicação das diferenciações do espaço agrário pela realização de trabalhos de campo, que resultou em estudos de diferenciação de áreas, paisagens rurais, distribuição espacial de produtos agrícolas e rebanhos. "Portanto, essa primeira fase dos estudos rurais valorizava, essencialmente a pesquisa de campo e procurava, principalmente, caracterizar as diferenciações existentes no espaço agrário" (Gusmão, 1978a, p.58).

Em um segundo momento, a Geografia Rural, segundo o autor, passou a preocupar-se com a ordem conceitual e metodológica de realizar as pesquisas, buscando a identificação de tipos de organização agrária, num caráter classificatório, conforme modelos estatístico-matemáticos.

Nessa fase dos estudos rurais, feitos pelos geógrafos brasileiros, a preocupação fundamental foi a da aplicação de técnicas revelada no próprio título dos trabalhos que, em geral, indicava a técnica a ser utilizada. Esse aspecto pode ser encarado como natural num campo de estudo antes essencialmente apoiado em descrições e explicações, sem suporte em mensuração. (p.59)

Os estudos rurais buscaram, a partir da introdução do conceito de desenvolvimento rural, reunir população e atividades agrárias em uma única abordagem: "o problema agrário não poderia ser analisado apenas com uma abordagem restrita às características internas ao estabelecimento rural, mas que deveria ser tratado dentro de um contexto mais amplo, que procurasse explicar a estrutura espacial da agricultura brasileira" (p.60).

Novamente a questão pragmática é citada, destacando que os geógrafos deveriam estudar os problemas rurais, não só considerando a distribuição espacial da produção, mas compreender a estrutura espacial do desenvolvimento rural.

Em suas considerações finais, o autor lembra que nas tendências por ele analisadas, é possível a identificação dos paradigmas que marcaram o desenvolvimento da Geografia brasileira. O paradigma de diferenciação de áreas marcou a fase idiográfica dos estudos rurais; o paradigma classificatório orientou as pesquisas sobre tipologias agrárias; o paradigma da ação sobre o espaço fez as pesquisas em agricultura tornarem-se pragmáticas em razão do desenvolvimento do espaço rural.

O trabalho de Gusmão (1978a) apresenta um fato que o distingue dos demais. O autor é um dos poucos que utilizam o termo rural, em lugar de agrário, para designar seu objeto de estudo. Não existe por parte do autor uma justificativa para tal escolha, porém podemos supor que a referência ao rural indica o local onde se efetiva a atividade agrícola, ou seja, o meio rural; interessam os estudos alusivos a esse local e não somente à atividade aí realizada.

Quando Gusmão (1978a) utiliza o termo rural, refere-se a estudos rurais, ou seja, estudos realizados sobre o espaço rural, tratando das diferentes formas de abordagem do espaço rural pela Geografia.

Pretendendo discutir os vários problemas que envolvem a Geografia da Agricultura, Ceron & Gerardi (1979) tratam desse tema em uma perspectiva diferenciada dos demais autores. Tratada em virtude de seu campo de conhecimento teórico e campo de pesquisa, os autores discutem a Geografia da Agricultura como disciplina ministrada nos cursos universitários.

Como disciplina, os autores afirmam que o conteúdo ministrado era inadequado e desatualizado quanto às novas características da Geografia Agrária e, em especial, que a tradição dos estudos tem sido a não aplicabilidade dos conhecimentos adquiridos, bem como a desvinculação dos problemas próprios à Geografia.

Definindo o campo de estudos da Geografia da Agricultura, Ceron & Gerardi (1979, p.61) afirmam: "O ponto de vista do geógrafo agrário é o espacial e dirigido particularmente para o arranjo e distribuição dos padrões de atividade agropecuária bem como para seus processos geradores cuja dinâmica procura analisar e compreender na dimensão espaço-tempo".

Numa perspectiva histórica, os autores falam da atividade agrícola como um sistema, analisado pelos geógrafos em razão dos componentes da organização agrária, considerados únicos e inventariados numa perspectiva em que o meio natural era o fator determinante, definidos metodologicamente por "esquemas de raciocínio indutivo, nos quais as generalizações eram desenvolvidas a partir da experiência com aspectos encontrados no mundo real" (ibidem, p.62).

Em outra fase, a quantificação de aspectos ligados à atividade agrícola gerou estudos sobre "tipologia agrícola ou regionalização da agricultura realizados com a utilização de grande número de variáveis, para grandes áreas e com o auxílio de técnicas estatísticas de taxonomia aplicadas através da computação eletrônica" (p.62).

Mais contemporânea ao texto e aos autores, uma terceira fase denota

> a preocupação com o homem do campo e suas condições de vida, transcendendo, assim a preocupação pura e simples com fatos importantes como produção, produtividade, sistemas de cultivo, estrutura fundiária, etc., porém desvinculados de suas implicações mais profundas quer com o próprio nível de vida do trabalhador rural, quer com o contexto geral da economia e sociedade. (p.62)

MUNDO RURAL E GEOGRAFIA

Os autores preocuparam-se ainda com o que designaram de quatro problemas metodológicos da Geografia Agrária da década de 1970: análise de processos decisórios em detrimento de padrões espaciais, nos quais "padrões e processos interagem numa relação contínua e circular de causa e efeito" (p.63); formulação de modelos e teorias que possibilitem a compreensão dos processos de decisões e os respectivos padrões espaciais oriundos; a utilização de quantificação, como "técnica auxiliar da análise com grandes vantagens, particularmente para solução de problemas de natureza complexa" (p.66); definição e respeito ao posicionamento ideológico-filosófico do pesquisador.

Os autores sugerem que os rumos para a pesquisa em Geografia Agrária deveriam seguir duas direções: pesquisa teórico-metodológica e técnica, além de estudos de caso vinculados ao planejamento, tendo em vista o desenvolvimento rural.

Nessas últimas palavras dos autores, fica evidente qual a preocupação do geógrafo agrário no final da década de 1970.

> Pretende-se aqui despertar um interesse maior às medidas governamentais que na teoria ou na prática visam o desenvolvimento rural e testar estas políticas através de uma análise crítica face à realidade econômica e social vigente. É nesse tipo de estudo, que pode ter um caráter específico ou pode estar incluído em qualquer dos itens citados anteriormente que o Geógrafo, como cientista social e cidadão consciente deve se posicionar, oferecendo sugestões que possam contribuir para o desenvolvimento rural em termos de qualidade de vida, acesso à terra e aos outros meios de produção. (p.68)

Observamos que, para a década de 1970, na opinião dos autores, a Geografia Agrária deveria ter um caráter pragmático, realizando estudos que gerassem resultados a serem sentidos pelos envolvidos no processo: os agricultores. A própria definição da Geografia como ciência social reflete essa perspectiva. Segundo Ceron & Gerardi (1979, p.62), o grande mérito dessa fase da Geografia Agrária deve-se ao fato de que, na busca de uma aplicação prática, "há a volta do geógrafo para a realidade".

Essa volta à realidade é resultado de uma maior aproximação da Geografia Agrária com as ciências afins, em uma ótica social e econômica. Percebe-se, por essa aproximação, que a perspectiva determinista ambiental, bem nítida em outros momentos do desenvolvimento da ciência geográfica, perde espaço para uma avaliação social da agricultura. Não são mais o solo ou o clima os fatores principais da produção agrícola, mas o agricultor e seu trabalho.

A grande controvérsia, em finais da década de 1970, diz respeito à contribuição dada pela Geografia para a discussão e o equacionamento da questão agrária brasileira. Segundo Silva & Mesquita (1979), a Geografia sofreu nesse período um questionamento quanto à sua responsabilidade com relação à sociedade, passando a ser considerados o bem-estar da população e a questão agrária como temáticas a serem privilegiadas.

> Entre os cientistas sociais, têm sido os geógrafos aqueles que menos explicitamente têm se envolvido com a temática questão agrária. O exame da literatura geográfica brasileira, voltada para os assuntos agrários, revela que a problemática social da agricultura só tem sido tradicionalmente privilegiada, por profissionais dessa formação, nas regiões em que, no território nacional, a questão agrária assume formas muito concretas. (Silva & Mesquita, 1979, p.46)

O tratamento da questão agrária foi efetuado em óticas distintas e marcou o surgimento de uma preocupação social nos trabalhos geográficos. Aqueles ligados à definição e à caracterização da Geografia Agrária trouxeram consigo uma percepção ainda não avaliada, na qual a paisagem e o espacial perderam referência. Uma visão crítica é empreendida, o que fez mudar toda a análise desse ramo da Geografia.

Na década de 1980, a discussão teórica a respeito da definição de Geografia Agrária é suplantada pelo movimento de renovação paradigmática da Geografia, que estabelece uma ótica social ao pensar o agro. Entretanto, alguns trabalhos escritos resgatam e resumem a trajetória dos estudos agrários, e outros apontam as novas direções a serem tomadas por esses estudos.

Tratando de temas e tendências da Geografia Agrária brasileira, Teixeira (1981) apresenta uma contribuição com a finalidade de

MUNDO RURAL E GEOGRAFIA 49

revisar e indicar tendências dos estudos de Geografia Rural (assim designada pelo autor). Sem preocupação cronológica, apresenta alguns temas que foram tratados pela *Geografia Agrária no Brasil* (Teixeira, 1981, p.83),[7] em estudos "representando uma tendência regionalista ... a propósito do comportamento de um produto agrícola ... de temas interessando a colonização e seus corolários ... do habitat ... de frentes pioneiras ...".

> Esta evolução da Geografia Agrária (e urbana) francesa em direção às noções de civilização (vizinha às dos historiadores como Fernand Braudel e outros) permitiu um avanço dos estudos agrários em direção à temática social, mas foi interrompida de fora (tendência anglo-saxônica) pela geografia quantitativa, eminentemente formalista, enquanto estudando o espaço. (p.85)

Com o título *Algumas reflexões em torno da Geografia Agrária*, Edi M. Longo (1983) caracteriza com maior ênfase a sociedade agrária e não o ramo da ciência geográfica da qual diz oferecer reflexões.

A autora, em seu texto, não define claramente o que estaria sob a responsabilidade da Geografia Agrária. Suas reflexões referem-se à sociedade ou à problemática agrária do país da perspectiva histórica.

Esse trabalho oferece uma pista do rumo tomado pelos estudos geográficos sobre a agricultura que não necessitam mais definir-se. O objetivo, a metodologia e o conteúdo deixam de ser a preocupação; a organização da atividade agrícola é o elemento de análise. Não é a paisagem, a distribuição, mas a forma de produzir, dominada pelo sistema capitalista.

> Observa-se então, que embora as paisagens do campo e das cidades sejam diferentes, ambas acabam por formar uma só realidade, comandada é claro pelo meio urbano, que é o centro do controle econômico, social e político. (Longo, 1983, p.46)

---

7 O próprio autor intitula o texto de um estudo sobre Geografia Rural e, no seu desenvolvimento, utiliza a designação Geografia Agrária.

Talvez seja essa pista que nos leve a justificar uma mudança de abordagem do espaço agrário. Entretanto, o que é evidente é a perda de hegemonia da atividade agrícola, fundamental em outros períodos. As diferenciações espaciais e as diversas formas de organização do espaço agrário, contudo, persistiram e deveriam ser a prioridade dos estudos sobre atividade agrícola.

Tratando de Geografia e Agricultura, Diniz (1984, p.30-1) oferece uma contribuição bastante clara quanto à definição e à conceituação dos estudos sobre agricultura.

> A Geografia Agrária ou da agricultura sempre se preocupou com a caracterização dos lugares em função de atributos agrícolas. O seu caráter espacial está assentado há muito tempo e, embora as definições variem, todas coincidem neste ponto ...
> ... a Geografia da Agricultura é uma análise espacial em que se procura descobrir por que as distribuições espaciais estão estruturadas de uma determinada forma ...
> ... a Geografia da Agricultura é mais restrita fundamentalmente econômica, enquanto a Geografia Rural é mais ampla tratando também das formas de povoamento, de questões demográficas mais profundas, das formas de ocupação não agrícola da terra rural e dos seus conflitos com a agricultura das condições de vida das populações rurais e dos seus problemas.

Observamos que, diferentemente de outros ramos da ciência geográfica, a Geografia Agrária apresenta diferentes designações em razão da prioridade que se dá a cada fato que envolve a produção agrícola. Não existe, excetuando-se o trabalho de Diniz (1984), nenhum outro que trouxesse à baila tal discussão. Podemos notar que nos preocupamos, aqui, em trabalhar a definição e a caracterização da Geografia Agrária, segundo diferentes autores em momentos distintos e parece que o consenso geral é de que o termo agrária é a melhor escolha, ou, ao menos, o mais utilizado. Como assinala Diniz, o caráter espacial das análises é que define os estudos geográficos sobre agricultura.

Seguindo na discussão dos trabalhos encontrados para a década de 1980, dois se destacam por terem sido apresentados no fórum de debates geográfico sobre o agro. Em trabalhos apresentados, em duas edições distintas dos Engas, Maria do Carmo Corrêa Galvão (1987, 1988) centraliza suas preocupações nas perspectivas teórico--metodológicas e nas investigações em Geografia Agrária.

Nesse sentido, a autora destaca o encaminhamento dado à Geografia Agrária, buscando uma sintonia maior no que concerne ao estudo da realidade e no desenvolvimento desse ramo, acompanhando os avanços da Geografia.

Num contexto de complexidade, proporcionado pelas peculiaridades da atividade agrícola, a autora aponta que a Geografia Agrária passou, ao longo do tempo, pelas mesmas indagações impostas ao pensamento geográfico. Assim, Galvão (1987) fala de dois momentos que marcaram a renovação da Geografia Brasileira: a revolução teorético-quantitativa e o materialismo histórico. "A eles se articulam a compreensão e projeção de novas perspectivas teórico-metodológicas para a Geografia Agrária neste fim de século, representando, a meu ver, um terceiro momento ainda *emergente* daquele processo que em si mesmo, é permanente e contínuo" (p.4, grifo no original).

A revolução teorético-quantitativa e o materialismo histórico e dialético são apontados como os momentos marcantes no encaminhamento teórico-metodológico dado à Geografia Agrária. Segundo a autora, a revisão metodológica e a busca de novas formas para explicar a realidade em mutação é o novo ponto a que chegou a Geografia.

A Geografia Agrária precisa responder e compreender o processo de transformação por que passa o meio rural. A articulação e a interação entre o rural e o urbano, resultando numa nova concepção de espaço agrário, coloca-se, segundo a autora, como elemento de revitalização dos estudos de Geografia Agrária.

> A compreensão dos problemas agrários passa a exigir, de forma cada vez mais presente, uma análise ampla e cuidadosa das relações entre o rural e o urbano ...
> ... Para a Geografia Agrária, entretanto, as relações campo/cidade têm muitas outras conotações, constituindo referencial básico imprescindível, seja para o estudo da agricultura enquanto atividade produtiva, seja para o estudo da população nela envolvida enquanto agente de produção, seja ainda para a compreensão do

próprio espaço agrário, enquanto seguimento individualizado de um contexto espacial maior no qual se insere. (p.9-10)

Para responder às novas perspectivas colocadas pelo espaço rural, Galvão (1987, p.16) diz que a relação campo/cidade tem como alternativa de análise o ponto de vista da percepção, que oferece novas oportunidades de investigações, visto que pode propiciar "um melhor equacionamento de questões ainda não resolvidas, dentre as quais a do 'ajustamento' (?) entre a decisão pontual (do produtor) e a dimensão espacial (da produção), que consiste um dos seus grandes entraves metodológicos".

Bray (1987, p.4), ao estudar a trajetória teórico-metodológica da Geografia Agrária no Brasil, também destaca sua característica de atrelamento à realidade e diz ser preciso "entender o papel desempenhado pelos geógrafos agrários no contexto do movimento da sociedade e na relação com os demais estudiosos da agricultura brasileira".

Segundo esse autor, a Geografia Agrária brasileira pautou-se pelo movimento da sociedade e pela influência de outros estudiosos do agro brasileiro. É sob esse enfoque que Bray aborda a trajetória da Geografia Agrária no Brasil, que pode ser resumida em seus principais momentos pelas características básicas de cada época.

O período de estruturação da Geografia Nacional tem como característica importante, segundo o autor, o fato de a Geografia estudar os fenômenos ligados à agricultura, sem participar dos movimentos agrários do país, nem mesmo contatando outros pesquisadores não geógrafos. Aqui prevaleciam os paradigmas dos geógrafos agrários europeus.

Influenciado por Caio Prado Júnior, o geógrafo Manuel Correia de Andrade é citado como aquele que rompeu com esse elo e discutiu os movimentos agrários no Nordeste. Para Bray (1987), é o momento de comunhão entre o geógrafo e o movimento da sociedade, aquele em que o cientista passa a produzir também como cidadão. Apesar de tal influência, as referências teóricas e técnicas europeias permaneceram e Bray considera o geógrafo agrário da época como "cientista neutro" (p.10).

Na década de 1970, as formas de analisar o agro brasileiro mudam sob a influência do neopositivismo e da ótica da agricultura moderna, numa visão "crítica conservadora". Ao findar dessa década, e durante a seguinte, rompe-se o chamado academicismo formal e os geógrafos passam a trabalhar mais intensamente com outros estudiosos da agricultura brasileira.

> A década de 80 será marcada pela descolonização da geografia agrária nacional e uma vinculação ampla com os demais estudiosos da agricultura. Desenvolve-se um discurso mais voltado para as questões da agricultura nacional, alicerçadas na ótica marxista, através das transformações dos modos de produção capitalista no país. (Bray, 1987, p.12)

Observamos pela exposição do autor que sua preocupação esteve voltada à identificação dos aspectos que influenciaram a produção geográfica nacional sobre agricultura. A influência de outros cientistas nos estudos agrários em Geografia ainda não havia sido discutida[8] até o momento. Mesmo por essa ótica, não se nota nenhuma preocupação do autor com a definição e a caracterização da Geografia Agrária nacional. Sua prioridade são os diferentes enfoques atribuídos a tais estudos e o que influenciou em tais escolhas. Todavia, a contribuição de Bray (1987) é oportuna quando se trata de avaliar como e sob que influências os estudos agrícolas se encaminharam no Brasil.

Em seu outro trabalho, Galvão (1988), preocupada com a investigação em Geografia Agrária, faz uma rápida revisão do que foram os Engas e como eles refletiram as indagações e o desenvolvimento do geógrafo agrário no Brasil.

Destacando o esquema teórico que vê na luta de classes e na lógica do capital a solução para explicar a diversidade na agricultura, a autora preocupa-se em mostrar que tal estrutura analítica não responde à dinâmica do espaço agrário. Assim, afirma que a Geografia Agrária deve atender à dinâmica da sociedade que, em transformação, ultrapassa os limites das relações econômicas.

Uma série de indagações é apresentada e, talvez, seja esta a contribuição maior da autora que discute a trajetória e a "escolha" teórica feitas pela Geografia Agrária. Nesse sentido, a autora pergunta:

---

8 Esse assunto será tratado com maior detalhe no próximo capítulo.

- Pelos eixos de abordagem adotados, não estava a Geografia Agrária se encaminhando para a autolimitação?
- Centrar na produção e no consumo a possibilidade de compreender os mecanismos de decisão não limita a análise à determinação somente dos ganhos e acumulação?
- O prisma da estrutura de classes não limita a análise quanto à organização, administração ou gestão do território?
- A percepção do papel do espaço como agente de processos sociais não é cerceada numa análise generalizante?
- A diferenciação da realidade conseguida via escala geográfica de análise não está comprometida?
- Dar prioridade às características internas da agricultura leva à marginalização das externas e, assim, não haveria uma separação entre discurso e prática?

Num momento em que já é possível identificar diferentes formas de abordar a agricultura por um período de tempo que indica diferentes fases, Galvão (1987, 1988) preocupou-se em indicar as perspectivas dos estudos futuros, tendo como referência o que já havia sido produzido.

Um ponto comum nos trabalhos levantados diz respeito à necessária associação do desenvolvimento da Geografia Agrária ao movimento da sociedade e da própria ciência como um todo.

A preocupação com a realidade, como a temática social, é fato presente nos trabalhos analisados referentes aos anos 80. Observamos uma inquietação dos autores quanto ao caminho a ser seguido pela Geografia Agrária brasileira, demonstrando até um descontentamento com o que foi produzido até o momento. Exceutando-se o trabalho de Diniz (1984), que demonstra uma preocupação com a definição desse ramo de estudos geográficos, os outros textos se preocuparam em interpretar o modo de pensar do geógrafo sobre a agricultura, identificando como os estudos sobre agricultura se desenvolveram. Talvez, a preocupação conceitual *stricto sensu* tenha desaparecido em razão das novas preocupações que marcaram a Geografia e a Geografia Agrária, contemporâneas ante as transformações da ciência e da sociedade.

OS PERÍODOS E AS FASES DE DESENVOLVIMENTO DA GEOGRAFIA AGRÁRIA NO BRASIL

As expressões fases, períodos, escolas estão sempre presentes naqueles trabalhos que avaliam a trajetória de um determinado conteúdo. Sabe-se que os fatos, sejam eles, físicos, sociais, espaciais e até mesmo científicos, não apresentam uma história linear, mas sim um encaminhamento com características próprias a cada momento específico. Isso evidencia a presença de períodos ou fases com conteúdos e características próprias.

Neste trabalho, tratamos do modo geográfico de ver a agricultura. Um modo de ver que não se desenvolveu de forma homogênea, mas que apresentou singularidades advindas do objeto em análise, ou seja, uma ciência e uma atividade econômica em movimento. Trata-se da própria sociedade em movimento, o que determina momentos históricos, definidos claramente, ou não, mas que sintetizam mudanças ocorridas ao longo do tempo.

Partindo do princípio de que estamos tratando de fatos e aspectos reais, verdadeiros, produzidos ao longo do processo de desenvolvimento e fortalecimento de uma ciência, determinar ou indicar as diferentes fases ou períodos por que passou tal ciência pode auxiliar no entendimento integral e completo desse ramo do conhecimento científico.

Para a análise aqui proposta, uma das variáveis consideradas foi a temporal, ou seja, definimos períodos fechados que circunscrevem décadas e que permitem uma sistematização quantitativa das informações. É sabido que essa rigidez, em períodos fechados, não é verdadeira, já que a ciência não se desenvolve segundo parâmetros previamente estabelecidos e de maneira tão uniforme. Uma nova forma de análise ou paradigma começa a se delinear em razão da decisão tomada por um grupo científico, que então dissemina tal proposta. Assim, as novas formulações atuam concomitantemente à forma presente naquele momento. Podem-se identificar as novas formulações, sem que tenha havido o abandono das ideias correntes.

Para a definição das fases de encaminhamento da Geografia Agrária no Brasil, tomamos como fundamento alguns autores que também tiveram tal preocupação e nos indicam algumas pistas para que possamos pensar com maior clareza na variável tempo que não aparecerá sozinha, isolada, mas refletirá um movimento da realidade social e científica de nosso objeto. Alguns trabalhos, aqui analisados, já foram referência na busca da definição da Geografia Agrária e são retomados em outro enfoque.

A avaliação das propostas de diferentes autores sobre a fixação de fases de desenvolvimento da Geografia Agrária também é perceptível nos trabalhos de diferentes autores em períodos distintos. Assim, o trabalho que consegue traçar de forma mais completa a história da Geografia Agrária no Brasil é o de Diniz (1984), por ser o mais contemporâneo e, portanto, por discutir todas as transformações por que passou a Geografia Agrária brasileira.

A primeira referência[9] sobre uma periodização para os estudos agrários na Geografia é proporcionada pelo trabalho de Orlando Valverde (1964) sobre a Geografia Agrária no Brasil. Este autor aponta duas fases para o desenvolvimento dos estudos agrogeográficos no país. Uma primeira, que inclui trabalhos dos séculos XVIII e XIX, nos quais a preocupação com o método científico era inexistente. São os chamados não geógrafos, representados pelos cronistas coloniais, viajantes e estudiosos que se interessavam pelo registro de informações sobre diferentes culturas.

> O período imperial não é mais rico do que o da Colônia, no que concerne às obras de interesse para a nossa Geografia Agrária. Poucas são as que sobressaem dentre aquelas quase sempre generalizadas e elementares quanto ao método. (Valverde, 1964, p.13)

A segunda fase (1900-1950), definida por Valverde (1964) e que alcança o período da República, difere da anterior por ter trabalhos elaborados por geógrafos de formação universitária.

---

9 Merece referência o trabalho de Elio Migliorini (1950) sobre o desenvolvimento da Geografia Agrária. Entretanto, sua análise não será aqui tratada, porque o autor não faz alusão a estudiosos e trabalhos brasileiros, mas trata do desenvolvimento da Geografia Agrária na Alemanha, França e Itália, portanto fugindo ao objetivo aqui proposto de avaliar a trajetória dos estudos nacionais em Geografia sobre agricultura.

MUNDO RURAL E GEOGRAFIA

No período que vai do início do século XX até meados da década de 1930, os geógrafos franceses são os pioneiros que vieram para o país em momentos diferentes. Pierre Denis é o primeiro a dedicar-se à Geografia Agrária e sua obra é incomparável até a chegada de Pierre Deffontaines, que permanece no país por seis anos (1934-1940). Pierre Monbeig influenciou a formação do geógrafo paulista em temas ligados à agricultura. Ao lado desses, o alemão Léo Waibel, de 1946 a 1950, elaborou estudos bastante conhecidos, atuando no Conselho Nacional de Geografia. Trata-se da fase de sistematização da ciência geográfica no país e suas formulações estão diretamente ligadas à influência da escola francesa.

É importante salientar que esse trabalho de Valverde (1964) marca o momento de estruturação da Geografia no Brasil. Sua preocupação ainda está em definir os caminhos a serem trilhados pela Geografia Agrária. É o registro do início da história.

A Geografia Agrária é, em última análise, a interpretação dos vestígios que o homem do campo deixa na paisagem, na sua luta pela vida, quotidiana e silenciosa. Ela permanece, desse modo, no seu substrato, como um estudo essencialmente econômico ...

Só assim, bem caracterizada no seu aspecto qualitativo e quantitativo, a Geografia Agrária adquirirá cunho científico e terá utilidade prática. Amputada de uma de suas partes, ela poderá proporcionar matéria para elegantes conferências, cheias de erudição, mas jamais contribuirá para a solução de qualquer dos problemas que afligem o homem. (p.37)

A partir do texto de Valverde, uma série de outros trabalhos pode ser considerada. Entretanto, é importante salientar que são trabalhos de final dos anos 70 e início dos 80, quando se registra a trajetória da Geografia Agrária no Brasil.[10]

Outro autor que também avalia temáticas relacionadas à maneira de enfocar a atividade agrícola na Geografia é Rivaldo Gusmão (1978) que trata, como vimos anteriormente, dos enfoques prefe-

---

10 O trabalho de Diniz (1973) discute o momento específico que marcou a mudança metodológica, da Geografia Clássica para a Quantitativa, sem fazer referência a uma periodização.

renciais dos estudos rurais no Brasil. O conjunto dos enfoques assinalados por esse autor apresenta um quadro cronológico composto por três fases.

A primeira delas, estudos rurais de diferenciação de áreas, desenvolve-se da década de 1940 até o início da de 1970. Os estudos classificatórios do espaço rural, com base em modelos estatístico-matemáticos, caracterizam o fim da década de 1960 e início da de 1970. A terceira fase, a partir de 1975, é marcada pelos estudos de desenvolvimento rural, os quais procuraram analisar a agricultura no contexto da estrutura espacial brasileira.

Para Gusmão (1978), as três fases assinaladas não foram excludentes e os enfoques acumularam-se, sendo possível identificar a sua coexistência ainda hoje. Outro aspecto assinalado pelo autor diz respeito à tendência seguida pelos estudos rurais brasileiros em relação ao paradigma da ciência geográfica. Há uma conjugação entre os enfoques detectados e os paradigmas geográficos.

Também determinando três fases de desenvolvimento, no trabalho de Ceron & Gerardi (1979) há referência cronológica. São definidas fases que marcaram o desenvolvimento dos estudos de Geografia Agrária no Brasil. A primeira estende-se de 1920 a 1950, na qual se multiplicaram os trabalhos ligados à "classificação da agricultura por áreas ou espaços delimitados de acordo com os mais diferentes critérios" (p.62).

Situada genericamente na década de 1960, a segunda fase, apontada pelos autores, enfatiza a tipologia da agricultura em estudos que utilizaram grande número de variáveis, trabalhadas segundo técnicas estatísticas de taxonomia.

Outra fase, referente ao final da década de 1970, contemporânea aos autores, abraçou estudos preocupados com o homem do campo e suas condições de vida, avaliando diferentes aspectos do desenvolvimento rural.

Alguns textos[11] citados não têm a Geografia Agrária como objeto de análise, mas por tratarem da história da Geografia no Brasil

---

11 O livro de Manuel Correia de Andrade (1987a), *Geografia ciência da sociedade: uma introdução à análise do pensamento geográfico*, apresenta a história da ciência geográfica no Brasil e no mundo. Apesar disso, as referências aos estudos agrários são mais esparsas, diferentemente das dos trabalhos aqui citados.

MUNDO RURAL E GEOGRAFIA

trazem referências que não podem ser esquecidas, já que boa parte da Geografia nacional foi dedicada aos estudos agrários.

Nesse sentido, em *A Geografia no Brasil (1934-1977): avaliação e tendências*, Carlos Augusto Figueiredo Monteiro (1980) oferece uma avaliação e revela tendências sobre o desenvolvimento da ciência geográfica no país.

A evolução dessa ciência no Brasil apresenta um quadro cronológico que Monteiro (1980) define em razão das temáticas de pesquisas desenvolvidas no país. São quatro intervalos de tempo definidos para o período de 1934 a 1977.

O primeiro deles, chamado de implantação da Geografia Científica (1934-1948), marca a criação dos cursos de Geografia e a fundação da Associação de Geógrafos Brasileiros (AGB). No caso específico da Geografia Agrária, marca a realização de estudos desenvolvidos por Deffontaines, Monbeig e Waibel, orientando e refletindo principalmente a escola francesa nas monografias que buscavam explicar a realidade nacional, agrária, nessa época.

O intervalo seguinte (1948-1956), na proposta de Monteiro (1980), marca a cruzada agebeana de difusão nacional. É um período marcado pela saída dos franceses do Brasil e pelo grande número de trabalhos de campo, realizados pela AGB. No caso específico da Geografia Agrária, o período marca a realização de estudos sobre distribuição espacial de produtos agrícolas, representados em cartogramas e comentários interpretativos.

O terceiro (1956-1968) é a primeira época da afirmação. Trata-se da existência de "uma comunidade ativa de geógrafos pesquisadores" (Monteiro, 1980, p.18). As análises agrárias têm grande destaque nos trabalhos de Orlando Valverde. A *Revista Brasileira de Geografia* registra uma superioridade dos estudos agrários em relação aos demais, sendo trabalhos que ainda eram realizados com base na descrição e explicação de domínios. O início dos anos 60 marca uma mudança nesse processo e a urbanização e a industrialização trazem consigo transformações que passam a despertar mudanças metodológicas.

A segunda época da afirmação ocorreu de 1968 a 1977, último intervalo assinalado por Monteiro. O ano de 1968 é o marco divisor e proclama a adoção da quantificação. O período evidencia um crescimento no número de trabalhos de Geografia Urbana. Esse ramo da Geografia começa a ser consagrado como de interesse do geógrafo e ganha participação em detrimento dos estudos agrários e geomorfológicos, dominantes até então.

Para finalizar sua análise, o autor destacou para o ano de 1977 a reformulação na estrutura do Instituto Brasileiro de Geografia e Estatística (IBGE) que passa a ter a Geografia Humana reorganizada pela abertura dessa ao contato interdisciplinar com economistas e sociólogos. Esse fato é importante porque evidencia a presença de formulações não geográficas no discurso do geógrafo brasileiro, bastante evidente nos estudos agrários, discutidos mais adiante.

No trabalho de Monteiro (1980), os intervalos de tempo são bastante claros e definidos por fatos marcantes da história da Geografia. Sua referência é importante porque trata nitidamente da história da Geografia Agrária no Brasil quando utiliza as temáticas dos estudos como parâmetro para a definição da periodização.

Também definindo períodos de forma clara, Diniz (1984), em seu livro *Geografia da Agricultura* apresenta cinco escolas com base nos conteúdos teóricos e metodológicos que marcaram os estudos geográficos sobre agricultura para diferentes épocas.

Iniciando com a chamada Geografia da Paisagem Agrária, o autor aponta que ela marcou o desenvolvimento da Geografia científica do século XIX ao começo do XX. Essa escola apresentou quatro características: "a busca da síntese pela observação da paisagem, a compreensão da paisagem agrária como reação do homem ao meio, a associação com a história e a preocupação com as formas do '*habitat*' rural" (Diniz, 1984, p.36). Falando particularmente do desenvolvimento dessa corrente no Brasil, o autor salienta que os primeiros centros geográficos brasileiros foram fundados sob a influência dessas ideias.

> O espaço brasileiro era, nas décadas de trinta e quarenta, muito pouco conhecido, e as pesquisas produzidas no âmbito universitário ou no antigo Conselho Nacional de Geografia tinham, naturalmente, uma grande preocupação com a descrição; os lugares precisavam ser conhecidos e excelentes monografias foram então produzidas. Assim, é muito natural que os estudos geográficos sobre a agricultura brasileira tenham sido, durante muito tempo, voltados à descrição da paisagem rural e de sua gênese. (p.42)

MUNDO RURAL E GEOGRAFIA

Contemporânea à escola da paisagem agrária, a Geografia Econômica da Agricultura constitui, segundo Diniz, uma segunda corrente dos estudos sobre a atividade agrícola. Suas características fundamentais são a descrição da distribuição de produtos e rebanhos, sua vinculação aos fenômenos do quadro rural e a definição de regiões agrícolas.

A terceira escola marca a influência do estruturalismo na Geografia e refere-se à Teoria da Combinação Agrícola. Entendida como fato dinâmico e como um fenômeno que ocupa uma superfície, a ênfase nos estudos das relações entre os elementos fez a Geografia inserir-se no pensamento científico.

A quarta escola passou a fazer parte das preocupações do geógrafo agrário brasileiro em meados dos anos 60 e foi influenciada pelas Comissões da União Geográfica Internacional. Sua fundamentação fez-se em razão dos estudos de utilização da terra e de tipologia agrícola.

A quinta e última escola, apontada por Diniz (1984, p.52), determina os novos rumos da Geografia da Agricultura, refletidos em dois enfoques: um teórico, econômico e quantitativo, que busca leis e aplica modelos; outro, social, preocupado "com as condições de vida da população rural, a apropriação dos meios de produção por diferentes classes sociais, e as questões de desenvolvimento rural".

Observamos pela proposta de Diniz que sua preocupação maior não está em definir intervalos de tempo fechados, constituindo períodos. Ele trata de correntes ou escolas, preocupando-se com a discussão das ideias em voga. A referência temporal é subentendida, mas é possível, em razão do conteúdo, apontar três períodos principais: o primeiro dedicado à descrição e à compreensão da paisagem, numa Geografia Agrária descritiva; um segundo, preocupado com a relação entre os elementos que explicavam a atividade agrícola e a forma como estavam distribuídos no espaço num contexto regional; e o terceiro, voltado ao entendimento das condições sociais da atividade agrícola.

Essas definições permitem entender a trajetória da Geografia Agrária brasileira pela ótica dos paradigmas, ou seja, a Geografia Agrária como ramo de uma ciência que apresenta uma história, a qual não pode ser esquecida.

Com base nos trabalhos citados foi possível construir um quadro-síntese (Quadro 1) que demonstra a trajetória da Geografia Agrária no Brasil. Para tal, consideramos os diferentes aspectos tratados pelos autores, por nós estudados, tais como: designação, períodos, paradigmas, características teórico-metodológicas, características socioeconômicas e temáticas. Julgamos, assim, que a nossa proposta de avaliar a Geografia Agrária no Brasil, segundo as variáveis tempo, escolas do pensamento ou paradigmas, realidade socioeconômica e temáticas, fica aí concretizada.

A representação, a seguir, que designamos de Síntese da Geografia Agrária Brasileira (Quadro 1), resume o que consideramos como fundamental para concluir a discussão da questão da periodização na Geografia Agrária. Temos aqui, então, resumida a história da Geografia Agrária Nacional.

Quadro 1 – Síntese da Geografia Agrária brasileira

Designação	Período	Paradigma	Características Teórico-metodológicas	Características Socioeconômicas	Temáticas
Estudos Não Geográficos	Séc. XVIII, XIX até 1934	—	Inexistência de método científico	Hegemonia Agrícola	Informações sobre diferentes áreas e culturas
Geografia Agrária Clássica	1934 a meados dos anos 60	Diferenciação de áreas	Introdução do método científico sob influência francesa/alemã, descrição, interpretação, síntese, valorização do trabalho de campo	Domínio da agricultura, início da industrialização/urbanização	Caracterização, classificação e distribuição de produtos agrícolas por áreas, colonização, hábitat rural, paisagem rural
Geografia Agrária Quantitativa	Meados dos anos 60 a meados dos anos 70	Classificatório	Enfoque classificatório, utilização de modelos estatísticos e matemáticos	Desenvolvimento urbano-industrial, introdução do processo de modernização da agricultura	Estudos classificatórios, tipologia agrícola, caracterização social, funcional e econômica da agricultura, uso da terra, organização agrária
Geografia Agrária Social	1975 a 1995 *	Interação e ação sobre o espaço	Enfoque pragmático, análise da agricultura no contexto do desenvolvimento rural	Êxodo rural, constituição do CAI, capitalização e industrialização da agricultura	Transformação do espaço rural, modernização da agricultura, relações de trabalho, desenvolvimento rural, desequilíbrios regionais, pequena produção, produção familiar, agroindústria

* Último ano de referência dos trabalhos levantados.
Fonte: Levantamento bibliográfico.
Organização: Darlene A. de O. Ferreira.

2 GEOGRAFIA E GEOGRAFIA AGRÁRIA: FRONTEIRAS

Quando nos propusemos a analisar o modo geográfico de pensar sobre a agricultura, deparamo-nos com um conjunto de trabalhos ricos em conteúdo factual, diferentes quanto ao enfoque teórico-metodológico. Nele também percebemos, ao longo do percurso, indicações várias sobre a aproximação do modo geográfico de pensar com uma ou outra ciência afim.

Conforme lembra Christofoletti (1982), os problemas enfrentados pela sociedade ocasionam mudanças, tanto no contexto socioeconômico quanto no conhecimento científico. Como não há uma ciência una, a reação individual aos desafios impostos pela realidade coloca determinada ciência em posição de precursora de novas ideias ou posicionamentos. Isso pode indicar que, naquele momento, aquela ciência poderá estar influindo sobre outras.

A Geografia, ao longo de sua história, enfrentou a interface com outras ciências, buscando justificar e marcar posição quanto ao seu objeto e método.

Assim, Bahiana (1992, p.66) destaca que uma das grandes preocupações presentes no decorrer do desenvolvimento da ciência geográfica, no Brasil e no mundo, foi "a tentativa de limitar onde acaba o campo de atuação dos geógrafos e começa a dos vizinhos".

Na medida em que a Geografia foi alimentada por proposições tanto das chamadas Ciências Naturais, como das Ciências Sociais, a questão relativa às suas fronteiras ganhou recortes distintos: das Ciências Naturais, a valorização do espaço físico; das Ciências Econômicas, a preocupação com o mercado e a produção; das Ciências Sociais, a análise da sociedade. Em momentos diferentes, como será mostrado a seguir, a Geografia deu ênfase maior ou menor a cada uma ou a várias dessas proposições.

Em se tratando do estudo do meio rural, temática de nosso trabalho, vale lembrar o que apontam Gnaccarini & Moura (1986--1990, p.9), em seu estudo relativo ao debate sobre a estrutura agrária brasileira. "Pensar e escrever sobre a estrutura agrária brasileira é tarefa do político e do acadêmico, através do pensamento de economistas, antropólogos, cientistas políticos, sociólogos, agrônomos, literatos, historiadores e geógrafos." E a Geografia esteve participando desse debate, contribuindo de maneira mais próxima ou mais distante das ciências afins.

Desse modo, a discussão sobre as fronteiras da ciência geográfica não pode ser efetuada de maneira estática, mas como parte de um movimento que define o próprio movimento das ciências. Conforme salientou Christofoletti (1982), a cada período diferente, em razão do desafio colocado pela sociedade, a posição de vanguarda entre as ciências pode mudar.

No caso específico da Geografia, de forma geral, três momentos são bastante claros, e mostram como as ciências vizinhas inspiraram os geógrafos. O primeiro deles é marcado pelas Ciências Naturais, com presença nos estudos geográficos até meados do século XX. A Matemática e a Estatística conduziram os estudos, num segundo momento, ficando a preocupação social ditada notadamente pela Sociologia, pela História e pela Economia de inspiração marxista, como característica do terceiro momento.

A visão naturalista (minimização do elemento humano), ambientalista (o estudo do homem em relação ao meio onde se insere) (Moraes, 1991) e organicista (a sociedade como organismo vivo), sob influência das Ciências Naturais, ganhou destaque na Geografia, caracterizando um dos períodos mais férteis dessa ciência como comprova o número bastante significativo de estudos produzidos, no Brasil, até meados do século XX.

MUNDO RURAL E GEOGRAFIA

Não se deve, entretanto, esquecer do papel da economia política, tão bem sublinhado por Otremba (1955), que ganha destaque nesse período, especialmente, junto à Geografia Agrária.

> *Estrechas son las relaciones de la Geografia agraria con la Economía política. Si la Agricultura suministra el fundamento básico, de la Economia Política se derivan la multitud de problemas que precisamente han hecho florecer a dicha ciencia. Todas las regras geométricas relacionadas com las Economias, toda la problemática de posicion agrupada alrededor de THÜNEN, las regulaciones sobre el establecimiento de salarios y precios, los principios que han dado forma a las relaciones entre industria y agricultura, la mutitud de problemas económicosociales, los fundamentos de la estadística, todo esto lo requiere la Geografia agraria para llenar su cometido. Ocuparse de los problemas económicos es una condición previa indispensable, si es que la tarea encomendada a la Geografia agraria haya de tener éxito. (p.7)*

Apesar do destaque dado por Otremba (1955), a referência quanto à proximidade da Geografia com outras ciências, até meados do século XX, é feita mais em relação às Ciências Naturais e à História. O próprio autor refere-se a elas quando destaca que, no caso da História, as formas presentes de exploração do espaço, estudadas pelos geógrafos, são oriundas de circunstâncias históricas e, portanto, merecem ser avaliadas historicamente.

Quanto às Ciências Naturais, elas compõem os fundamentos lógicos da Geografia Agrária e esta, assim, desenvolve-se no sentido ecológico. O autor fala na colaboração entre a Geografia Agrária e a Climatologia/Meteorologia, a Hidrografia, os estudos de solos, além de uma série de ramificações que passam pela Geografia Social, envolvidas com as estruturas agrossociais.

> *En última instancia, la Geografia agraria se edifica en su coronación, es decir en el estudio de los paisages agrícolas, en la* ciência del panorama cultural. *Porque, en realidad, sólo se da lugar a un veradero panorama de cultivos allí donde el hombre labra la tierra para explotarla en sentido agrario.* (p.8)

Considerando o período formativo da Geografia, Nilo Bernardes (1982, p.399) afirma: "a Geografia era sobretudo o estudo do meio natural, o homem fazendo parte dele".

O geógrafo francês Vidal de La Blache (Christofoletti, 1982), em artigo publicado no início do século XX, evidenciou o papel das características naturais no desenvolvimento das atividades humanas, tratando de assuntos como: a unidade terrestre, a combinação de fenômenos, as superfícies, a força do meio e a adaptação.

Se a "Geografia compreende, por definição, o conjunto da Terra" (La Blache, apud Christofoletti, 1982, p.38), o conhecimento dos fatos que compõem a fisionomia terrestre deveria ser observado e, apesar de a Geografia inspirar-se nas ciências vizinhas, La Blache considera que a contribuição geográfica estaria no entendimento de como as leis físicas e biológicas, combinadas e modificadas, aplicavam-se às diferentes partes do globo, definindo como campo de estudos da Geografia a superfície terrestre.

As Ciências Naturais ganham destaque quando analisam o local de atuação do homem, aquele onde este se adapta. A História ganha referência quando sintetiza as influências que as condições geográficas exerceram sobre o mundo vivo.

> Uma das primeiras preocupações do geógrafo é colocar os fatos humanos em relação com a série de causas naturais que podem explicá-los e recolocá-los, desta maneira, no encadeamento do qual faz parte. O entendimento dessas causas nos esclarece sobre os modos de vida e os hábitos materiais dos homens. Esta influência do meio físico ambiental, como dizem os americanos, manifesta-se em toda parte, em todos os domínios da atividade humana, em exemplos entre os quais o geógrafo só tem o embaraço da escolha. (Demangeon in Christofoletti, 1982, p.51)

Assim, para a Geografia Humana, o interesse está em estudar "os homens como coletividades e agrupamentos: são as ações dos homens como sociedades" (Demangeon in Christofoletti, 1982, p.52), ou seja, a Geografia é o estudo dos grupamentos humanos em suas relações com o meio físico.

A expressão meio físico, entretanto, define apenas as influências naturais, e a Geografia Humana é o estudo dos grupamentos humanos em suas relações com o meio geográfico. Essa noção, segundo Demangeon, engloba a influência do homem, para formar o meio geográfico. "... o homem *nudus et inermis* não tardou a tornar-se, graças à sua inteligência e à sua iniciativa, um elemento que exerce sobre o meio uma ação poderosa" (ibidem).

Adotada a definição de Geografia Humana, o autor identifica nela quatro grandes grupos de problemas, provenientes da relação sociedades humanas e meio geográfico: a valorização dos recursos naturais feita pelas sociedades que condicionam modos de vida em grandes zonas naturais; a elaboração de diferentes procedimentos ao longo do tempo e do espaço, tirando partido dos recursos naturais; a distribuição dos homens segundo as condições da natureza e dos recursos; as instituições humanas ou os modos de ocupação da terra.

Ao considerá-los como conteúdo da Geografia Humana, o autor demonstra o vigor das condições naturais como empreendedoras da ação humana, da própria inclusão do homem como elemento natural, permitindo-nos discernir quanto era significativo para esse período a consideração do meio físico. Essa noção, sem dúvida, estará presente nos trabalhos desenvolvidos e terá reflexos no Brasil e nos estudos de Geografia Agrária das décadas de 1940 e 1950, nos quais as condições naturais ganhavam capítulo próprio.

O método da Geografia Humana, segundo Demangeon, deveria considerar três princípios que regeriam o trabalho geográfico. Assim, a Geografia Humana: (a) não deveria crer "numa espécie de determinismo brutal, numa fatalidade resultante dos fatores naturais", (b) mas trabalhar apoiada "sobre uma base territorial ... que diferencia[sse] a Geografia Humana da Sociologia", (c) compreendendo e explicando não apenas o estado atual das coisas mas o seu passado. "É preciso encarar a evolução dos fatos, remontar ao passado, isto é recorrer à História" (p.54-6).

A proximidade com as Ciências Naturais e com a História é fato claro na análise do período que compreende a primeira fase da História da Geografia no Brasil, influenciada, sem dúvida, pela Geografia europeia que, em seu período moderno, teve, no determinismo ambiental e no possibilismo, sua base de análise. Essa tendência ainda persistirá até o decênio de 1960.

O chamado período naturalista – no qual a temática ambiental tem, segundo Mendonça (1994), a descrição do quadro natural (relevo, clima, vegetação, hidrografia, fauna e flora) do planeta dissociada do homem – como linha geral vai alcançar as décadas de 1950 e 1960 do século XX, período em que a Geografia já está presente no Brasil. Dessa forma, a produção nacional não está dissociada do que está ocorrendo no exterior, particularmente no continente europeu, e reflete esses princípios.

As explanações de Mendonça (1994) e Johnston (1986), sucessivamente, nos permitem ilustrar quanto o ambiente físico foi importante no desenvolvimento dos trabalhos geográficos. Tratando do caráter ambientalista da Geografia, o primeiro autor considera que os princípios

> básicos e os objetivos principais, assim como o objeto de estudo da Geografia, desde sua origem como Ciência, são de caráter eminentemente ambientalista. A Geografia é, sem sombra de dúvida, a única Ciência que desde sua formação se propôs o estudo da relação entre os homens e o meio natural do planeta – o meio atualmente em voga é propalado na perspectiva que engloba o meio natural e o social. (Mendonça, 1994, p.22-3)

Considerando o meio ambiente físico como a fonte inicial dos estudos geográficos, Johnston (1986, p.60), trata das generalizações geográficas do período moderno.

> Ao invés de apresentar meramente a informação de uma maneira organizada, seja por tópico, seja por área, os geógrafos começaram a procurar explicações para os padrões de ocupação humana da superfície terrestre. A fonte inicial mais importante de suas explicações foi o meio ambiente físico, e uma posição teórica foi estabelecida em torno da crença de que a natureza humana era controlada por parâmetros do mundo físico, no interior do qual se encontra essa atividade.

Ainda é necessário lembrar que, nas décadas de 1940 e 1950, os periódicos nacionais, em especial a *Revista Brasileira de Geografia* e o *Boletim Geográfico*, trazem, em seus números, várias contribuições de autores não geógrafos que procuram discutir em seus textos problemas ligados à qualidade e à conservação dos solos, a processos erosivos, a temáticas vinculadas à geologia, à pedologia, à agronomia.

As contribuições de José Setzer (1941, 1942, 1946a, 1946b, 1951) e Hilgard O'Reilly Sternberg (1951, 1951a, 1951b, 1951c, 1952, 1952a, 1952b, 1952c, 1952d, 1952e) tratam de assuntos diretamente ligados à atividade agrícola no que concerne ao manejo do solo. O primeiro autor apresenta diretrizes para um levantamento agroecológico e um estudo específico sobre o assunto para o Estado de São Paulo (1941, 1946b), em outro estudo trata sobre solos em suas condições físicas (1942) para, em seguida, tratar do manejo por meio do uso do arado (1946a) e da conservação (1951), em um último trabalho.

A contribuição de Sternberg, publicada nos anos 1951 e 1952, é proporcionada pelo que o autor designou de manual de conservação dos solos, no qual, em uma série de nove trabalhos publicados em diferentes números do *Boletim Geográfico*, oferece uma avaliação dos tipos de solos existentes e sua capacidade de uso, bem como técnicas de conservação. Em um estudo sobre o Brasil devastado (1951), o autor considera o homem e a atividade agrícola como agentes no processo erosivo do solo e diferentes formas conservacionistas de utilização desse recurso.

Observamos, então, que a aproximação com as Ciências Naturais não foi feita unicamente pela utilização de seus postulados, mas também pela divulgação destes nos veículos de divulgação geográfica. Tal procedimento é comum nesse período, uma vez que, como veremos, a Geografia brasileira ainda tem poucos geógrafos propriamente ditos e incorpora outros profissionais nos quadros docentes e de pesquisa dos cursos de Geografia. Além de profissionais das Ciências da Terra, também é possível encontrar contribuições de Sérgio Millet, Caio Prado Júnior, entre outros historiadores e cientistas sociais.

A aproximação com a História resultou na análise de processos, ou seja, na busca, no passado, de explicações para os fatos atuais. Em seu texto sobre o pensamento geográfico tradicional, Nilo Bernardes (1982) considera as condições históricas como significativas na análise das relações homem-meio, visto que evidenciam o homem como ser cultural e agente modificador da superfície terrestre.

O ponto central do possibilismo, pode-se dizer, é a diferença a ser feita entre *fator* e *condição* geográfica. Os elementos do meio natural, na verdade, não são "fatores", não são eles que "produzem" os resultados, independentes do momento histórico. São "condições" que pesam ora mais ora menos poderosamente, pautando os resultados de outras forças, estas sim originárias da ação humana. (p.397, grifos no original)

O estudo evolutivo das formas de produzir evidenciam as transformações da sociedade e do meio. Segundo Pierre George (1975), as condições naturais parecem imutáveis, ao passo que a ação humana se transforma rapidamente. A Geografia seria, então, o resultado e o prolongamento da História. O conhecimento das diferenças nas técnicas e das dos fatores de desenvolvimento permite entender a desigualdade do mundo em seu sentido evolutivo.

"Toda a Geografia é potencialmente histórica, porque existe uma dimensão histórica para todos os problemas geográficos" (Mikesell, 1976, p.162). Além disso, tanto na França como no Brasil, a formação conjunta do historiador e do geógrafo deve ter influído para tal aproximação, criando uma corrente histórica na Geografia (Diniz, 1984).

Para os seus seguidores, a Geografia e a História são Ciências corológicas e sintéticas, que diferem apenas num ponto: enquanto a primeira possui uma abordagem espacial, a segunda uma temporal. Da junção das duas adviria uma visão complexa, total e sintética da natureza e do homem, que abrangeria todos os campos das diversas Ciências sintéticas. (p.37-8)

Durante as primeiras décadas de desenvolvimento da Geografia no Brasil, constatamos a preponderância de trabalhos sobre a temática agrícola. As análises efetuadas com títulos gerais como "aspectos geográficos", "estudo geográfico", "Geografia Humana", ou ainda "Geografia Econômica", e os estudos de Geografia Regional, apresentavam as mesmas características, ou seja, uma parte do tra-

MUNDO RURAL E GEOGRAFIA

balho dedicada à descrição das condições naturais, outra às condições históricas ou de ocupação e povoamento e, em seguida, a caracterização da produção agrícola em relação aos aspectos técnicos e econômicos.

Para explicar tal fato, Andrade e Corrêa destacam que

> nas décadas de 40 e 50, domina um esquema em que o geógrafo analisava o meio físico, sobrepunha a ele os dados humanos e finalmente analisava as atividades econômicas ...
>
> A formação histórica, ministrada paralelamente à geográfica (o curso era, como salientamos, de Geografia e História), produziu teses ... em que os estudos eram realizados com muita ênfase histórica, de vez que eram feitas sob forma de uma análise de processo. (Andrade, 1990b, p.131)

> Estabeleceu-se uma relação causal entre o comportamento humano e a natureza, na qual esta aparece como elemento de determinação. As expressões *fator geográfico* e *condições geográficas,* entendidas como clima, relevo, vegetação etc., são heranças do discurso ideológico determinista. (Corrêa, 1991, p.11, grifos no original)

Na caracterização das correntes do pensamento geográfico, Corrêa (1991) deixa evidente que a variação do comportamento humano foi considerada, em princípio, determinada pela natureza, na visão da escola determinista, e, em seguida, "como fornecedora de *possibilidades* para que o homem a modificasse: o homem é o principal agente geográfico". A paisagem geográfica compreenderia "formas criadas pelo homem sobre a superfície da Terra" (1991, p.13).

As características apontadas por esses autores evidenciam a presença das Ciências Naturais e da História como influências fortes no pensamento geográfico brasileiro em sua primeira fase.

Geógrafos franceses e os fundadores da Geografia brasileira trazem em seu discurso e ação essa influência. Em uma parte do livro *Pioneiros e fazendeiros de São Paulo*, Monbeig (1984) descreve as condições naturais e históricas do Estado, dedicando-lhes três capítulos, nos quais o relevo, o clima, os solos e as paisagens vegetais são as chamadas características geográficas que compõem unidades regionais.

No Brasil, como na maior parte dos países da zona intertropical, as mesmas características geográficas são encontradas em grandes extensões. As mesmas rochas, os mesmos solos e as mesmas formas topográficas estendem-se por centenas de quilômetros. Uma unidade climática regional pode ter as dimensões da França e só o avião, com a velocidade de que é capaz, pode desfazer a impressão de que não se viu uma só paisagem durante todo um dia de viagem. (p.33)

Um trabalho de Pierre Deffontaines (1939), publicado no primeiro número da *Revista Brasileira de Geografia*, no final da década de 1930, intitulado "Geografia humana do Brasil", apresenta um capítulo sobre "os elementos da natureza e a luta dos homens", justificando que

Antes de estudar como os homens vão utilizar e explorar este país desmesurado, importa conhecer o quadro físico em que se vai exercer a atividade humana, reproduzir-lhe os grandes traços característicos e mostrar a luta que os homens ali sustentaram contra os diferentes elementos da natureza. (p.20)

Na análise de Deffontaines (1939), por uma matriz possibilista, a natureza brasileira oferece aos homens uma variedade de elementos que lhes permitem a sobrevivência. Assim, não existe uma descrição dos elementos naturais para a posterior análise das atividades humanas e econômicas; o texto apresenta a confluência do meio com o homem de maneira direta. O que ele chama de Geografia humana nada mais é do que a descrição do território nacional, priorizando o meio físico. O que o autor designa de "elementos da natureza" são: o solo; o relevo, em seus aspectos particulares: a montanha (mineira, pastoril, horticultora, de residência, de indústria), as formas da costa; o clima; os rios (agricultura e inundação); a vegetação (floresta).

Da mesma forma, Antônio Teixeira Guerra (1957b) estudou o sudeste do Espírito Santo em seus aspectos geográficos.

De modo geral, a lavoura do café – produto agrícola mais importante – é praticada onde dominam solos oriundos da decomposição de rochas do complexo cristalino. Trata-se de áreas acidentadas, com encostas às vezes bastante íngremes – "cafezal de morro" onde primitivamente existia densa e pujante floresta tropical litorânea. Esta foi gradativamente devastada e em seu lugar surgiram as lavouras cafeeiras ...

As terras baixas e as várzeas úmidas são ocupadas em largas extensões com plantio do arroz. Também a cana e a banana são cultivadas em tais áreas. Deve-se frisar que a banana além de ocupar as terras de várzea, é plantada também nos talvegues úmidos de ravinas, nas encostas dos morros. (p.188-9)

O uso da terra no leste do Estado da Paraíba foi objeto de estudo de Orlando Valverde (1955), em meados da década de 1950, utilizando fotografias aéreas para cartografar a utilização da terra. O estudo inicia-se com a descrição da divisão regional do Estado e considera a morfologia como elemento principal, sendo ainda caracterizados o clima e a vegetação. Os tipos de uso da terra são apresentados conforme as superfícies morfológicas apresentadas: uso da terra na zona da mata (cana-de-açúcar), no agreste (criação de gado), no brejo (agave, cana-de-açúcar, mandioca), no sertão (criação extensiva, roças de subsistência).

Na análise do mapa construído pelo autor, é possível perceber a referência às condições físicas do local, à posição geográfica em relação ao mercado e à cultura predominante. Tais características distinguem faixas econômicas, como as propostas na teoria de Von Thünen, um indício da influência da economia na Geografia Agrária brasileira.

Em primeiro lugar, figuram as propriedades exclusivamente agrícolas, em que se pratica uma rotação de terras primitivas. Estas ocupam terras melhores, mais úmidas e mais próximas do litoral.

Seguem-se-lhes em condições e na situação geográfica as propriedades que chamei de "latifúndios agropecuários pré-capitalistas", que ocupam terras mais secas, do Agreste, onde já surge o problema da água ...

Por fim, a fazenda de criação, o latifúndio de pecuária extensiva, com uma ou outra lavoura de subsistência, que apenas pôde reservar para si as terras semiáridas do Sertão e os tabuleiros pobres ... (Valverde, 1955, p.79)

Para alguns autores, a ligação da Geografia com a História não significou uma aproximação desta ciência com as outras ciências sociais. O predomínio da visão naturalista colocou a Geografia em uma posição pouco confortável, já que a análise da relação homem-meio se fazia mais em razão do meio físico do que propriamente da sociedade. Isso ficou refletido no determinismo e no possibilismo, mesmo tendo o segundo considerado de forma nítida a ação humana.

Nelson Werneck Sodré (1989) define a relação entre a Geografia e a História, a partir do processo produtivo.

> A Geografia deve estudar, com particular destaque, como o homem modifica a natureza e como sua modificação, variando ao longo dos tempos, dependeu essencialmente do nível das relações de produção e do caráter do regime de produção. Não há produção, em abstrato. A produção resulta do trabalho humano, principalmente. É o trabalho que regula, no fim de contas, a relação entre o homem e a natureza. Ou, em outro nível, a relação entre a Geografia e a História. (p.118)

Dessa observação pode-se inferir que a Geografia Humana, como parte integrante da Geografia, não deve estudar o homem propriamente dito, mas este "organizado em sociedade como produtor, transformador e distribuidor de recursos naturais" (Freile, 1965, p.870). Assim, estabelece-se o vínculo da Geografia com as Ciências Sociais.

Os estudos realizados no Brasil, até a década de 1950, encontram nas Ciências Naturais e na História seu ponto de referência. São os estudos denominados idiográficos (Hartshorne, 1978) que levariam ao conhecimento profundo de determinado local compreendido pela análise particular e unitária que esteve presente nos trabalhos dos geógrafos brasileiros durante a primeira fase de desenvolvimento da Geografia no Brasil.[1] Os fatos estudados como únicos foram focalizados durante as décadas de 1940 e 1950 em trabalhos de Geografia Agrária sobre diferentes culturas e áreas, como vimos nos exemplos anteriores.

---

1 Antonio Carlos Robert de Moraes dedicou um capítulo particular de seu livro *Geografia Pequena História Crítica* à análise da proposta de Hartshorne ligada à chamada Geografia Idiográfica.

MUNDO RURAL E GEOGRAFIA

A década de 1960 ainda mantém características teórico-metodológicas das décadas anteriores. Entretanto, a tendência a uma abordagem social começa a se fazer presente, definindo uma chamada Geografia Social.

Sabemos que, até meados do século XX, a preocupação com a produção, comercialização e transporte de produtos, sobretudo agrícolas, é um fato nos estudos geográficos. A própria Geografia Agrária é considerada como um ramo da Geografia Econômica, com pouca ênfase no conteúdo social da atividade. A aproximação com o social via identificação de gêneros de vida, de qualquer forma, não imprimiu uma tradição de análise social, que começou a se desenvolver com maior vigor na década de 1960. Para Freile (1965), a Geografia Social tem como conteúdo todas as Ciências Sociais, atuando conjuntamente:

> dentro da Geografia existe a chamada Geografia Humana, a qual alguns anos se denomina *Geografia Social*. Esta é a parte da Geografia que mais incide dentro do grupo das Ciências Sociais. A Geografia Humana não é o estudo do homem propriamente dito; é o estudo do homem organizado em sociedade como produtor, transformador e distribuidor de recursos naturais; daí que uma parte da Geografia Humana seja essencialmente econômica e que, por não se poder fazer uma diferenciação um tanto elementar entre Geografia Humana e Geografia Econômica, prefere-se chamar a esta parte da Geografia, de Geografia Social. (p.870 – grifo no original)

A tradição vidalina, a partir da Segunda Guerra Mundial, é abalada pela difusão, na França, da chamada Geografia Social, liderada por Pierre George. A Geografia Humana clássica designava de Geografia Social os estudos dos grupos humanos em seus assentamentos e organizações, segundo a noção de hábitat, diferentemente da Geografia Econômica que se envolvia com produção, transporte e comunicações.

Não deveria haver, na concepção de Pierre George, ruptura e, à Geografia Humana, deveria ser aplicada a noção de "diversidade das relações sociais que resultam em cada meio geográfico; não sendo de nenhum modo correto separar o social do econômico" (Bernardes, 1982, p.406).

Nessa perspectiva, continua Bernardes (1982), o binômio homem-meio é substituído por homem-espaço e a tradição ambientalista, que tinha na superfície terrestre seu objeto, é descartada quando a Geografia Social procura introduzir a compreensão da dinâmica humana nessa superfície e, assim, a noção de espaço organizado ganha importância.

"Como se depreende, é mais do que a integração da Geografia com o campo das Ciências Sociais: é fazer dela uma 'Ciência Social', conflitando, pois, com a doutrina da escola vidalina" (Bernardes, 1982, p.406). Essa proposta pode ser considerada como um embrião das preocupações que virão com a "Geografia Crítica". O valor dado à sociedade, futuramente, será enfatizado nessa abordagem.

A tradição empirista-descritiva, tão comum à Geografia Clássica, também esteve presente na Sociologia. Considerando-se que o meio rural se tornou um campo de investigação para todas as Ciências Sociais, a forma de estudá-lo, em princípio, não ultrapassou a descrição, como vimos particularmente para a Geografia.

O trabalho de Lia Fukui (1975), sobre os estudos clássicos de sociologia agrária, destaca que, durante as décadas de 1950 e 1960, três tipos de abordagem eram frequentes: estudos de comunidades, caracterização e descrição de estrutura agrária e caracterização da camada camponesa.

Os estudos de comunidades envolveriam "a descrição minuciosa de todos os aspectos da vida grupal, as Histórias de vida, conseguidas por meio de uma convivência longa com o grupo estudado". A caracterização da estrutura agrária "limita-se à descrição isolada de fazendas, tomadas como unidades de organização complexa, internamente diferenciada sem, no entanto, haver uma localização precisa em termos de espaço e tempo" (Fukui, 1975, p.607). Nos estudos sobre a camada camponesa, não há referência ao conhecimento atual do problema, mas "há coincidência de dados, de descrições, de informações que permitem traçar um quadro comum da realidade" (ibidem, p.608).

Além da presença da descrição como característica metodológica, a abordagem ambientalista é definida por Henri Mendras (Queiroz, 1969, p.44) como submissão ao espaço.

MUNDO RURAL E GEOGRAFIA

O meio natural se impõe fortemente ao homem que trabalha a terra. Os geógrafos analisaram todas as relações que podiam existir entre a agricultura e o solo ... O sociólogo não se preocupou então em refazer, sob o título de "Ecologia", uma nova Geografia Humana. Para eles, o problema central seria menos de saber como o homem criou o ecúmeno e mais de estudar as consequências que resultam, para as sociedades rurais, da submissão ao espaço.

Observamos que as características dos estudos e postulados geográficos também estiveram presentes em abordagens não geográficas, definindo, como destacamos anteriormente, não uma dependência entre as ciências, mas um contato que marcou um determinado período dos estudos sobre o meio rural.

Durante o decênio de 1960, todavia, é possível perceber uma nova aproximação da Geografia com a Sociologia Rural, em estudos sobre bairros rurais.

Acompanhando a predominância dos trabalhos descritivos, que se alastraram pela década de 1960, o estudo do hábitat rural desenvolveu-se em consonância com os estudos sobre bairros rurais que caracterizaram a Sociologia Rural desse período.

Os trabalhos de Antonio Candido (*Os parceiros do Rio Bonito*, 1964) e Maria Isaura Pereira de Queiroz (*Bairros rurais paulistas*, 1967) apresentam uma certa proximidade com os trabalhos geográficos realizados até finais da década de 1960. Se o geógrafo agrário preocupava-se em descrever paisagens agrárias e culturais, sempre atentando para uma análise regional, procurando mostrar que a atividade agrícola apresentava uma diferenciação de área e o hábitat refletia isto, o sociólogo rural estava preocupado em definir meios de vida em estudos fundamentados pelo trabalho qualitativo obtido pelo contato direto do pesquisador com sua área ou objeto de estudo.

A individualidade caracterizava esses estudos sobre bairros rurais, na medida em que tais trabalhos se apresentavam como um estudo isolado de certa comunidade ou grupo social, em seus detalhes mais significativos. A fonte de informações da Sociologia, bem como da Geografia, era o contato direto com o objeto de estudo, por meio de entrevistas em trabalhos de campo.

Os estudos do hábitat rural sempre estiveram impregnados de uma preocupação com o entendimento da vida rural e da organização agrária dos grupos estudados. Descrever e mostrar a distribuição espacial das técnicas de cultivo, das instalações das propriedades e da casa rural era, então, uma forma de apontar diferenciações espaciais existentes neste, as quais poderiam ultrapassar o limite do bairro rural, caracterizando um hábitat, o qual poderia compreender vários bairros rurais.

Tratando de domínios espaciais, Nilo Bernardes (1963), em seu estudo sobre a distribuição do hábitat rural no Brasil, considera que para a descrição da paisagem agrária o hábitat é o elemento central. Assim, a forma dispersa do hábitat rural brasileiro levou o autor a realizar uma análise de dois grandes domínios espaciais: as zonas de povoamento lento e espontâneo e as zonas onde a colonização processou um povoamento mais intenso.

Esses domínios, aliados à estrutura agrária, permitiram a definição de formas de hábitat aglomerado relacionados às áreas onde predomina a pequena propriedade, e as de hábitat disperso, onde predomina a grande propriedade.

É importante lembrar que, enquanto os estudos de bairros rurais, na Sociologia, preocuparam-se com a descrição da vida socioeconômica dos grupos que compunham a sociedade agrária brasileira (caipira, camponês, caboclo etc.), em seus aspectos culturais e de sociabilidade, evidenciados pela coleta de informações diretamente com os indivíduos, na Geografia, apesar de o bairro representar um domínio espacial, esses estudos preocuparam-se com os elementos visíveis da paisagem, sem determinar um contato direto do pesquisador com os indivíduos estudados.

Para a Geografia, o bairro rural, segundo Nice Lecocq Müller (1966), é uma forma do hábitat e, também, uma unidade socioeconômica. Assim, realizando estudos sobre bairros rurais do município de Piracicaba (SP), a autora os caracterizou como formas de organização do espaço agrário, considerando que sua diferenciação espacial se deveu aos fatores que condicionaram seu aparecimento.

Como forma do hábitat ou expressão espacial da organização agrária, o bairro era formado por duas partes: o núcleo "composto por um número variável de construções, mas suficientemente próximas para que se defina um agrupamento humano na paisagem" e uma área periférica "formada por propriedades rurais, com habitat disperso" (Lecoq Müller, 1966, p.100).

Conjugada a essa definição espacial, o bairro rural ainda foi considerado como uma organização socioeconômica caracterizada pela ocupação do solo e pelo tipo de produção, em harmonia com a área onde se encontrava.

Essas abordagens, sem dúvida, sofreram a influência dos estudos da Sociologia Rural. Durante a década de 1950, os estudos do hábitat rural, na Geografia, foram definidos segundo os postulados franceses, em geral desconectados da realidade brasileira. São estudos superficiais, centralizados na discussão da análise regional. O hábitat era uma evidência das diferenciações das paisagens agrárias existentes no país.

Na década de 1960, já sob a influência da Sociologia Rural, os estudos do hábitat evidenciavam preocupação nítida com arranjos espaciais, nos quais o bairro refletia a organização da malha fundiária, em razão do cultivo a ser trabalhado. Se na Sociologia Rural o bairro representava uma unidade de análise, da qual se abstraíam as características culturais e de sociabilidade da população, na Geografia os estudos do hábitat tinham o bairro como uma formação espacial, na qual a distribuição das culturas, das edificações e da própria população era estudada. Assim, a vida rural era avaliada a partir da distribuição dos eventos no espaço.

Muitos dos bairros estudados estavam conectados a um sistema urbano definido ou transformar-se-iam em futuros centros urbanos. Assim, as mudanças sociais e econômicas durante a década de 1960 marcaram, para a Geografia brasileira, o início da ênfase nos estudos urbanos. As mudanças que se efetivaram na sociedade, principalmente o processo de industrialização e urbanização, levaram as Ciências Sociais à necessidade de uma análise mais cuidadosa do processo e, paralelamente aos estudos realizados sobre o meio rural, o geógrafo brasileiro começou a intensificar a análise do urbano.

> A partir de 1961, Pedro Pinchas Geiger, sozinho ou associado a Fany R. Davidovith, dedica sucessivos artigos à problemática urbana, cada vez mais analisado sob perspectiva abrangente. A temática, intimamente associada à cidade e à região, relações cidade-campo ... (Monteiro, 1980, p.21)

O trabalho de Alisson P. Guimarães (1962), apresentando um estudo de caráter regional sobre a pecuária no nordeste de Minas, apesar de ter o hábitat como objeto de análise, aponta as características do urbano e do rural da região do Médio Jequitinhonha e o autor preocupa-se em definir a predominância de um ou de outro no contexto regional. Destaca a falta de características geográficas que definam esses centros urbanos como tal, já que preponderava na região uma vida predominantemente agrária.

> Faltam-lhes certas características geográficas, tais como o predomínio de gêneros de vida tipicamente urbanos e até a "vida ativa de relações", de que nos fala Max Sorre. Situadas no coração de áreas pastoris, as cidades do Médio Jequitinhonha são como ilhas humanas no meio de mangas. Sente-se mais a presença da atividade agrária, na paisagem das cidades, que os reflexos de funções urbanas no meio rural. (p.30)

Observamos que, para a definição da área estudada, o autor utiliza os pressupostos de Max Sorre e a definição de gêneros de vida. Com o predomínio da vida rural sobre a urbana, a definição do hábitat rural foi apresentada como discussão central no trabalho. A criação de gado de corte, de característica extensiva, é a atividade principal da área. Com base nesse pressuposto, o autor descreve a paisagem das fazendas de criação extensiva.

É preocupação do autor apontar detalhes que particularizem a área, notadamente no que se refere à relação mantida entre a zona urbana e a rural, empreendida pelos fazendeiros que, além de pecuaristas, são também comerciantes nas cidades, evidenciando a dificuldade do autor em definir o urbano, já que este é determinado pelo rural.

O trabalhador agregado é definido pelo autor como "tipo humano característico da região" (Guimarães, 1962, p.33). Sua definição, como categoria de trabalhador, tem, como pressuposto, os postulados de Caio Prado Júnior e, como tipo humano, os aspectos apresentados pelo gênero de vida deles.

A preocupação em estudar as mudanças que vêm ocorrendo no meio rural brasileiro não estará tão evidente na Geografia Agrária da época. A cidade surge como fonte de indagações para um grupo diferenciado de geógrafos, independente daqueles que estudam o meio rural. O geógrafo agrário tem ainda uma preocupação pouco voltada para as transformações da realidade brasileira, ao contrário do que ocorre com a Sociologia ou a Economia.

Na Sociologia, Maria Isaura Pereira de Queiroz (1979) estabelecia, em um trabalho sobre o rural e o urbano no Brasil, em finais da década de 1960 – publicado primeiramente no livro organizado por Szmrecsányi e Queda, em 1973 – uma tipologia para as estruturas e organizações sociais presentes na sociedade brasileira. Segundo a autora, na Sociologia Rural, não teriam sido produzidos, ainda, estudos sobre a "sociedade global brasileira", nos quais a abordagem do rural e do urbano coexistisse. Tal fato é devido à tradição americana, adotada no Brasil, que estudava parcelas da sociedade, ao contrário do sociólogo europeu, preocupado com as partes e seu todo.

> No que toca ao meio rural, a maioria das pesquisas procurou de início o 'pitoresco' da sociedade tradicional brasileira, não se preocupando com o que existiria nela de moderno; ou então, buscou-se saber quais os produtores rurais seriam mais abertos à adoção de novidades e quais os mais fechados ... Por sua vez, os estudos de Sociologia Urbana voltam-se para as metrópoles modernas, deixando de lado as cidades médias e pequenas que pontilham nosso interior ...
> Não se diga que, dada a falta de conhecimento satisfatório sobre a sociedade global brasileira, a perspectiva que apontamos não pode ser adotada. As sociedades globais, frisamos, são tão dinâmicas quanto as partes que as compõem e estão em constante devenir; por isso a cada momento é necessário indagar como estão elas configuradas. (Queiroz, 1979, p.164)

As proposições de Queiroz definem bem o momento vivido pela sociedade brasileira e como deveriam ser encaminhados os estudos sobre ela. Como dissemos, a Geografia Agrária já começava a perder sua hegemonia e os estudos urbanos ganhavam destaque. Em relação à análise global, mencionada pela socióloga, apareceria na Geografia, sob a influência da chamada Economia Regional e das questões ligadas ao planejamento, na década de 1970.

Até 1940, a agricultura imprimiu um aspecto à paisagem, e portanto era necessário descrevê-la e estudá-la para compreender sua organização espacial. De 1950 a princípios de 1970, o estudo da agricultura continua a apresentar a mesma abordagem: trabalhos descritivos que pouco traduzem a realidade social, mas que têm como característica serem tematizados, ou seja, o estudo geográfico da agricultura é realizado sob diferentes temáticas: hábitat rural, colonização, estudos de caso sobre áreas ou cultivos, comercialização etc.

No contexto de ciências como a Economia, a agricultura será analisada, nesse período, no conjunto da economia brasileira, sem apresentar temáticas específicas. O debate das ideias sobre a "realidade" do país tenta explicar as condições de atraso econômico e social e sua superação.

As interpretações ou teses dualistas procuraram mostrar a existência de um país atrasado, onde a agricultura é a atividade principal, e outro, moderno, representado pela indústria e pela urbanização. Trata-se de considerar a não existência, no país, de um processo de desenvolvimento capitalista, evidenciado pelos problemas de abastecimento urbano, consequência da estrutura fundiária dominante e da não difusão do trabalho assalariado. Dessas interpretações, nasce a conclusão de que a atividade agrícola, com essas características, é obstáculo ao desenvolvimento urbano.

> Em ambos os casos, a transformação do campo era vista como condição *sine qua non* do desenvolvimento capitalista, na perspectiva dos ideólogos do desenvolvimento industrial no modelo clássico (subdesenvolvimento como processo), e cujos "entraves" estariam localizados no setor de circulação, ou seja, na pequenez do mercado interno. Consequentemente, a abertura desse mercado teria como ponto de partida a transformação da agricultura (modernização das forças produtivas e das relações de produção) e possibilitaria a expansão do capitalismo no Brasil. (Castro, 1979, p.33)

Trabalhos como o de Jacques Lambert (1959), Celso Furtado (1959) e Inácio Rangel (1957) discutem o atraso brasileiro, sempre destacando a dualidade existente na economia. Essas discussões implicam pensar no processo de mudanças que ocorre no país e, sobretudo, no fato de haver um deslocamento do eixo hegemônico

MUNDO RURAL E GEOGRAFIA 85

de desenvolvimento, calcado na atividade agrícola, para um novo modelo baseado no setor urbano-industrial. As transformações nas formas de interpretar essa nova direção tomada pela economia brasileira tornaram-se evidentes, e mesmo a Geografia passa por elas discutindo o novo papel dos centros urbanos.

Conforme aponta Monteiro (1980, p.20), o período que vai de 1956 a 1968 marca substanciais transformações paradigmáticas na análise da cidade e da região.

> À medida que se desenvolvia o esforço desenvolvimentista e o desencadeamento do processo industrial, começariam a ser introduzidas e tomar corpo as formulações teóricas da Economia sobre a organização do espaço. O impacto das concepções sobre polarização, regiões homogêneas, disparidades regionais, centralidade, centro-periferia, etc., etc., passariam a ser assimiladas e incorporadas, via exterior, e aplicadas aos estudos de regionalização, especialmente a nível oficial.

O trabalho de Nilo Bernardes (1966), intitulado *O espaço econômico brasileiro*, demonstra a preocupação do autor em interpretar as mudanças pelas quais vinha passando o país. Considerando o espaço econômico como uma realidade geográfica concreta, com uma dimensão e uma qualificação, o autor avalia o potencial do território nacional, a partir dos recursos naturais existentes e como ele se apresenta estruturado. Segundo o autor, o entendimento das transformações por que passou o espaço brasileiro, quando da industrialização, envolve a definição das características geográficas, tanto da atividade agrícola como da industrial. Assim, enquanto a agricultura

> se baseia em um processo biológico, muito vinculado às condições naturais ... a atividade industrial ... é constituída por processo físicos, químicos e até biológicos, rigorosamente controlados pelo homem. Como consequência imediata, quanto mais elevado o nível técnico de produção, mais esta atividade se liberta do condicionamento natural ... (Bernardes, 1966, p.65)

Fica evidente, nesse trabalho, que a preocupação com as transformações econômicas, ocorridas no espaço brasileiro, passa pelo entendimento da estruturação do espaço econômico nacional, como uma consequência da distribuição e da dependência da sociedade das condições naturais.

Considerando o descaso do geógrafo agrário brasileiro em interpretar tais mudanças, Monteiro (1980, p.26) salienta:

> Com muito esforço, as contribuições geográficas à caracterização desse período estariam para ser encontradas e interpretadas, setorial e timidamente, em obras esparsas. Os estudos regionais ainda procuravam nessa época, mais descrever e explicar domínios do que revelar processos, sobretudo os processos de mudança. A partir de meados desse período é que os processo de urbanização e industrialização, como agentes de operação e de transformações econômicas, passaram a despertar interesse para as mudanças.

Tratando das mudanças que marcavam a Geografia na década de 1960, Manuel Correia de Andrade (1987) destaca que, tendo perdido a hegemonia, o agro deixa de ser área de interesse primordial, perdendo posição para os estudos urbanos e econômicos, voltados ao entendimento do comportamento da indústria.

Viram também que estava ultrapassada aquela ideia muito difundida nos meios geográficos de dar maior importância à Geografia Agrária, ao campo, por estar a agricultura mais dependente das condições naturais do que a indústria e os serviços. Os estudos de Geografia Urbana e de Geografia Econômica intensificaram-se, ganharam importância, e a agricultura passou a ser encarada não mais como um gênero de vida, mas como uma atividade profissional.

Considerado um período de transição, na década de 1960, ainda dominaram os estudos sobre culturas e áreas específicas, demonstrando que as mudanças não atingem o todo dos pensadores geógrafos, como era de esperar. Dois exemplos concretizam o que foi dito.

O trabalho de Manuel Correia de Andrade (1963), sobre a cultura do fumo no Brasil, evidencia a preocupação em avaliar o cultivo como um produto de expressão para o comércio exterior, além de, segundo o autor, para a época, aquecer o mercado interno. Como cultura ainda pouco estudada no Brasil, o autor se empenha em analisá-la de forma mais cuidadosa, especialmente no município de Arapiraca, em Alagoas.

A fumicultura é estudada no contexto da produção agrícola brasileira, seu valor para a exportação e sua participação, numa perspectiva histórica, do período colonial até final da década de 1950, num trabalho descritivo, preocupado com considerações geoeconômicas sobre a fumicultura.

O trabalho *Geografia Agrária do Baixo Açu* de Orlando Valverde e Myriam Mesquita (1961) é definido, pelos autores, como um trabalho de Geografia Aplicada, resultado de investigações e observações efetuadas para servir de fundamento à pesquisa sobre hábitos alimentares efetuada pela FAO. Trata-se de um estudo detalhado sobre a região do Rio Açu (Paraíba e Rio Grande do Norte) em suas características físicas e de ocupação da terra, envolvendo a formação de povoados e a descrição das atividades agropecuárias, assim como o abastecimento e a comercialização de produtos.

Ao final da década de 1960, duas formas distintas de análise definiram-se para os estudos geográficos: o uso das fotografias aéreas e da quantificação. O período de transição, tanto no contexto da realidade social brasileira como na ciência geográfica, começa a definir-se de maneira mais clara, indicando, para a década seguinte, mudanças temáticas e metodológicas bastante nítidas.

O uso da aerofotogrametria em estudos sobre o uso da terra tornou-se convencional e vários foram os trabalhos publicados que procuravam mostrar as vantagens e as formas de utilização técnica (Ceron & Diniz, 1966; Borgonovi, 1966; Fernandes 1967; Moraes, 1968). As ciências de cunho técnico passaram a influenciar metodologicamente a Geografia, que busca uma posição mais nítida entre as ciências, tornando-se "científica" a partir de então.

> Diga-se que o processo de desenvolvimento do emprego da linguagem Matemática, paralelo ao desenvolvimento de novas sistematizações do conhecimento, vem ocorrendo em outras Ciências Sociais, seja a psicologia, seja a Economia (que aliás precederam a Geografia neste desenvolvimento). Ao mesmo tempo, observa-se a acentuação do contato interdisciplinar e a tendência à uma abordagem interdisciplinar quanto a tudo que diz respeito à atividade hu-

mana. A renovação atual no campo da Geografia é pois extremamente influenciada pelos contatos que se estabelecem entre ela e outras Ciências. (Geiger, 1970, p.69)

Ao findar a Segunda Guerra Mundial, o mundo experimenta um desenvolvimento tecnológico bastante avançado e as ciências são chamadas a participar de tais avanços. A Geografia, fazendo parte desse movimento, incorporou tal necessidade, fazendo uso da Matemática e da Estatística como fundamentos para poder ocupar seu lugar junto às outras ciências.

> Os métodos matemáticos são considerados como os mais precisos, os mais gerais e os mais dotados de um valor de previsão. Tudo seria obtido por uma combinação onde as análises de sistema e os modelos e o uso de Estatísticas seriam uma peça fundamental. (Santos et al., 1986, p.45)

A abstração, o individualismo e a subjetividade, características dos trabalhos empíricos realizados até então, não servem mais às necessidades de uma sociedade que se moderniza. Para ser reconhecida no conjunto do pensamento mundial, a Geografia deveria acompanhar as mudanças.

As novas técnicas deveriam responder à demanda pela integração nacional de espaços econômicos. É num quadro de mudanças profundas que a *New Geography* e a quantificação se instalam.

A introdução da quantificação nos estudos geográficos pode ser definida diante dos dois aspectos. O primeiro, ligado ao movimento de valorização do trabalho geográfico como científico, e o segundo, relativo à ampliação da escala de análise. A adoção de uma metalinguagem, proveniente da Matemática, buscava colocar a Geografia no mesmo patamar que outras ciências, em especial as Naturais, já que a crítica mais contundente sofrida pelos geógrafos era a da ausência da cientificidade nos seus estudos. Por outro lado, é possível, pelo uso de técnicas estatísticas, dar conta de um espaço de análise muito maior, ou seja, a escala local de análise, comum aos estudos empíricos, pode ser substituída por análises regionais compreendidas por séries inteiras de dados.

MUNDO RURAL E GEOGRAFIA

O atendimento às diretrizes do Estado planejador só se concretizaria com base em uma visão "modelizada" do espaço, dada pelo enfoque sistêmico e pelas técnicas quantitativas.

O caráter não científico da Geografia tinha, assim como para a História, uma explicação a partir das formulações kantianas que colocavam a Geografia e a História como ciências de síntese. Para Kant, as ciências se classificavam em especulativas, sustentadas pela razão, e empíricas, fundamentadas na observação e nas sensações. A Geografia e a História seriam representantes desse último grupo.

Assim, a adoção de técnicas estatísticas e de um raciocínio matemático indicava uma mudança epistemológica, acompanhada de uma pretensa valorização científica.

Na História, o rompimento com a tradição positivista (francesa) e o relativismo historicista (alemão) levaram a uma mudança profunda do debate histórico resultando na inserção dessa ciência no campo das ciências do homem (Linhares & Silva, 1981, p.75).

> As noções de quantidade e de quantitativo introduziram-se nos estudos históricos nos últimos cinquenta anos, permitindo um extraordinário desenvolvimento da História como Ciência, quer pela importação de técnicas, métodos, problemáticas e vocabulário das Ciências humanas, quer pela mudança qualitativa que elas acarretaram, no nível epistemológico, da própria Ciência histórica.

Na Geografia, como também na História, perderam sentido as análises de fatos únicos e particulares. "A revolução renovadora da História teve início, portanto, com a importação de técnicas e métodos estatísticos tendentes a sistematizar a coleta e a análise de dados empíricos em séries homogêneas ..." (ibidem, p.76).

Tanto a Geografia como a História passaram a sofrer influências que romperam com a hegemonia europeia de produtora e difusora do conhecimento. Os Estados Unidos fazem crescer seu papel e têm na quantificação um forte aliado. O posicionamento de um dos expoentes dessa fase da Geografia mostra bem o papel da Matemática na Nova Geografia.

> *Yet it is universally agreed that mathematics is the language of science. The nature of the relationship which can be established*

between mathematical statements and perceptions becomes important, therefore, to our understanding of the use of mathematics in geographic research. (Harvey, 1969, p.182)

Além da metalinguagem matemática, o uso da análise de sistemas e de modelos quantitativos possibilitou, também, a aproximação semântico-metodológica entre as ciências, conforme salienta Racine (1971, p.11):

> A aplicação da análise de sistemas permite então ao pesquisador seguir e controlar uma grande variedade de tipos de organizações dinâmicas, tanto nas Ciências Naturais como nas sociais ... Todas as disciplinas parecem querer participar do estudo e da descrição das características gerais dos sistemas, por isso o conceito se torna o fator comum fundamental a todos os esforços pluridisciplinares. É o esperanto metodológico da pesquisa científica.

Em consonância com o uso da Matemática e da Estatística, a abordagem idiográfica tradicional é negligenciada e uma nova ótica deve ser estabelecida. Considerar séries genéricas e não fatos únicos é a base da abordagem nomotética. Buscar as semelhanças, regularidade e não particularidades ou exceções marcou o movimento de mudanças por que passou a Geografia.

> Essas ideias consideram que a Geografia deveria estar voltada para a busca de leis que explicassem a distribuição dos fenômenos na superfície da Terra ... os geógrafos deveriam concentrar seus estudos na Geografia Sistemática, a fim de buscarem leis especiais.
> ... A Matemática, além de ser usada para a análise da realidade, é um instrumento eficiente de pensamento, possibilitando a criação de modelos, representados por um conjunto de proposições formalmente similares ao objeto teórico. A Geografia, vista desse modo, impede-nos de estudar o único, pois o modelo do único seria ele próprio. (Tavares, 1975, p.9 e 12)

A mudança na Geografia, que começa a ocorrer no Brasil em finais da década de 1960, nos permite observar que, apesar de serem desenvolvidos de formas diferenciadas, os trabalhos apresentavam o mesmo resultado. A mudança da técnica não conduziu a resultado diferente da descrição.

Dois trabalhos – um de Preston James (1960) e outro de José Alexandre F. Diniz (1969) – avaliam o uso da terra segundo perspectivas diferentes. O primeiro efetua uma descrição do uso da terra no Nordeste brasileiro com base no sistema de cultivo e na relação do trabalhador com a terra. Os diferentes tipos de uso encontrados foram: a economia pastoril, a agricultura de meeiros, as culturas associadas ao pastoreio e a economia comercial da cana-de-açúcar, do arroz irrigado e do agave. Os tipos foram espacialmente expressos em cartogramas com distribuição dos produtos.

O segundo apresenta um mapeamento do uso da terra para a Depressão Periférica Paulista. Para a obtenção dos dados necessários ao mapeamento, foram utilizadas informações aerofotogramétricas, dados estatísticos e trabalho de campo complementar sobre as culturas encontradas. O mapa definitivo não apresentou, como resultado, produtos isolados, mas sistemas de culturas combinadas.

Na realidade, a observação direta no campo e o uso de fotografias aéreas levaram os autores ao mesmo resultado, ou seja, à definição de tipos de uso da terra. A identificação das diferentes distribuições das culturas presentes em áreas distintas do país colocava-se como o objetivo vislumbrado em vários trabalhos. Com observação direta ou o uso de técnicas consideradas modernas, o geógrafo agrário continuava a buscar o conhecimento do território, no que se referia à organização agrária.

Na Geografia Agrária, as proposições da chamada *New Geography* refletiram-se nos chamados estudos classificatórios ou tipológicos, que buscaram padronizar critérios, métodos e técnicas, permitindo a sistematização dos conhecimentos sobre a agricultura, entendida como um fenômeno complexo. Tais preocupações existiam, segundo Silva (1980), para tornar eficientes os recursos utilizados, voltando-se sua aplicação ao planejamento rural.

A chamada Geografia Agrária concretizou-se em três vertentes metodológicas: uso de métodos quantitativos, desenvolvimento ou aplicação de teorias de localização e utilização do enfoque sistêmico.

A primeira fase de desenvolvimento dos estudos classificatórios foi exploratória, na qual se buscou a aplicação de índices para estudar a utilização da terra, definiram-se níveis de diversificação e concentração de cultivos e rebanhos, estabeleceu-se a combinação de variáveis e eventos, e, finalmente, chegou-se à definição de regiões agrícolas.

Podemos exemplificar a primeira vertente metodológica com o trabalho de Ieda R. Léo e outros geógrafos do IBGE (1978) sobre a identificação de padrões diferenciadores do uso da terra com lavouras e rebanhos da Região Sudeste, utilizando-se a técnica de análise fatorial, tendo as microrregiões homogêneas como unidade de análise e dados extraídos do Censo Agropecuário de 1970. Foram utilizadas 16 variáveis referentes a lavouras e rebanhos que, trabalhadas estatisticamente, resultaram em 7 fatores dos quais 3 (combinação de rebanhos e lavouras, combinação de fruticultura e culturas alimentares e combinação de lavouras industriais) explicam a diferenciação agrícola no Sudeste.

Outro exemplo dessa vertente metodológica é o trabalho de Olindina V. Mesquita & Solange T. Silva (1970, p.4) que apresenta uma regionalização agrícola para o Estado do Paraná, valendo-se de definição estatística.

> Com relação às culturas, foi efetuado o estudo da sua hierarquia, diversificação, concentração e combinação com a utilização de técnicas Estatísticas desenvolvidas por autores estrangeiros e adaptadas às condições agrícolas brasileiras. Com relação à criação de gado, foi efetuado o estudo da hierarquia, concentração e densidade dos rebanhos com emprego de técnicas semelhantes àquelas usadas no estudo das culturas.

Os resultados obtidos foram mapeados, comparados e conjugados aos elementos do quadro natural da área onde ocorre a atividade agrícola. Foram identificadas 18 regiões agrícolas, agrupadas em 7 grandes regiões segundo as características de povoamento, o desenvolvimento da economia agrícola e o grau de estímulo recebido no contexto regional e nacional.

A segunda vertente da Geografia Agrária Nomotética envolve trabalhos sobre localização da atividade agrícola. A teoria de Von Thünen, que trata dessa questão, é a que aparece com maior frequência nos trabalhos dos geógrafos brasileiros. O trabalho de Ceron (1976) procura recapitular os princípios básicos e conceitos do modelo de localização de Von Thünen. Considerando-se que a distância entre os lugares de produção e de consumo é a variável mais importante no processo decisório sobre as formas de uso da terra, o modelo thuniano procurou responder a essa questão.

Nesse sentido, segundo Ceron (1976), o modelo recebeu várias críticas envolvendo sua contestação e o apontamento de falhas. Vários conceitos do modelo são detalhados como renda econômica e locacional, o Estado isolado concebido como espaço-modelo e alvo das maiores críticas por não ser considerado real e, sobretudo, a função da distância e os padrões de intensidade de uso da terra.

Outro trabalho que discute as teorias de localização das atividades econômicas é apresentado por Mello e Silva (1976). Nele, os postulados teóricos relacionam-se à formulação de teorias sobre o desenvolvimento regional.

> Parte-se do pressuposto básico de que o processo de desenvolvimento regional depende da dinâmica do funcionamento do sistema econômico-social no nível espacial e de que este funcionamento, por sua vez, é explicado pela localização e interação das atividades econômicas e sociais sobre o espaço geográfico. (p.1)

Nessa perspectiva, o autor analisa as teorias de localização da atividade agrícola: o Estado Isolado (Von Thünen) e as proposições de Dunn e Haggett; a Teoria de Localização Industrial (Alfred Weber) e a Teoria dos Polos de Crescimento (François Perroux). Todas elas, contribuições de economistas utilizadas pelos geógrafos em suas análises. A Teoria das Localidades Centrais do geógrafo Walter Christaller é estudada por ser considerada contribuição geográfica pioneira na abordagem teorético-quantitativa.

Com relação à terceira vertente da Geografia Agrária, no que se refere à quantificação, o enfoque a ser utilizado é o sistêmico e é apontado como válido por possibilitar a explicação do fenômeno agrícola pelo seu dinamismo e pelas relações entre os elementos que compõem essa atividade.

A Teoria Geral dos Sistemas é relativamente recente e vem apresentando uma grande evolução nas últimas décadas, relacionada, especialmente ao avanço da tecnologia e ao desenvolvimento científico que tem caracterizado a segunda metade deste século. Portanto, os trabalhos de Geografia Agrária utilizando métodos dedutivos, desenvolvendo hipóteses para serem testadas e baseados em teorias são reduzidos. (Bicalho & Aguiar, 1976, p.393)

A aplicação da teoria, efetuada por Bicalho & Aguiar (1976) em estudo sobre a Zona da Mata Nordestina, área rica e complexa quanto à atividade agrícola, permitiu analisar o dinamismo dessa atividade na região. Para a análise do sistema, as autoras utilizaram como objetos/subsistemas o meio natural, a estrutura fundiária, a mão de obra e os instrumentos de produção. As entradas e saídas do sistema foram representadas por um conjunto de estímulos que envolveram o objetivo final da produção (mercado consumidor), a sua continuidade (capital), além da modernização que, aliada aos anteriores, desencadeia um processo de causa e efeito alterando, assim, o sistema.

A tipologia agrícola, apresentada como uma das alternativas metodológicas para o geógrafo agrário interessado em estudos sobre regionalização agrícola, aparece como outra concepção encontrada nos estudos sobre a abordagem sistêmica. Tratando de diretrizes e prioridades das pesquisas agrárias, Keller (1973), ao enfocar a tipologia agrícola, discute os objetivos, conceitos e critérios de definição desse método.

Segundo a autora, o uso da tipologia agrícola possibilita, aliada à regionalização, o fornecimento de subsídios visando ao planejamento e desenvolvimento regional no contexto da agricultura. Ao considerar que a agricultura não é constituída pela soma de elementos, mas por um conjunto de sistemas de fenômenos inter-relacionados e que o planejamento agrícola deve considerar todas essas características, a tipologia oferece esse conhecimento e, portanto, fica evidente seu valor para as análises dos geógrafos agrários, bastante salientado por Keller.

Até finais da década de 1970, pode-se dizer que os geógrafos agrários buscavam, em seus estudos, medir tecnologia, ou seja, tratava-se de saber como o padrão tecnológico, trazido pela modernização,

MUNDO RURAL E GEOGRAFIA

estava se incorporando ao espaço, definindo áreas tecnologicamente diferenciadas e por que meios as inovações penetravam no agro e em que proporção. O espaço entendido a partir de sua diferenciação era tratado estatisticamente e resultava em uma tipologia.

Acompanhando essas tendências, evidenciou-se que a preocupação com a localização dos eventos também despertava interesse e a quantificação ganhava nova roupagem. Influenciada pelos estudos de Economia Regional, tão em voga, graças às políticas governamentais voltadas ao planejamento e ao crescimento econômico, a Geografia reflete essa preocupação.

Conforme apontou Michael Chisholm (1969, p.39),

hemos observado que los desarrollos modernos están acercando las dos disciplinas. Esto es especialmente evidente en el campo del crecimiento económico, estudiado a niveles nacionales y regionales. Las condiciones en las tasas y modelos de crecimiento, pero también en éstos influyen los factores económicos y sociales. Es de esperar en el futuro una mayor comprensión mutua entre la Geografía y la economía, a causa de los intereses comunes en los modelos de desarrollo económico.

Os estudos de Economia Regional desenvolveram-se com maior ênfase no final da década de 1970. Ao considerar que a economia de mercado poderia desencadear um processo de concentração de população e de recursos para uma certa área, impedindo, assim, a igualdade das rendas e a localização espacial ótima dos recursos, o planejamento foi pensado com o intuito de determinar a distribuição perfeita de tais recursos, harmonizando eficiência e igualdade (Richardson, 1975).

Avaliar as implicações econômicas da dimensão espacial fez crescer entre os economistas a ênfase na localização. Sabendo que a produção, o consumo e a população não estão distribuídos igualmente, a abordagem locacional, buscada pela economia regional, enfatizou a heterogeneidade, a fim de saber por que indivíduos, fábricas e bens econômicos estão em determinado lugar e não em outro (ibidem).

A existência de recursos escassos, sua distribuição desigual no espaço e sua mobilidade imperfeita dão origem ao problema econômico *regional*, cujas várias manifestações a Economia Regional tenta investigar...

A Economia Regional é, portanto, o estudo, do ponto de vista econômico, da diferenciação e inter-relação de áreas num universo de recursos desigualmente distribuídos e imperfeitamente móveis, em *ênfase especial na aplicação de planejamento dos investimentos de capital social para mitigar os problemas sociais criados por estas circunstâncias.* (Dubey in Schwartzman, 1977, p.26 – grifo no original)

O planejamento criou a oportunidade de trabalho interdisciplinar para os cientistas sociais que realizavam diagnósticos da situação econômica e social, indicando os caminhos a seguir. Ao geógrafo, nessa equipe, cabia indicar a distribuição das atividades econômicas e da população pelo espaço, buscando explicações para localização da indústria, das comunicações e para o uso agrícola do solo. O novo sistema de trabalho coloca-se como um desafio aos geógrafos acostumados ao trabalho solitário. Isso provocou uma reavaliação nas categorias científicas de análise e a transformação do conhecimento.

Concomitantemente à aplicação de técnicas quantitativas, outra tendência metodológica aparecia, propondo-se como alternativa àqueles que não se identificavam com a perspectiva quantitativa.

A atitude analítica conduz a uma nova concepção do comportamento humano na superfície terrestre. Depois da *escola determinista*, para a qual o processo seria como que predeterminado, fixado, tivemos na Geografia a *escola possibilista*: o meio ambiente (qualquer sistema está imerso num meio ambiente) oferece diversas possibilidades e o homem tem a oportunidade de escolha. No entanto, segundo alguns autores modernos, esta concepção ainda não representa a realidade, pois sugere que o homem conhece realmente as possibilidades existentes, possui Ciência exata do ambiente que o cerca, e escolhe, como que racionalmente, as atividades no seu espaço. Na verdade, o homem responderia ao ambiente que ele *percebe*; seu comportamento, suas decisões, têm sentido quando compreendidas no seu *ambiente perceptivo. O ambiente de comportamento* pode ser definido, pois, como o conjunto de estímulos para os quais um indivíduo, ou grupo humano responde, sejam eles internos ou externos. Temos, assim, uma nova escola geográfica, a *escola do comportamento.* (Geiger, 1970, p.70 – grifo no original)

MUNDO RURAL E GEOGRAFIA

Tal escola não chegou a influir de maneira destacável na Geografia Agrária, naquele momento, nem fez surgir uma linha de pesquisa consistente.

Ao findar a década de 1970, os geógrafos da agricultura, apesar ainda da predominância da linha quantitativa, começam a demonstrar uma preocupação com as questões sociais no campo: "Enfatizam-se as relações sociais de produção e as questões ligadas à apropriação da terra, procura-se analisar com mais cuidado as condições de vida da população rural em relação à estrutura fundiária, evidenciam-se os conflitos pela terra" (Diniz, 1984, p.54).

Nesse período, as transformações por que passa o setor agrícola brasileiro são extremas e o processo de expansão do sistema capitalista no campo será temática presente em seus diferentes aspectos, como: problemas advindos da liberação da mão de obra rural, degradação ambiental e, especialmente, o papel desempenhado pela modernização, cuja ênfase na simples mensuração dos graus de modernização muda para as consequências econômicas, sociais e ambientais advindas do processo.

Essa mudança dá oportunidade ao surgimento de uma linha de interesse balizada pelo que foi chamado de desenvolvimento rural.

> Os estudos de desenvolvimento rural deverão procurar abordar, principalmente os aspectos referentes à modernização da agricultura, os problemas que essa modernização possa acarretar em termos de liberação de mão de obra rural e os problemas de degradação do meio ambiente vinculados às novas frentes de ocupação territorial e ao emprego da moderna tecnologia. (Gusmão, 1978, p.60)

Um exemplo da preocupação com os padrões espaciais desse processo é o estudo realizado por pesquisadores do IBGE, Mesquita et al. (1977), que avalia a modernização da agricultura pela análise fatorial procurando detectar as semelhanças e disparidades desse processo no Brasil.

Considerando que os fundamentos teóricos para a análise do desenvolvimento rural e os estudos geográficos sobre o tema são pouco desenvolvidos, o trabalho teve como objetivo estabelecer as dimensões estruturais e modelos espaciais que correspondessem à realidade factual. Trabalhando com informações do Censo Agropecuário de 1970, concernentes a uso da terra, intensidade, produtividade e rendimento da agricultura, 28 indicadores foram utilizados, tendo como unidade de referência a microrregião homogênea. A análise dos resultados determinou que a modernização da agricultura brasileira tem sua área de ocorrência correspondente àquelas de maior aglomeração urbana e das principais vias de transporte.

O estudo de Gerardi & Ceron (1979) enfatiza as disparidades espaciais do processo de modernização e procura delinear uma técnica de mensuração do conceito de modernização e aplicá-la para o Estado de São Paulo, conforme definição de Paiva (1971), que considera a adoção de técnicas modernas uma melhoria para a agricultura, resultando em maior produtividade. Constatamos, nesses estudos, a preocupação dos autores, não só com a difícil conceituação do processo, mas também com a determinação dos indicadores a serem utilizados na formulação de um índice do grau de modernização.

O resultado final obtido com essa pesquisa mostrou-nos que as disparidades de modernização são função da maior ou menor importância da especialização da agricultura no que se refere à produção e ao mercado externo, de onde vem o estímulo econômico para a modernização.

É importante salientar que, nesse momento, percebemos claramente a fase de transição entre distintos encaminhamentos metodológicos: a quantificação ainda é usada, porém mais para definição de tipologias, indicando diferenciações espaciais da modernização com alguma associação a elementos não agrícolas que possam explicá-la e a análise do desenvolvimento rural e da modernização em que a relação força de trabalho e emprego de tecnologia é considerada. Referência pode ser feita ao trabalho de Andrade (1978) sobre a proletarização do trabalhador rural. O autor analisa a evolução dos modos de produção escravista, mercantil simples e capitalista, cada qual caracterizado segundo as condições de vida do trabalhador rural, enfatizando, assim, as transformações nas relações de trabalho.

A análise da *plantation*, aliada ao modo escravista, determina uma relação em que o trabalhador era constantemente fiscalizado, contrária à relação seguinte em que não havia controle por parte do

MUNDO RURAL E GEOGRAFIA

proprietário, que paga pelo trabalho de terceiros, permitindo o uso da terra para produção de alimentos. A proletarização do trabalhador agrícola será discutida sob o enfoque do modo capitalista de produção e definida segundo postulados teóricos de Caio Prado Júnior e Samir Amim, deixando evidente um vínculo entre a análise geográfica e a sociológica, bastante difundida no que se refere à interpretação da proletarização do trabalhador rural.

Os estudos efetuados pela Sociologia, no período ora avaliado, vão apresentar um conjunto de preocupações que, como na Geografia Agrária, procuravam entender as transformações por que passava a estrutura agrária brasileira. Assim, o processo de capitalização e proletarização, o trabalho migrante, e a subordinação das economias camponesas às novas características econômicas tornaram-se temáticas bastante discutidas.

Avaliando os estudos sociológicos sobre o meio rural brasileiro, segundo eixos temáticos, na década de 1980, José Vicente Tavares dos Santos (1991, p.17) trata de estudos ligados às relações sociais no campo.

> As principais classes e grupos sociais investigados foram: as classes dominantes agrárias, o campesinato e os trabalhadores assalariados rurais ...
> As investigações acerca do campesinato brasileiro retomam muitas preocupações de Antonio Candido em um amplo espectro de dimensões: os processos de reprodução e crise do campesinato; as formas de trabalho familiar, as relações de parentesco e a ajuda mútua; a diferenciação interna dos camponeses e a formação dos produtores familiares tecnicistas; as representações sobre a modernização da agricultura e seus instrumentos econômicos e simbólicos; e a consciência de classe, a ideologia e o projeto dos grupos camponeses.

A análise do campesinato sobressaiu-se nesse contexto e muitas teses foram defendidas pelos sociólogos rurais, procurando explicar e interpretar as mudanças nas relações do pequeno produtor e sua subordinação ao capital industrial.

Na Geografia, quase não aparecem, na década de 1970, os estudos sobre a pequena produção. Essa temática ganha grande impulso na Sociologia e as interpretações são feitas ao considerar o pequeno produtor como um ator político na estrutura agrária brasileira, interpretando sua permanência e transformação e sua vinculação à agroindústria (Gnaccarini & Moura, 1986-1990).

Das análises geográficas e sociológicas do período, uma observação pode ser feita: a Sociologia valorizava fortemente, nesse momento, o trabalho empírico.

O estudo dos grupos camponeses era efetuado segundo uma acentuação na importância do trabalho de campo, iniciada na década de 1960, sob a influência de Antonio Candido e Maria Isaura Pereira de Queiroz. O conjunto de estudos encontrados para o período vem enfatizar diferentes visões sobre a sociedade agrária brasileira, uma das quais é aquela vinculada ao estudo da vida cultural camponesa.

> O objetivo explícito deste e de outros autores é o de encontrar em dimensões socioculturais da existência camponesa, ou da vida de fazendeiros e pioneiros, outras ordens de explicação para o perfil de nossa sociedade agrária, que expliquem e problematizem a construção do tempo social e dos conteúdos simbólicos das relações sociais, estejam estes direta ou indiretamente referidos à realidade do trabalho da terra. O objetivo implícito dos mesmos contém, em grau maior ou menor, um certo estranhamento do economicismo que parece continuar se apartando deste universo de indagações. (Gnaccarini & Moura, 1986-1990, p.25)

Enquanto isso, na análise geográfica parece prevalecer, no período, uma avaliação economicista da agricultura. Não obstante encontrarmos trabalhos que tratam da questão da proletarização do trabalhador rural, a dominação da temática desenvolvimento rural/modernização é clara e realizada com a finalidade de avaliar o emprego das técnicas modernas conduzindo ao aumento da produtividade.

A preocupação com a base técnica do processo e com a difusão deste sobre o espaço é a vertente que domina os trabalhos dos geógrafos agrários da década de 1970. Sem dúvida, a influência das teorias econômicas sobre a modernização irá aparecer, e os trabalhos, que procuram definir, conceituar e caracterizar o processo, dominam no período.

MUNDO RURAL E GEOGRAFIA

O trabalho de Mesquita (1979, p.26) deixa evidente essa preocupação quando procura discutir "o conceito de intensidade de agricultura, numa tentativa de avaliar a sua inserção nos estudos de desenvolvimento rural, na medida em que se procura explicitar a sua inserção com o conceito de modernização da agricultura".

O destaque dado por Von Thünen ao papel desempenhado pela distância do mercado das áreas produtoras ganhou nova conotação a partir do processo de modernização por que vinha passando a atividade agrícola e assumiu formas complexas que deveriam ser tratadas teoricamente de maneira diversa.

Assim, a cidade ganha ênfase graças ao fato de grande parte dos insumos utilizados na agricultura moderna serem provenientes dos centros urbanos. Para tanto, Mesquita (1979, p.30) discute o modelo do impacto urbano-industrial de Schulz, elaborado na década de 1940, e que valoriza o papel dos centros urbanos.

> Concebida por economistas, tanto a teoria da localização da agricultura, quanto as teorias do desenvolvimento agrícola apresentam, de forma, ora mais, ora menos explícita, uma dimensão espacial na medida em que valorizam as interações entre os centros urbanos e o quadro rural.
>
> Assim, numa perspectiva teórica de localização ou num enfoque teórico de desenvolvimento da agricultura, as ligações entre o espaço rural e o urbano assumem papel relevante. Essas concepções teóricas, embora apresentem grande significado geográfico, na medida em que valorizam as propriedades espaciais, num contexto de explicação do emprego de insumos no processo de produção em agricultura, tem despertado muito pouco interesse dos geógrafos preocupados com a temática rural.

Tal falta de interesse pode ser explicada por haver, por parte do geógrafo agrário, uma preocupação em privilegiar o enfoque espacial, estudando o arranjo espacial e a distribuição dos diferentes elementos que compõem o processo de modernização, sem, contudo, entendê-la nos seus aspectos internos.

Para o conjunto da Geografia Agrária brasileira, o final da década de 1970 marca o surgimento de um fórum de debates e reuniões muito importante, ponto de referência para estabelecermos a trajetória desses estudos no Brasil.

Em dezembro de 1978, realizou-se o primeiro Encontro Nacional de Geografia Agrária, em Salgado (SE), concebido a partir da percepção da perda de importância dos estudos sobre a agricultura brasileira no Encontro Nacional de Geógrafos da AGB, realizado em julho do mesmo ano em Fortaleza.

Passando por mudanças metodológicas importantes e com o grande desenvolvimento dos estudos urbanos, a Geografia Agrária, participativa no contexto histórico da Geografia brasileira, parece enfraquecer-se diante das novas tendências, diluindo-se no turbilhão de preocupações com questões urbanas, industriais, ambientais etc., que dominavam aquele encontro da AGB e o próprio desenvolvimento da Geografia naquele momento.

A ideia de realizar reuniões nacionais que objetivassem a discussão mais cuidadosa dos problemas agrários no Brasil vingou e fez desse encontro o primeiro temático, dentro da Geografia, um marco para o desenvolvimento da Geografia nacional que, a partir de então, além do encontro geral promovido pela AGB, passou a multiplicar eventos setorizados como os de Geografia Urbana, Climatologia, Geografia Física etc.

Essa nova imagem adquirida pela Geografia Agrária brasileira vai frutificar e, na década seguinte, será extremamente dinâmica como difusora das ideias dos geógrafos. Além das publicações de periódicos e dos *Anais da AGB*, os *Anais dos Engas* irão demonstrar como pensa e em que pensa o geógrafo agrário brasileiro nas décadas de 1980 e 1990. As mudanças metodológicas – notadamente as advindas da Geografia Crítica – e temáticas estarão evidenciadas nesses anais. Começa também a aparecer, formalmente, a participação de não geógrafos (economistas, sociólogos, antropólogos) na discussão conjunta de temas relativos ao agro.

A análise do social, tão negligenciada pelo geógrafo agrário na década de 1970, ganhará grande ênfase no período seguinte. A expansão do sistema capitalista no campo e as consequentes transformações sociais, econômicas e espaciais daí advindas irão impregnar os trabalhos dos geógrafos agrários na década de 1980. A modernização da agricultura permanecerá como temática de destaque, entretanto sua avaliação se fará em razão das consequências que esse processo trouxe para o agricultor brasileiro em vertentes que tratam

MUNDO RURAL E GEOGRAFIA

das relações de trabalho, do camponês (até o momento pouco trata-do pelo geógrafo agrário, mas bastante estudado pela Sociologia Rural), dos impactos ambientais causados pela adoção das novas técnicas de trabalho agrícola, do complexo agroindustrial e da questão da terra (fronteira agrícola e reforma agrária).

A mudança de perspectiva na análise da agricultura na década de 1980 deve-se, sem dúvida, às novas abordagens trazidas pela Geografia Crítica ou Radical que passa a preponderar nos estudos geográficos.

> A Geografia crítica ou radical não apresenta uniformidade de pensamento, não forma propriamente uma escola. Costuma-se cata-logar neste grupo geógrafos que se conscientizaram da existência de problemas muito graves na sociedade em que vivem.
> ... os radicais compreenderam também que as poucas críticas feitas pelos geógrafos destas escolas às injustiças com que convivem são feitas visando à correção de detalhes, de problemas comple-mentares, sem ir ao cerne dos mesmos problemas. Daí se chamarem radicais, isto é, de tomarem uma atitude que, ao analisar as injustiças sociais e os bloqueios a um desenvolvimento social, vão às raízes, às causas verdadeiras destes problemas, e de críticos por assumirem os seus compromissos ideológicos, sem procurarem esconder-se sob falsa neutralidade. (Andrade, 1987, p.12)

As análises gerais sobre o agro brasileiro, na década de 1980, podem ser apontadas, num primeiro momento, como formas de caracterizar esse setor da economia brasileira em seu contexto mais amplo. Assim, o trabalho de Ariovaldo U. de Oliveira (1988) tem como fio condutor de análise as contradições do desenvolvimento capitalista, no campo, evidenciadas pela implantação, no meio rural brasileiro, de relações de trabalho assalariado em consonância com relações pré-capitalistas representadas pela manutenção do camponês.

Partindo desse pressuposto, o autor discute as contradições in-ternas do capital considerando que "o capital não expande de forma absoluta o trabalho assalariado, sua relação de trabalho típica, por todo canto e lugar, destruindo de forma total e absoluta o trabalho familiar camponês. Ao contrário, ele, o capital, o cria e recria para que sua produção seja possível, e com ela possa haver também o aumento, a criação, de mais capitalistas" (Oliveira, 1988, p.7).

Aliadas a essas contradições, outras fontes de preocupação da análise sobre a expansão capitalista no campo estão vinculadas à concentração fundiária e às relações de trabalho.

Quanto à concentração fundiária, as discussões se farão em torno dos estudos sobre fronteira agrícola, posseiros e reforma agrária. A fronteira agrícola é estudada por Gusmão (1986) que destaca o papel do Estado como responsável pela ocupação de novos espaços agrários. Considera fronteira como "áreas de ocupação marginal ou incipiente com relação à potencialidade dos seus recursos naturais" (p.535) que são ocupadas por pequenos produtores com produção destinada ao autoconsumo, designada "fronteira camponesa", e por estabelecimentos de tamanhos variados, com produção destinada à comercialização regional ou extrarregional, identificada como "fronteira capitalista".

Para tratar teoricamente do assunto, são utilizados postulados teóricos da Economia e da Sociologia Rural, no que se refere ao entendimento do papel do Estado nesse processo, evidenciado pela definição dos mecanismos utilizados para atrair investimentos para a fronteira, assim como favorecer, por intermédio de incentivos fiscais, a ocupação territorial, o aproveitamento dos recursos naturais e da mão de obra local.

Com relação à luta dos posseiros, o trabalho de Kahil (1985) mostra a reconstrução histórica de ocupação da margem esquerda do Rio Paraná por posseiros e rendeiros em uma área do Estado, mediante processo de reassentamento de população realizado pela CESP. A análise da autora consiste em enunciar os mecanismos utilizados pelo capitalismo para expropriar e subjugar o camponês e seu trabalho. A discussão da expropriação passa pelo entendimento de que a ideologia dominante, neste caso o Estado, representado pela CESP, impõe políticas de colonização sujeitas aos seus pressupostos. Nesse contexto, a autora diferencia a luta do camponês, assentado na área, tipicamente econômica e de resistência diante dos grupos financeiros e industriais, daquela do posseiro, política, já que sua resistência significa ir contra as regras determinadas pelo sistema capitalista dominante.

Na discussão sobre a reforma agrária, a influência de outras ciências sobre a análise geográfica do meio rural é bastante significativa. Os trabalhos de economistas e sociólogos que discutem essa questão influenciarão o geógrafo agrário e é comum encontrar nas publicações, estritamente geográficas, trabalhos de outros estudiosos, que não geógrafos.

O trabalho de Oliveira (1988), em Antropologia Social, discute a Reforma Agrária no Estado de São Paulo. A preocupação central da autora está em mostrar que a desvinculação direta da questão da terra do poder central não significou avanço, mas colocou o trabalhador rural sob a influência direta do poder local, fortalecido e comprometido com a política de concentração de terras.

> A propriedade privada tem sido um dos pontos cruciais no debate sobre a questão agrária e urbana. A definição de seu caráter social tem sido manipulada pelos interesses dominantes de modo a não esvaziar seu princípio básico – o direito de propriedade. Este direito estabelece as condições em que os indivíduos, ao defenderem os interesses particulares de sua propriedade, aparecem como defensores de interesses coletivos e gerais perante a sociedade como um todo, e como tal, seus direitos aparecem como direitos do Estado sobre os cidadãos. (p.113)

As relações de trabalho na agricultura brasileira é outro tema – no qual a Economia e a Sociologia Rural têm influência direta – discutido pelo geógrafo agrário. As mudanças estudadas nas relações de trabalho, vinculadas às transformações técnicas ocorridas na agricultura brasileira, apareceram com grande destaque no trabalho de José Graziano da Silva (1981) no qual é discutida a adequação da força de trabalho à nova base técnica do agro brasileiro. Estudando a modernização da agricultura paulista, Silva mostra que as transformações ocorridas sobre a ocupação da mão de obra começam a se delinear em meados da década de 1960, fazendo com que desaparecessem formas tradicionais de relações, como o colono, o parceiro, o pequeno arrendatário, dando lugar ao assalariado, situação em que se dá a

> separação do produtor direto da terra obriga-o a vender a única mercadoria de que contínua proprietário – a sua força de trabalho – para poder continuar vivo. Agora ele não mais se assalaria para com-

plementar a renda familiar. Ao contrário, é obrigado a fazê-lo como *única forma* de garantir a reprodução da família. Ele não é mais um assalariado temporário, ele é *apenas* um assalariado. (p.117 – grifo no original)

Enquanto o sociólogo e o economista rural estão preocupados em entender os mecanismos que levaram ao surgimento do trabalho assalariado, na Geografia as relações de trabalho serão apenas um dos itens a serem tratados na caracterização de determinado cultivo ou área, na forma de estudos de caso, que priorizam a definição de diferentes aspectos econômicos e sociais sem demonstrar uma preocupação particular com as relações de trabalho dominantes no setor agrícola durante a década de 1980.

As alterações ocorridas no meio rural brasileiro, especialmente na década de 1970, redefiniram a absorção do contingente de mão de obra e a composição da força de trabalho rural de forma diferenciada para áreas distintas do país.

Nesse contexto pode ser tratada a pequena produção agrícola (definida como contradição à grande produção agroindustrial e que, na década seguinte, será denominada produção familiar). Esse setor é o que mais sofreu transformações sob o novo padrão tecnológico proposto para o agro brasileiro, e o geógrafo agrário procurou identificar seu comportamento espacial, demonstrando diferenciações no que se refere à produção e às formas de produzir.

A pequena produção agrícola passou a significar uma temática de análise geográfica bastante rica. Prosseguindo na análise sobre o processo de inserção do capital no campo, a persistência ou o desaparecimento, a subordinação ou a autonomia do pequeno agricultor tornaram-se postulados teóricos básicos para o estudo do geógrafo agrário. Provinda de outras ciências, sobretudo da Sociologia Rural, a discussão teórica sobre as mudanças provocadas pela capitalização do campo brasileiro norteou as propostas de entendimento do funcionamento dessa parcela do agro.

Os trabalhos dos geógrafos agrários sobre essa temática voltavam-se para o entendimento do funcionamento interno do grupo familiar, sem defini-lo sob algum parâmetro teórico específico. O pequeno produtor agrícola é considerado um agente organizador do

MUNDO RURAL E GEOGRAFIA

espaço e, como tal, imprime, à sua propriedade ou área de posse, características muito próprias que o diferenciam de outros grupos de trabalhadores. Os estudos de caso sobre esses grupos, em diferentes partes do país, são comuns durante toda a década.

O trabalho de Piran & Gerardi (1982) sobre a pequena produção em Erexim (RS) procura identificar as transformações agrárias ocorridas no município a partir do processo de modernização da agricultura.

> Na análise, a pequena produção agrária é vista sob o enfoque de sua associação e subordinação ao setor urbano-industrial (indústria, comércio e setor financeiro) interno e externo, e da dominação exercida pela grande exploração rural sobre a pequena. É entendida, portanto, dentro do processo geral de desenvolvimento econômico e da acumulação de capital. Diante disso, a pequena produção agoniza, e mesmo que se reponha mais adiante e/ou sob outras formas, não liberará da dominação, e os antagonismos ressurgirão mais graves. (p.124)

Mesquita & Silva (1986) procuram avaliar a inserção da pequena produção no processo de mudança tecnológica por que passou a Região Sul do país. As autoras procuram, primeiramente, evidenciar quais mecanismos creditícios possibilitaram o investimento em máquinas, a difusão da prática de prestação de serviços e compra de equipamentos agrícolas. Com base ainda em dados censitários, as autoras procuraram constatar em que nível se deu a associação entre a modernização do processo produtivo e a valorização das terras, apreendida no entendimento sobre a articulação entre os investimentos em terras e máquinas.

> O grande fato a se ressaltar é o envolvimento da pequena produção na reestruturação técnico-produtiva na década de 70 e a persistência de sua participação nos processos socioeconômicos e na reorganização espacial dos anos 80, o que vem se acompanhando de uma diferenciação interna no âmbito da pequena produção. (p.533)

O estudo da implantação do complexo agroindustrial e suas relações com a produção familiar também é temática do geógrafo agrário. Exemplo de estudo sobre o complexo agroindustrial é o trabalho de Ferreira & Bray (1983) que informa sobre a formação do setor canavieiro no interior do Estado de São Paulo. Esse trabalho, fundamentalmente histórico, estuda a introdução e a expansão da agroindústria açucareira e alcooleira, demonstrando a dominação espacial da indústria sobre o campo.

O trabalho de Ariovaldo Umbelino de Oliveira (1981) discute as relações entre agricultura e indústria no Brasil. Para tal, o autor parte do pressuposto de que "o desenvolvimento do capitalismo tem que ser entendido como processo de reprodução capitalista ampliada do capital" e "este processo de reprodução ampliada deve ser entendido como reprodução de formas sociais não capitalistas, embora a lógica, a dinâmica seja plenamente capitalista" (p.60).

Partindo desse pressuposto, o autor elenca as formas de apropriação da renda da terra pelo capital, assim como a subordinação da circulação à produção, estudando diferentes casos em que o controle industrial sobre a produção familiar se tornou evidente (suinocultura, avicultura, sericicultura, fumo etc.), discutindo, assim, a permanência e a subordinação do pequeno produtor ao capital.

A década de 1990 evidencia uma continuidade dos estudos sobre o campesinato, apresentando, agora, uma preocupação com a definição teórica desse grupo social, cuja fundamentação advinda da Sociologia Rural está balizada pela conceituação proposta por Alexander Chayanov (1974) e por autores nacionais, seguidores dessa mesma linha.

Assim, o trabalho de Gerardi (1990a) sobre dois estudos de campesinato, nas Regiões Norte e Sul do Brasil, demonstra a preocupação com o conceito do objeto de estudo "buscando sua expressão concreta na realidade do agro brasileiro, avaliando a extensão de sua aplicabilidade no sentido de dar conta ou contribuir para o entendimento da questão da pequena produção ou produção camponesa" (p.199).

Segundo um processo natural de difusão e adoção de inovação, que pode ser visualizado na Figura 1, podemos verificar que a Geografia Agrária, ao lado das transformações econômico-tecnológico--sociais ocorridas no agro brasileiro e direcionada por mudanças paradigmáticas e influências teóricas de outras ciências, passou, ela

MUNDO RURAL E GEOGRAFIA

mesma, por um processo de mudanças cuja tentativa de síntese aparece no Quadro 2.

Da mesma forma que no processo geral de adoção/difusão de inovação, na Geografia Agrária, uma sequência de paradigmas e temáticas em sucessão temporal e ênfases variadas marcam a trajetória desse ramo da ciência geográfica.

Há momentos em que paradigmas e temáticas diversos e contraditórios se encontram, assinalando fases de transição entre marcos teóricos diferentes; há momentos (às vezes não tão nítidos) em que o predomínio de um paradigma ou tema estabeleceu o consenso entre a maioria dos pesquisadores, relegando a segundo plano visões teóricas ou temas anteriores.

A influência de postulados de outras ciências sobre a Geografia Agrária aparece ao longo de toda a sua história, como método, técnica ou teoria, a tal ponto de José Alexandre Filizola Diniz, no XIII Enga, em 1996, chamar a atenção para o processo de descaracterização da Geografia Agrária pelo exagero nas análises sociológicas e econômicas e esquecimento dos autores geógrafos.

> Essa socialização e economização da Geografia Agrária é evidente na bibliografia dos poucos trabalhos em que essa informação pode ser analisada. Longe de um pensamento excepcionalista/exclusivista/isolacionista em nossa área – pois inclusive pensamos na unidade da ciência social –, lamentamos apenas o "esquecimento" da produção geográfica anterior, dos nossos clássicos, que às vezes poderiam até contribuir para solução de algumas das nossas indagações. (Diniz, 1996, p.29)

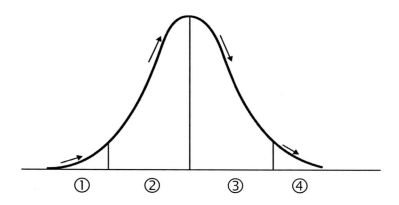

FIGURA 1 – Comportamento dos cientistas ao longo do tempo.
  1. Inovadores
  2. Maioria precoce
  3. Maioria tardia
  4. Retardatários

Adaptado de Ceron, 1973, p.22.

MUNDO RURAL E GEOGRAFIA

Quadro 2 – A Geografia Agrária brasileira e as ciências de contato

Décadas	Ciências de contato	Temáticas	Paradigma	Característica
1940 e 1950	Ciências Naturais, História, Economia Política	Uso da terra, organização agrária, produção agrícola, colonização	Determinismo e possibilismo	Estudos de caso
1960	Ciências Naturais, História, Ciências Exatas, Aerofoto, Geometria, Sociologia Rural	Uso da terra, hábitat rural, colonização, meio ambiente	Determinismo e possibilismo	Estudos de caso
1970	Matemática, Estatística, Sociologia Rural, Economia Regional	Modernização da agricultura, pequeno produtor, CAI	Quantificação	Estudos classificatórios
1980	Economia Regional, Sociologia Rural, Matemática e Estatística	Campesinato, CAI, reforma agrária	Geografia Crítica, quantificação	Estudos de caso e Estudos classificatórios
1990	Sociologia, Economia	Campesinato, CAI, questão da terra, organização do espaço agrário, reforma agrária	Geografia Crítica, Geografia Humanística	Estudos de caso

Fonte: Levantamento bibliográfico.
Organização: Darlene A. de O. Ferreira.

3 GEOGRAFIA AGRÁRIA BRASILEIRA: FONTES E REFERÊNCIAS

UM POUCO DE HISTÓRIA: AS PUBLICAÇÕES GEOGRÁFICAS NO BRASIL E A GEOGRAFIA AGRÁRIA

A Geografia no Brasil: uma contextualização

Para análise da produção geográfica brasileira sobre agricultura, recorremos às fontes bibliográficas, um conjunto de informações bastante denso, tanto no que se refere à quantidade de periódicos e trabalhos quanto no que diz respeito à diversidade do material consultado e registrado.

A história da Geografia no Brasil foi acompanhada e, em alguns momentos, marcada por publicações que foram, e são, fundamentais para dimensionar e divulgar os trabalhos geográficos. É o caso dos periódicos do IBGE (Instituto Brasileiro de Geografia e Estatística) e da AGB (Associação dos Geógrafos Brasileiros) no início e, posteriormente, os das universidades e da Ageteo (Associação de Geografia Teorética), que registraram o pensamento e a produção científica do geógrafo brasileiro. A dinâmica da sociedade e da própria ciência geográfica é facilmente detectada quando analisamos o conjunto de informações encontradas nos periódicos nacionais.

Os trabalhos do período de sistematização da Geografia no Brasil, encontrados na *Revista Brasileira de Geografia*, no *Boletim Geográfico* e nos *Anais da AGB*, em seus primeiros números, de 1939 a 1945, nos permitem detectar uma preocupação com o conhecimento do território nacional, papel determinado à Geografia da época. Seguindo uma lógica de análise que se iniciava com a descrição das condições naturais, passava pela descrição das atividades econômicas para findar com a exposição dos aspectos sociais ligados à atividade estudada, os trabalhos intitulados genericamente de "Geografia Econômica...", "Aspectos Geográficos...", "Geografia Humana..." ofereciam, assim, um conjunto de informações diversificado sobre diferentes áreas do país.

Na fase seguinte, já na década de 1960, os boletins regionais da AGB, Paulista (1949/1993), Mineiro (1957/1966), Paranaense (1960/1966), Baiano (1960/1970), acompanhados das publicações do IBGE, apresentam estudos sobre uso da terra com base na utilização de fotografias aéreas. Iniciava-se, assim, a difusão de trabalhos que utilizariam outras fontes de informação que não exclusivamente a observação e o trabalho de campo, bem como a descrição como forma de abordagem. Um arsenal metodológico diferenciado passa a ser conhecido e, acompanhando as mudanças técnicas que se fazem presentes no país, a máquina torna-se aliada do agricultor (mecanização) e do geógrafo (calculadora e computador).

A década de 1970 vive o período das transformações. A cidade se sobrepõe ao campo; a sociedade urbana, à rural; a indústria, à agricultura. Na Geografia, a quantificação significa a revolução na forma de pensar o espaço geográfico. As técnicas quantitativas expressam formas de análise variadas, preocupadas com o entendimento da distribuição espacial da atividade agrícola segundo uma lógica estatística. Para marcar esse momento o *Boletim de Geografia Teorética* (1971/1993), da Ageteo, aparece com uma participação efetiva como divulgador das novas propostas metodológicas e alcança representatividade acompanhando a RBG (*Revista Brasileira de Geografia*). Ainda no mesmo período, a Ageteo também passa a divulgar a revista *Geografia* (1976/1993), publicando trabalhos de caráter menos técnico do que os do boletim.

MUNDO RURAL E GEOGRAFIA   115

A revolução técnica trouxe modificações na forma de produzir na agricultura, acompanhada de transformações sociais e físico--naturais expressivas, bem como um novo aparato metodológico para as ciências humanas. O período seguinte fará a avaliação das consequências desse processo e se autodenominará *crítico*. A urbanização acelerada, a agricultura realizada sob a lógica capitalista na qual o camponês não tem lugar, a indústria se apropriando do espaço de forma avançada e o Estado coadjuvante nesse cenário impregnaram os congressos geográficos de temáticas que concorreram para avaliar e propor soluções para a década perdida.

Trata-se do período mais rico quanto ao surgimento de periódicos no país. As universidades passam a participar mais efetivamente como editoras de inúmeras revistas, apresentando tendência a um regionalismo, já que, em diferentes regiões do país, surgem publicações que priorizam a divulgação da produção científica local. A Região Sul se destaca por apresentar quatro periódicos distintos: *Geosul* (1986/1993 – Florianópolis – SC), *Geografia* (1983/1994 – Londrina – PR), *Boletim de Geografia* (1983/1995 – Maringá – PR), *Geografia Ensino e Pesquisa* (1987/1991 – Santa Maria – RS). A revista *Geonordeste* (1984/1987) é representante da Região Nordeste, sendo editada pela Universidade Federal de Sergipe.

É nesse contexto de observações, mudanças, autoavaliações e críticas divulgadas nos periódicos nacionais que a Geografia Agrária irá se desenvolver. É preciso, entretanto, saber qual o papel imposto à Geografia quando de sua sistematização. A história do pensamento geográfico no Brasil coexiste com a história da sociedade brasileira. Como o presente trabalho se propõe a fazer uma análise das mudanças ocorridas na Geografia Agrária brasileira, é fundamental entendermos qual o papel desempenhado pela Geografia e, principalmente, em que circunstâncias essa ciência passa a figurar no universo acadêmico-científico nacional.

Ao abordar a história do desenvolvimento da Geografia no Brasil, Geiger (1988) destaca que tal tarefa deve contemplar a análise de aspectos macro e micro. Os aspectos macro dizem respeito ao referencial histórico, ideológico e científico no qual o país está inserido. Os perfis sociológico e intelectual dos geógrafos, como sujeitos pensantes, constituem os microaspectos.

A política modernizadora implantada pelo governo federal, que, para se efetivar, necessitava conhecer e conquistar o território nacional, gerou a criação dos cursos de Geografia na Faculdade de Filosofia, Ciências e Letras na Universidade de São Paulo (USP) (1934) e na Universidade Federal do Rio de Janeiro (1935), além da implantação do IBGE em 1936.[1]

Assim, é fundamental perceber o papel do governo federal, como elemento responsável pelo desenvolvimento. Para tanto, o Estado

> promove uma série de modernizações no país, entre as quais a implantação de novas instituições ocupadas com a Geografia e o suporte à formação de um sistema de atividades geográficas ... O Estado iria necessitar, porém, de entidades modernas que operassem de forma mais ampla e rotineira atividades estatísticas e cartográficas. (Geiger, 1988, p.60-1)

Quanto ao papel que a Geografia deveria desempenhar, Geiger (1988, p.61) aponta "o ensino de uma moderna Geografia como instrumento ideológico para o aprofundamento de uma consciência nacional; e a pesquisa geográfica como instrumento para a administração e controle de um vasto território em vias de integração econômica e espacial".

Para o governo Vargas, o Estado deveria adquirir a dimensão territorial do país e as políticas governamentais o alcance espacial esperado. Controlar a população e o território "era condicionante fundamental não só para a consecução destas políticas, como também para a própria consolidação do Estado Nacional" (Penha, 1993, p.65).

A industrialização, via substituição de importações, aliada ao incremento do mercado externo, será o fio condutor da economia brasileira que se ressente da crise de 1929, do clima bélico existen-

---

1 Conforme Penha (1993, p.19), em nota: "a data oficial de criação do IBGE é 29 de maio de 1936, ocasião em que foram regulamentadas as atividades do Instituto Nacional de Estatística. Posteriormente, com a extinção do INE, foi instituído o IBGE em 26/01/1938, composto pelo Conselho Nacional de Estatística (criado em 17/11/36); Conselho Nacional de Geografia (criado em 24/03/37); e Comissão Censitária Nacional (organizada em 02/02/1938)".

te no período e de crises e conflitos sociais e regionais internos. Assim, o Conselho Nacional de Geografia (CNG) é criado no momento em que o Estado é extremamente centralizador, e a ideia de "um Brasil uno" deverá superar a fragmentação característica do período anterior (Penha, 1993).

O governo, empenhado na centralização do poder, deparava com um país essencialmente agrário, segmentado em porções espaciais com características econômicas diversas. Era ideologia nacional romper com os obstáculos à integração, centralização e modernização. O CNG foi o centro dos debates sobre a organização do território. A *Revista Brasileira de Geografia*, já no início, trazia a vertente da nova geografia acadêmica, fundamentada na linha vidalina, descrevendo as dimensões do país.

> Nesta perspectiva, o nível de prioridades governamentais também abarcou um "plano" para o território e coube ao IBGE a tarefa de formulá-lo e executá-lo. Implicado a uma política de integração nacional, este "plano" tinha por objetivo reajustar o quadro territorial, a partir de procedimentos técnicos e científicos uniformes, dentro de uma concepção sistêmica, ou seja, respeitava-se a estrutura administrativa federalizada, oriunda do regime anterior, porém as mesmas eram submetidas a orientação de comando central (emanada do IBGE), baseada no princípio segundo o qual a descentralização executiva reforçava a unidade do sistema. (Penha, 1993, p.65)

Esse contexto de mudanças políticas (centralização do poder em torno do Estado), sociais (expansão das cidades) e econômicas (industrialização por substituição de importações), aliado às mudanças no quadro institucional, a criação dos cursos de Geografia nas Faculdades de Filosofia e de um sistema estatístico-geográfico--cartográfico representado pelo CNG, serão fundamentais para o desenvolvimento do trabalho geográfico que, a partir de meados da década de 1930, está institucionalizado e sistematizado no Brasil (Geiger, 1980).

Houve, pois, uma "renovação" no que até então se considerava como Geografia brasileira. No período anterior às mudanças, a corografia caracterizava os trabalhos considerados geográficos. A descrição de porções do país se fazia sem comprometimento científico.

Agora o trabalho geográfico sistematizava-se e os estudos de diferentes áreas do território nacional passavam a ser orientados segundo metodologia científica, direcionada para a Geografia, introduzindo noções e conceitos até então desconhecidos. O conteúdo dos trabalhos ainda manterá a ênfase no setor agrário. A base do sistema econômico agroexportador tradicional, dominante até então, permanecerá como temática das pesquisas. Os trabalhos de campo, realizados a partir da criação da AGB, em suas assembleias, ofereciam informações sobre diferentes cultivos e sobre a configuração da paisagem agrária no interior do país.

As mudanças introduzidas pelo governo federal não se restringiram apenas à institucionalização de uma ciência preocupada em estudar o arranjo das coisas no espaço. A constituição desse conhecimento autônomo vinha ao encontro das aspirações modernizantes do Estado, que significaram uma modificação na base do sistema econômico, que passou a ser determinado pela cidade, tendo a indústria como atividade principal.

Instituições como a Comissão Geográfica e Geológica de São Paulo (1886), criada para auxiliar no desenvolvimento da cultura cafeeira e da política colonizadora no Estado, são extintas sob a crise cafeeira. A formação dos novos pesquisadores se fará em razão das necessidades advindas do modelo urbano-industrial. Tem-se, assim, o que Penha (1993, p.77) chama de crise "geográfica" paulista

> bastante representativa do que sucedeu ao longo dos anos 30 no quadro da Geografia brasileira, na qual se buscou reunir pessoal qualificado, mais atualizado tecnicamente a serviço de um governo empenhado no desenvolvimento industrial, num país até então essencialmente agrário e bastante segmentado internamente.

Assim, pode-se dizer que o início da década de 1930, no que se refere à Geografia, apresentou uma dinâmica fundamentada em dois objetivos: o primeiro, acadêmico, efetivado pela criação dos cursos superiores de Geografia no Rio de Janeiro e em São Paulo, que deveriam formar não só o professor de Geografia, mas também o pesquisador, qualificado e aparelhado segundo as concepções técnicas inovadoras vigentes na Europa, as quais levariam à concretização dos objetivos da ideologia nacional de controle do território.

O segundo objetivo, concretizado em razão do primeiro, mas de base técnica, fundamentou-se na criação de órgãos que visavam à sistematização de dados estatísticos sobre o território nacional. O CNG (Conselho Nacional de Geografia – 1937) é exemplo deste fato. A produção agrícola e os aspectos físicos seriam temáticas de referência para a realização de estudos fisiográficos, estatísticos e de documentação cartográfica (Penha, 1993).

O papel desempenhado pela atividade agrícola no período que antecedeu a criação do CNG foi de extrema importância e conduziu à definição de prioridades para órgãos federais ligados à estatística territorial. Vinculada ao Ministério da Agricultura e criada em 1933, a Diretoria de Estatística da Produção tinha por finalidades, entre outras:

> II – organizar uma mapoteca do território nacional, tanto quanto possível completa e racional, principalmente quanto à agricultura;
>
> ...
>
> VI – estudar as características fisiográficas das regiões do país, visando principalmente a produção agrícola. (Conselho Nacional de Geografia, 1939, p.11-2)

Nesse movimento de renovação os especialistas estrangeiros foram transmissores da "cultura geográfica moderna". "Pela primeira vez no país, os estudos geográficos e as pesquisas realizadas foram levados a efeito ou tiveram a orientação de geógrafos propriamente ditos", conforme aponta Pereira (1955, p.394). Ainda, segundo esse autor, a cultura geográfica moderna concretizou-se "na orientação científica dos métodos de pesquisa geográfica, introduzindo ou aperfeiçoando a técnica das observações sobre o terreno ... estabelecendo e sistematizando as normas de elaboração e de redação de um trabalho geográfico ...".

Os nomes de Monbeig e Deffontaines, em São Paulo, e Ruellan, no Rio de Janeiro, cintilam como os grandes difusores da "moderna" Geografia no Brasil. Técnicas e métodos novos são introduzidos, proporcionando o contato com normas seguidas por diferentes escolas geográficas.

A Geografia humana será dinâmica em São Paulo graças a Monbeig e, dos aspectos a serem estudados, os vínculos com a atividade agrícola estarão representados na análise do impulso tomado por ela em São Paulo e, principalmente, pelo processo de ocupação das terras paulistas pelos pioneiros e as diferentes etapas de sua marcha. Ruellan fez da Geografia Física e da Geomorfologia o campo de interesse dos estudantes do Rio de Janeiro. Pierre Deffontaines merece destaque na medida em que possibilitou, a partir da criação da AGB (1934), o contato e o debate entre os geógrafos brasileiros.

O encaminhamento científico da Geografia, após sua institucionalização, fez-se de forma dinâmica. O geógrafo brasileiro, aos poucos, demonstrou seu amadurecimento, superando a dependência dos grupos estrangeiros, traçando seu futuro, registrado nos periódicos que analisamos neste trabalho. Uma passagem rápida por eles nos permite observar a orientação seguida pelo grupo de geógrafos brasileiros. O acompanhamento, mesmo que tardio, das mudanças metodológicas propostas pelos países de maior tradição geográfica é observado ao longo de uma consulta a este material. A história da Geografia no Brasil é perceptível no conjunto de revistas, boletins e anais que a registraram.

Publicações periódicas: algumas fontes de registro da produção geográfica nacional

A pesquisa bibliográfica realizada para concretização dos objetivos deste trabalho foi analisada por duas óticas. A primeira delas diz respeito ao exame quantitativo das informações coligidas segundo parâmetros concernentes à avaliação do papel desempenhado pela Geografia Agrária no Brasil. Assim, a indicação de períodos, autores e temáticas, mais representativas quantitativamente, permite a interpretação das variáveis que caracterizam esse ramo da Geografia, bem como sua variação temporal.

Pela ótica qualitativa (também faz parte da análise), buscamos identificar as características sociológicas, o posicionamento paradig-

MUNDO RURAL E GEOGRAFIA 121

mático dos autores, bem como a forma de apresentação de seus trabalhos.

O conjunto das publicações levantadas pôde ser agrupado segundo três categorias de editores: instituição de pesquisa geográfica, associação e departamento/universidade.[2]

A única instituição oficial de pesquisa geográfica que publica revista especializada é o Conselho Nacional de Geografia/Instituto Brasileiro de Geografia e Estatística (CNG/IBGE, que publicou o *Boletim Geográfico* (1943/1978) e mantém a *Revista Brasileira de Geografia* (1939/1992)[3], periódicos com maior volume de trabalhos sobre agricultura.

Quanto às associações, a Associação de Geógrafos Brasileiros (AGB) se destaca pela participação dos *Boletins Paulista* (1949/1993) e *Carioca de Geografia* (1948/1976) e do *Caderno Prudentino de Geografia* (1981/1987). A Associação de Geografia Teorética (Ageteo) é responsável pela edição de dois periódicos: *Boletim de Geografia Teorética* (1971/1995) e *Geografia* (1976/1993).

Na categoria departamento/universidade o destaque deve ser dado à USP, como pioneira na história da Geografia no Brasil, que apresenta vários títulos: *Boletim de Geografia* (1944/1952), *Geografia Econômica* (1966/1973), *Revista do Departamento de Geografia* (1982/1994) e *Orientação* (1965/1994). Seguem-se-lhe o *Boletim de Geografia de Maringá* (1983/1995) e a revista *Geosul* (1986/1993), que vêm se mantendo em circulação entre as publicações geográficas nacionais.

Para iniciar a análise, é necessário, primeiramente, caracterizar o material bibliográfico que compõe o corpo deste trabalho. As séries e anais de congressos, objetos da pesquisa, apresentam uma história, que será brevemente tratada, procurando evidenciar a origem e o papel exercido por eles como divulgadores da produção geográfica brasileira.

---

2 O período de abrangência de nosso estudo inicia-se em meados dos anos 30 com a publicação da revista *Geografia* (1935) pela AGB, prosseguindo pelas décadas subsequentes até alcançar meados dos anos 90, mais precisamente 1995, registrando aqueles periódicos que se mantiveram até então.

3 Novos números surgiram após a execução de nosso levantamento.

A difusão dos trabalhos de Geografia no Brasil, realizada pelas séries periódicas, concentrou-se, em princípio, no eixo Rio-São Paulo, considerando-se que estes eram os centros da produção geográfica nacional mais representativos quando da institucionalização da Geografia brasileira.

Acompanhando o crescimento no volume de estudos geográficos que se instala no Brasil a partir de meados da década de 1930, o surgimento de periódicos especializados tornou-se fundamental para divulgação de resultados de pesquisas.

A criação dos veículos que permitissem ao geógrafo tornar suas pesquisas conhecidas associou-se à divisão regional existente no país e desencadeou um certo "regionalismo" quanto à origem das séries publicadas. O aparecimento de vários periódicos preocupados em divulgar a produção geográfica do espaço em que estavam inseridos é a primeira característica perceptível no conjunto do material bibliográfico consultado.

A existência, em terras paulistas, de estudiosos bastante dinâmicos ligados à Universidade de São Paulo e à criação da AGB inicia, nesse Estado, o trabalho de veiculação da produção geográfica brasileira.

> Estendendo-se junto com as Faculdades de Filosofia, em pouco tempo a AGB assume dimensão nacional. Entidade cultural, seria ponto de encontro dos geógrafos modernos, palco de debate de ideias, divulgação de trabalhos, confronto de correntes e dos valores políticos que traziam consigo ... Teses, comunicações, trabalhos de campo da Assembleia eram publicados nos Anais. Outra importante expressão editorial era a publicação de revistas e boletins por diversas seções regionais. (Geiger, 1988, p.67)

A revista *Geografia*, publicada pela AGB, circulou entre 1935 e 1936, enquanto o *Boletim da Associação de Geógrafos Brasileiros*, de 1941 a 1944. Esses periódicos difundiram, principalmente, os trabalhos dos geógrafos estrangeiros, grandes responsáveis pela produção científica brasileira até 1943. Especialistas como Monbeig, Deffontaines, Preston James figuravam nessas publicações, acompanhados por estudiosos de outras ciências, como José Setzer, que muito escreveu sobre as características edáficas e a conservação dos

MUNDO RURAL E GEOGRAFIA 123

solos no Brasil, Sérgio Millet, tratando de frentes pioneiras, e Caio Prado Júnior, inteiramente dedicado à História (Ab'Saber, 1960).

> Pouco depois, com a ampliação da AGB para entidade de âmbito nacional, tais publicações cederam lugar a outras, num desdobramento nacional, ficando a cargo dos trabalhos e relatórios apresentados às assembleias gerais da entidade, enquanto cada seção regional da mesma ficou com liberdade para lançar um boletim especializado. (Ab'Saber, 1960, p.79)

Assim, surge em todo o país um conjunto de publicações que proporcionavam a difusão dos estudos realizados regionalmente, sob a responsabilidade da Seção Regional da AGB em cada Estado. O *Boletim Paulista de Geografia* surgiu em continuação ao *Boletim da AGB* (1941 a 1944), em 1945, oferecendo a oportunidade para discussão de ideias, metodologias, comentários bibliográficos no âmbito da Geografia Física, Humana, Biológica e Regional (Azevedo, 1949).

A partir da década de 1950, esse tipo de publicação desponta em outros Estados do país, como o *Boletim Mineiro de Geografia*, em 1957, em Belo Horizonte, os *Boletins Paranaense* (1960-1966) e *Baiano* (1960-1970) *de Geografia*, surgidos em 1960, em Curitiba e Salvador, respectivamente.

A característica comum desses periódicos, com exceção do paulista e do carioca, é o tempo de publicação breve e limitado, ou seja, o período de circulação desses boletins, em muitos casos, não ultrapassou uma década, e a de 1970 marca geralmente a interrupção de circulação, inclusive do carioca, consequência da deficiência crônica de recursos e da saída dos velhos mestres do circuito. O *Boletim Paulista de Geografia* é o que se mantém mais atualizado, com seu último número datando de 1993.

Antecedendo a muitos desses boletins regionais e paralelamente às primeiras publicações da AGB, surge a *Revista Brasileira de Geografia* (1939-1992).

Considerado o periódico mais importante de divulgação das ideias geográficas, a *Revista Brasileira de Geografia* contém, no conjunto de sua edição, os registros do desenvolvimento da Geografia no Brasil. Uma rápida visualização de seu conteúdo, ao longo dos últimos cinquenta anos, nos permite identificar as diferentes "fases" por que passaram a Geografia e o geógrafo brasileiro. A variedade das temáticas, das formas de análise, dos autores, está presente e expressa o pensamento geográfico nesse veículo de circulação nacional, editado pela principal instituição de pesquisa federal ligada à Geografia, o CNG/IBGE. Para Andrade (1987, p.88), a *Revista Brasileira de Geografia* oferece uma imagem do que foi o trabalho dessa instituição desde sua fundação e, é

> onde são divulgados artigos de pesquisas, informações e resenhas de obras de interesse geográfico. Esta revista pode ser utilizada para se conhecerem as tendências dominantes no IBGE, desde a sua fundação até nossos dias; assim, nos primeiros números observa-se uma preocupação geopolítica, sobretudo com a possibilidade de uma redivisão territorial do Brasil, e estudos que procuravam dividir o Brasil em regiões geográficas, então denominadas regiões naturais ...

Editado o primeiro número em janeiro de 1939, a *Revista Brasileira de Geografia* surgia com o objetivo de fazer a divulgação de trabalhos dos técnicos do CNG/IBGE, sobre o estudo do território nacional e serviria

> de instrumento de penetração com o qual o Conselho se fará presente em todos os recantos de atividades geográficas no país, levando uma afirmação de vitalidade, uma palavra de estímulo e um aceno de conclamação. Além disso, pondo-se ao par das atividades geográficas, culturais e profissionais, oficiais ou particulares, e noticiando como se desdobram, ela facilitará o entendimento e o fecundo intercâmbio dessas mesmas atividades, constituindo assim o Conselho a sua força propulsora mais importante. (Soares, 1939, p.4)

A publicação da *Revista Brasileira de Geografia* pelo CNG/IBGE foi parte das exigências da União Geográfica Internacional para aceitar o Brasil como membro participante. Este deveria possuir um veículo de divulgação que facilitasse o contato com geógrafos no país e no exterior, bem como ter um órgão nacional de pesquisa geográfica autorizado pelo governo federal. Assim, o Conselho Nacional de Geografia foi instituído, ficando vinculado ao Instituto Nacional de Estatística. Seu papel se resumia

> a reunir e coordenar, com a colaboração do Ministério da Educação e Saúde, os estudos sobre a Geografia do Brasil e a promover a articulação dos serviços oficiais (federais, estaduais e municipais), instituições particulares e dos profissionais, que se ocupem de Geografia do Brasil no sentido de ativar uma cooperação geral para um conhecimento melhor e sistematizado do território pátrio. (CNG, 1939, p.16)

A *Revista Brasileira de Geografia*, criada com o objetivo de ser o órgão divulgador do CNG, teria como objetivos principais:

> 1º – a divulgação do conhecimento do território brasileiro;
> 2º – a divulgação da metodologia geográfica moderna, da metodologia do ensino da Geografia e dos conhecimentos da ciência geográfica e ciências correlatas;
> 3º – a vulgarização da atividade geográfica brasileira, especialmente dos empreendimentos e realizações do Conselho. (ibidem, p.7)

Em seu início a *Revista Brasileira de Geografia* publicou majoritariamente trabalhos de geógrafos estrangeiros, em razão do ainda recente processo de formação dos geógrafos brasileiros. Além desses, os editores da revista divulgam trabalhos de autores de ciências afins à Geografia que respondiam, com efeito, pela maior parte dos textos publicados, como revela Dias (1989, p.195):

> *L'analyse des articles publiés dans la* Revista Brasileira de Geografia, *entre 1939 et 1945, révèle d'abord une géographie de militaires, d'ingénieurs, de cartographes et de géologues. En effet, la participation des géographes était encore insuffisante à nourrir la revue (22% des travaux). D'autre part, la majeure partie des travaux publiés pendant cette période concerce l'echélle nationale.*

Como exemplos dessa fase da *Revista Brasileira de Geografia* podem ser citados: o trabalho de Preston James (1939) sobre alterações nos tipos de povoamento no Estado de São Paulo que apresenta a colonização permanente no Brasil como objeto de estudo e examina a forma tradicional de organização dos grupos colonizadores, bem como o papel desempenhado pela frente pioneira em São Paulo, comparada ao movimento de ocupação americano; e o de José Setzer (1941, 1942), um agrônomo que aparece com grande destaque na *Revista Brasileira de Geografia* em sua fase inicial, sobre os solos no Estado de São Paulo, discutindo as diferentes formações, as características físicas, químicas e o tipo de aproveitamento agrícola mais adequado.

Representando a produção inicial brasileira, dois estudos de Souza (1945a, 1945b) traduzem quanto a agricultura era significativa para o período. A cultura do café é avaliada e descrita como aspecto formador da paisagem rural paulista, completada pelas vias de comunicação, pela ferrovia e pelo surgimento de núcleos urbanos, acompanhados pela indústria, ainda voltada para a transformação de produtos agrícolas. Em outro texto, a autora descreve o sistema de cultivo do café, a colheita e as relações de trabalho daí advindas.

Editado também pelo CNG/IBGE, o *Boletim Geográfico* foi outro periódico bastante significativo para a Geografia brasileira. Sua circulação inicia-se no ano de 1943 e mantém-se até 1978. Organizado editorialmente de forma diferenciada da *Revista Brasileira de Geografia*, o *Boletim Geográfico* sempre apresentou uma configuração bastante particular que não se restringia apenas à publicação de artigos derivados de trabalhos de pesquisa.

Apresentando quatro diferentes seções (Informações, Notícias, Bibliografia e Leis e Resoluções), a revista proporcionava a seus leitores a oportunidade de se atualizar quanto: ao aparelhamento administrativo do país no que se referia à pesquisa geográfica; às atividades culturais ou técnicas desenvolvidas nas esferas federal, regional, municipal e de caráter privado; às indicações de livros e outros instrumentos sobre temáticas gerais ou especializadas; às deliberações dos órgãos públicos sobre os trabalhos geográficos no país.

Em sua fase inicial, o *Boletim Geográfico* conserva as mesmas características da *Revista Brasileira de Geografia*, com predomínio de trabalhos de estrangeiros. O francês Pierre Monbeig, estudando gêneros de vida (1949), zona pioneira (1945a), paisagens rurais de São Paulo (1944), o meio natural e o povoamento numa região

MUNDO RURAL E GEOGRAFIA

produtora de cacau no sul da Bahia (1945b) e a paisagem e a sociedade nordestina num estudo de Geografia Humana nas regiões do
semiárido e do litoral (1948), contribuiu generosamente com as
edições do *Boletim Geográfico*.

Outros geógrafos estrangeiros podem ser citados por sua produção: Pierre Deffontaines, analisando a cultura da uva (1948) e os
tipos de povoamento em São Paulo (1947); Léo Waibel, estudando
os sistemas de cultivos em áreas tropicais (1947); Preston James
(1945) e Lynn Smith (1947a, 1947b), que estudaram as terras
cafeeiras no Sudeste brasileiro e o tamanho das propriedades rurais
no Brasil, respectivamente.

A contribuição de autores de outras ciências pode ser medida
pelos trabalhos de Caio Prado Júnior (1945) sobre a distribuição da
propriedade fundiária em São Paulo e pelos estudos de José Setzer
(1946a, 1946b) sobre o uso do arado na agricultura brasileira e sobre a orientação para a realização de levantamento agrogeológico.
Ainda com a preocupação voltada aos problemas edáficos brasileiros, o estudo de Artur Tôrres Filho (1949) discute a conservação
da fertilidade do solo como garantia para a agricultura nacional.

Observamos que as temáticas dos trabalhos, tanto da *Revista
Brasileira de Geografia* como do *Boletim Geográfico*, referiam-se às
condições da realidade física e econômica brasileira, cuja ênfase era
agrícola. Até o final da década de 1950, essa será a característica
principal dos periódicos nacionais, nos quais os estudos agrícolas
serão predominantes, preocupados em caracterizar a agricultura
como uma atividade econômica que produz determinados cultivos,
num sistema próprio de técnicas, para um mercado específico,
deixando as questões sociais para o tratamento de outros autores,
não geógrafos. O conhecimento da paisagem agrária está restrito
ao que é visível, observável, caráter próprio da escola tradicional
ou idiográfica da Geografia.

Preocupada com o ensino secundário e vinculada à Universidade
de São Paulo, a revista *Orientação*, surgida em meados dos anos 60
(1965-1994), passou a ser publicada pelo Instituto de Geografia da
USP, destinando-se a discutir tudo que fosse de interesse do professor
de Geografia. Visava à "divulgação de métodos, técnicas, biblio-
grafias, planos de aula, sugestões de currículo, experiências pedagó-

gicas em curso e comentários críticos sobre as mesmas" (Goldenstein, 1965).

Na década de 1970, dois periódicos editados por uma associação científica – Associação de Geografia Teorética – aparecem com importância nacional. São eles o *Boletim de Geografia Teorética* (1971-1950) e *Geografia* (1976-1994).

Surgidos em um núcleo de geógrafos do interior (Rio Claro – SP), ganharam o Brasil por apresentarem, naquele momento, uma coerente expressão do partido filosófico, teórico-metodológico, chamada de Geografia Teorética ou Geografia Teorético-Quantitativa, que aparecia e ganhava adeptos em todo o país.

Fundada em 1971, a Associação de Geografia Teorética (Rio Claro – SP) veio renovar as discussões e, de modo fundamental, oferecer um novo veículo de divulgação e circulação do trabalho geográfico. Acompanhando as mudanças paradigmáticas que eram sentidas no país e já consolidadas no exterior, o *Boletim de Geografia Teorética* (1971) transformou-se no difusor das novas propostas chegadas ao país provindas, principalmente, do contato com a América anglo-saxônica.

Apresentando uma história bastante rica, o *Boletim de Geografia Teorética*, por várias vezes, passou por mudanças gráficas que o tornaram mais moderno e capaz de se comprometer com a divulgação da produção geográfica originada de várias instituições e apresentada em reuniões científicas, publicando anais de eventos científicos na área da Geografia. É importante salientar que por ser uma entidade científica de atuação nacional, os trabalhos publicados tinham e têm esse caráter, já que a Ageteo não tem compromisso com departamentos ou universidades.

> Assim, daquela época [1971] até 1990, o Boletim abrigou a opinião de duzentos e dezesseis autores de artigos, notas e resenhas, de praticamente todos os estados brasileiros e de diversos países de três continentes, de Universidades e Instituições de pesquisa, tendo como único critério para aceitação dos originais a coerência e a qualidade científica do texto. (Gerardi, 1990, p.1)

A Ageteo, no prosseguimento de seu percurso, passou a publicar, cinco anos depois, outro periódico bastante conhecido e respeitado no

MUNDO RURAL E GEOGRAFIA

país. A revista *Geografia* teve seu primeiro número editado em 1976, concretizando inédita parceria com uma editora comercial, a Hucitec, que, conjuntamente com a Ageteo, visou ao lançamento de um periódico destinado à ciência geográfica. Eram objetivos da revista:

a) promover a difusão de assuntos geográficos, através de artigos que forneçam o estado atual do conhecimento;
b) incentivar a pesquisa geográfica, com a publicação de artigos e notas oriundas dessas atividades científicas;
c) apresentar técnicas utilizadas na análise da informação geográfica, mostrando suas vantagens e desvantagens;
d) auxiliar a atividade docente, colaborando com sugestões para o ensino em seus diversos níveis;
e) promover o debate e a discussão de temas e assuntos geográficos, a fim de possibilitar maior comunicação e troca de ideias entre os geógrafos;
f) realizar cobertura da bibliografia geográfica, com notas e resenhas anunciando as edições recentes. (Christofoletti, 1990, p.1)

Examinando os quinze anos da revista *Geografia*, Christofoletti (1990) avalia o quadro global desse periódico, analisando alguns indicadores dos quais a referência às temáticas permite destacar quanto a agricultura foi discutida. Dos 222 artigos e notas, a agricultura não aparece como referência em apenas três volumes publicados (1977, 1986 e 1990), alcançando um total de 33 trabalhos numa regularidade bastante significativa. Esse número é seguido pelos estudos sobre conceitos e procedimentos metodológicos (28), Geografia física e problemas ambientais (26), Geografia urbana e quantificação, cartografia e sensoriamento remoto (25). Observamos que a temática agrícola, embora dominante, não supera de muito as outras, indicando que, no período em que a revista *Geografia* surgiu, a agricultura não era mais hegemônica, havendo, na realidade nacional, outros aspectos a serem estudados.

Apesar disso, a periodicidade e a persistência das publicações da Ageteo fizeram que esta alcançasse o país todo e tornasse Rio Claro um dos mais respeitados centros de estudos geográficos no contexto nacional e, principalmente, um dos grandes difusores do conhecimento sobre agricultura, sediando um grupo bastante forte no que se refere à temática agrícola, como se verá oportunamente.

Os Congressos de Geografia: da AGB aos Encontros Nacionais de Geografia Agrária

A divulgação de trabalhos geográficos em publicações do tipo *anais* é representada inicialmente no Brasil pela produção decorrente dos eventos promovidos pela AGB. A Associação de Geógrafos Brasileiros, em suas reuniões regulares, realizadas em diferentes cidades do interior do país, discutia, em assembleias, os trabalhos de pesquisa desenvolvidos pelos seus associados e que, após a aprovação dos sócios reunidos, eram publicados nos anais. A primeira reunião, ocorrida em 1946, deu antecedência a um conjunto de assembleias que, até 1970, realizavam pesquisas de campo nos locais sedes das reuniões, buscando acumular conhecimento sobre o território nacional, além de contribuir para a formação dos jovens geógrafos. Desde sua criação, na década de 1940,

> a AGB realizou um notável trabalho de reconhecimento do país, promovendo em suas assembleias gerais, anuais, tanto o debate de trabalhos apresentados por seus associados, como realizando trabalhos de pesquisas na cidade em que o encontro se realizava e em seus arredores. Como as assembleias eram quase sempre realizadas em cidades de médio e pequeno portes, situadas em áreas pouco estudadas, estes relatórios, em grande parte publicados nos Anais dos encontros, se constituem, hoje, documentos básicos ao conhecimento da geografia das áreas estudadas; são importantes ainda para se conhecer a metodologia empregada nos trabalhos de campo e para se analisar as linhas de pensamento dos geógrafos que os produzira. (Andrade, 1993a, p.66)

Não há dúvida quanto à contribuição que a AGB proporcionou ao desenvolvimento da Geografia no Brasil, considerando-se que ela reunia em suas assembleias geógrafos de diferentes partes do país que debatiam temas e questões ligados ao trabalho de pesquisa, bem como técnicas e metodologias usuais nos centros mais adiantados. As reuniões em áreas diversas do país a partir de 1944, quando a AGB tornou-se realidade nacional, ofereciam àqueles pesquisadores menos experientes e deslocados dos grandes centros de circulação de ideias, representado pelo eixo Rio-São Paulo, a oportunidade de conhecer melhor essas áreas e, principalmente, estudá-las segundo os princípios dominantes nos locais considerados disseminadores de metodologias e concepções atualizadas.

A grande mudança nos padrões dos trabalhos realizados pela ABG irá ocorrer na década de 1970 quando se decidiu pela realização de encontros nacionais, frequentados por centenas de geógrafos e realizados em grandes centros. A necessidade de atender à nova realidade geográfica brasileira, não mais constituída por um grupo fechado de estudiosos, mas abarcando um número bastante significativo de pesquisadores e de estudantes de Geografia, acompanhada de um processo de mudanças epistemológicas, fez surgir posicionamentos diversos, e a unidade, característica até então, desapareceu.

> Do ponto de vista epistemológico e metodológico, a geografia viveu, nos anos Setenta, uma grande fermentação e luta, nem sempre científica, mas partidária. Os geógrafos sentiam que o período de reconhecimento do território nacional e dos estudos monográficos urbanos e regionais, desligados de ideologias, estava ultrapassado e passaram a procurar novos paradigmas para suas pesquisas. (ibidem, p.68)

Toda a crise que aflige a AGB, aliada a uma ampliação no interesse por temáticas novas, provocou ramificações e os encontros de geógrafos passaram a concorrer com reuniões científicas especializadas (Encontros Nacionais de Geografia Agrária, Urbana, Física etc.). Nesse sentido, buscando uma revalorização dos estudos rurais, deprimidos pelo impulso alcançado pelos estudos urbanos, em 1978, durante um encontro nacional da AGB, um grupo de geógrafos, tradicionalmente ligado às pesquisas agrárias, inicia o processo de organização de encontros temáticos e cria um fórum específico para os debates e exposições de trabalhos relacionados às questões rurais.

> Corria o mês de julho de 1978, e a cidade de Fortaleza sediava o Encontro Nacional de Geógrafos da Associação dos Geógrafos Brasileiros. Em plena efervescência da reunião onde despontavam mudanças profundas nas concepções geográficas mais aceitas no Brasil, sobretudo com uma crítica severa aos métodos quantitativos e

uma preocupação acentuada com as questões sociais, os estudos urbanos encontravam-se em pleno desenvolvimento. Em oposição, a Geografia Agrária mostrava-se enfraquecida, pouco produtiva, diante de outras áreas da nossa ciência, não merecendo mais do que uma simples sessão vespertina para apresentação de algumas comunicações. E para todos aqueles que faziam essa geografia, a sensação era de frustração e desânimo. (Diniz, 1987b, p.18)

Uma nova fase da Geografia Agrária brasileira, sem dúvida, se inicia a partir de Fortaleza, em 1978. Para o primeiro Encontro Nacional de Geografia Agrária, foram inscritas para apresentação catorze comunicações, número que cresceu nas reuniões seguintes, chegando ao máximo de 109 trabalhos no encontro realizado em 1994.

Surgido do interesse de um grupo informal, ficou estabelecido que a organização dos Engas (em princípio, anualmente, e a partir de 1988, bienalmente) seria tarefa de pessoas, mais que de instituições. O caráter rotativo-itinerante do encontro deveria refletir o esforço de grupos locais de geógrafos agrários, dando oportunidade para que emergissem centros e grupos de pesquisa em Geografia Agrária até então pouco conhecidos no cenário nacional.

A indicação de temáticas-eixo dos encontros obedeceu à priorização de questões candentes e atuais, quer do ponto de vista teórico-metodológico, quer quanto ao seu apelo social e/ou econômico (Quadro 3).

A análise das temáticas discutidas durante os Engas permite confirmar que a realidade econômica e social da agricultura brasileira, norteada pelas discussões no cenário científico, sempre esteve presente nos estudos dos geógrafos agrários. Observamos também que o interesse pela temática agrícola e pelo encontro vão crescendo no decorrer da década de 1980, alcançando seu ápice na reunião de 1994. O objetivo de alcance nacional é conseguido quando, na avaliação dos trabalhos apresentados, detecta-se a presença de estudiosos de diferentes regiões do país. O exame de seus trabalhos torna possível a visualização de diferentes áreas e aspectos particulares a serem observados e que determinam um regionalismo, conduzindo muitas vezes à formação de grupos regionais, participantes de todos os encontros.

MUNDO RURAL E GEOGRAFIA   133

Quadro 3 – Distribuição dos temas centrais das mesas-redondas
e das sessões de comunicações (por Enga)

ENCONTROS	Ano	Total de trabalhos apresentados	Temáticas dos encontros e das comunicações
1º Enga	1978	14	Questão agrária; metodologia de pesquisa, desenvolvimento rural; relações de trabalho; planejamento rural; tipologia da agricultura; utilização de atlas.
2º Enga	1979	12	Divisão da terra agrícola; agricultura e desenvolvimento; planejamento rural.
3º Enga	1980	11	Transformações da agricultura; políticas agrícolas e reforma agrária; agroindústria; a agricultura da ótica do produtor;[1] fronteira agrícola.
4º Enga	1983[2]	18	Pequena/grande produção agrícola; fronteira agrícola; agricultura energética; conflitos sociais no campo.
5º Enga	1984	45	Espaço agrário e produção agrícola; pequena produção agrícola; reforma agrária; planejamento e recursos naturais; capitalização agrícola; condições sociais do homem rural; uso da terra; organização do espaço; tecnologia no campo.
6º Enga	1985	42	Modernização da agricultura; pecuarização; fronteira agrícola; cana-de-açúcar; pequena produção agrícola; regionalização; estrutura fundiária; abastecimento urbano.
7º Enga	1986	45	Reforma agrária; pequena produção agrícola; organização do espaço agrário.
8º Enga	1987	43	Metodologia e Geografia Agrária; Estado e agricultura; agricultura e mudança; estrutura agrária; cooperativismo; pequena produção agrícola; migração e relações de produção; relação campo-cidade; orientação da agricultura e zoneamento agrário; organização do espaço agrário; meio ambiente e agricultura.

continuação

ENCONTROS	Ano	Total de trabalhos apresentados	Temáticas dos encontros e das comunicações
9º Enga	1988[3]	36	Censo agropecuário; Investigação em Geografia Agrária; reforma agrária; trabalho feminino; organização do espaço agrário; uso da terra; pequena produção; meio ambiente, homem rural, relação cidade-campo.
10º Enga	1990	40	Complexo agroindustrial; tecnologia e gestão do espaço agrário; relação cidade-campo; organização agrária; pequena produção; relações de trabalho.
11º Enga	1992	73	Modernização da agricultura; cooperativismo; agroindústria; reforma agrária; assentamentos rurais; meio ambiente e agricultura; campesinato; organização do espaço agrário; cana-de-açúcar; conflitos sociais no campo; pecuarização; tipologia da agricultura; uso da terra; trabalhador rural.
12º Enga	1994	109	Metodologia e Geografia Agrária; Mercosul; modernização da agricultura; meio ambiente e agricultura; Estado e agricultura; campesinato; assentamentos rurais; trabalhador rural; pecuarização.

1. Temática apresentada na forma de painel.
2. Os Engas foram suspensos por dois anos em razão da Conferência Regional Latino-americana da UGI no Brasil.
3. A partir de 1988, os Engas passaram a ser realizados a cada dois anos.

Fonte: Levantamento bibliográfico.
Organização: Darlene A. de O. Ferreira.

O estudo da agricultura pela Geografia tem, assim, renovado estímulo e seu espaço de divulgação definido. Os vários aspectos que conduzem ao entendimento da realidade nacional no que concerne à agricultura estão representados nos Encontros Nacionais de Geografia Agrária e a análise do conteúdo dos anais nos permite acompanhar os acontecimentos que marcaram o agro brasileiro.

A SISTEMATIZAÇÃO DAS FONTES

O estudo da geografia brasileira é possível a partir da consulta e da leitura de um conjunto de fontes e informações bastante diverso. O número de publicações à disposição do pesquisador, nessa área, é significativo se considerarmos o curto tempo de desenvolvimento da ciência geográfica no Brasil. Desde a década de 1930, o geógrafo, em princípio estrangeiro e posteriormente pátrio, encontrou nas publicações de revistas e anais a forma expedita de divulgar o conhecimento produzido na área, pelo exame das questões que inquietavam o ambiente científico e a realidade social.

A escolha de um tema ou fonte de informação nunca implicou uma unicidade, já que a eleição de elementos diversos, tratados de forma variada, num debate teórico-metodológico estimulante, gerou, na produção geográfica, uma pluralidade metodológica (Bahiana, 1992), presente nas obras publicadas e nas revistas e anais de reuniões científicas disponíveis.

Mergulhar nesse emaranhado de informações permite o conhecimento pleno do modo geográfico de ver a agricultura numa perspectiva temporal. Dentro desse contexto, o presente trabalho procurou esgotar o universo de publicações periódicas (revistas e boletins) e seriadas (anais e resumos de eventos científicos) em Geografia e Geografia Agrária, buscando resgatar, no lapso temporal de seis décadas e em um lapso espacial de abrangência nacional, toda a manifestação geográfica brasileira relacionada ao estudo da agricultura e que constitui o *corpus* de análise deste livro.

Considerando que o volume de informações a serem tratadas é muito grande e diverso, buscou-se, em primeiro lugar, sistematizar o material das diversas fontes, procurando indicar *quanto* representou a Geografia Agrária nacional em volume de trabalho, ou seja, a produção por décadas, autores, temáticas, áreas e formas de análise e *como* os trabalhos foram organizados, examinando-lhes a estrutura, as formas de interpretar e apresentar os dados, as características sociológicas/ideológicas dos autores, as instituições de fomento às publicações e, principalmente, as temáticas abordadas pelos geógrafos agrários sob influência ou não de outras ciências.

A análise das informações sobre Geografia Agrária no Brasil

O trabalho que nos propomos a desenvolver teve como fonte primeira e essencial a biblioteca. A revisão da literatura geográfica brasileira ocorreu junto às bibliotecas que ofereceram acervos mais completos, permitindo o acesso a publicações periódicas e anais de congressos de diferentes origens e períodos. Nesse sentido, foi possível o contato com a produção científica de diferentes pesquisadores e instituições (de pesquisa e ensino), tendências metodológicas e áreas (no sentido geográfico).

O levantamento restringiu-se aos periódicos nacionais e aos anais de congressos geográficos que são a origem dos dados que serão apresentados aqui. A opção por tratar primeiramente dos periódicos e anais de congressos resultou no registro de grande volume de informações bastante variadas sobre a Geografia Agrária nacional, além de serem originários de instituições (institutos de pesquisa ou universidades) nacionais, considerados centros de referência geográfica, o que nos levou a limitar esta análise ao arsenal acumulado até então.

Chegou a ser iniciado levantamento de relatórios, teses e dissertações, porém a circulação restrita e a dispersão espacial dessas fontes tornaram o acesso a elas muito difícil e o levantamento possível, parcial. Quantos aos livros, seu número é insignificante para representar uma categoria e sua contribuição foi resgatada por nós no Capítulo 2.

Não há dúvidas quanto à representatividade numérica das informações que apresentamos neste trabalho. Sua importância traduz-se pelo valor acadêmico e institucional do material que, registrado em revistas científicas e anais de congressos, eterniza o desenvolvimento da ciência, refletindo o pensar do cientista.

O material de pesquisa foi buscado nas bibliotecas dos cursos de Geografia da Universidade Estadual Paulista – UNESP – Campus de Rio Claro, da Universidade de São Paulo e da Pontifícia Universidade Católica de Campinas – Puccamp. A biblioteca da Associação dos Geógrafos Brasileiros, junto à Universidade de São Paulo, também foi visitada e permitiu o acesso a periódicos nacionais e aos anais dos Encontros dos Geógrafos Brasileiros. Tais centros foram escolhidos por serem de referência nacional, e no caso da Puccamp, por

MUNDO RURAL E GEOGRAFIA 137

esta ter-se responsabilizado durante algum tempo pela publicação da revista *Notícia Geomorfológica* (1958-1986) e por conservar em seu acervo séries completas, advindas do intercâmbio com essa revista, que permitiram concluir a consulta ou completar volumes faltantes em outras bibliotecas.

Para o registro das informações coletadas, cada referência bibliográfica (artigo, resumo ou trabalho completo apresentado em reuniões científicas) foi registrada em um ficha contendo dados, como: autor, data, título do artigo ou comunicação, obra/periódico, editora, local de edição, volume, número, páginas, palavras-chave e resumo. Essas informações foram então digitadas e constituíram um banco de dados (Sistema Integrado de Gerenciamento Bibliográfico – SIGB – Ceapla – UNESP – Rio Claro) que, posteriormente, permitiu o manuseio dos dados segundo os objetivos propostos para o trabalho.

O levantamento bibliográfico referente aos periódicos e anais de congressos permitiu um registro de 1.635 trabalhos, sendo 862 artigos e 773 comunicações, resumos e trabalhos completos publicados em anais. Os Quadros 4 e 5 permitem uma visualização de todo o material levantado.

A seleção do material obedeceu a uma ordem que, primeiramente, restringiu-se à listagem de periódicos geográficos encontrados na Biblioteca do Curso de Geografia do IGCE – UNESP – Rio Claro, e posteriormente foi completado nas bibliotecas citadas anteriormente.

Foram incluídas na categoria de periódicos três publicações que, apesar de não serem consideradas como tais, apresentam uma periodicidade e continuidade que as diferem das demais publicações, apresentando trabalhos completos na forma de artigos. As publicações *Geografia Econômica, Espaço e Conjuntura* (IG – USP), *Série Teses e Monografias* (FFCH – USP) e *Notas e Comunicações* (UFP – Recife) enquadram-se na categoria de publicações seriadas e, por apresentarem uma numeração cronológica e sequencial, foram incorporadas à pesquisa por conterem referências sobre agricultura.

Quadro 4 – Levantamento da produção geográfica sobre agricultura em periódicos – 1935 a 1995

Periódicos	Nº de artigos	Anos pesquisados	Editora e local de publicação
Boletim da AGB	–	1944	AGB – São Paulo
Boletim da FFCL – Geografia	06	1944-1960	USP – São Paulo
Boletim da UPEGE	01	1970	UPEGE – Santos
Boletim de Geografia	22	1983-1995	DGE/UEM – Maringá
Boletim de Geografia Teorética	93	1971-1995	Ageteo – Rio Claro
Boletim do Depto. de Geografia	01	1964-1977	FFCL – Presidente Prudente
Boletim Geográfico	233	1943-1978	IBGE – Rio de Janeiro
Boletim Geográfico	07	1947-1949	DEGC – Santa Catarina
Boletim Geográfico de Minas Gerais	–	1958	AGB – Belo Horizonte
Boletim Geográfico do RS	23	1955-1975	Secret. da Agric. do RS – Porto Alegre
Boletim Amazonense de Geografia	–	1992-1994	AGB – Manaus
Boletim Baiano de Geografia	05	1960-1970	UFB – Salvador
Boletim Campograndense de Geografia	01	1968	AGB – Campo Grande
Boletim Carioca de Geografia	17	1948-1976	AGB – Rio de Janeiro
Boletim Gaúcho de Geografia	09	1976-1995	AGB – Porto Alegre
Boletim Goiano de Geografia	15	1981-1995	UFG– Goiânia
Boletim Mineiro de Geografia	03	1957-1966	AGB – Belo Horizonte
Boletim Paranaense de Geografia	03	1960-1966	AGB – Curitiba
Boletim Paulista de Geografia	45	1949-1995	AGB – São Paulo
Caderno Prudentino de Geografia	28	1981-1994	AGB – Presidente Prudente
Cadernos de Geografia	02	1988-1989	AGB – Uberlândia
Cadernos de Geografia	03	1987	UFS – Aracaju
Caderno de Geografia	–	1990-1993	PUC – MG
Cadernos Rioclarenses de Geografia	04	1969	FFCL – Rio Claro
Cadernos Sergipanos de Geografia	06	1978-1980	AGB – Aracaju
Ciência Geográfica	–	1995	AGB – Bauru
Espaço Aberto	01	1989-1995	AGB – Fortaleza
Espaço e Conjuntura	06	1981	IG – USP – São Paulo
Fórum Geográfico	–	1993	UFF – Niterói

MUNDO RURAL E GEOGRAFIA

139

continuação

Periódicos	Nº de artigos	Anos pesquisados	Editora e local de publicação
Geografia	43	1976-1994	Ageteo – Rio Claro
Geografia	09	1983-1994	UEL – Londrina
Geografia	06	1935-1936	AGB – São Paulo
Geografia Econômica	12	1966-1973	IG – USP – São Paulo
Geografia Ensino e Pesquisa	23	1987-1995	UFSM – Santa Maria
Geosul	09	1986-1995	UFSC – Florianópolis
Geonordeste	11	1984-1988	UFS – Aracaju
Notas e Comunicações de Geografia	02	1979-1982	UFP – Recife
Revista Brasileira de Geografia	148	1939-1992	IBGE – Rio de Janeiro
Revista Geografia e Ensino	04	1982-1993	UFMG – Belo Horizonte
Revista da Soc. Brasileira de Geografia	05	1946-1970	Soc. Bras. de Geog. – Rio de Janeiro
Revista de Geografia	20	1982-1993	UNESP – São Paulo
Revista de Geografia	01	1995	AGB – Dourados
Revista do Departamento de Geografia	12	1982-1995	FFLCH/USP – São Paulo
Revista Mato-Grossense de Geografia	01	1995	EDUFMT – Cuiabá
Orientação	05	1965-1994	FFCH/USP – São Paulo
Série Teses e Monografias	06	1971-1978	USP – São Paulo
Sociedade e Natureza	06	1989-1994	UFU – Uberlândia
Terra Livre	05	1986-1992	AGB/Marco Zero – São Paulo

Fonte: Levantamento bibliográfico.
Organização: Darlene Ap. de O. Ferreira.

Quadro 5 – Levantamento da produção geográfica sobre agricultura em anais – 1944 a 1995

Publicação	Exemplares consultados	N.º de trabalhos	Edição e local
Anais da AGB	v.1(1946) e v.8 (1973)	61	AGB – São Paulo
9º Cong. Bras. de Geografia	Anais v. 3 e v.4 (1944)	18	CNG – Rio de Janeiro
10º Cong. Bras. de Geografia	1944	00	CNG – Rio de Janeiro
1º Cong. Bras. de Geógrafos	Anais da AGB – v.8, n.1 (1954)	03	AGB – São Paulo
4º Cong. Bras. de Geógrafos	Livro 2 – v. 1 (1984)	06	AGB – São Paulo
2º Enc. Nac. de Geógrafos	Resumo de comunicações (1976)	08	AGB – Belo Horizonte
3º Enc. Nac. de Geógrafos	1978	05	AGB - UFC – Fortaleza
4º Enc. Nac. de Geógrafos	1980	16	AGB – Rio de Janeiro
5º Enc. Nac. de Geógrafos	1982	17	AGB – Presidente Prudente
6º Enc. Nac. de Geógrafos	1986	32	AGB – Campo Grande
7º Enc. Nac. de Geógrafos	1988	26	AGB – Maceió
8º Enc. Nac. de Geógrafos	1990 – v. 1 e v. 2	27	AGB – Salvador
9º Enc. Nac. de Geógrafos	1992	33	AGB – Presidente Prudente
1º Enga	Comunicações e mesas-redondas (1978)	17	AGB – Salgado
2º Enga	Comunicações e mesas-redondas (1979)	12	UNESP/AGETEO – Ág. de S. Pedro
3º Enga	Comunicações e mesas-redondas (1980)	14	UFRJ – Rio de Janeiro
4º Enga	Comunicações e mesas-redondas (1983)	22	UFU – Uberlândia

MUNDO RURAL E GEOGRAFIA

continuação

Publicação	Exemplares consultados	Nº de trabalhos	Edição e local
5º Enga	Comunicações e mesas-redondas (1984)	49	UFSM – Santa Maria
6º Enga	Comunicações e mesas-redondas (1985)	45	Massangana – Garanhuns
7º Enga	Comunicações e mesas-redondas (1986)	50	UFMG – Belo Horizonte
8º Enga	Comunicações e mesas-redondas (1987)	51	UFS – Barra dos Coqueiros
9º Enga	Comunicações e mesas-redondas (1988)	36	UFSC – Florianópolis
10º Enga	Comunicações e mesas-redondas (1990)	40	UFRJ – Teresópolis
11º Enga	Comunicações e mesas-redondas (1992)	67	UEM – Maringá
12º Enga	Comunicações e mesas-redondas (1994)	109	UNESP/Ageteo – Águas de S. Pedro
Enc. de Geógrafos da Am. Latina	Comunicações - campo (1987)	05	UNESP – Águas de São Pedro
XVIII Cong. Internac. de Geografia	v. 3 e v. 4 (1965/1966)	04	Comissão Nacional UG I – Rio de Janeiro

Fonte: Levantamento bibliográfico.
Organização: Darlene A. de O. Ferreira.

O levantamento realizado procurou identificar séries completas para, assim, garantir a fidedignidade das informações. Mesmo buscando trabalhar com séries completas, pequenos desfalques foram observados, não significando, entretanto, uma limitação para o trabalho.

É importante salientar que não fizemos distinção entre trabalhos completos ou resumos, no material levantado nos anais de congressos. O objetivo principal do levantamento era avaliar o significado da atividade agrícola para o geógrafo brasileiro e, dessa forma, identificar o que era tratado em seus estudos. Consideramos que, mesmo sendo resumos de trabalhos, eles indicavam uma intenção e referiam-se a pesquisas já concluídas ou em desenvolvimento, revelando a escolha de um tema relacionado à agricultura.

Também é bom lembrar que algumas das referências não foram produzidas por geógrafos, já que as revistas e as reuniões científicas de Geografia são abertas à participação de pesquisadores de áreas afins. Assim, como a partir do 2º Enga, economistas, sociólogos, agrônomos e técnicos rurais passaram a participar com maior frequência dessas reuniões, expondo seus trabalhos para apreciação e conhecimento dos geógrafos agrários, os encontros tornaram-se um fórum interdisciplinar para discussões sobre o agro brasileiro. Apesar disso, a origem dos dados utilizada no trabalho é dominantemente geográfica.

A seleção dos artigos pelos periódicos foi feita considerando-se o texto relacionado à atividade agrícola em seus diferentes *aspectos*: do agronômico ao social, do técnico ao econômico, do biológico ao mecânico; e diferentes *temáticas*: da agricultura à pecuária, da produção às relações de trabalho, do meio ambiente ao mercado; além de incluir trabalhos que tratassem da pesca e de atividades extrativas vegetais.

Quanto à variável tempo, o levantamento buscou cobrir o período completo de desenvolvimento da Geografia no Brasil que se inicia em meados da década de 1930, com a publicação da revista *Geografia* (1935) pela AGB e com os *Anais da AGB* em 1949. O levantamento se finda com as últimas edições das revistas geográficas em circulação e que alcança a década de 1990 com séries variadas. Quanto aos anais de reuniões científicas o levantamento registrou

MUNDO RURAL E GEOGRAFIA

como última referência as informações referentes ao 12º Enga, realizado em 1994.

Para a análise dos trabalhos selecionados definiu-se um corte temporal em décadas, ou seja, os artigos e resumos levantados, a produção por instituição responsável pela publicação, a produção por autores são aspectos estudados década a década, propiciando uma identificação do comportamento e das mudanças ocorridas, sempre em consonância com a atualidade científica, econômica e social do Brasil.

Concluída a pesquisa bibliográfica, conforme os critérios citados, foram selecionados 1.635 trabalhos, distribuídos por 48 periódicos e 27 anais de reuniões científicas (Quadros 4 e 5).

A análise do resultado final do levantamento proporcionou algumas indicações: primeiramente, a diversidade de títulos e de local de publicação, proporcionando até mesmo um certo regionalismo no qual cada revista é responsável pela difusão de trabalhos do local ou região a que pertence. O Estado de São Paulo apresenta um número bastante variável de revistas, mas é o Estado que concentra o maior número de editores. Há outros Estados que, apesar de não serem representativos numericamente, apresentam uma tradição geográfica que os faz merecer destaque, como Rio de Janeiro, Minas Gerais, Sergipe e Rio Grande do Sul.

Como vimos, os editores podem ser classificados em três grupos: *instituição de pesquisa*, do qual o IBGE é o melhor representante; *associações*, representadas principalmente pela Ageteo e AGB; e por último, e numericamente mais representativos, os *departamentos/universidades*.

A Tabela 1 indica a participação dos editores mais representativos em número de trabalhos referentes à agricultura encontrados em suas publicações. Observa-se que a AGB e o IBGE são aqueles com maior volume de trabalhos, considerando-se que são as duas entidades geográficas de maior significado no país e que há mais tempo mantêm publicações.

No caso específico do IBGE, vale lembrar que aí estão computados apenas trabalhos publicados em periódicos, já que essa instituição aparece como editora de revistas, como o *Boletim Geográfico* e a *Revista Brasileira de Geografia*. A AGB aparecerá com função múltipla, pois, além de editar revistas (os boletins geográficos de responsabilidade das diferentes seções locais da associação), é responsável também pela publicação de anais de congressos, como demonstramos no Quadro 5.

Tabela 1 – Trabalhos sobre agricultura publicados, segundo os principais editores em periódicos e anais – 1930 a 1995

Editores	Frequência por década							
	1930	1940	1950	1960	1970	1980	1990	Total
AGB	06	06	38	39	48	77	13	227
IBGE	01	79	160	66	44	34	04	388
Ageteo					29	31	84	144
UNESP					13	17	117	147
USP		02	02	06	11	10	06	37
UFSC						43	04	47
UFS						100		100
UFMG						50	03	53
UFSM						51	26	77
UEM						09	82	91
UFRJ						14	40	54

Legenda:
AGB – Associação de Geógrafos Brasileiros
IBGE – Instituto Brasileiro de Geografia e Estatística
Ageteo – Associação de Geografia Teorética
UNESP – Universidade Estadual Paulista
USP – Universidade de São Paulo
UFSC – Universidade Federal de Santa Catarina
UFS – Universidade Federal de Sergipe
UFMG – Universidade Federal de Minas Gerais
UFSM – Universidade Federal de Santa Maria
UEM – Universidade Estadual de Maringá
UFRJ – Universidade Federal do Rio de Janeiro

Fonte: Levantamento bibliográfico.
Organização: Darlene A. de O. Ferreira.

A UNESP, embora edite apenas uma revista (*Revista de Geografia*), aparece com destaque por ter sido responsável pela edição dos anais de dois encontros de Geografia Agrária, além do encontro de geógrafos da América Latina. A Universidade Federal de Santa Catarina é responsável pela publicação de um dos periódicos de maior regularidade no conjunto nacional de revistas que é a *Geosul*, entretanto o volume de trabalhos que aparece indicado na tabela computa também os trabalhos apresentados no 9º Enga, realizado em Florianópolis e organizado por essa instituição. Caso idêntico ocorre com a Universidade Estadual de Maringá, que também organizou um Enga (1992).

Diferentemente da AGB e do IBGE, referências já na década de 1930, a UNESP, a UFSC e a UEM passaram a participar com maior destaque a partir dos anos 70, a primeira, e 80, as duas últimas. O IBGE, que se destacou em número de trabalhos sobre agricultura nas décadas de 1940, 1950 e 1960, perde essa posição a partir dos anos 70, quando novas instituições começam a publicar. Além disso, temáticas não agrícolas passam a dominar a pesquisa do instituto, consequência da nova realidade social que ocupou o país a partir desse momento.

A AGB aparece como editora que publica número crescente de textos sobre agricultura, até a década de 1980. Esse crescimento pode ser explicado tanto pela realização dos encontros nacionais de geógrafos quanto pelo surgimento dos boletins das seções estaduais, cujas publicações, ao cessarem, nas décadas de 1970/1980, explicam a diminuição do número de trabalhos registrada nas décadas de 1990.

A Figura 2 permite visualizar com maior clareza a participação dos editores em seu conjunto. Observamos que, à medida que os anos avançam, ocorre uma diversificação dos editores, tirando o controle hegemônico da divulgação da produção geográfica brasileira das mãos da AGB e do IBGE, embora estas permaneçam em todo o processo de desenvolvimento da ciência geográfica no Brasil.

É bom lembrar que o destaque de editores, ao longo da trajetória estudada, deve-se ao fato de terem organizado um ou mais Engas, e nessa condição terem sido responsáveis pela edição de resumos ou anais, como é o caso da UNESP.

A presença das 48 publicações periódicas consultadas, em cada década, é mostrada na Figura 3, que revela um crescimento constante do seu número, em patamares que se estabilizaram por décadas: próximo de 10 revistas nas décadas de 1940 e 1950, cerca de 15, nas de 1960 e 1970, e em torno de 20, nas duas últimas décadas. O fato de jamais serem encontrados mais de uma vintena de títulos em circulação, dos 48 lançados, mostra a alta rotatividade e a condição

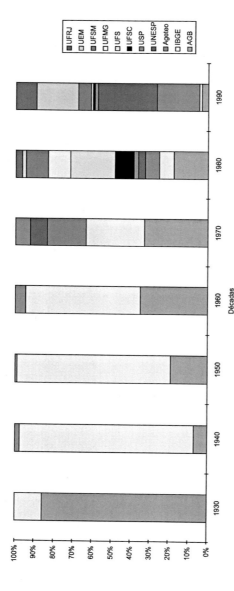

FIGURA 2 – Trabalhos sobre temática agrícola publicados, por editores em % do total.
Legenda:
AGB – Associação de Geógrafos Brasileiros
IBGE – Instituto Brasileiro de Geografia e Estatística
Ageteo – Associação de Geografia Teorética
UNESP – Universidade Estadual Paulista
USP – Universidade de São Paulo
UFSC – Universidade Federal de Santa Catarina
UFS – Universidade Federal de Sergipe
UFMG – Universidade Federal de Minas Gerais
UFSM – Universidade Federal de Santa Maria
UEM – Universidade Estadual de Maringá
UFRJ – Universidade Federal do Rio de Janeiro

Fonte: Levantamento bibliográfico.
Organização: Darlene A. de O. Ferreira.

efêmera de boa parte das publicações geográficas. Mesmo aquelas mantidas por mais tempo mostram lapsos de periodicidade que comprometem o sentido dinâmico que deve ter a divulgação de pesquisas em periódicos.

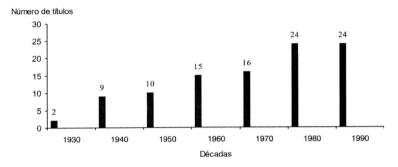

FIGURA 3 – Número de títulos de periódicos publicados por décadas.
Fonte: Levantamento bibliográfico.
Organização: Darlene A. de O. Ferreira.

A década de 1980 é marcada pelo aparecimento de revistas fora do eixo São Paulo-Rio de Janeiro, distribuindo-se de forma mais uniforme pelo território nacional. Essa mudança deve-se, em grande parte, ao desenvolvimento da Geografia e de grupos de pesquisadores nas universidades federais que passaram a editar periódicos na área de Geografia.

Quando se compara a Figura 3 com a Figura 4, verifica-se que há uma certa proporcionalidade entre o crescimento do número de artigos e do número de periódicos, de modo que a relação artigos – periódicos mantém-se entre 6,4 e 9,5 na maior parte do tempo, exceção feita à década de 1930, com índice de 3,5, e à de 1950, com índice de 19,3.

No primeiro caso, explica-se o baixo índice pelo fato de ser pequeno o número de geógrafos em atividade na época. O segundo tem seu alto valor explicado pela fase áurea da chamada Geografia Tradicional, momento em que tanto estava em evidência o setor rural quanto começava a aparecer nas publicações a produção dos geógrafos brasileiros que se impunham como novos pesquisadores.

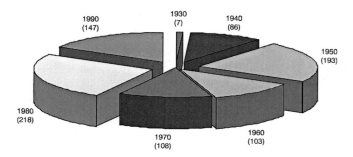

FIGURA 4 – Produção geográfica brasileira sobre agricultura em periódicos por década.
Fonte: Levantamento bibliográfico.
Organização: Darlene A. de O. Ferreira.

Em relação à produção divulgada em anais e encontrada no levantamento, é possível percebemos pela Figura 5 que a década de 1980 é a que apresenta um número maior de publicações, resultado da realização, praticamente anual, dos Engas, durante esse período.

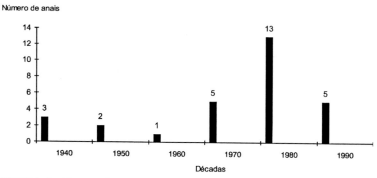

FIGURA 5 – Número de anais de reuniões científicas publicados por década.
Fonte: Levantamento bibliográfico.
Organização: Darlene A. de O. Ferreira.

Além do significado quantitativo, as revistas geográficas brasileiras apresentaram um conteúdo bastante diverso em temas, postulados teóricos e dados empíricos. É nessa análise de conteúdo que apreendemos o desenvolvimento da Geografia e da Geografia Agrária em particular.

Buscando identificar e avaliar a produção geográfica em agricultura, dois aspectos nos pareceram importantes. Primeiramente, indicar o número de trabalhos por periódico (Figura 6), por década; a seguir, identificar as temáticas desses trabalhos, sempre privilegiando os dados quantitativos provenientes das consultas realizadas.

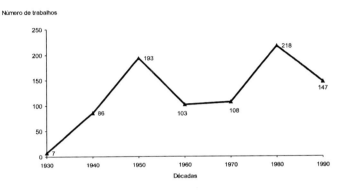

FIGURA 6 – Número de trabalhos em periódicos por década.
Fonte: Levantamento bibliográfico.
Organização: Darlene A. de O. Ferreira.

A Tabela 2 nos mostra o número total de trabalhos levantados, distribuídos por década e por periódico. Mesmo se tratando de um conjunto de dados diverso, quanto à variedade de periódicos, é ele que nos permite avaliar a representatividade de cada revista e inferir que as décadas de 1950 e 1980 são as que se destacam pelo volume de trabalhos encontrados.

A tendência de crescimento no número de trabalhos, aliada ao desenvolvimento da ciência geográfica no Brasil, e sua representatividade por década são aspectos a serem destacados. A geografia tradicional alcançou seu ápice na década de 1950, com 193 trabalhos publicados. A atividade agrícola é o tema que aparece com maior ênfase nesse período, uma vez que o setor primário era hegemônico e o geógrafo, entre outros assuntos, privilegiava os aspectos econômicos, evidenciando o papel da atividade agrícola como determinante da paisagem.

Tabela 2 – Produção científica relativa à Geografia Agrária brasileira em periódicos – 1935 a 1995

Periódicos	Frequência por década							Total
	1930	1940	1950	1960	1970	1980	1990	
Boletim da AGB								–
Boletim da FFCL – Geografia		3	2	1				6
Boletim da UPEGE					1			1
Boletim de Geografia (DGE/UEM)						14	8	22
Boletim de Geografia Teorética					9	10	74	93
Boletim do Depto. de Geografia					1			1
Boletim Geográfico		50	116	46	21			233
Boletim Geográfico (DEGC)		7						7
Boletim Geográfico de Minas Gerais								–
Boletim Geográfico do RS			3		20			23
Boletim Amazonense de Geografia								–
Boletim Baiano de Geografia				4	1			5
Boletim Campograndense de Geografia				1			5	6
Boletim Carioca de Geografia			12	3	2			17
Boletim Gaúcho de Geografia						7	2	9
Boletim Goiano de Geografia						12	3	15
Boletim Mineiro de Geografia				3				3
Boletim Paranaense de Geografia				3				3
Boletim Paulista de Geografia		2	13	7	8	12	3	45
Caderno Prudentino de Geografia						26	2	28
Cadernos de Geografia (Uberlândia)						2		2
Cadernos de Geografia (UFS)						3		3
Caderno de Geografia (PUC-MG)								–
Cadernos Rioclarenses de Geografia				4				4
Cadernos Sergipanos de Geografia					3	3		6
Ciência Geográfica								–

continuação

Periódicos	Frequência por década							Total
	1930	1940	1950	1960	1970	1980	1990	
Espaço Aberto							1	1
Espaço e Conjuntura						6		6
Fórum Geográfico								–
Geografia AGB (São Paulo)	6							6
Geografia (Rio Claro)					8	25	10	43
Geografia (Londrina)						9		9
Geografia Econômica (USP)				7	5			12
Geografia Ensino e Pesquisa						6	17	23
Geosul						7	2	9
Geonordeste						11		11
Notas e Comunicações de Geografia						2		2
Revista Brasileira de Geografia	1	22	44	20	23	34	4	148
Revista Geografia e Ensino						3	1	4
Revista da Soc. Brasileira de Geografia		2	3					5
Revista de Geografia (UNESP)						13	7	20
Revista de Geografia (Dourados)							1	1
Revista do Depto. de Geografia (USP)						6	6	12
Revista Mato-Grossense de Geografia							1	1
Orientação				4			1	5
Série Teses e Monografias (USP)					6			6
Sociedade e Natureza (UFU)						2	4	6
Terra Livre						5		5
Total	7	86	193	103	108	218	147	862

Fonte: Levantamento bibliográfico.
Organização: Darlene A. de O. Ferreira.

Os estudos fundamentados na elaboração de sínteses explicativas de paisagens humanas, que definiam quadros regionais de uma época, correspondem ao período citado. Foi um período brilhante no qual as raízes da ciência geográfica no Brasil se fixaram, firmando-se como uma das fases mais produtivas em volume de trabalhos da história da Geografia no país. O número de séries encontradas para o período é restrito, entretanto o volume de trabalhos coloca essa fase como uma das mais significativas no contexto da produção geográfica como um todo.

Os estudos regionais, as sínteses explicativas, a valorização das condições naturais privilegiando a relação homem-meio, compõem a fisionomia do período. Eles não são definidos aleatoriamente. Como vimos, a influência francesa está presente nos trabalhos analisados e a descrição de paisagens aparece como o paradigma do período.

Nessa ótica tradicional, várias temáticas foram estudadas. A realidade socioeconômica brasileira aparece refletida nos trabalhos. Os primeiros estudos da década de 1940 revelam a busca do conhecimento sobre o território nacional, cuja atividade econômica principal era a agricultura. São descrições de diferentes áreas do país, tendo como objeto de análise a organização da atividade agrícola.

A década de 1950 apresenta trabalhos que demonstram preocupação com a exploração desmedida da terra. A conservação do solo e a adoção de técnicas racionais sinalizam na direção de mudanças no contexto agrícola. O território conhecido, a hegemonia agrícola ameaçada pela expansão urbana e as terras apropriadas ao cultivo já ocupadas são elementos que fazem os geógrafos agrários tomar uma nova direção em seus estudos. A distribuição da terra, a reforma agrária, os estudos do hábitat rural (agora definidos em razão da realidade nacional e não francesa) determinam tendências para o período seguinte. A década de 1960 foi marcada como o período das mudanças, tanto teórico-metodológicas (o uso de fotos aéreas irá revolucionar as pesquisas de campo) como da realidade nacional.

A década de 1960, na Geografia Agrária brasileira, marcou uma fase de transição em que a geografia tradicional, descritiva, concorreu com estudos de conteúdo técnico, nos quais o sensoriamento remoto foi destaque nas pesquisas sobre o uso da terra.

Os trabalhos sobre colonização deixaram evidente a tendência do geógrafo agrário, dessa década, em realizar estudos regionais. A preocupação principal nesses trabalhos está aliada à avaliação crítica das falhas no processo de colonização, considerando-se, principalmente, as dificuldades de adaptação do colono à nova realidade. A falta de estudos e planejamento prévios para identificação dos melhores locais para fixação dos projetos é o principal fator apontado para o fracasso desse empreendimento.

Os estudos do hábitat rural continuaram impregnados por uma abordagem da vida rural e da organização agrária dos grupos estudados. Descrever as técnicas de cultivo, as instalações da propriedade, a casa rural, a distribuição espacial dos cultivos e as instalações da propriedade era o padrão desses trabalhos que apontaram as diferenciações espaciais que ultrapassavam o limite do bairro rural.

É importante salientar que, enquanto os estudos de bairros rurais, na Sociologia, preocupam-se com a descrição da vida socioeconômica dos elementos em seus aspectos culturais e de sociabilidade, na Geografia, pelo fato de o bairro representar um domínio espacial, sua análise será efetuada a partir dos elementos visíveis da paisagem.

A década de 1970 foi marcada por um conjunto de transformações, tanto no contexto socioeconômico quanto no que se refere às formas de análise no conjunto das ciências. Nesse contexto, a atividade agrícola sofreu um processo de transformações evidenciado pela expansão do sistema capitalista no campo, representado pelo processo de modernização da agricultura.

Do ponto de vista metodológico, a tendência quantitativa fez a Geografia Agrária sofrer um relativo aumento no volume de trabalhos (108) na década de 1970, se comparados aos demais. No contexto específico da Geografia Agrária, a chamada Geografia Agrária nomotética, concepção metodológica evidenciada pelo uso das técnicas quantitativas, passou a apresentar três características: o uso de métodos quantitativos, o desenvolvimento ou aplicação de teorias de localização e o enfoque sistêmico.

A queda da produção geográfica, nas décadas de 1960 e 1970, foi provocada pelo que Bahiana (1992) designou de reavaliação da disciplina, em seu estudo sobre a história do pensamento geográfico. Ficou demonstrada em sua análise a tendência ascendente, que se torna exponencial após os anos 60, tendo seu ápice no final da década de 70. É com efeito nesta época, na qual se assiste ao declínio do movimento quantitativista e a entrada em cena da geografia humanista e crítica que se acirra o debate e aumenta a reavaliação da disciplina. (p.65)

Avaliar as consequências do que ocorreu no Brasil em duas décadas é a tarefa do geógrafo agrário da "década perdida".[4] Numa ótica considerada crítica, os anos 80 despontam e a quantificação perde sua relevância, marcando profundamente seu período de atuação como aquele em que, para alguns autores, o geógrafo alienou-se da realidade social.

Grandes mudanças estavam ocorrendo no agro brasileiro, e o geógrafo agrário procurou incorporar essas mudanças ao seu trabalho, na ótica neopositivista. No final da década de 1970, e especialmente nas de 1980 e 1990, as temáticas agrárias passaram a ser estudadas sob uma nova concepção teórica: a do materialismo histórico ou da chamada "Geografia Crítica".

A década de 1970, então, pode ser considerada como um período em que a Geografia Agrária brasileira não teve a ênfase dos períodos anteriores, uma vez que, no início da década, as mudanças econômico-sociais tinham a direção da consolidação do setor urbano-industrial, que, então, passa a receber a atenção e a ênfase dos estudos geográficos.

Os problemas sociais advindos das transformações no agro brasileiro pouco foram tratados pelos geógrafos agrários naquele momento em que ocorriam. O estudo da realidade, tão evidente na geografia tradicional, perdeu-se no momento em que a realidade do agro oferecia mais oportunidades dada à efervescência das mudanças pelas quais passava. A teoria ganhou o lugar do factual e, assim, a Geografia Agrária perdeu a vinculação com o local. Sob a influência de outras ciências (Matemática, Estatística, Economia), a Geografia enfatizou a técnica e a escala geral de análise em detrimen-

---

4 Designação dada por economistas para definir a queda no crescimento econômico do país durante a década de 1980. Medir as consequências da modernização nos diferentes setores do Brasil é a tarefa dos estudiosos do período.

to das análises sociais em escala mais restrita. A revalorização do social aparece, em novas perspectivas metodológicas, na década seguinte.

A expansão do sistema capitalista no campo e as consequentes transformações sociais, econômicas e espaciais daí advindas e que aconteciam desde a década anterior impregnaram os trabalhos dos geógrafos agrários na década de 1980. A modernização da agricultura permaneceu como temática de destaque, entretanto sua avaliação se fez em razão das consequências que esse processo trouxe para o agricultor brasileiro em vertentes que trataram das relações de trabalho, do camponês (até o momento pouco tratada pelo geógrafo agrário, mas bastante estudado pela sociologia rural), dos impactos ambientais causados pela adoção das novas técnicas de trabalho agrícola, do complexo agroindustrial e da questão da terra (fronteira agrícola e reforma agrária).

A mudança de perspectiva na análise da agricultura na década de 1980 deveu-se às novas abordagens trazidas pela geografia crítica ou radical, que passaram a preponderar nos estudos geográficos. Praticamente um quarto de toda a produção geográfica brasileira sobre o agro é da década de 1980, demonstrando o revigoramento do setor, em razão não só das próprias mudanças ocorridas na atividade agrícola, mas também do impulso e estímulo dados à pesquisa em Geografia Agrária pelos Encontros Nacionais de Geografia Agrária.

Analisando as relações de trabalho, a mão de obra assalariada e a pequena produção agrícola (definida como contradição à grande produção agroindustrial e que na década seguinte será denominada como produção familiar), o geógrafo agrário discutiu a subordinação do trabalho agrícola ao capital. O pequeno produtor foi o que mais sofreu pressões sob o novo padrão tecnológico proposto para o agro brasileiro, e o geógrafo agrário procurou identificar como essa categoria se comportou espacialmente, demonstrando diferenciações espaciais quanto à produção e às formas de produzir.

A pequena produção agrícola passou a significar uma temática de análise geográfica bastante rica, avaliada no contexto do processo de inserção do capitalismo no campo. A persistência ou o desaparecimento, a subordinação ou a autonomia do pequeno agricultor tornaram-se questões básicas para o estudo do geógrafo agrário da perspectiva do Complexo Agroindustrial – CAI.

Os trabalhos sobre essa temática não se preocuparam com o entendimento do funcionamento interno do grupo familiar. O pequeno produtor agrícola foi considerado um agente organizador do espaço por imprimir à sua propriedade ou à área de posse características muito próprias que o diferenciavam de outros grupos de trabalhadores. Os estudos de caso sobre esses grupos, em diferentes partes do país, foram comuns durante toda a década (Asari, 1984; Brito & Silva, 1982; Etges, 1984).

A década de 1990 evidencia uma continuidade dos estudos sobre a produção familiar, na ótica do campesinato, segundo a concepção chayanoviana. Assim, vários estudos foram publicados nesse sentido, apresentando, agora, uma preocupação com a definição teórica desse grupo social, cuja fundamentação advinda da Sociologia Rural está balizada pela teoria proposta por Alexander Chayanov (1974) e por autores nacionais, seguidores dessa mesma linha.

O espectro de análise e as tendências são bastante ricos para os anos 90, com um volume bastante considerável de trabalhos de conteúdo mais geral, como estudos de organização agrária, produção agrícola, força de trabalho etc. na forma de estudos de caso.

A década de 1990 apresentou um número mais reduzido de periódicos em circulação, se comparado a outros períodos. Mesmo assim, o número de trabalhos encontrados evidencia a manutenção do interesse em estudar a atividade agrícola, pois, nos cinco anos avaliados, o volume de trabalhos levantados é significativo, se comparado a períodos decenais completos (147 trabalhos).

Para o conjunto das publicações levantadas, pode-se detectar que são o *Boletim Geográfico* e a *Revista Brasileira de Geografia* os periódicos com maior volume de trabalhos sobre agricultura. Na categoria associações, a AGB se destacou pela participação dos *Boletins Paulista* e *Carioca de Geografia* e do *Caderno Prudentino de Geografia*, enquanto a Ageteo apresentou uma participação maior, porque a revista *Geografia* e o *Boletim de Geografia Teorética* apresentaram as maiores frequências nas décadas de 1980 e 1990, respectivamente.

Para a categoria departamento/universidade, destaques devem ser feitos quanto ao *Boletim de Geografia de Maringá*, à revista

Geografia Ensino e Pesquisa, de Santa Maria, e à *Revista de Geografia da UNESP*. A USP, com seus vários títulos, aglutinou aproximadamente 5% dos trabalhos encontrados. Desse total, uma parcela é proveniente da *Geografia Econômica*, publicação editada pelo Instituto de Geografia que, apesar do título, teve como assunto de seus estudos a agricultura, com destaque para questão do abastecimento da cidade por gêneros alimentícios.

A produção relativa à Geografia Agrária encontrada em anais de reuniões científicas faz sobressair novamente a década de 1980 como a de maior volume de trabalhos. A Tabela 3 e a Figura 7 ilustram os resultados do levantamento nesse aspecto. A década de 1980 desponta, em razão dos Engas, como a de maior representatividade no volume de trabalhos.

Se observarmos mais cuidadosamente a Tabela 3, veremos que até a década de 1960 o número de trabalhos em anais é estável, não ultrapassando a cifra dos 30 trabalhos.

A realização do 1º e 2º Engas, já em finais dos anos 70, fez crescer o volume de trabalhos, e os dois encontros foram responsáveis por aproximadamente 52% dos trabalhos publicados em anais no período.

A partir da década de 1980, os Engas dominaram o conjunto de trabalhos publicados em anais, chegando a 72% do total de trabalhos na década de 1980 e a 78% até 1994. Em percentuais (Figura 7), o impulso dado pela realização dos Engas faz crescer em 41% o volume de trabalhos para a década de 1980, e em 29% para os anos 90, quando comparados esses períodos com o decênio de 1970.

A divulgação nos *Anais da AGB* não pode ser esquecida já que ela foi significativa durante o período de sistematização da Geografia no Brasil e tornou-se primeiro veículo a registrar a produção nacional nas décadas de 1940, 1950 e 1960.

É evidente que a produção geográfica nacional sobre agricultura variou ao longo do período por nós analisado. Essa variação correspondeu às mudanças ocorridas em dois níveis. Primeiramente, no contexto teórico-metodológico, derivando de transformações paradigmáticas que foram assimiladas pela ciência geográfica. O segundo, no âmbito empírico, construído pelas transformações da realidade que se colocaram para análise diante do geógrafo.

Tabela 3 – Produção científica relativa à Geografia Agrária brasileira em anais – 1940 a 1995

Anais de congressos	Frequência por década						Total
	1940	1950	1960	1970	1980	1990	
Anais da AGB	4	20	23	14			61
9º Cong. Bras. de Geografia	18						18
10º Cong. Bras. de Geografia							–
1º Cong. Bras. de Geógrafos		3					3
4º Cong. Bras. de Geógrafos					6		6
2º Enc. Nac. de Geógrafos				8			8
3º Enc. Nac. de Geógrafos				5			5
4º Enc. Nac. de Geógrafos					16		16
5º Enc. Nac. de Geógrafos					17		17
6º Enc. Nac. de Geógrafos					32		32
7º Enc. Nac. de Geógrafos					26		26
8º Enc. Nac. de Geógrafos						27	27
9º Enc. Nac. de Geógrafos						33	33
1º Enga				17			17
2º Enga				12			12
3º Enga					14		14
4º Enga					22		22
5º Enga					49		49

continuação

Anais de congressos	Frequência por década						
	1940	1950	1960	1970	1980	1990	Total
6º Enga					45		45
7º Enga					50		50
8º Enga					51		51
9º Enga					36		36
10º Enga						40	40
11º Enga						67	67
12º Enga						109	109
Enc. de Geógrafos da Am. Latina					5		5
XVIII Cong. Intern. de Geografia			4				4
Total	22	23	27	56	369	276	773

Fonte: Levantamento bibliográfico.
Organização: Darlene A. de O. Ferreira.

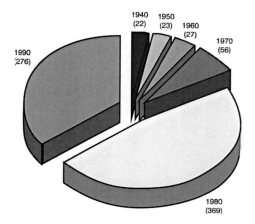

FIGURA 7 – Número de trabalhos em anais de reuniões científicas por década.
Fonte: Levantamento bibliográfico.
Organização: Darlene A. de O. Ferreira.

Quanto às mudanças teórico-metodológicas que acompanharam o desenvolvimento epistemológico da Geografia, elas se refletiram no que denominamos de formas de análise.[5]

Assim, passamos dos estudos de caso – realizados pela Geografia Tradicional, em que a observação era a principal ferramenta – para as análises estatísticas – em que o uso da matemática era o alicerce – e, dessas, para a ênfase na questão teórico-social-ambiental.

É possível, sem grandes dificuldades, definir algumas características que determinam tendências nos textos levantados na direção de uma ou outra linha teórico-metodológica. O tratamento dos dados, a forma de redigir, a apresentação das informações identifi-

---

5 Dizem respeito às diferentes formas pelas quais o autor realiza o seu estudo e expõe o trabalho, explicitando uma visão de mundo que direciona a ênfase, o entendimento e a explicação. O conjunto de princípios e práticas científicas que nortearam o desenvolvimento da pesquisa geográfica sobre agricultura é definido, neste trabalho, como formas de análise. Mediante o material levantado, procuramos diferenciar os trabalhos segundo essas formas, considerando: a apresentação do trabalho, os instrumentos conceituais e metodológicos, a orientação teórica, o vocabulário.

MUNDO RURAL E GEOGRAFIA

cam a que "escola" do pensamento o trabalho pode ajustar-se. Não se trata aqui de rotular os trabalhos ou os autores, mas, sim, de mostrar como é possível discernir as diferentes fases por que passou nossa ciência no conjunto de textos publicados em periódicos e anais.

As Tabelas 4 e 5 nos permitem visualizar as diferentes formas de análise encontradas, em periódicos e anais, compreendendo a totalidade dos trabalhos coletados. O estudo de caso é, sem dúvida alguma, a forma que mais preponderou nos trabalhos sobre agricultura no Brasil. Constituem um conjunto de textos do tipo monográfico que, de modo geral, caracterizam um certo cultivo, uma área ou uma região produtora.

Observa-se que eles compreendem, aproximadamente, 62% dos trabalhos em periódicos e 68% em anais. Desse total, os estudos locais compõem aquele conjunto de trabalhos que, sob temáticas variadas, estudam um município, um Estado, uma propriedade ou um agricultor e representam 59% dos estudos de caso em periódicos e 74% em anais.

As instituições que editam periódicos, muitas vezes, concentram a publicação de trabalhos de cunho local ou regional. Assim, periódicos como *Geonordeste*, *Geosul*, *Boletim Goiano de Geografia*, entre outros, apresentam em seus índices estudos que estão direcionados para suas respectivas regiões. Em relação aos anais, é importante considerar que dada sua abrangência nacional, os estudos de caso estão sempre presentes e demonstram a situação da atividade agrícola nas várias escalas e locais do país.

Dentro da categoria *estudos de caso*, os estudos regionais são aqueles que analisam a atividade agrícola, cultivo ou estrutura fundiária de uma dada região, tratada não só no sentido da divisão político-administrativa, em grandes regiões, mas também determinada em razão da dominação espacial de eventos que definem uma região, ou um conjunto de municípios com as mesmas características. Aqui são considerados aqueles trabalhos sobre *região açucareira, trítícola, fumageira* etc., *feiras de gado no Nordeste, os camponeses do Vale do Jequitinhonha* etc. (Botelho, 1954; Martins, 1986; Melo, 1976).

Tabela 4 – Formas de análise utilizadas pelos geógrafos agrários brasileiros em periódicos – 1935 a 1995

Formas de análise		Número de trabalhos							
		1930	1940	1950	1960	1970	1980	1990	Total
Estudo de caso	Regional	1	32	54	30	18	32	13	180
	Local	4	32	89	37	34	72	89	357
Geografia Agrária		1	7	8	8	7	21	05	57
Metodologia			6	19	13	34	32	04	108
Teoria			2	3		7	30	08	50
Outras		1	7	20	15	8	31	28	110
Total		7	86	193	103	108	218	147	862

Fonte: Levantamento bibliográfico.
Organização: Darlene A. de O. Ferreira.

Tabela 5 – Formas de análise utilizadas pelos geógrafos agrários brasileiros em anais – 1940 a 1995

Formas de análise		Número de trabalhos						
		1940	1950	1960	1970	1980	1990	Total
Estudo de caso	Regional	6	5	5	10	59	35	120
	Local	8	6	10	20	203	162	409
Geografia Agrária		7	8		7	20	13	55
Metodologia		1			1	5	7	14
Teoria				4	8	31	10	53
Outras			4	8	10	51	49	122
Total		22	23	27	56	369	276	773

Fonte: Levantamento bibliográfico.
Organização: Darlene A. de O. Ferreira.

MUNDO RURAL E GEOGRAFIA 163

A dominação dos estudos de caso é visível durante todo o período de desenvolvimento da Geografia Agrária brasileira. Ela é predominantemente delineada por esses trabalhos. Variando na escala de análise (local, estadual, regional, nacional), na ênfase a um ou outro cultivo, no enfoque, na metodologia, os estudos agrários em Geografia se fizeram a partir dos estudos de caso.

Os estudos regionais preponderaram já na década de 1940 e avançaram pela de 1960 em trabalhos realizados pelos geógrafos estrangeiros no Brasil e nos da primeira fase da produção científica em Geografia no país. Os textos, de temário bastante amplo, englobavam aspectos físicos, econômicos, sociais, intitulados "Geografia Humana do Nordeste", "Geografia Econômica do Sul" etc.; além disso, o estudo da diferenciação de áreas sob o título regional era característica nítida do período (Monbeig, 1954; Melo, 1954; Valverde, 1958).

Algumas diretrizes influenciaram na definição das regiões estudadas. A adoção das condições do meio ambiente como delimitadoras de regiões marcou a abordagem determinista.

> De acordo com a crença determinista, as atividades humanas, principalmente a agricultura, são controladas por variáveis do meio ambiente físico. Os trabalhos produzidos sob esta ótica utilizavam principalmente o clima para regionalizar as atividades agropecuárias. Algumas vezes, apenas um atributo da agricultura era regionalizado, como por exemplo a produção animal e vegetal de acordo com as condições climáticas que permitiram seu desenvolvimento. Os espaços assim diferenciados se constituíam em regiões de características únicas.[6] (Leão, 1987, p.58)

Os estudos locais, aparecendo com destaque na década de 1950, espelharam aqueles em que a AGB realizava viagens por todo o país buscando o conhecimento do território. Na década de 1980, os estudos locais ressurgem com destaque, indicando uma tendência que busca o processo de capitalização da agricultura e suas consequências em determinados cultivos e classe de produtores, além de municípios especializados em determinadas culturas.

---

6 Trabalhos com essas características não são de difícil indicação e são referências da participação de geógrafos estrangeiros no país: Veyret, 1956; Waibel, 1954, 1955; Prat, 1950; Boléo, 1953.

Os estudos sobre o Brasil como um todo e, deste, no contexto mundial, não superaram a cifra de 11 trabalhos, tanto em anais como em periódicos, ficando a década de 1980 como aquela em que mais se estudou o Brasil, sem dúvida como resultado das transformações ocorridas no país durante os anos 70 e, consequentemente, avaliadas na década seguinte, bem como pela relativa facilidade de tratamento de grande volume de dados, trazida pela quantificação e pelo uso do computador.

As grandes regiões escolhidas como áreas de estudo (82 trabalhos) tiveram na Região Nordeste a de maior destaque, com um total de 56 trabalhos que predominaram na década de 1980. Também, durante as décadas de 1940, 1950 e 1960, o Nordeste aparece como região bastante estudada no país. A Região Sul (13 trabalhos) ganhou destaque na década de 1950, sem dúvida em razão do processo de ocupação dessa área, e a Região Sudeste, apesar de ser a área de maior desenvolvimento agrícola do país, pouco foi estudada em seu contexto regional. As outras regiões não tiveram destaque, não ultrapassando a cifra de 4 trabalhos.

Se o Nordeste ganhou destaque em estudos de contexto regional, as referências à região também foram bastante numerosas quando se analisou a área em suas diferentes repartições, tanto estadual como municipal e com grande destaque para os estudos de domínios naturais. Assim, foram comuns as referências a áreas como o sertão, a Zona da Mata, litoral, domínio semiárido, Cariri etc. Os Estados também podem ser lembrados e os numericamente mais representativos foram: Bahia (40), Sergipe (37), os dois Estados com universidades federais de renome, Pernambuco (47) com a participação da Fundação Joaquim Nabuco e Paraíba (35).

De pouco destaque no contexto macrorregional, o Sudeste, como local onde se concentram os maiores centros de ensino e pesquisa do país, ganhou representatividade no contexto microrregional, municipal e estadual. São Paulo foi referência (196), tanto no contexto estadual como nos estudos de caso sobre municípios paulistas e complexos regionais. Assim, Baixada Santista, Alta Paulista, Sorocabana, Pontal do Paranapanema e Depressão Periférica são áreas estudadas sob diferentes temáticas.

Os Estados do Rio de Janeiro (27) e Minas Gerais (31) não apresentaram um volume de trabalhos significativo, se comparados a São Paulo. O Estado fluminense ganhou representatividade nas décadas de 1940, 1950 e 1960 graças ao papel desempenhado pelo IBGE, centro dos estudos agrícolas do país no período, apesar de não ter o espaço carioca como centro de atenção dos seus estudos. Minas Gerais apresentou estudos sobre regiões específicas como: o Vale do Jequitinhonha, o Triângulo Mineiro, o Alto Paraopeba etc.

Na Região Sul, os Estados do Rio Grande do Sul e do Paraná ganharam representatividade, tendo cada um 64 e 69 trabalhos, respectivamente. Santa Catarina apareceu como referência em 17 trabalhos.

A Amazônia, ou mais exatamente a Hileia Amazônica, foi considerada como área de estudo em 48 trabalhos que privilegiaram o processo de ocupação dessa área, considerada fronteira agrícola.

Em relação às outras categorias encontradas como formas de estudo, os trabalhos metodológicos foram destaque nos periódicos consultados, aparecendo com frequência nas décadas de 1970 e 1980, que marcaram períodos de mudanças. Desse conjunto fazem parte discussões sobre novas técnicas de trabalho com o uso de fotografias áreas e imagens de radar, aplicação de modelos estatísticos, bastante evidentes na década de 1970 e ainda utilizados na década seguinte. Não há dúvida de que o *Boletim de Geografia Teorética* e a *Revista Brasileira de Geografia* foram os grandes difusores desses trabalhos.

Os estudos teóricos, preponderando na década de 1980, dizem respeito em grande parte às propostas teóricas de análise do processo de modernização da agricultura, bastante discutida pelos economistas, e à transposição das teorias marxistas de expansão do sistema capitalista no campo para a Geografia. A constituição e a caracterização do complexo agroindustrial também aparecem no período, bem como o comportamento da pequena produção subordinada ao CAI.

A Geografia Agrária, como especialidade e campo de conhecimento, foi bastante discutida na década de 1980, em periódicos e anais, refletindo a preocupação dos encontros nacionais temáticos que colocaram em xeque o prestígio e o desenvolvimento desse ramo da ciência geográfica, discutindo suas diretrizes e efetuando sua autoavaliação.

Em relação às outras formas de analisar a agricultura, consideramos um conjunto de trabalhos que, de maneira descritiva ou não, tratou de assuntos específicos como técnicas ou manejo de cultivos, conservação e erosão dos solos, aspectos agronômicos de uma série de culturas, além de abordagens históricas e econômicas sobre plantas e animais, sem referência a local ou definição teórico-metodológica.

Além de identificar essas diferentes formas de análise, ainda foi possível definir as características próprias a cada uma delas. Como vimos, a forma encontrada pelos geógrafos para apresentar seus trabalhos mudou ao longo do intervalo de tempo que analisamos. Dos trabalhos monográficos às análises estatísticas e aos estudos críticos sobre a expansão capitalista no campo, as diferenças teórico-metodológicas estiveram presentes nos estudos geográficos.

As primeiras referências sobre o entendimento, ou melhor, sobre a descrição de aspectos ligados à atividade agrícola demonstraram a existência de um certo "modelo" de apresentação dos trabalhos.

Nos estudos realizados até a década de 1960, foi possível distinguir conteúdos definidos segundo uma linha lógica de apresentação do trabalho, sobre diferentes lugares ou regiões, sintetizando: o *meio físico* ou *condições naturais*, sempre tratados em razão do cultivo ou da atividade a ser realizada, enfatizando a influência do meio; a *formação econômico-social* e a *ocupação* da área estudada, com grande ênfase histórica; aspectos econômicos e técnicos sobre o manejo da cultura definindo *sistemas de cultivo*; o mercado e a circulação da produção refletindo a *comercialização*; os aspectos humanos e culturais retratando a *paisagem* e o *hábitat*.

O fundamental dessa forma estava na valorização da análise do visível, da fisionomia (paisagem) para explicação geográfica (Amorim Filho, 1985). E se a síntese estava refletida na paisagem, os aspectos visíveis também eram trazidos para o trabalho em esboços ou ilustrações que mostravam a organização interna das propriedades, em fotos das culturas, das edificações e construções, dos pequenos centros urbanos onde se realizava a comercialização, com demonstrações das condições de vida do agricultor e sua família. Alguns mapas também se faziam presentes, com o objetivo de indicar a posição da área estudada em relação a um centro maior ou para demonstrar o domínio espacial do cultivo.

MUNDO RURAL E GEOGRAFIA 167

Exemplos dessa forma de análise encontram-se evidentes em trabalhos da década de 1950. Em estudo realizado sobre a Vinha em São Paulo, Dirceu Lino Mattos (1950) descreve aspectos gerais da região vitícola de São Roque (SP), destacando os problemas da origem e da evolução da cultura.

A Geografia física da área foi o primeiro dos aspectos analisados pelo autor, destacando a íntima relação da vinha com o meio geográfico, mostrando as influências do relevo, clima e solo. Segundo o autor, as condições geográficas repercutiram sobre a distribuição da cultura. A área vitivinícola de São Paulo foi caracterizada e a região de São Roque foi estudada em razão de sua participação como produtora, sendo considerada a evolução da paisagem rural da região. As áreas vitícolas são descritas e demonstradas em fotos dos vinhedos, das áreas produtoras em declive e várzeas, bem como o centro urbano de São Roque.[7]

Desses trabalhos descritivos, seguindo o modelo de apresentação apontado, a Geografia Agrária encaminhou-se para os estudos estatísticos nos quais a presença de fórmulas matemáticas, diagramas e sequências estatísticas servem para identificar esse conjunto de textos.

Apesar de sintetizar a diferenciação de áreas, a descrição dos aspectos definidores das regiões foi substituída por um ensaio estatístico, no qual os aspectos definidores das paisagens foram tratados como variáveis segundo modelos estatísticos e matemáticos, transformando-se em fatores ou tipos que, conjugados, sintetizam regiões.

Assim, da mesma forma que os estudos descritivos obedeciam a um modelo mais ou menos fixo de apresentação, os trabalhos quantitativos também têm seu padrão. Inicialmente, a descrição da técnica ou modelo definindo seu objetivo. Em seguida, a apresentação dos dados ou variáveis de análise que definem o objeto de estudo, para, na parte seguinte, serem trabalhadas segundo a técnica escolhida. A análise dos resultados obtidos e sua representação cartográfica encerram o trabalho.[8]

---

7 Ver também, no mesmo estilo, Mendes (1949) e Guerra (1952).
8 Ver como exemplos Berry & Pyle (1970), Poltroniéri (1974).

Em outra vertente interpretativa, muito diferenciada das anteriores, predomina o texto e as ilustrações (gráficos, tabelas, fotos) não estão presentes. São textos com linguajar próprio e, como no caso dos trabalhos quantitativos, alguns vocábulos tornam-se comuns e bastante significativos.

O trabalho de Ariovaldo Umbelino de Oliveira (1981, p.7) sobre agricultura e indústria no Brasil estudou a relação entre tais atividades, considerando que o

> desenvolvimento do capitalismo é nesse contexto entendido como processo (contraditório) de reprodução capitalista ampliada do capital.
> Assim a propriedade fundiária não pode ser entendida como um entrave à expansão das relações capitalistas de produção; é o tributo que o capital tem que pagar, sem o qual não poderá se expandir na agricultura e dominar o trabalho no campo.

No caso da atividade agrícola, esses trabalhos discutiram as formas de apropriação da renda da terra pelo capital, a produção subordinada à circulação e o papel das agroindústrias.

Observamos que são trabalhos de cunho bastante teórico que procuraram aproximar as proposições do materialismo histórico e dialético à realidade geográfica. A referência espacial, tão presente nos trabalhos da Geografia da década de 1950, desapareceu. Não existem, ou são raras, as ilustrações, mapas ou fotos. Em geral, o texto é contínuo e é comum a crítica ao empirismo exagerado da Geografia Tradicional, bem como ao uso da quantificação como um fim em si mesmo. A linha mestra que conduz esses trabalhos é a crítica da realidade. No caso específico da Geografia Agrária, a crítica à expansão do capitalismo no campo, às novas formas de relação de trabalho e os conflitos sociais decorrentes, assim como ao domínio da cidade sobre o campo, resume o conteúdo desses trabalhos.

Tais trabalhos poderiam ser considerados parte de um momento de transição em que, se aparece como a nova abordagem, ainda prevalecem os estudos de caso, muitas vezes deslocado do partido teórico adotado.

A identificação desses trabalhos se faz de forma simples. Em geral, o próprio título indica essa vertente, como o estudo de Miorim et al. (1987) sobre *A reprodução das relações de produção na evolu-*

MUNDO RURAL E GEOGRAFIA

ção do espaço no Rio Grande do Sul, ou no título de Etges (1984), *As relações de produção sob o capital monopolista: a produção do fumo no sul do Brasil.*

Para os marxistas ou radicais, dois conceitos servem de base para a interpretação do que ocorre no espaço: o modo de produção e a formação econômico-social, expressões utilizadas para definir diferentes manifestações espaciais relativas às relações de produção e lutas de classes, inseridas no contexto da divisão social do trabalho:

> as relações fundamentais de qualquer grupo humano com a natureza são *relações de produção*. Para estudar a estrutura das relações homem-natureza, a análise deve aprofundar-se, indo até as relações de produção como relações básicas do homem com a natureza (espaço físico) e dos homens entre si, no seu trabalho.
> A compreensão destas relações define, como que a *priori*, tudo o que se movimenta no espaço, sua organização econômica-social e a sociedade em si. Isto é possível pois revela à luz da análise elementos como condições naturais, técnicas organizacionais e a divisão do trabalho social. (Miorin, 1987, p.21-2 – grifo no original)

Além das orientações teórico-metodológicas da década de 1930 até meados da de 1990, os temas de estudo em Geografia Agrária diversificaram-se grandemente. Primeiro, é possível perceber que há uma variação temporal na ênfase de cada tema, ou seja, a cada intervalo de tempo sobressaem-se temas específicos em razão da realidade vivida pela sociedade naquele momento, sendo, então, privilegiados nos estudos. Além disso, a variação temporal de temas também é acompanhada pela alteração na forma de entender um mesmo tema ao longo do tempo.

No levantamento, com que fundamentamos este trabalho, é possível identificar uma tão grande variedade de temas que seria impossível trTá-los individualmente. Assim, as informações receberam, primeiramente, um tratamento qualitativo, resultando no agrupamento de assuntos análogos em um único título ou temática, conforme o sintetizado no Quadro 6.[9]

---

9 É importante frisar que a opção pelo agrupamento dos assuntos em temáticas e, consequentemente, o conceito ou interpretação adotados é válido para este trabalho, implicando uma postura que se ajustou às necessidades surgidas no decorrer da análise.

Quadro 6 – Quadro-síntese das temáticas e assuntos estudados pelos geógrafos agrários brasileiros

Temáticas	Assuntos
Agricultura capitalista	*Desenvolvimento rural, desenvolvimento agrícola, monocultura, modernização da agricultura, capitalização da agricultura, agricultura/urbanização, formação econômico-social, relação campo-cidade, estrutura do capital, irrigação, mecanização, assistência técnica, inovação tecnológica, difusão de inovações, intensidade da agricultura, progresso técnico, insumos agrícolas.*
Agricultura e meio ambiente	*Solos, conservação do solo, desertificação, impacto ambiental, meio ambiente, eficiência agrícola, erosão, reflorestamento, desmatamento, bacia hidrográfica, zoneamento agrícola, agroclimatologia, análise ambiental, balanço hídrico, análise climática, recursos naturais, reflorestamento, seca, aptidão agrícola, agrossistema, desenvolvimento sustentável, direito ambiental, uso de agrotóxicos.*
Agroindústria	*Relação agricultura-indústria, complexo agroindustrial, pequena produção mercantil.*
Colonização	*Colônias, fronteira agrícola, frente pioneira, colonização estrangeira.*
Educação rural	*Universidade, ensino rural.*
Geografia Agrária Tradicional	*Hábitat rural, gêneros de vida, sistemas de cultivo, paisagem rural, bairros rurais.*
Mercado	*Abastecimento urbano, armazenagem, feiras, Mercosul, modelo de Von Thünen, transporte, exportação, ferrovia, monopólio.*
Organização agrária	*Organização da produção, organização da propriedade, organização do trabalho, manejo de culturas, espaço agrícola.*
Papel do Estado	*Crédito Rural, políticas públicas, assentamentos rurais, política agrícola, política agrária, planejamento agrícola, questão agrária.*

continuação

Temáticas	Assuntos
População	*Alimentação, migração, êxodo rural.*
Produção familiar	*Pequena produção, campesinato, camponês, unidade de produção familiar, pequena propriedade, dominação/subordinação do trabalho familiar, proletarização.*
Questão da produção agrícola	*Orientação da Agricultura, uso da terra, cultivos (alho, algodão, arroz, batata, banana, borracha, cacau, café, cana-de-açúcar, laranja/citrus, grãos, coco, cultura do chá, erva-mate, feijão, fumo, mamona, mandioca, maçã, milho, hortigranjeiros, pêssego, sisal, soja, tomate, trigo, uva, tabaco, sorgo), criação (suinocultura, sericicultura, pecuária de corte e de leite, caprinos, aves).*
Questão da terra	*Acesso à terra, ligas camponesas, apropriação da terra, desenvolvimento rural, latifúndio, assentamentos, movimento social rural, conflitos sociais, posseiros, terras devolutas, distribuição da terra, êxodo rural, reforma agrária, sesmarias, fronteira agrícola, estrutura fundiária, renda fundiária.*
Regionalização	*Regiões agrícolas, tipologia da agricultura, tipos de agricultura.*
Relações de trabalho	*Trabalho feminino, trabalho infantil, assalariado, bóia-fria, proletarização, agregado, arrendamento, parceria, conflitos sociais, êxodo rural.*
Teoria da Geografia Agrária	*Enga, Geografia e Sociologia, geógrafo agrícola, Geografia Econômica, História da Geografia, Geografia do Desperdício, História Oral, lugar, quantificação, análise fatorial, orientação agrícola.*
Outras temáticas	*Cooperativa, pró-álcool, extensão rural, eletrificação rural, extrativismo vegetal, sistemas e informação geográfica, softwares, geoprocessamento, percepção etc.*

Fonte: Levantamento Bibliográfico.
Organização: Darlene A. de O. Ferreira.

Observamos que a variação temporal das temáticas de estudo na Geografia Agrária brasileira comprova a afirmativa de que as mudanças ocorridas nesse ramo são oriundas não só do processo de desenvolvimento de nossa ciência, mas sobretudo das transformações presentes no agro. As Tabelas 6 e 7 nos mostram quantitativamente o comportamento numérico delas, reforçando a discussão sobre a variação temporal dos estudos sobre agricultura em Geografia.

A ordem adotada para análise é cronológica e mostra que o surgimento das temáticas não segue o mesmo padrão para periódicos e anais. Essa organização das tabelas permitiu-nos resgatar o caminho seguido pelas temáticas, mostrando como os assuntos vão sendo introduzidos no conjunto dos conhecimentos geográficos. Observamos que algumas temáticas aparecem efemeramente, ao contrário de outras que foram tratadas por todo o período estudado.

O leque de assuntos, bastante variado, sintetiza diferentes preocupações. A temática sobre a *questão da produção agrícola* engloba estudos sobre distribuição de culturas variadas e criação, desde a escala local até a planetária, tanto sobre a abordagem tradicional quanto sob um enfoque quantitativista (orientação da agricultura) ou técnico (uso da terra), utilizando fotografias aéreas. Esse comportamento variável esteve presente também nas demais temáticas, conforme demonstram as Figuras 8 e 9.

Provavelmente a explicação para a diferença de ênfase em relação às temáticas recorrentes em anais e periódicos esteja no fato de que a presença da Geografia Agrária em eventos científicos se intensifica e consolida a partir dos Engas, momento no qual a questão da terra e a penetração do capitalismo no campo são temas candentes.

Para organização das Figuras 8 e 9 e das Tabelas 6 e 7, utilizamos a ordem cronológica como critério. Assim, da primeira temática encontrada para a mais contemporânea, é possível identificar a década de aparecimento, bem como o momento de seu apogeu enquanto preocupação do geógrafo.

Em anais, na década de 1980 e em periódicos, em 1950, a *questão da produção agrícola* aparece em evidência. Embora se considere a ênfase equivalente, é fato que, na de 1950, a *questão da produção agrícola* passava mais pela análise da distribuição espacial dos produtos e pelo volume produzido, sob uma ótica de oferta de bens

Tabela 6 – Frequência de artigos publicados em periódicos, por temática e por década – 1930-1990

Temáticas	Número de trabalhos							Total
	1930	1940	1950	1960	1970	1980	1990	
Questão da produção agrícola	3	23	50	36	21	36	12	181
Educação rural	1			1	1			3
Geografia Agrária Tradicional	1	13	9	10	3	1		37
Colonização	1	12	12	4	6	8	2	45
Questão da terra		11	10	10	6	24	11	72
Agricultura e meio ambiente		5	26	8	5	12	11	67
Teoria da Geografia Agrária		1	2	7	27	19	15	71
Agricultura capitalista		4	2	1	11	38	26	82
Organização agrária		9	33	11	8	21	7	89
Produção familiar		4	2	1		10	14	31
Relações de trabalho			5		3	7	12	27
População			4	3	1	1	1	10
Regionalização			21		3	2		26
Mercado			10	7	4	3		25
Papel do Estado						4	1	6
Agroindústria						5	2	7
Outras temáticas	1	3	7	5	9	30	28	83
Total	7	86	193	103	108	218	147	862

Fonte: Levantamento bibliográfico.
Organização: Darlene A. de O. Ferreira.

Tabela 7 – Frequência dos trabalhos publicados em anais, por temática e por década – 1940-1990

Temáticas	Número de trabalhos						
	1940	1950	1960	1970	1980	1990	Total
Questão da produção agrícola	14	4	5	6	77	37	143
Organização agrária	2	6	1	6	38	21	74
Colonização	1		9	10	10	9	39
Questão da terra	1			8	42	48	99
Regionalização	1			1	5	4	11
Mercado	3				9	6	18
Geografia Agrária Tradicional		8				1	9
Produção familiar		1		1	35	25	62
Teoria da Geografia Agrária			4	7	21	15	47
Relações de trabalho			1	3	15	6	25
População			1		1	5	7
Agricultura capitalista			1	8	37	35	81
Agricultura e meio ambiente				2	13	25	40
Educação rural				2	1	3	6
Papel do Estado				2	6	7	15
Agroindústria					13	14	27
Outras temáticas		4	5		46	15	70
Total	22	23	27	56	369	276	773

Fonte: Levantamento bibliográfico.
Organização: Darlene A. de O. Ferreira.

MUNDO RURAL E GEOGRAFIA 175

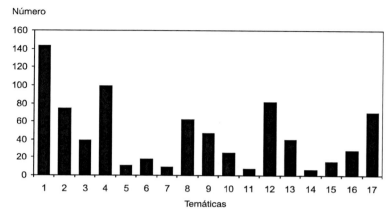

FIGURA 8 – Temáticas dos trabalhos em anais.
Temáticas

1. Questão da produção agrícola
2. Organização agrária
3. Colonização
4. Questão da terra
5. Regionalização
6. Mercado
7. Geografia Agrária Tradicional
8. Produção familiar
9. Teoria da Geografia Agrária
10. Relações de trabalho
11. População
12. Agricultura capitalista
13. Agricultura e meio ambiente
14. Educação rural
15. Papel do Estado
16. Agroindústria
17. Outras temáticas

Fonte: Levantamento bibliográfico.
Organização: Darlene A. de O. Ferreira.

agrícolas a uma população em início de urbanização e o relativo "fechamento" das fronteiras de terras ainda não apropriadas produtivamente (Pettei, 1954; Simões, 1950, Carvalho, 1952).

Na década de 1980, a questão da produção se inscreve no movimento de modernização da agricultura e capitalização/industrialização do campo, consolidado na década anterior (Bacharah, 1979; Brito & Mesquita, 1980; Perini, 1982).

A *questão da terra* coloca-se como a segunda temática mais tratada nos anais, com frequência maior nas décadas de 1980 e 1990, refletindo um período de grande turbulência na agricultura

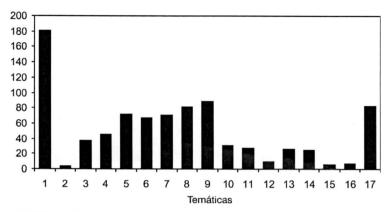

FIGURA 9 – Temáticas dos trabalhos em periódicos.
Temáticas

1. Questão da produção agrícola
2. Educação rural
3. Geografia Agrária Tradicional
4. Colonização
5. Questão da terra
6. Agricultura e meio ambiente
7. Teoria da Geografia Agrária
8. Agricultura capitalista
9. Organização Agrária
10. Produção familiar
11. Relações de trabalho
12. População
13. Regionalização
14. Mercado
15. Papel do Estado
16. Agroindústria
17. Outras temáticas

Fonte: Levantamento bibliográfico.
Organização: Darlene A. de O. Ferreira.

quando se discutiam os planos nacionais de reforma agrária, a posse da terra na região da fronteira e os conflitos sociais. Não podemos esquecer que são discutidas agora as consequências sociais do processo de modernização da agricultura. Como os trabalhos em anais oferecem a oportunidade de discussão de assuntos emergentes, a *questão da terra*, em consonância com o entendimento das injustiças sociais, marca o período.

Os geógrafos da agricultura têm hoje sérias preocupações com as questões sociais no campo. Enfatizam-se as relações sociais de produção e as questões ligadas à apropriação da terra, procura-se anali-

MUNDO RURAL E GEOGRAFIA

sar com mais cuidado as condições de vida da população rural em relação à estrutura fundiária, evidenciando-se os conflitos pela terra. (Diniz, 1984, p.54)

Os periódicos refletem outro comportamento e a *organização agrária* concentra assuntos ligados à organização da produção, bastante evidentes na década de 1950.

O desenvolvimento da chamada *agricultura capitalista*, reflexo das décadas de 1970 e 1980, ganha a atenção dos geógrafos em diferentes perspectivas. Recebendo esse título, os trabalhos se preocuparam com a capitalização no campo, as inovações tecnológicas e suas consequências espaciais refletidas na relação campo-cidade (Une, 1988; Lencioni, 1985). Não podemos esquecer que também em outras situações, como no caso de discutir a *produção familiar*, a *agricultura e meio ambiente*, as *relações de trabalho* e a *agroindústria*, o pano de fundo foi dado pela perspectiva da mudança na forma de produzir, introduzida pela agricultura capitalista.

Esses estudos, influenciados em muitos casos por economistas e sociólogos que tratavam dessas temáticas em sua concepção estrutural, representaram, segundo Gusmão (1978a, p.60), um "esforço em tentar dirigir os estudos rurais segundo um enfoque mais pragmático, o que, até então, não havia merecido a suficiente atenção por parte dos geógrafos empenhados no estudo do espaço rural".

A temática *agricultura e meio ambiente* apresentou um comportamento atípico em relação às demais. Primeiramente, não figura entre temáticas de grande destaque, como as já discutidas. Entretanto, a análise da relação agricultura e meio ambiente esteve sempre vinculada ao aspecto do crescimento da atividade agrícola tanto pela incorporação de novas áreas como pelo aproveitamento mais intensivo dos fatores terra, trabalho e capital.

Tudo levaria a crer que, atreladas ao desenvolvimento da agricultura capitalista, as questões ambientais ganhassem destaque após a década de 1970. Observamos pelas informações levantadas que tal raciocínio não é incorreto, entretanto não ganha a ênfase esperada. O que nos surpreende é que o maior número de trabalhos encontrados sobre essa temática esteja concentrado na década de 1950, em periódicos, quando se discutiam a questão da conservação do solo, os processos erosivos e a referência climática atribuída à chamada agricultura tropical.[10]

Nos anais de reuniões científicas, a temática ganhou destaque na década de 1990 quando se estudaram os impactos ambientais e o desenvolvimento sustentável, representando, na década, uma fonte de indagações para os geógrafos agrários. Isso reflete também a preocupação que provocou tal temática no final do século XX, que coloca como desafio para a sociedade a conservação do meio ambiente (Cleps Junior et al., 1992; Poltroniéri, 1992).

A temática *teoria da Geografia Agrária*, ao contrário de outras que refletiram o comportamento da sociedade, ofereceu uma imagem das mudanças paradigmáticas que marcaram a Geografia Agrária. Numericamente os trabalhos sobre esse tema cresceram em periódicos da década de 1960 para a seguinte, marco da difusão da quantificação acolhida principalmente pela *Revista Brasileira de Geografia* e pelo *Boletim de Geografia Teorética*.

Considerando os anais, uma turbulência metodológica aparece na década de 1980 com relação ao paradigma crítico (Servolim, 1983).

A *produção familiar* destacou-se nas reuniões científicas das décadas de 1980 e 1990 em óticas distintas. Durante a década de 1980, quando o número de trabalhos sobre produção familiar foi maior, a pequena produção ou pequena propriedade atrelada ao CAI recebe a atenção do geógrafo agrário e se torna o tema central de muitos trabalhos apresentados em anais de congressos e principalmente nos Engas.[11] Já para a década de 1990, os trabalhos foram

---

10 Para os anos 50, dois autores destacam-se pelo volume de compêndios publicados ligados à questão do solo. Assim, podem-se citar os trabalhos de Setzer (1951 e 1956). Outro autor de destaque nessa temática é Sternberg, que publicou em diferentes números do *Boletim Geográfico* (ano 9, n.103, p.673-700, 1951a; ano 9, n.105, p. 894-926, 1951b; ano 10, n.106, p.23-41, 1952a; ano 10, n.107, p.161-207, 1952b; ano 10, n.108, p.272-90, 1952c; ano 10, n.109, p.386-401, 1952d e ano 10, n.110, p.507-33, 1952e) o seu *Manual de conservação do solo*. Na década de 1960 foi possível identificar trabalhos que ganharam destaque no *Boletim Geográfico* em comentários rápidos que tratavam da conservação dos solos: Melo, 1960.

11 Para os anos 80, a pequena produção é referência em: Brito & Silva, 1982; Garibe, 1980; Oliveira, 1982.

direcionados à racionalidade e à organização interna do trabalho da família, tida como a unidade básica de produção.[12]

A *agroindústria* ou "complexo agroindustrial" apresentou poucos registros em periódicos, destacando-se como temática de pesquisa relatada em eventos científicos. Muitos desses trabalhos trataram da agroindústria sucroalcooleira, e aparecem com participação significativa nos Engas (Bray & Teixeira, 1984; Ferreira & Bray, 1983).

Ainda para completar a discussão relativa às temáticas estudadas pelos geógrafos agrários, as Figuras 10 e 11 oferecem uma visualização do comportamento temporal das temáticas em anais e periódicos, permitindo identificar aquelas tratadas esporadicamente e as de aparecimento regular.

Percebe-se que, em relação aos periódicos, já nas décadas de 1940 e 1950 as temáticas são variadas, e em todo o período a mais frequente é a questão da produção agrícola. Nos anais, são as décadas de 1980 e 1990 as de maior variedade de temáticas pelo aparecimento de reuniões científicas dedicadas à agricultura.

Ainda devemos considerar que é a partir da década de 1970 que a problemática agrícola ganha variáveis múltiplas, consequência do processo de industrialização e urbanização advindos, já de meados da década de 1950, mas consolidados posteriormente.

Para completar a análise sobre a produção geográfica em agricultura no Brasil, é interessante a avaliação do geógrafo agrário como autor do conhecimento produzido e estudado neste trabalho.

Na análise realizada, pudemos perceber que o desenvolvimento da Geografia Agrária não se fez de maneira uniforme. O volume de produção e as questões privilegiadas pela produção variaram ao longo do período estudado, sob a influência de dois conjuntos de mudanças: as paradigmáticas e as socioeconômicas que foram refletidas pelos autores em seus trabalhos.

Como qualquer um dos aspectos anteriormente estudados, a autoria dos trabalhos revela posicionamentos científico/ideológicos.

---

12 A concepção do campesinato é destaque na década de 1990, conforme ilustram os trabalhos de: Antonello, 1994; Antonio, 1992.

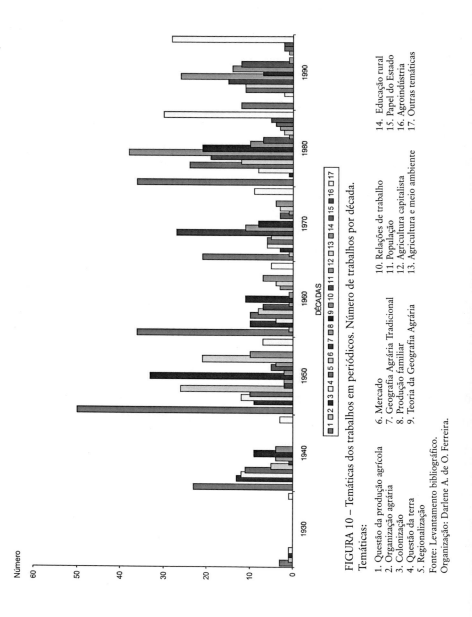

FIGURA 10 – Temáticas dos trabalhos em periódicos. Número de trabalhos por década.
Temáticas:

1. Questão da produção agrícola
2. Organização agrária
3. Colonização
4. Questão da terra
5. Regionalização
6. Mercado
7. Geografia Agrária Tradicional
8. Produção familiar
9. Teoria da Geografia Agrária
10. Relações de trabalho
11. População
12. Agricultura capitalista
13. Agricultura e meio ambiente
14. Educação rural
15. Papel do Estado
16. Agroindústria
17. Outras temáticas

Fonte: Levantamento bibliográfico.
Organização: Darlene A. de O. Ferreira.

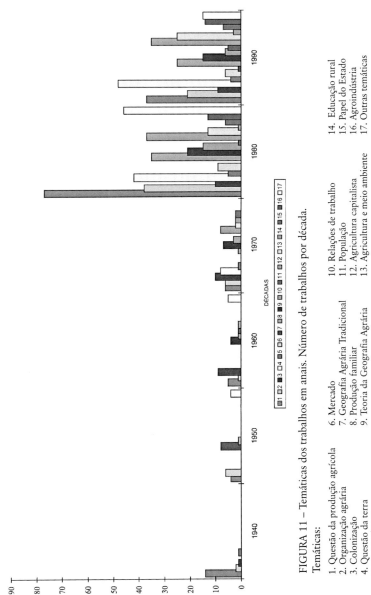

FIGURA 11 – Temáticas dos trabalhos em anais. Número de trabalhos por década.
Temáticas:

1. Questão da produção agrícola
2. Organização agrária
3. Colonização
4. Questão da terra
5. Regionalização

6. Mercado
7. Geografia Agrária Tradicional
8. Produção familiar
9. Teoria da Geografia Agrária

10. Relações de trabalho
11. População
12. Agricultura capitalista
13. Agricultura e meio ambiente

14. Educação rural
15. Papel do Estado
16. Agroindústria
17. Outras temáticas

Fonte: Levantamento bibliográfico.
Organização: Darlene A. de O. Ferreira.

Além disso, as escolhas de cada autor fizeram dele, em muitos casos, um especialista, não só em Geografia Agrária, mas dentro dela, em determinada temática, priorizada em seus estudos, que pode mudar no decorrer do tempo em razão das mudanças ocorridas na própria Geografia Agrária e no agro.

Uma apreciação das Tabelas 8 e 9 permite identificar o volume da produção por autores mais representativos, em periódicos e em anais, em diferentes aspectos. Na década de 1940, despontam alguns poucos autores entre os quais os franceses, que não poderiam ficar sem registro já que foram os grandes incentivadores da Geografia Agrária no Brasil, como é o caso de Pierre Monbeig, Léo Waibel e Pierre Deffontaines.

A temática tratada por esses autores não é específica, mas atende à tendência predominante no período que é a de estudos genéricos sobre o território nacional com o objetivo de seu reconhecimento, embora apareçam estudos regionais (Waibel, 1949, 1955a; Monbeig, 1944, 1949).

Um agrônomo aparece como referência na produção publicada em periódicos. José Setzer (1951) foi o grande estudioso das questões ligadas à erosão e à conservação dos solos na década de 1950. Sua participação, aliada à de Sternberg (1951a, 1951b, 1952a, 1952b, 1952c, 1952d, 1953e), fez a agricultura e o meio ambiente ganharem destaque quando se fazia o reconhecimento do território brasileiro. Orlando Valverde é o único geógrafo agrário que produziu regularmente durante praticamente todo o período analisado, destacando-se na década de 1960.

Dos autores mais representativos em periódicos, os de maior produção foram: Gerardi (23), Ceron (21) e Valverde (19), predominando então a participação do eixo Rio-São Paulo nas temáticas e publicações. Todavia, as Regiões Nordeste e Sul aparecem representadas por: Diniz (15), Andrade (13) e Miorin (13). As temáticas regionais dominam nesses estudos, como é o caso da problemática local, ligada à organização da atividade agrícola no Rio Grande do Sul, do desenvolvimento da cultura canavieira no Nordeste e do uso da terra e tipologia agrícola tanto no Nordeste como em todo o território nacional.

Tabela 8 – Produção por autor em periódicos – 1930 a 1995

Autores	1930	1940	1950	1960	1970	1980	1990	Total
				Frequência por década				
ANDRADE, Manoel Correia de				4	2	2	5	13
ANTONIO, Armando Pereira						2	1	3
BECKER, Bertha Koiffmann				1	1			2
BERNARDES, Lysia Maria Cavalcanti			3					3
BERNARDES, Nilo			5	2	1			8
BRAY, Silvio Carlos						10	5	15
BRITO, Maristela Azevedo de						4		4
BRITO, Maria Socorro					1	2		3
CARVALHO, Marcia Siqueira						3		3
CERON, Antônio Olivio				3	11	4	3	21
DEFFONTAINES, Pierre		4	3					7
DINIZ, José Alexandre Filizola				5	4	4	2	15
EGLER, Walter Alberto			6	2				8
FAISSOL, Speridião		2	3					5
GALVÃO, Maria do Carmo Corrêa		2				2		4
GERARDI, Lúcia Helena de O.					5	11	7	23
GUERRA, Antonio Teixeira			6	2	1			9
GUSMÃO, Rivaldo Pinto					5	2		7
KELLER, Elza Coelho			2	1	2			5
MELO, Mario Lacerda de		1	1		2			4
MESQUITA, Olindina Vianna					5	4		9
MIORIN, Vera Maria Favila						4	9	13
MONBEIG, Pierre	1	5	2	1				9

continuação

Autores	Frequência por década							Total
	1930	1940	1950	1960	1970	1980	1990	
MORO, Dalton Aureo						6	4	10
OLIVEIRA, Ariovaldo Umbelino de						5	1	6
POLTRONIERI, Lígia Celoria					6	4	4	14
ROSSINI, Rosa Ester					2		1	3
SANCHES, Miguel César					1	5	5	11
SANTOS, Adelci Figueiredo					2	3	2	7
SERRA, Elpídio						3	8	11
SETZER, José		4	5	1				10
SOARES, Sebastião Ferreira			9					9
STERNBERG, Hilgard O'Reilly		1	11					12
TUBALDINI, Maria A. dos Santos						2		2
VALVERDE, Orlando		1	6	9	1	2		19
WAIBEL, Léo		4	4					8

Fonte: Levantamento bibliográfico.
Organização: Darlene A. de O. Ferreira.

Tabela 9 – Produção por autor em anais – 1950 a 1995

Autores	Frequência por década					
	1950	1960	1970	1980	1990	Total
ANDRADE, Manoel Correia de			3	4	6	13
ANTONIO, Armando Pereira				2	3	5
BECKER, Bertha Koiffmann		2	1	6		9
BERNARDES, Lysia Maria Cavalcanti		1				1
BERNARDES, Nilo	2	1		1		4
BRAY, Silvio Carlos			1	10	13	24
BRITO, Maristela Azevedo de				2		2
BRITO, Maria Socorro			1	3	2	6
CARVALHO, Marcia Siqueira				4	5	9
CERON, Antônio Olivio			5			5
DINIZ, José Alexandre Filizola			1	2	5	8
GALVÃO, Maria do Carmo Corrêa				6	1	7
GERARDI, Lúcia Helena de Oliveira			3	13	2	18
GUSMÃO, Rivaldo Pinto			1			1
KELLER, Elza Coelho de Souza	2	1				3
MELO, Mario Lacerda de	4		2			6
MESQUITA, Olindina Vianna			2	3		5
MIORIN, Vera Maria Favila				7	3	10
MORO, Dalton Áureo				1	6	7
OLIVEIRA, Ariovaldo Umbelino de				3	2	5
POLTRONIERI, Lígia Celoria				3	3	6
ROSSINI, Rosa Ester			2	4	2	8
SANCHES, Miguel César			1	4	9	14
SANTOS, Adelci Figueiredo			3	6	6	15
SERRA, Elpídio				3	7	10
SILVA, Marlene Maria				5	1	6
VALVERDE, Orlando		2		5	1	8

Fonte: Levantamento bibliográfico.
Organização: Darlene A. de O. Ferreira.

Em relação à postura teórica adotada por esses autores, é importante salientar que são representantes consagrados em suas escolhas. A contribuição de Antonio Olívio Ceron e José Alexandre F. Diniz, no que se refere ao desenvolvimento de metodologias de trabalho ligadas à tipologia agrícola e ao uso da terra é marcante, da mesma forma que Manuel Correia de Andrade defende uma postura crítica, já na década de 1960, tecendo julgamento quanto à forma de exploração do trabalho na cultura canavieira nordestina. Lúcia Helena de O. Gerardi participou da consolidação do uso da estatística e da matemática na Geografia, e seus primeiros trabalhos apontam essa ênfase. Entretanto, sua preocupação posterior vinculou-se à análise do desenvolvimento rural e do papel da pequena produção, utilizando uma postura mais crítica sem, entretanto, abandonar as análises estatísticas, utilizadas, agora, na definição de amostras e tratamento de variáveis particulares a cada estudo. Orlando Valverde muito contribuiu com a discussão sobre a definição da Geografia Agrária e realizou trabalhos com ênfase descritiva, sendo um grande incentivador dos estudos sobre agricultura.

Os autores mais representativos são praticamente os mesmos que se destacam nos eventos científicos e nos periódicos. Tais pesquisadores/autores apresentam como origem duas "escolas". É visível a predominância das escolas de Geografia Agrária representadas pelo IBGE, com sede no Rio de Janeiro, da qual fazem parte 11 dos autores referidos nas Tabelas 8 e 9. A segunda escola é a de Rio Claro, com 6 autores, que, além de reunir pesquisadores renomados, participou do aparecimento de outros núcleos, como Maringá, Santa Maria e Aracaju, projetando seu trabalho em outros Estados.

Vale lembrar que a representatividade do Rio de Janeiro e de Rio Claro são expressivas em diferentes momentos. O IBGE, como vimos, teve um importante papel no desenvolvimento da Geografia Agrária brasileira, não só tendo a agricultura por longo tempo como temática, formando uma escola consolidada, mas também por ter se responsabilizado pela publicação e divulgação de periódicos importantíssimos para a Geografia brasileira. No caso de Rio Claro, a Ageteo destacou-se por reunir um grupo bastante produtivo e difusor de ideias, tudo registrado nas publicações e anais de reuniões que organizou.

Toda essa referência ganha peso quando nos propomos a avaliar tal trajetória sob a ótica das temáticas estudadas por diferentes lapsos de tempo. Assim, a análise mais cuidadosa das diferentes fases por que passou a Geografia Agrária brasileira, tendo como fio condutor as diferentes décadas, analisadas conjuntamente até aqui, possibilitará uma visão do conjunto da produção geográfica nacional sobre agricultura segundo trabalhos e autores distintos. As décadas, agrupadas duas a duas, sintetizam o modo de pensar o agro pela Geografia, ao longo dos últimos sessenta anos.

4 AS DÉCADAS DE 1940 E 1950
– ANOS DOURADOS

A Geografia Agrária foi considerada, durante as décadas de 1940 e 1950, por muitos autores, como um ramo da Geografia Econômica e, como tal, praticada com o intuito de avaliar, não somente os aspectos econômicos da atividade agrícola, mas também aqueles que caracterizavam a produção e o produtor. Sua importância era evidenciada pelo tratamento dado aos aspectos ligados à forma de produzir, à maior conveniência de uma cultura em relação a outra, à influência do mercado.

As escolas alemã, suíça e francesa de Geografia difundiram muitos trabalhos e autores ligados à Geografia Agrária. Conforme Migliorini (1950), nesses países é que se firmou a tradição de estudos de Geografia Agrária. É ainda esse autor que aponta ter sido o suíço H. Bernhard quem sustentou, primeiramente, a afirmação de que a Geografia Agrária era um ramo autônomo da ciência geográfica, separado da Geografia Econômica.

> seu objetivo seria o estudo das diferenças espaciais dos cultivos do solo e respectivas causas ... o que faz parte dos argumentos das ciências agrárias (fornecedoras dos fatos a estudar), com a diferença que na Geografia Agrária, o desenrolar dos estudos é feito com método geográfico. (Migliorini, 1950, p.1074)

Ainda segundo Migliorini, A. Rühl, buscando determinar, com maior precisão, o campo da Geografia Agrária, considerou que ela era "uma disciplina eminentemente dinâmica: mais ainda, à luz da determinação explicativa da localização dos produtos, sua direção seria a do estudo da paisagem agrícola, considerada nas suas diversas manifestações como um organismo vivo" (ibidem).

Léo Waibel, um clássico nos estudos de agricultura, considerava-os parte integrante da Geografia Econômica e definia a Geografia Agrária como a Geografia das plantas cultivadas e dos animais. Para esse autor, a importância da atividade agrícola estava no fato de ela imprimir um aspecto à paisagem, e de ser esta o objeto da Geografia Agrária. O autor ainda faz referência à preocupação da Geografia Agrária com os fatores naturais e humanos, cuja base teórica de análise viria de outras ciências e não diretamente da própria Geografia.

Seriam três os campos de estudos da Geografia Agrária, na concepção de Waibel: o *estatístico*, voltado à distribuição das plantas e dos cultivos, aliado ao uso de mapas e perfis; o *ecológico*, envolvendo o estudo das relações entre os fatores naturais e os humanos que resultariam em formas de economia como as plantações, a horticultura etc.; e o *fisionômico*, preocupado com as paisagens agrárias, objetivando a determinação de uma tipologia regional.

Assim, para Waibel, o que importa não é a distribuição mundial de determinada cultura e a produção em diferentes áreas, mas a paisagem que essa cultura imprime à área. É o estudo dos "tipos geográficos, compreendido na sua significação ecológico-fisionômica, ou seja com referência ao modo de manifestação das diversas formas de economia na paisagem, em relação com as formas de aproveitamento, com os tipos de empreendimentos e com os fins a que se destina a produção" (ibidem, p.1076).

Ainda na França, a Geografia Agrária se desenvolveu apoiada em duas orientações. Uma, intermediada por Daniel Faucher, que concebia a Geografia Econômica tendo como objetivo o estudo da repartição dos cultivos pelo mundo, ou seja, sua distribuição aliada ao volume produzido, suas aplicações e intercâmbio. Já na Geografia Agrária prevaleceriam a análise qualitativa (características dos cultivos) e a síntese, ou seja, o estudo das atividades de cultivo e de todas as obras inscritas no meio geográfico, advindas dessas atividades. Os gêneros de vida e as paisagens seriam os objetos dessa análise.

Outros autores franceses, como Demangeon, Cholley, Bloch e Dion, preocuparam-se com o estudo dos sistemas agrícolas como diferenciadores da paisagem rural, a partir da disposição dos campos.

Na Bélgica, são Lefèvre e Tulippe, os estudiosos da paisagem rural de maior destaque nesse período, que consideram, para a compreensão da fisionomia da área rural e definição de diferentes tipos de paisagem rural: a forma do povoamento, a disposição das propriedades e a disposição das unidades cadastrais, segundo o sistema agrário ou o regime agrícola.

Dessa multiplicidade de tendências Migliorini (1950) afirma ser possível distinguir entre uma Geografia Agrária Geral, analítica, e uma Geografia Agrária Regional, sintética, cuja determinação se faz em razão dos fatores (econômicos, sociais, naturais, históricos) a serem priorizados, implicando a utilização de proposições determinadas por outras ciências.

A primeira teria como objetivos examinar os fatores naturais fundamentais à agricultura (posição, clima, solo); considerar o fator humano, a técnica e a organização agrícola (elementos econômico-técnicos); avaliar a produção; e, por último, examinar o consumo em relação à venda dos produtos.

A Geografia Agrária Regional vai se fundamentar no exame de diversos elementos que imprimiriam a dada área um aspecto particular. "A tendência que tem se manifestado nestes últimos tempos é a de examinar pequenas zonas, estudando-as de maneira a se chegar ao conhecimento profundo de como, sob o ponto de vista da economia agrária, vem se processando a transformação da paisagem" (ibidem, p.1088).

As várias tendências de análise do meio rural pela Geografia Agrária também se manifestaram no Brasil. As décadas de 1940 e 1950 são extremamente ricas quanto à produção científica brasileira em Geografia, em dois aspectos: o número de trabalhos que tratam do meio rural é bastante significativo, refletindo um rol de temáticas variado que acompanha os temas tratados pelos autores estrangeiros.

A produção agrícola e a organização agrária[1] são as principais temáticas do período e respondem à característica agrícola do país, portanto privilegiando o estudo das diferentes culturas que ocupavam e organizavam o cenário econômico da época.

É importante lembrar que, além do papel econômico representado pela agricultura e, sem dúvida, priorizado nos trabalhos, a Geografia brasileira tem, nesse momento, a função de fornecer informações sobre o território nacional, o que é concretizado em estudos gerais nos quais a paisagem é colocada como objeto de análise. Os estudos regionais também aparecem no período, principalmente nos anos 50, acompanhados pelos trabalhos que focalizavam o meio rural sob o enfoque do meio ambiente (conservação do solo) e da ocupação da terra (colonização e distribuição da terra).

Quanto ao material levantado, é nítido o número menos significativo dos trabalhos divulgados em anais de reuniões científicas, dado que, nesse momento, o que pode ser registrado é reflexo do trabalho ainda recente da AGB. Dos estudos publicados em periódicos, muitos foram realizados por geógrafos estrangeiros que se encontravam no país, à época, e, portanto, dão a tônica à produção nacional, ainda pouco significativa.

Considerando a análise da paisagem agrária como a corrente mais antiga dentro da Geografia, foi possível identificar entre os trabalhos produzidos pela Geografia brasileira algumas características derivadas dessa corrente, concretizadas na busca da síntese, pela observação da paisagem, bem como compreendê-la como forma materializada da ação do homem no meio.

Durante a década de 1940, alguns trabalhos desenvolvidos por geógrafos, no Brasil, procuraram descrever a organização agrícola e agrária de várias áreas do país, resultando em trabalhos sobre a estrutura fundiária e a distribuição da terra, o processo de colonização do interior do país, o manejo de culturas e sistemas de culti-

---

1 Definem-se, aqui, como organização agrária, aqueles estudos considerados gerais, que descreviam a atividade agrícola em determinada área. São, em geral, os chamados estudos de caso sobre uma área, uma cultura e resultantes, em sua maioria, dos trabalhos de campo desenvolvidos pela AGB em suas reuniões em diferentes partes do país e que objetivavam o pleno conhecimento do território.

vos, a fixação e o êxodo do trabalhador rural, a degradação ambiental, paisagens rurais específicas, a comercialização de produtos agrícolas, o trabalhador familiar, a educação rural e os gêneros de vida, consubstanciados em análises gerais sobre a atividade agrícola, fundamentadas em princípios que poderiam ser associados à Geografia Humana e Econômica.

Na década de 1950, a produção geográfica sobre a agricultura continua a ser realizada a partir do estudo da estrutura agrária, com descrições de sistemas de cultivo e preocupação com a situação socioeconômica do país em razão da atividade agrícola. Aparece, visivelmente, uma tendência à análise estatística da produção agrícola baseada em dados de produção da década de 1940. Percebe-se que é o momento em que o geógrafo começa a deixar de trabalhar exclusivamente com informações coletadas diretamente no campo e passa a utilizar e interpretar dados secundários para caracterizar diferentes cultivos e áreas, possibilidade propiciada pelos Censos Agrícolas de 1920 e 1940.

As temáticas de estudo não estão desvinculadas da conjuntura econômico-social vigente no Brasil nas décadas de 1940 e 1950. Como o processo de urbanização se desenvolvia de forma acelerada e as relações de produção no campo se faziam em moldes não especificamente capitalistas, as décadas de 1940 e 1950 formalizam uma estrutura econômica que viria a ser profundamente modificada na década seguinte. A agricultura, considerada como obstáculo à expansão do capitalismo, segundo os ideólogos do desenvolvimento industrial, deveria transformar-se e isso era condição do desenvolvimento capitalista. "Foi de acordo com esse quadro geral que se desenvolveu no Brasil, nos primeiros anos do pós-guerra, o debate de ideias sobre a 'realidade' do país, as condições de seu atraso e sua superação" (Linhares, 1981, p.38).

Se a análise do processo de urbanização começava a interessar ao geógrafo brasileiro, em meados da década de 1960, quando o processo já estava em vias de consolidação, conhecer a realidade parece ter sido o objetivo do geógrafo agrário das décadas de 1940 e 1950. A análise desenvolvimentista é cara aos economistas da época. Porém, na Geografia Agrária, como veremos, discutir-se-á a questão da terra (latifúndio *versus* minifúndio), o manejo de culturas e a organização agrária, deixando evidente o papel da oligarquia agrária; mas analisar a agricultura como entrave ao desenvolvimento, segundo a ótica estabelecida pelos desenvolvimentistas, não aparecia nos estudos geográficos, eminentemente empíricos, naquele momento.

A exposição das temáticas tratadas pelo geógrafo brasileiro, relativas ao meio rural, durante as décadas de 1940 e 1950, permite analisar, com mais detalhes, alguns trabalhos que representam cada uma dessas temáticas, inseridas no que se poderia classificar como Geografia Agrária Geral ou Geografia Agrária Regional, procurando definir quais as preocupações e formas de estudar o meio rural brasileiro no período em questão.

A ÊNFASE DOS FATORES NATURAIS NA RELAÇÃO AGRICULTURA E MEIO AMBIENTE

A degradação ambiental já era uma preocupação na década de 1940 e se refletia em trabalhos sobre o manejo de solo. Dois trabalhos podem ser destacados com essa preocupação. O primeiro de Tôrres Filho (1949), sobre a manutenção da fertilidade do solo e erosão, apresenta um estudo baseado nas concepções geológicas, pedológica e agronômica para definição do solo, segundo os fatores intervenientes: clima, topografia, vegetação natural e alteração da rocha mãe. O processo erosivo é apontado no final como um dos grandes causadores da perda de fertilidade do solo.

Assim, a degradação do solo é considerada a partir da erosão definida como "desgaste do solo com o transporte de suas camadas superficiais ou profundas, provocado pela água, pelo vento ou por maus processos de exploração agrícola, atuando esses fatores separada ou simultaneamente" (Tôrres Filho, 1949, p.397).

Os fatores intervenientes, os diferentes tipos de erosão e os métodos que podem atenuar esse problema são estudados pelo autor. A conservação é possível, pelo bom aproveitamento do solo aliado à aplicação de métodos racionais de cultivo que manteriam a fertilidade. Ainda segundo Tôrres Filho (1949), é função das estações experimentais, mediante pesquisas, apontar os métodos de combate à erosão.

MUNDO RURAL E GEOGRAFIA

A análise realizada demonstra uma preocupação nítida com o papel desempenhado pelas condições naturais, como fator essencial para o pleno desenvolvimento da atividade agrícola. A ação humana, causadora das mudanças, pouco é tratada no texto, sendo privilegiados os aspectos agronômicos e pedológicos do problema.

De forma diversa, o trabalho *As nossas responsabilidades geográficas nas zonas tropicais*, de Pierre Deffontaines (1949), analisa as técnicas agrícolas pouco racionais e que são correntemente utilizadas em áreas de floresta equatorial, e que não deveriam ser adotadas para as áreas tropicais. Comparativamente, descreve as formas de uso das florestas tropicais e equatoriais, demonstrando que em países tropicais a exploração é irracional, baseada na coleta dos bens naturais, na derrubada e na queima dos arbustos. Esse autor demonstra uma preocupação ecológica, na qual a atitude do agricultor para com a terra é essencial na definição de bons tratos:

> os homens se lançaram há muito tempo sobre essa mata virgem para aí estabelecer as suas culturas. Os métodos agrícolas destas regiões associam intimamente campos e florestas. A terra cultivada aí não forma esses campos descobertos que caracterizam as nossas paisagens, a agricultura não saiu da floresta, o campo tem limites incertos onde se superpõem as árvores e as plantas comestíveis; muitas vezes o agricultor se contentou em limpá-lo; quase não tocou nas grandes árvores de madeira dura que se elevam assim majestosamente acima das fileiras de mandioca, bananas ou batata-doce. (Deffontaines, 1949, p.231)

Como para a atividade agrícola o solo é um elemento de extrema importância e sua manutenção implica uso adequado, com técnicas menos exploratórias e mais conservadoras, uma série de trabalhos foi publicada durante a década de 1950, no Brasil, que tinha como preocupação a conservação do solo. Em número de trabalhos dessa década, é uma das mais ricas temáticas.

Imbuído dessa preocupação, Sternberg apresenta um trabalho intitulado *Manual de conservação do solo*, publicado entre 1951 e 1952, em vários números do *Boletim Geográfico*. Dividido em diferentes capítulos, privilegia aspectos agronômicos ligados à conservação do solo.

Inicialmente, o autor procura classificar os solos segundo sua capacidade de uso, definindo, assim, oito classes de solo e, para cada uma, a forma de uso e o cultivo mais adequado. A seguir, discute o problema das vossorocas, indicando as formas de combate. O sistema de cultivo em faixas (curva de nível) é examinado como um sistema de combate à erosão, nas propriedades, e a construção de terraços como um método de combate à erosão em estradas e vizinhanças da propriedade.

Com relação à atividade pecuária, o autor menciona os métodos mais adequados para que ela se torne uma aliada no processo de conservação do solo. Nesse sentido, primeiramente, delineia as diretrizes para a escolha das melhores áreas para pastagem e quais as técnicas para manutenção dos campos. O último assunto a ser tratado diz respeito à irrigação, uma aliada no processo de conservação dos solos.

Para discutir a questão da conservação, Duque (1950) toma como parâmetro o uso inadequado da terra no Nordeste brasileiro, implementado durante a colonização, e seu consequente empobrecimento. A preocupação do autor volta-se para o planejamento adequado do uso do solo e, para tanto, define a conservação como

> o uso eficiente da terra, sobre os diversos sistemas agrícolas, que a salvaguarda do empobrecimento. A conservação implica no aproveitamento de cada lote da fazenda para o fim que ele melhor possa servir tendo em vista as necessidades do proprietário, a topografia, a fertilidade, etc., de modo que se mantenham em produtividade. (Duque, 1950, p.1043)

Nesse contexto, o autor avalia as causas do desgaste e do empobrecimento dos solos e algumas formas de combatê-los, destacando sempre o planejamento e as técnicas de engenharia para proteção do solo e da água, como elementos importantes no processo de conservação.

Distinguindo-se da abordagem técnica, no campo de análise da Geografia Agrária denominado por Waibel (Migliorini, 1950) como ecológico, alguns trabalhos procuraram traçar as relações entre os fatores naturais e humanos no que se refere à análise da conservação dos solos.

MUNDO RURAL E GEOGRAFIA 195

Outro trabalho de Sternberg (1951b), *Brasil devastado*, por exemplo, avalia como o uso inadequado e intensivo do solo causou transformações nas condições naturais em áreas rurais do Brasil. Segundo esse autor,

> boa parte da área do Brasil corresponde a campos, a cerrados, a cocais e a caatinga enquanto uma proporção considerável da área que outrora era, de fato, coberta de floresta hoje não mais apresenta tal revestimento. Pode-se mesmo afirmar, com relação a certas regiões do país, que as áreas em que a mata primeira se apresentava mais exuberante são, precisamente, aquelas em que ela foi mais radicalmente destruída. É que os agricultores no Brasil sempre quiseram da mata, o solo humoso, bem merecendo o designativo de "caçadores de humo". (p.334)

Esse trabalho apresenta os fatores naturais relacionados a uma atividade econômica – a agricultura – com seus diferentes sistemas de uso e aproveitamento da terra. As técnicas de cultivo interessam, na medida em que determinam um sistema de cultivo, o de roças, como o predominante no Brasil, considerado inadequado pelos autores que o estudam.

Orlando Valverde, em seu *O sistema de roças e a conservação dos solos na baixada fluminense* (1952), considera esse sistema característico de uma economia rudimentar de subsistência, difundido nas regiões tropicais. Trata-se de um sistema itinerante, no qual a propriedade da terra não existe: "A roça tem dono, a terra não" (p.5).

O autor salienta que o sistema de roças se torna problemático em face da persistência de cultivo num mesmo local, e que, aliado à elevação no contingente populacional, levaria, ambos, à aceleração do processo erosivo e ao empobrecimento do solo. Consequentemente, esse processo seria agravado quando a disponibilidade de terra *vis-à-vis* à elevação da densidade da população provocasse um retorno aos terrenos abandonados, não estando estes ainda recuperados para a retomada dos cultivos.

O caboclo, considerado um formador do solo, é estudado por José Setzer (1951), que discute o processo de modificações do solo imposto pelo agricultor, liquidando com a vegetação para o cultivo da terra. Na análise da formação dos solos, o autor identifica os fatores clima, rocha, topografia, organismos e tempo como determinantes desta formação. Entretanto, o processo de modificações, imposto pelo homem, a partir da atividade agrícola, passou a ser considerado também um fator a ser somado a esse conjunto.

No caso particular da agricultura paulista, o autor diz que o caboclo pode ser classificado como fator – humano – na diagênese dos solos paulistas, já que algumas áreas estiveram submetidas à ação desse elemento, e que o fazendeiro tradicional, vindo de Portugal, também contribuiu para a perda de fertilidade. Esse processo adquire nova roupagem quando chegam ao Estado os imigrantes europeus. Quebra-se o círculo vicioso do homem pobre que empobrecia o solo.

> À primeira vista pode parecer que o fator homem na evolução do solo paulista tem sido tanto melhor, quanto mais estrangeiro. É óbvio que a explicação fundamental é completamente diversa. A verdade é que os que chegaram por último não encontraram mais terras virgens que pudessem estragar, e por isto foram obrigados a melhorar as já estragadas ... Na realidade, o que faz o homem se aplicar é a necessidade. Quando a fome e o frio apertam, e quando um hectare deve sustentar diversas pessoas, o homem sempre soube tratar o solo com cuidado e amor necessários para dele tirar a subsistência. (Setzer, 1951, p.1444)

Priorizado o fator natural, são avaliados, em seguida, o agricultor e a sua relação com a terra. Considerado como aquele que realiza a atividade agrícola, o agricultor será tratado como elemento (no seu contexto) demográfico, definidor da paisagem agrária, de gêneros de vida, e de hábitats rurais; a questão da posse da terra também aparece.

A ÊNFASE DO FATOR HUMANO, DA COLONIZAÇÃO, DA QUESTÃO DA TERRA E DO HÁBITAT RURAL

A influência francesa no desenvolvimento da Geografia brasileira é um fato. O tipo de abordagem traçada pelos estudiosos franceses que se encontra nos trabalhos dos geógrafos brasileiros é bas-

MUNDO RURAL E GEOGRAFIA

tante evidente. A noção de gênero de vida resume as preocupações da época e as questões abordadas pelos geógrafos agrários:

> distribuição dos habitantes, a densidade da população, as formas de ocupação (aglomeradas ou esparsas), o tipo das moradias e dos centros habitados, a porcentagem de população ocupada em atividades agrícolas sobre a população total, a índole dos habitantes, o senso econômico, seu modo de alimentação, as relações com a propriedade e com os sistemas hereditários, em uma palavra tudo o que vem compreendido no termo *genre de vie* ... (Migliorini, 1950, p.1083)

No exame do fator humano, a análise do comportamento da população rural, em seus diferentes aspectos, não poderia faltar.

Um trabalho que pode ser citado como exemplo é o de Ney Strauch, *Distribuição da população rural de uma parte do sertão nordestino* (1951). Neste texto, o autor analisa o processo de ocupação da região do Médio São Francisco, avaliando o papel desempenhado pelos diferentes agentes desse processo, destacando: a Igreja (com a catequese e o aldeamento dos índios), o bandeirante e o criador de gado, sendo o último o que mais contribuiu para a expansão do povoamento na área. Realizada na faixa montanhosa, a agricultura pouco participou do processo, já que a ocupação das áreas baixas pela criação de gado fez, nelas, prevalecer o povoamento.

É importante salientar que o objetivo do autor é o de demonstrar que o processo de ocupação da área estudada vinculou-se às condições climáticas e ao relevo, demonstrando um viés determinista.

> Em vista do que ficou exposto pode-se afirmar que em poucas regiões do Brasil é tão clara a relação entre o homem e o clima. Esta relação transparece nos tipos de economia, nas relações entre os próprios indivíduos, no caráter seminômade da população e nitidamente na distribuição demográfica. Os habitantes e lavradores, correspondendo, respectivamente, a áreas de caatinga seca de fraca densidade demográfica e às zonas serrana e da beira-rio (de apreciável densidade de população). (Strauch, 1951, p. 488-9)[2]

---

2 Considerando que no período em análise o determinismo ambiental já estava ultrapassado, o trecho citado evidencia sua influência. Isso reafirma a propo-

O trabalho de Carvalho (1952a) tem objetivo semelhante, ou seja, identificar áreas de maior densidade populacional, no sudeste do Planalto Central, para o ano de 1940. A densidade da população, segundo sua ótica, é determinada pelo tipo de atividade agrícola realizada na área e por dois fatores que influem em tal distribuição: a existência de solos férteis em áreas de mata e a facilidade de transporte, permitindo o escoamento da produção e o contato com centros econômicos mais desenvolvidos e mais densos em população.

A relação do agricultor com a terra, tanto no que se refere à posse quanto no que diz respeito à distribuição, é outro aspecto ligado ao fator humano que pode ser considerado. No que diz respeito à propriedade, Smith (1947b, 1947c), em seu *O tamanho das propriedades rurais no Brasil*, pressupõe que a definição do tamanho das fazendas aliada à concentração da propriedade agrícola é o fator determinante do bem-estar do trabalhador agrícola, sendo positivo quando a distribuição da terra é generalizada, e negativo quando a concentração da terra alia a redução da população à condição de trabalhadores sem terra.

Segundo esse autor, a introdução e a difusão da grande propriedade na colônia brasileira fizeram quebrar uma tradição portuguesa de pequenas propriedades em consonância com a expansão, no país, do sistema de doação de sesmarias.

Para tratar o assunto, o autor avalia, historicamente, a ocorrência e qual foi a função desempenhada pela grande propriedade no país, numa divisão temporal baseada em três períodos: o século XIX e a situação da grande propriedade, como consequência do processo de colonização; o ano de 1920, com o país esparsamente povoado; e de 1920 a 1940, período marcado pela ocupação e distribuição da terra pelo espaço brasileiro, consequência do declínio da cultura cafeeira que concentrava terra, capital e força de trabalho.

Seguindo a proposta de periodização citada, o autor verifica que a concentração de terras dificultou o pleno desenvolvimento social do país e sua divisão; a partir da década de 1940 tem, na partilha por

---

sição de que nenhum paradigma é ultrapassado e a variável tempo nos auxilia apenas a definir cortes temporais, que não podem ser rígidos.

MUNDO RURAL E GEOGRAFIA 199

herança, uma aliada, apesar de haver uma diminuição excessiva no tamanho das propriedades.

A preocupação temporal do autor vem acompanhada de uma análise espacial, concretizada pela caracterização do processo de ocupação das terras em diferentes áreas, atentando para os efeitos da grande propriedade no país, que tem um caráter nacional, e não meramente regional.

Em oposição ao primeiro texto, o Conselho Nacional de Geografia discute nos trabalhos *Arrendamento de terras na agricultura* e *A questão dos latifúndios* (1945, 1946) os aspectos positivos da adoção dos latifúndios. Esses trabalhos, sem autores, aparecem na seção Resenhas e Opiniões, na qual são tratados assuntos de interesse do momento, com base em artigos de revistas e jornais.

O primeiro se utiliza das proposições de autores de linha marxista como Kautsky, Lenin e Marx, defendendo que a manutenção do arrendamento como uma forma de exploração da terra é desnecessária, já que isso provocaria a permanência do pequeno produtor, implicando uma agricultura sem trabalho assalariado e assim sem desenvolvimento. Segundo o texto,

> o combate que acaso se mova ao trabalho assalariado sob a alegação de que compele o operário rural à miséria, não tem fundamento objetivo no Brasil e nem em qualquer país capitalista ... As condições aqui são diversas. O de que precisamos, na verdade, é de impulsionar a grande propriedade, facilitando-lhe a adoção de técnica moderna. (Conselho Nacional de Geografia, 1945, p.1087)[3]

Para chegar a tal conclusão, o CNG avalia, estatisticamente, qual o papel representado pelo sistema de arrendamento na agricultura brasileira, na década de 1940, determinando uma diferença pequena entre o número de proprietários (52.423) e o número de arrendatários (44.680), tomando como referência a cultura do algodão.

O segundo texto debate a afirmativa de que no Brasil haveria tendência a "muita terra em poucas mãos", advinda de uma crítica às

---

3 É interessante notar que, mais de cinquenta anos depois, o discurso ainda é o mesmo na defesa da grande propriedade capitalista e da expropriação do agricultor familiar.

ideologias políticas do ideal da Revolução da década de 1930. O texto afirma que o problema básico brasileiro está no povoar e que isso é consequência do latifúndio. A divisão de terras não seria aconselhável, pois o pequeno proprietário não teria capital para produzir nem mesmo transportar e vender seus produtos. O panorama econômico do Brasil, na década de 1940, é traçado segundo quatro pontos: a pequena propriedade rural, a ínfima densidade populacional, os capitais diminutos e a renda individual insignificante. "Diante desta realidade, os nossos olhos se voltam para as imensas riquezas inexploradas, para os recursos que jazem inertes à espera do homem e do capital, a fim de se converterem em fatores de prosperidade econômica" (Conselho Nacional de Geografia, 1946, p.1295).

Ainda sobre a temática da relação do agricultor com a terra, alguns trabalhos a discutem a partir do estudo das políticas de reforma agrária, empreendidas no país até o final da década de 1950.

Um primeiro merece ser comentado, uma vez que demonstra preocupação com a aplicação dos conhecimentos geográficos no que se refere à elaboração da Lei Agrária brasileira, no final da década de 1950.

O autor Afrânio de Carvalho (1948), analisando projeto sobre lei agrária, estuda seus fundamentos, mostrando a consideração dada aos fatores geográficos em sua elaboração. Trabalhando alguns temas centrais, o autor destaca a preocupação dispensada às peculiaridades regionais.

> Essa preocupação emerge logo das primeiras proposições e acompanha toda a estrutura normativa, que se extremou no cuidado de conscienciosa consulta ao quadro físico do território do país e ao da sua ocupação, à sua paisagem natural e à paisagem humana superposta, de maneira a bem conhecer senão as intimidades, pelo menos as grandes relações gerais de sua interdependência ... Por conseguinte, o anteprojeto, além de levar em conta os fatores geográficos que determinam ou condicionam a exploração rural em todo país, se absteve de adotar, tanto quanto pude discernir, proposições suscetíveis de se mostrarem inaplicáveis devido à influência de variações regionais. (Carvalho, 1948, p.537)

A partir dessas proposições iniciais, o autor discute outros elementos ligados à lei agrária e que, segundo ele, sofrem influência

MUNDO RURAL E GEOGRAFIA   201

geográfica direta, pois são determinados pelos fatos geográficos e humanos.

A conservação dos solos e a perfeita adaptação das condições humanas às naturais fazem despertar no país, segundo o autor, uma instabilidade da agricultura, buscando sempre novas terras, graças ao desgaste de outras, nem sempre tão adequadas aos cultivos e às formas de cultivar.

Aliada ao problema da conservação, surge a problemática da distribuição da terra. A lei agrária, segundo Carvalho (1948), não procurou estabelecer uma rigidez quanto à variação do tamanho da propriedade.

> Tanto o fator quantitativo, como o qualitativo determinarão a unidade econômica rural, pelo que, conforme a variação do segundo, o primeiro pode assumir os mais diversos valores. Quer isto dizer que, no novo sistema de terra proposto para o Brasil, se introduz uma unidade, que não métrica, mas econômica: o trecho de terra que "baste, pelo menos, para ocupar integralmente o tempo de quem nele trabalhe e assegurar o sustento de sua família" (art. 4º). Essa noção de unidade econômica rural parece generalizada, compondo-se de dois elementos, a saber, "tempo integral" de ocupação do dono e, eventualmente, de membros da sua família e "meio de vida" razoável para a mesma. (p.543)[4]

Para finalizar, o autor aponta a constituição evolutiva do cadastro territorial para a legalização dos imóveis, mapeando-os e permitindo, assim, plena segurança no relacionar cada parte no todo do território nacional.

O problema da terra no Brasil está, segundo Leite (1959), vinculado a três aspectos da economia brasileira, no final da década de 1950. Eram eles: demanda por alimentos, tanto quantitativa como qualitativamente em razão da expansão demográfica que aumenta o poder aquisitivo da população, e por matéria-prima, pela indústria crescente; criação de mercado interno para a indústria; e, final-

---

4 Note-se que o texto define exatamente o conceito de módulo rural, que viria aparecer no Estatuto da Terra, em 1964.

mente, a busca do equilíbrio entre os camponeses e a população urbana.[5]

Esse autor analisa, historicamente, como se processou o acesso à terra no país, destacando a formação dos latifúndios e os problemas deles derivados, como a agricultura extensiva e a monocultura, que impediram a formação da pequena propriedade.

A preocupação do autor é demonstrar que a política de reforma agrária proposta para o país não seria a solução para os problemas da agricultura brasileira, na medida em que a formação de pequenas propriedades, sem apoio financeiro, não implicaria crescimento, já que aquelas existentes no país se encontravam desajustadas na economia nacional.

Quanto à distribuição da terra, o autor salienta ser importante considerar a área para distribuição e a atividade a ser trabalhada pelo produtor, uma vez que as exigências dos cultivos variam. Ressalta, mais uma vez, a importância de um sistema de crédito acessível ao pequeno agricultor, que possibilitasse a formação de uma classe camponesa forte.

No trabalho *Rumos da reforma agrária* (1954), Rios discute questões ligadas ao regime fundiário brasileiro, procurando destacar uma tendência dos estudiosos, a partir da década de 1930, de falar sobre o problema agrário brasileiro, até então tratado apenas por romancistas.

A crise rural apontada por esses estudiosos, segundo Rios, é resultado da crise geral brasileira, marcando o momento de transição de nosso capitalismo. A solução para o problema da distribuição da terra é apresentada num projeto de reforma agrária com o objetivo de sanar a injustiça social que acometeu o meio rural brasileiro, baseada no monopólio da terra, representado, este, pelo latifúndio, bloqueador do progresso socioeconômico, universal e brasileiro.

Assim, segundo o autor, para a plena execução do processo e extinção da crise, primeiramente seria preciso definir o homem a que se destina a reforma agrária, reiterando a noção de função social da terra, buscando o equilíbrio econômico e social.

---

5 Não seriam esses os papéis básicos da agricultura, discutidos pelos economistas, na década de 1970?

MUNDO RURAL E GEOGRAFIA

A preocupação principal do autor vincula-se à definição dos objetivos da lei agrária e à forma e ao destino da terra a ser desapropriada, envolvendo um inventário para determinar quais áreas devem ser desapropriadas. A terra jamais deveria ser doada, mas vendida, sendo paga pequena soma, em dinheiro ou espécie. O autor afirma ainda que,

> enquanto as cidades crescem e a indústria se desenvolve num ritmo que procura acompanhar o movimento internacional dos mercados e seguir os padrões universais – universais dentro da área capitalista – de eficiência técnica e produção intensiva, a agricultura brasileira e o meio rural permanecem acorrentados a formas feudais de sociabilidade e economia, a maneiras de fazer e de pensar características da era pré-capitalista em que se originaram. (Rios, 1954, p.169)

Aliados à questão da terra, a colonização e o povoamento são outros dois temas que geraram preocupação entre os geógrafos nas décadas de 1940 e 1950. Vários trabalhos procuram determinar e compreender qual o sentido da política de colonização brasileira, assim como descrever o processo de ocupação em algumas áreas, demonstrando preocupação com a descrição das condições naturais das áreas a serem ocupadas e dos pontos de estrangulamento dos projetos efetivados, muitas vezes, sem um planejamento prévio.

O trabalho de Deffontaines, intitulado *Investigações sobre os tipos de povoamento no Estado de São Paulo* (1947), aponta a existência reduzida de núcleos de povoamento anteriores à ocupação europeia em razão, principalmente, da característica indígena de não se instalar, definitivamente, em um único local. A colonização vai se iniciar a partir da grande propriedade, outorgada pela doação das sesmarias, sendo denominada fazenda. Segundo esse autor, a fazenda foi, durante longo tempo, a unidade de povoamento no Estado de São Paulo, tendo como tipos as fazendas de gado e as fazendas de plantação, cada qual com moradores e tipos de moradias próprios, compondo assim diferentes hábitats e paisagens. Na exposição de Deffontaines, a caracterização da fazenda, como formação econômica na agricultura brasileira, é realizada a partir da descrição de diferentes aspectos a ela vinculados, coerentemente com a tradição idiográfica, vigente na época.

A colonização foi estudada por vários autores no Brasil preocupados em demonstrar que esse processo ocorreu sem haver o menor cuidado quanto à definição do local a ser ocupado. As condições naturais e a sobrevivência dos colonos em locais inóspitos são aspectos tratados com ênfase, apontando o desgaste do solo como consequência do uso inadequado das técnicas de cultivo, assunto tratado nos trabalhos sobre conservação dos solos.

Procurando avaliar o êxito das colônias europeias no sul do Brasil, Nilo Bernardes (1952) indaga sobre a veracidade da afirmação feita por historiadores, viajantes e jornalistas que definem a colonização no Sul do país como laboriosa e digna de orgulho. Para defender sua posição, o autor analisa as condições que influíram no desenvolvimento das referidas colônias.

O papel das condições naturais é o primeiro aspecto a ser analisado e o autor prioriza a discussão das várias dificuldades enfrentadas pelos imigrantes para se adaptar ao novo meio. A chegada ao local da colônia, em geral, constituído de mata virgem, distante de qualquer povoamento, configurava o verdadeiro isolamento a que se submeteram os imigrantes. Segundo o autor, as diferentes modalidades climáticas, a topografia dissecada, os solos ácidos e a vegetação de florestas foram alguns dos empecilhos ao pleno desenvolvimento dos imigrantes na realização da atividade agrícola.

Outro aspecto avaliado pelo autor diz respeito às dificuldades para comercialização dos produtos cultivados nas colônias. Assim, relaciona a situação econômica dos colonos, considerando o sistema agrícola, atrelado à influência do mercado, ou seja, a escolha de determinado sistema de cultivo era feita em razão das exigências do mercado.

Partindo do fato de que todas as colônias passaram pela fase de isolamento, o autor destaca a situação aflitiva vivida pelos colonos a partir da utilização de sistemas de cultivo menos intensivos, o que gerou a decadência em seu nível de vida. A relação sistema de cultivo-mercado tornou-se determinante do nível de vida do colono.

Aliado à questão do mercado, o autor estuda o processo de urbanização, bem-sucedido, salientando que muitos centros urbanos evoluíram de antigas sedes de colônias, onde o comércio era ativo. Muitas dessas cidades evoluíram em razão das dificuldades sofridas pelos colonos na vida rural, em virtude das profissões tipicamente urbanas, vinculadas às indústrias, exercidas em seus países de origem.

> Realmente criou-se uma paisagem nova e desenvolveu-se a economia agrícola e industrial. Porém dadas as condições a que esteve submetido o povoamento, ficamos ainda muito aquém do que teria sido possível realizar ... Uma das grandes vantagens que a colonização trouxe foi a implantação da pequena propriedade e do pequeno agricultor. (Bernardes, 1952, p.448)

Estudo particular sobre uma colônia foi desenvolvido por Speridião Faissol em *A colônia alemã de Uvá* (1949). Primeiramente, avalia os antecedentes históricos de instalação da colônia, a chegada dos imigrantes e sua instalação/localização para, em seguida, descrever os aspectos físicos da área ocupada.[6] Ao final, destaca os fatos que desencadearam a decadência da colônia: a falta de estudo prévio para escolha da área e do grupo que melhor se adaptaria às condições existentes, a falta de comunicação com centros consumidores, bem como o mau desempenho administrativo.

Trabalho mais longo e detalhado é realizado por Waibel em *Princípios de colonização europeia no sul do Brasil* (1949). Esse estudo caracteriza o processo de colonização nos três Estados do Sul do país, avaliando projetos organizados diferentemente, cujos métodos e resultados alcançados distinguem-se de acordo com o tipo de órgão colonizador, federal ou da província.

Para determinar em que medida a marcha do europeu deixou vestígios no Sul do país, o autor apresenta um conjunto de dados estatísticos sobre o total de imigrantes chegados ao país, medindo sua participação nessa porção do território. Em seguida, descreve o sistema agrícola adotado pelos colonos, denominado nômade ou itinerante e considerado primitivo, descrevendo o processo produtivo e as construções rurais, demonstrações materiais dessa influência. Para Waibel (1949), esse sistema é muito satisfatório em grandes propriedades, mas, em pequenas propriedades, como é o caso, a terra se torna o elemento estrangulador do processo.

---

6 Essa sequência de "assuntos" foi, nesse período, o padrão dos trabalhos de Geografia Agrária: história, quadro natural, homens e atividades humanas.

Analisando o desenvolvimento histórico da paisagem agrária e afirmando que, após a análise dos tipos de colonização, o fato mais significativo para o processo colonizador são os sistemas agrícolas definidos pelos colonos, o autor descreve três sistemas de cultivo sucessivos: o sistema da primitiva rotação de terras, o sistema de rotação de terras melhoradas e a rotação de culturas combinadas com criação de gado (Waibel, 1949, p.180).

Na questão da terra, sua proposta é a de que o tamanho das propriedades seja definido pela noção de estabelecimento, considerado por ele como "uma mínima quantidade de terra necessária para proporcionar a um agricultor e sua família um padrão econômico e cultural decente". Isto "depende principalmente de dois fatores: as características físicas da terra e o sistema agrícola que o lavrador deverá aplicar" (p.195).[7]

Sobre mesma área e temática, mas com enfoque distinto, o estudo de Preston James (1939) assinala que o contraste cidade-campo é uma característica muito significativa da sociedade brasileira, principalmente se considerarmos que a ocupação do interior foi feita por uma população incipiente e de forma esparsa, ao contrário das cidades. Nesse sentido, o imigrante é cogitado como a solução para a "falta de braços", tanto no campo como na cidade.

A fazenda, segundo o autor, nunca ofereceu, ao imigrante, uma vida atrativa. Do ponto de vista financeiro, aliada à natureza temporária da utilização da terra e à busca do lucro máximo, ela não proporcionaria, à população, um apego ao solo que impedisse a mudança para outras áreas rurais ou centros urbanos. Para definir o que caberia a cada espaço, o autor destaca o papel a ser desempenhado pelo geógrafo como estudioso que, efetuando um levantamento completo sobre as áreas a serem ocupadas, determinaria com maior rigor o local específico para cada atividade exploratória, em harmonia com o meio rural e o meio urbano.[8]

O processo de colonização não é o único aspecto priorizado nos trabalhos sobre essa temática. O colono e o imigrante são também

---

7 O conceito de estabelecimento de Waibel se aproxima mais daquele de módulo rural que da moderna concepção formulada pelo IBGE.

8 A proposta do geógrafo em ação ainda não é realidade sessenta anos após Preston James.

MUNDO RURAL E GEOGRAFIA

estudados. Assim, preocupado em definir o termo colono, Barbosa Lima Sobrinho (1944, p.647) estuda *Colonos e lavradores*, salientando, inicialmente, que a palavra colono "é uma expressão genérica, abrangendo diferentes situações agrárias".

Nesse sentido, colono é o parceiro, o arrendatário, o foreiro, os proprietários de pequenos lotes no sul do país no período de colonização dessa área, o rendeiro, empreiteiros em São Paulo. Trata-se de rótulos que, na realidade, devem ser definidos juridicamente, segundo as formas de exploração da empresa agrícola e que, para o autor, apesar das diferentes denominações regionais, não tratam de modalidades de exploração diferenciadas, mas de uma nova classificação regional.

Rios (1949), acompanhando a preocupação do trabalho anterior e buscando definir claramente o significado do termo colono, privilegia o imigrante. A partir de concepções errôneas que apontam essa categoria apenas como braços que possibilitam o aumento da população e a satisfação das necessidades de mão de obra, numa perspectiva quantitativa, o autor propõe que, para um crescimento qualitativo do país, elevando seu nível cultural, a imigração dirigida para a agricultura deveria pressupor que "a condição de homem livre está ligada à propriedade da terra" (p.402).

Algumas mudanças com relação ao latifúndio deveriam ser, então, propostas e o imigrante deveria ser livre para escolher entre ser proprietário, assalariado, foreiro ou colono. O autor defende a necessidade de a posse da terra ser o objetivo da política migratória, já que esta possibilitaria a fixação do migrante em áreas já ocupadas e cujo contato com as áreas circunvizinhas modificaria os hábitos tradicionais do caboclo brasileiro.

Apontando diferentes exemplos da ineficácia da política migratória brasileira, Rios (1949) relata o depoimento de vários estrangeiros residentes no país e comenta vários documentos relativos à legislação brasileira ligada à migração. Entre as ideias citadas no texto, aparecem a da subordinação do imigrante ao destino da grande lavoura, sendo considerado apenas braço e proletário, e a crítica à política migratória empreendida pela União, no encaminhamento dos imigrantes para Estados que oferecessem lotes de terras gratuitos. No final, lamenta a não preponderância da corrente liberal e humanista que preconizava a criação de uma política mais livre para o acesso à terra por parte dos imigrantes e cujas discussões envolviam o destino da imigração e do latifúndio no Brasil, propondo a extinção do segundo em razão da primeira.

Outra vertente da discussão sobre o povoamento e a ocupação de terras é representada pelos trabalhos relativos às zonas ou frentes pioneiras. O trabalho de Monbeig denominado *A zona pioneira do norte do Paraná* (1945b) é um dos poucos no gênero que tratam da zona pioneira e da zona de policultura em pequenas propriedades no norte do Estado do Paraná.

O autor, descrevendo as formas de ocupação da terra e o senso econômico dos ocupantes pioneiros, mostra o trabalho de povoamento com a construção de casas a partir da derrubada da mata. A agricultura era efetuada, primeiramente, por entre os troncos derrubados, e cultivavam-se alimentos que serviam para a subsistência e para a formação de um capital inicial para a próxima cultura. É preocupação do autor, ainda, a descrição dos tipos de moradia, distribuição e forma dos lotes, assim como da malha de transporte que possibilitava ao colono relações regulares com os centros urbanos em formação.

Ainda sobre as frentes pioneiras no Paraná, Lysia Bernardes (1953) traça o processo de ocupação dessas áreas, destacando a penetração para o oeste e sudoeste do Estado e a colonização no norte com a influência da Cia. de Terras do Paraná.

Considerando as frentes pioneiras como uma linha imaginária contínua, que estabelece a divisão entre as regiões ainda virgens e as terras trabalhadas, onde ocorreu a fixação da população, a autora procura diferenciar as áreas de fixação clássicas e as atuais, sendo difícil estabelecer o limite entre as áreas já ocupadas e aquelas ainda virgens. Sua preocupação principal é demonstrar a progressiva ocupação do Estado do Paraná como um todo, ao contrário do trabalho anterior, que procurou priorizar as formas de ocupação pelos pioneiros.

É também preocupação de alguns autores do período os fatores que provocaram o êxodo rural e as formas de fixação do trabalhador no campo, fatos que ocorreram após a ocupação das terras agrícolas.

MUNDO RURAL E GEOGRAFIA   209

Um trabalho, presente na seção Resenha e Opiniões do *Boletim Geográfico* (v.2, n.20, 1944) sobre êxodo dos trabalhadores rurais, aborda esse problema a partir das afirmações do médico Pedro Corrêa Neto, que discute o abandono das lavouras de café por parte dos colonos, saídos em busca do sertão. Segundo o texto, a peregrinação dos colonos em busca de novas terras impedia o desenvolvimento pleno da atividade agrícola, assim como suas péssimas condições de vida os impediam de se desenvolver. Trata, ainda, da alimentação dos trabalhadores baseada nas culturas do milho e do feijão, e para as quais deveria haver a formação de estoque, pois não podiam ser substituídas pelas do trigo e da mandioca, as quais tornariam os trabalhadores subnutridos e miseráveis. "Embora bem criança, ainda me lembro que os escravos alimentados desde a infância com angu (polenta) e feijão, raramente ervas, eram verdadeiros tipos de robustez" (Conselho Nacional de Geografia, 1944, p.1166). Quanto à saúde, lembra:

> tenho ouvido dizer que a causa do êxodo são os latifúndios, tanto que nos Estados Unidos, onde as terras eram divididas em pequenas glebas e entregues aos colonos, esta evasão não se dava. Não havia êxodo porque a causa principal deste é o descontentamento produzido pelas endemias; o colono doente não sente bem em parte alguma. Nos Estados Unidos eram sadios porque tinham assistência médica e social. Aqui, além de serem analfabetos, são abandonados à própria sorte. (ibidem)

A migração rural-urbana é objeto de análise do autor Castro Barreto (1946), que considera o fenômeno migratório interno, em alguns países, como resultado da mobilidade imposta pela sociedade de massa, sendo necessário que o campo e pequenos centros alimentem as grandes cidades. A partir disso, aponta as causas desse processo, que ocorre quando:

- o desenvolvimento cultural não acompanha o desenvolvimento econômico e a população busca os melhores ambientes;
- as técnicas de comunicação (transporte, sistemas de comunicações etc.) possibilitam o acesso a novas áreas, principalmente centros urbanos;

- a alfabetização oferece ao colono a mínima possibilidade de realizar tarefas mais leves e mais bem remuneradas nos centros urbanos;
- o regime de propriedade adotado no país – a meação – impede o acesso à terra, como propriedade legal. Segundo o autor, nada mais é que um regime feudal no qual o meeiro fica preso à gleba;
- o regime econômico-social adotado para o país não prende o homem à terra; e isso, aliado ao isolamento da cidade e à falta de educação rural, representa um dos mais importantes fatores do êxodo rural.

Essas causas determinaram algumas consequências apontadas pelo autor. Primeiramente, o sentido da migração sempre em direção ao centro-sul do país causando o despovoamento do interior. A seguir, o que ele denomina de "desequilíbrio entre as atividades irmãs", indústria e agricultura, transformando as cidades em centros de pobreza extrema. O aumento no número de doenças contagiosas também é citado como consequência séria da migração em massa e do empobrecimento da população.

A solução apontada diz respeito ao estabelecimento de condições de vida para o trabalhador do campo, oferecendo-lhe escolas, técnicas, instrumentos de trabalho, meios de transporte que possibilitem a permanência do trabalhador rural e de sua vida rural.[9]

Aliada a esses fatos, a educação rural, considerada como um fator que possibilita transformações na vida do agricultor, foi tema de poucos trabalhos, demonstrando que esta não era problemática de grande interesse nesse período. Por isso, a citação e o comentário do trabalho de Bittencourt, *O lastro conveniente de um programa de ensino rural na Amazônia* (1945), tornam-se pertinentes ao considerarmos que a adaptação do conteúdo lecionado no meio rural às necessidades desse meio é uma proposta pedagógica defendida por muitos educadores, há tempo.

---

9 É interessante notar que as causas do êxodo continuaram as mesmas, apenas agravadas; e as soluções preconizadas também são as mesmas, ainda não aplicadas.

Segundo esse autor,

> todo ensino carece visar uma finalidade imediata na formação do trabalhador. Uma espécie de determinismo geográfico e histórico há de inspirar o legislador do magistério ao traçar as normas, a orientação dos programas escolares ...
> Não há dúvida. O determinismo geográfico deve ecoar nos programas-escolas, na mais imperativa ruralização da nossa época, se quisermos chegar a um equilíbrio econômico e social entre as populações das cidades e dos campos. (p.1159 e 1162)

Nesse sentido, o programa das escolas rurais, na Amazônia, deve compreender disciplinas de uso imediato pelo caboclo e considerar a natureza como protetora, ensinando as crianças a amá-la e defendê-la.

Cada área do país apresenta características muito próprias, não só com relação às condições do meio, mas também quanto à própria cultura local. Alguns autores consideram o conhecimento desses elementos como possíveis de serem estudados por meio dos gêneros de vida.

O trabalho de Pierre Monbeig (1949), sobre a evolução de gêneros de vida rurais tradicionais no sudeste do país, apresenta uma comparação entre outros dois estudos realizados sobre dois grupos distintos de agricultores paulistas, descendentes de colonos portugueses, localizados na Serra da Mantiqueira e no município de Cunha, no litoral.

Cada uma dessas áreas e grupos de agricultores, considerados *paysans*, descendentes de antigos colonos portugueses, é descrita considerando a relação dos grupos estudados com a atividade agrícola, pela mudança nas formas de tratar a terra com seus sistemas de cultivos.

O trabalho dos agricultores procurou "associar a explotação da floresta à criação de gado e à agricultura" (Monbeig, 1949, p.981), com regime de propriedade da terra baseado em grandes fazendas cultivadas por foreiros e meeiros. Quanto ao comportamento social e às relações de trabalho, graças à construção de estradas, que facilitaram o acesso aos centros urbanos, desapareceram as terras comunais e o trabalho em mutirão, dando lugar ao arrendatário e ao assalariado.

Seguindo a melhor tradição francesa, a década de 1950 é marcada pelo estudo do hábitat rural como forma de entender a organização da produção agrícola. Os estudos característicos do período tinham no hábitat o elemento para compreensão dos aspectos humanos e econômicos que envolviam a produção.

Além disso, o hábitat é tratado em sua dimensão conceitual, já que, no Brasil, a definição e os tipos encontrados diferiam daqueles existentes na França e, assim, a simples transposição de conceitos e tipos não respondia à realidade nacional.

Reflexo dessa preocupação, o volume X, tomo 1, dos *Anais da Associação dos Geógrafos Brasileiros* apresenta os resultados de um simpósio realizado no Brasil, em meados da década de 1950, sobre hábitat rural. É um momento de reflexão no qual se procura, de alguma forma, desatar a dependência, até então bastante forte, do vínculo com os geógrafos estrangeiros. Estruturado em duas partes, o Simpósio sobre hábitat rural dedicou a primeira a questões teóricas gerais e a segunda, à apreciação de comunicações de caráter monográfico que retratavam a realidade.

O primeiro trabalho, de Nilo Bernardes (1955-1957), intitulado *Contribuição para uma discussão sobre problemas de "hábitat rural" no Brasil,* discute, de início, a distinção entre os hábitat rural e urbano, enfatizando os aspectos característicos e diferenciadores. Distinguindo também a população rural da população urbana, o autor define as objetivações de cada uma que resultarão em ambientes distintos e, portanto, hábitats diferentes.

O autor assinala as dificuldades que se colocam para focalizar o problema: os dados estatísticos que não distinguem povoados de pequenos aglomerados; a pobreza da literatura geográfica sobre o assunto; a instabilidade econômica e social de algumas áreas rurais, que introduz tipos em transição. Para avançar no assunto, o autor discute a terminologia e respectiva conceituação para a realidade empírica encontrada no Brasil, bastante rica, mas pouco trabalhada conceitualmente.

No trabalho seguinte, Elza Coelho de Souza Keller (1955-1957) procura discutir o estado atual dos estudos sobre hábitat rural no Brasil que, segundo ela, é prematuro. Seu objetivo é descrever e explicar os aspectos específicos do povoamento dentro de uma área

MUNDO RURAL E GEOGRAFIA

regional: "O modo de arranjo topográfico das construções rurais que dará o aspecto fisionômico do 'hábitat' e mais o grau de ocupação do espaço rural, expresso pela densidade agrária, completarão a definição de 'hábitat' em determinada área regional" (p.146-7).

No decorrer do trabalho, Keller utiliza os estudos realizados por diferentes autores sobre hábitat rural no Brasil, por procurarem estabelecer a distribuição dos tipos de povoamento no território brasileiro, com base em situações europeias, atentando, a autora, para a inadaptabilidade das classificações e conceituações estabelecidas, concluindo que esses estudos não podem se limitar a generalizações, devendo ser efetuados em áreas limitadas, com a identificação de seus problemas.[10]

Outro autor, Michel Tabuteau (1955-1957), também apresenta considerações sobre o estudo do hábitat rural no Brasil, estabelecendo os critérios de análise, segundo três interesses: cartográfico, pedagógico e prático. A cartografia deve fazer a utilização gráfica de todo o material acessível, procurando destacar os aspectos concernentes ao hábitat. Ela deve ser a representação do hábitat.

O aspecto pedagógico deve envolver, segundo o autor, uma metodologia de classificação própria para o Brasil, tendo como categorias descritivas: a dispersão organizada e desorganizada, a aglutinação, o agrupamento espontâneo ou planejado e o tipo *plantation*. O aspecto prático deveria levar o geógrafo a propor soluções úteis para o estabelecimento de planos econômicos e políticos a partir de problemas observados nos outros aspectos.

Os textos monográficos que compuseram o simpósio vêm a seguir, apresentando estudos sobre diferentes áreas do país: São Paulo, Nordeste e Amazônia, realizados por Nice Lecoq-Müller

---

10 É interessante notar que esses autores, ao lado de outros, representam a primeira geração de geógrafos brasileiros que, naquele momento, começava a discutir os postulados e generalizações da escola francesa, numa espécie de rebeldia científica que começava a formar o arcabouço da Geografia Agrária genuinamente brasileira. Mesmo importando, quase como moda, o estudo do hábitat, a discussão conceitual, pela natureza diversa, acabou por dar identidade própria aos estudos brasileiros. Elza Keller, expoente nos estudos de hábitat rural no Brasil, voltaria à discussão conceitual e metodológica alguns anos depois (Keller, 1959a, 1959b).

(1955-1957), Mário Lacerda de Melo (1955-1957a, 1955-1957b), Lúcio de Castro Soares (1955-1957) e Milton Santos (1953-1954).

A leitura desses trabalhos nos revela uma sistemática comum a todos eles, que é a da preocupação de explicar as diferentes formas de hábitat como função de diferentes condições naturais, de modos diversos de povoamento e do tipo de atividade econômica predominante.

Há, em todos eles, um cuidado observável com a descrição de como as coisas estão arranjadas no espaço estudado: casas, escolas, igrejas, currais, campo de cultivo etc., numa perspectiva ainda paisagística.

Pelo que foi exposto até o momento, observamos que o geógrafo da década de 1950 tinha uma preocupação bastante clara e enfrentava, sem dúvida, nesse período, uma dificuldade metodológica muito grande, que tinha origem na influência francesa, de como estudar o meio rural, transpondo para a realidade brasileira as mesmas formas de análise empregadas naquele país e na Europa como um todo.

A ÊNFASE DAS TÉCNICAS E DA ORGANIZAÇÃO AGRÁRIA

O uso do solo – outro tópico de análise da Geografia Agrária – não é feito desordenadamente, mas implica um grau de desenvolvimento da organização agrária, determinado pelo processo evolutivo de ocupação e de adaptação ao meio, o conhecimento da estrutura e da distribuição das unidades espaciais agrárias, a fazenda, o latifúndio, as plantações etc. Nesse sentido, tendo a economia e a agricultura brasileira como temática, quatro trabalhos podem ser destacados por tratarem, mais particularmente, da evolução agrária e agrícola do Brasil.

Observamos, também, que muitos desses trabalhos apresentam uma vinculação direta com a história. Os fatos históricos são tomados como os definidores de uma determinada organização espacial, num dado momento no tempo. A descrição de toda organização agrária vem imbuída de uma preocupação temporal muito forte, pois, para cada momento histórico, características novas são incorporadas ao espaço, sempre considerando os elementos econômico-técnicos.

MUNDO RURAL E GEOGRAFIA   215

Assim, para Migliorini (1950), o estudo da evolução histórica de determinado cultivo proporcionará o conhecimento pleno das formas atuais da organização agrícola.

O trabalho de Valverde, intitulado *Geografia econômica do Estado do Rio de Janeiro* (1958), serve de exemplo, pois apresenta uma exposição sobre a história de desenvolvimento do referido Estado, partindo da análise da organização agrária, estudando as culturas de cana-de-açúcar, café e pecuária. No caso da primeira cultura, ele estuda a transformação ocorrida na área a partir do surgimento da usina.

> A população não era rica, de modo nenhum; as propriedades eram de pequenas dimensões, pobres. As almanjarras produziam quantidades ínfimas de açúcar, que iam até algumas centenas de arrobas, nas mais ricas ...
> A técnica se modificou, os estabelecimentos em vez de serem pequenas unidades de produção, passaram a constituir verdadeiros organismos, grandes usinas, grandes fábricas. Foi o que sucedeu com o açúcar: daquelas almanjarras pobres, desenvolveram-se, então, grandes usinas com máquinas a vapor, com grandes produções. (Valverde, 1958, p.522)

Muitos autores desenvolveram tratados sobre a organização agrária em diferentes partes do país sob a designação de "aspectos geográficos", como Mário Lacerda de Melo (1954) e Carlos de Castro Botelho (1954), com estudos referentes à caracterização das culturas da cana-de-açúcar e do cacau.

Os trabalhos são iniciados com a descrição das condições naturais; na sequência é feita a análise da produção e dos problemas advindos dela, sendo, por último, analisadas as condições de mercado, discutindo-se meios de transporte e comercialização dos produtos. Nesses casos, o apelo à história não é observado, uma vez que se salientam as condições econômicas das culturas e não suas particularidades históricas.

Apontando o papel desempenhado pela cultura do café com relação ao mercado, Pierre Monbeig (1954) cita esse produto como sendo um exemplo expressivo da geografia comercial, pois é um tipo de gênero que é produzido em determinada área e consumido em outra, estabelecendo assim um elo geográfico mundial.

O manejo das culturas é a temática que tem maior número de trabalhos durante a década de 1940. São estudos variados sobre culturas específicas, importantes, quer do ponto de vista de abastecimento, quer do comercial na época como é o caso do café, da cana-de-açúcar, do algodão, dos produtos alimentares e da pecuária.

Esses trabalhos podem ser agrupados segundo duas formas diferentes de abordagem. A primeira, privilegiando uma cultura em um local específico (região, Estado, município), e uma segunda, com caracterizações gerais sem preocupação locacional restrita, mas priorizando a definição do ambiente de cultivo e de como a cultura determina a organização espacial da área que ocupa.

O cultivo que mais mereceu preocupação na década de 1940 foi o da cana-de-açúcar. Segundo Diegues Júnior (1947), uma série de motivos levou ao que ele designou de ressurgimento da economia açucareira, e, consequentemente, a análise de tal cultura ganhou interesse dos geógrafos e de outros estudiosos da época.

Segundo ele, a Primeira Guerra Mundial prejudicou a produção do açúcar (de beterraba) nos países envolvidos e levou à procura do produto brasileiro. Por outro lado, a fundação de usinas e o consequente surgimento do usineiro fizeram intensificar

> a absorção de mais terras canavieiras para atender à fome de matéria prima, que caracteriza as usinas ...
> 1930 constitui na história brasileira um divisor de águas. Ele marca o começo de uma nova etapa na economia brasileira, de modo geral, e em particular na do açúcar. (Diegues, 1947, p.401)

Alguns trabalhos podem ser citados por tratarem especificamente da história e da formação de uma civilização canavieira, corroborando para demonstrar o que dissemos. De viés histórico, o trabalho de Manuel Diegues Júnior, *Síntese histórica da economia açucareira no Brasil* (1947), apresenta uma seleção histórica de fatos que marcaram a atividade canavieira da colonização naquela década.

O autor afirma que a atividade canavieira foi o fator principal de formação da sociedade brasileira, contribuindo para o crescimento demográfico e da área ocupada do território. Sua crise vai ocorrer no momento em que dois elementos de valorização da produção

MUNDO RURAL E GEOGRAFIA   217

sinalizam para o desenvolvimento: o processo de industrialização da
atividade, com a instalação das usinas, e a construção das estradas
de ferro que vão substituir o transporte fluvial. Ao final do texto,
o autor faz menção ao ano de 1930 como um divisor de águas na
história brasileira, o que, em relação à atividade canavieira, vai
determinar a fixação de uma política dirigida.

Outro trabalho de Diegues Júnior, *Civilização do açúcar no Brasil*
(1940), apresenta uma síntese de várias ideias desenvolvidas por ele
sobre a atividade canavieira, procurando determinar a função civiliza-
dora dessa cultura no Brasil. Partindo da influência da cana-de-açúcar
sobre o destino econômico e social do Nordeste brasileiro, o autor
descreve como se fundamentou o regime de terras com a formação dos
latifúndios, especialmente os açucareiros, a luta entre os engenhos, os
engenhos e os banguês e entre o engenho e a usina.

O trabalho agrícola também é avaliado. Em princípio, o trabalho escravo e, posteriormente, o trabalho livre, destacando o baixo
nível de vida do trabalhador rural. Tratando das regiões açucareiras,
o autor estuda os fatos de desintegração da atividade no Nordeste,
e como São Paulo inicia sua participação, como Estado produtor,
indicando soluções para a problemática nordestina quanto ao seu
destino histórico.

Capítulo da obra *Geografia econômica e social da cana-de-*
-açúcar no Brasil, de Gileno Dé Carli (1948), aparece publicado
na seção Transcrição do *Boletim Geográfico* (ano 6, n.61, 1948).
Não sendo exclusivamente geográfico, apresenta aspectos históricos
que marcaram a localização da atividade canavieira e os elementos
sociais que a compuseram.

Assim, para esse autor, a localização da cana-de-açúcar na faixa
litorânea deve-se à preocupação com a circulação do produto, garantida pela proximidade de rios navegáveis. Quanto aos aspectos
sociais, o latifúndio aliado à mão de obra escrava tornou-se o melhor
ambiente para o desenvolvimento da cultura da cana-de-açúcar,
resultado da política de distribuição de terras adotada no país, garantindo o grande tamanho das propriedades, fator essencial para
o pleno desempenho da cultura.

Segundo o autor, a monocultura da cana ocasionou uma pobreza generalizada quando comparada a outras culturas como o algodão,

o café, a mandioca, o milho. Para ele, a cana-de-açúcar, aliada às suas instalações, tornou-se um cultivo aristocrático.[11]

> O sentido monocultor da cana de açúcar, sua aristocratização, sua nobreza, não permitiam o trato com qualquer outra cultura, principalmente sendo essa cultura de origem plebeia, de origem indígena. A cana-de-açúcar teve o seu domínio absoluto, não permitindo nem sequer a proximidade da mata. (Dé Carli, 1948, p.17)

A riqueza da cana-de-açúcar também é medida pelo autor a partir do item força de trabalho, e merece um tratamento acurado, justificado pelo valor de mercadoria que possuía o escravo e pela decadência social sofrida pelo senhor de engenho com a proibição do tráfico. Aliada a isso, a adoção do trabalho assalariado determinando a existência de um salário rural é uma problemática também discutida pelo autor, que define os fatores que levaram a agricultura brasileira a ter um padrão de vida tão baixo e salários tão irrisórios. Conclui que o maior responsável por esse fato é a crise por que passa a produção agrícola brasileira, periodicamente, em razão de sua dependência do mercado externo, em particular do da cana-de-açúcar.

Mário Lacerda de Melo, em *O fator geográfico na economia açucareira* (1948), diferentemente dos outros autores, procura estudar a cultura da cana-de-açúcar não só do ponto de vista econômico, mas dando ênfase às relações existentes entre o meio natural e as atividades humanas.

Nesse sentido, após discutir a relação ciência econômica e ciência geográfica, defende que a dependência entre elas se deve ao fato de

---

11 Caio Prado Júnior, em *A questão agrária no Brasil* (1981, p.55 e 57), destacava as vicissitudes da distribuição da propriedade agrária afirmando que "quando a grande exploração decai, a propriedade agrária tende a se subdividir. Inversamente, a propriedade da grande exploração é importante fator de reagrupamento e reconstituição da grande propriedade.
... o ritmo das atividades da grande exploração tem papel de relevo na configuração da estrutura agrária e distribuição da propriedade fundiária. O que reflete sua importância como elemento e fator que fundamentalmente condiciona a economia rural brasileira em conjunto".

MUNDO RURAL E GEOGRAFIA   219

a produção estar condicionada ao meio e realiza uma análise de
diferentes fatores geográficos, como posição e clima, influenciando
na realização da atividade canavieira, definindo regiões propícias à
cultura no contexto mundial. Esta é considerada pelo autor como
uma análise de paisagem natural, enquanto a análise da paisagem
cultural determina, para a atividade canavieira, dois aspectos: o
estático e o dinâmico.

> Teríamos, então, na paisagem da indústria açucareira da cana,
> como parte estática, principalmente os campos de cultura, a fábrica
> de açúcar ou usina, as edificações de toda ordem inclusive residenciais
> e as vias de ligação dos campos à fábrica. Como parte dinâmica te-
> ríamos toda espécie de movimento que trabalha esse quadro e nesse
> quadro. Esse movimento se exerce naturalmente sobre as formas
> estáticas: movimento nos campos, na usina, nas vias de transporte,
> nas habitações; movimento dos homens, de veículos, de animais, de
> máquinas, de matérias primas, de combustível, de produto fabricado.
> (Melo, 1948, p.696)

As populações açucareiras comparadas às populações beterra-
beiras vão indicar, segundo o autor, a formação de um gênero
de vida. Os trabalhadores agrícolas ou industriais da beterraba
apresentam caracteres semelhantes a qualquer outro agricultor de
áreas de clima temperado.

> Ninguém desconhece como a atividade na agricultura da cana
> e na indústria do açúcar influi sobre a formação de muitos povos
> entre os que só a partir do século XVI entraram para a geografia e
> trouxeram sua contribuição para o domínio da história; geografia
> e história universais. Aqui, pode-se falar mais à vontade de popula-
> ções açucareiras, pois a denominação corresponde a um gênero de
> vida e de sedimentação social. (ibidem, p.702)

A cultura do algodão é temática de dois trabalhos que estudam
o papel histórico e as condições naturais necessárias para seu pleno
desenvolvimento. Santos (1945) destaca aspectos históricos da produção algodoeira, passando a apresentar uma síntese de diferentes
aspectos dessa cultura: técnicas de cultura, clima, solo, localização

geográfica, mão de obra. A seguir, de posse de dados estatísticos sobre a produção brasileira referentes à década de 1940, avalia o papel da cultura no país, para, em seguida, tratar da indústria manufatureira de tecidos e subprodutos, além da indústria do óleo.

Seguindo também um caminho histórico, o texto de Luís Amaral, *Pequena história do algodão no Brasil* (1949), descreve, primeiramente, a conjuntura da evolução da cultura algodoeira no Brasil, do descobrimento ao início do século XIX, acompanhada da evolução da indústria de tecelagem, salientando as altas cifras de exportação do produto. Analisando a seguir as cifras do início do século XX, o autor aponta 13 causas do estacionamento das exportações dessa cultura e analisa, em Estado por Estado da Federação, o comportamento da cultura.

O café aparece como temática de três trabalhos, sendo o de Preston James, intitulado *As terras cafeeiras do Brasil de Sudeste* (1949), dedicado à análise da ocupação das terras pelo café.

> O açúcar, o ouro e o café governaram consecutivamente o Brasil. Cada um deles dominou um período da história brasileira e foi localizado numa determinada parte do país. Estes produtos, um após outro, suportaram sucessivamente a colonização de novas regiões: primeiro estabelecimentos pioneiros; depois estabelecimentos mais elaborados e extensos. Mas estes produtos, um após outro, tiveram sua importância diminuída, e com este declínio veio a decadência dos estabelecimentos por eles sustentados. Nenhuma destas áreas de colonização alcançou o grau avançado de ajustamento e de ligação estreita com a terra capaz de oferecer segurança e permanência à ocupação. (p.701)

Procurando fazer a relação entre a cultura do café e a expansão das terras ocupadas no país, o autor analisa a produção cafeeira entre 1835 e 1928, num conjunto de mapas que vai demonstrando o avanço em algumas áreas e a consequente decadência em outras. Os padrões de distribuição do café, na avaliação de James (1949), estão relacionados às características regionais, como relevo, solos, algumas características climáticas e às vias de comunicações.

Nesse contexto, o estudioso considera que outros aspectos se tornaram mais importantes que as estradas para definir a ocupação

MUNDO RURAL E GEOGRAFIA   221

pela cultura cafeeira. A terra e os aspectos climáticos são tratados com maior detalhe. Após essa análise, o autor conclui que, durante os períodos de expansão do café, as linhas de comunicação tornaram-se o elemento determinante, mas, nos períodos de intensificação da cultura, os padrões de ocupação estão relacionados com a qualidade do solo e do relevo. Ele conclui: "quanto mais intensiva se torna a economia, mais os padrões de distribuição se tornam ajustados às qualidades fundamentais do meio físico" (p.716).

Os dois trabalhos de Elza Coelho de Souza,[12] *Cafezal* e *Colheita do café* (1945a, 1945b), procuram demonstrar a importância dessa cultura como modeladora da fisionomia econômico-social das áreas por ela ocupadas e as características principais da cultura quanto à sua forma de ocupação, às condições naturais e ao trabalhador (colono). A descrição das diferentes formas de ocupação e das tarefas que envolvem a cultura proporcionam uma síntese sobre esta.

Quanto à pecuária, o trabalho de Romariz (1948) procura mostrar como essa atividade contribuiu para a expansão do território nacional. O estudo, de característica temporo-espacial, analisa diferentes momentos da história brasileira e como a pecuária participou deles, enquanto desbravadora do sertão.

> Tornou-se um fator preponderante no povoamento do sertão, graças às condições mínimas que exigia para o seu trato: locomovendo-se por si mesmo evitava despesas com os transportes, dava-se bem nos terrenos que não se prestavam à cultura da cana, não necessitava de um grande número de pessoas para dele cuidar e, finalmente, oferecia uma refeição farta e abundante durante a caminhada. (p.1471)

Além da análise histórica, a autora discute aspectos relacionados ao trabalho do vaqueiro, à comercialização do couro, da carne e do leite, à vida do sertanejo, deslocando-se com a família inteira para construir suas fazendas.

O papel das revoluções agrícolas na América Latina é a temática do trabalho de Henri Enjalbert (1955). Estudando os traços particula-

---

12 A autora adotou posteriormente o nome de Elza Coelho de Souza Keller, e, em nosso trabalho, encontram-se referências aos dois nomes.

res das estruturas agrárias dos países latinos, principalmente Brasil e Argentina, o autor alia a grande propriedade à criação de gado, e conclui que essa ligação levou à constituição de uma atividade extremamente rica em detrimento de uma agricultura, com posição inferior.

As revoluções, as quais o autor se refere, são representadas pelas diferentes formas de utilizar o solo a partir de uma atividade já estabelecida. São transformações profundas na antiga economia rural que fizeram surgir novos sistemas de cultivos e novos produtos comerciais, sendo então consideradas pelo autor como as grandes impulsionadoras do desenvolvimento da agricultura, constituída por uma moderna lavoura de cereais na Argentina, e de café no Brasil, sob a influência de dois centros comerciais importantes como Buenos Aires e São Paulo.

Para avaliar a produção agrícola, o geógrafo procurou identificar a distribuição espacial de cada produto, seu valor econômico e a sua finalidade. Muitos desses trabalhos referem-se a comentários de estatísticas sobre a produção agrícola.

Uma série de trabalhos começa a ser editada a partir do *Boletim Geográfico* (ano 10, n.106, 1952), resultado de estudos realizados junto ao Conselho Nacional de Geografia, no Setor de Geografia Econômica, com o objetivo de conhecer aspectos econômicos do país. São estudos que tratam exclusivamente da produção agrícola, medida por índices de densidade de produção, determinando assim as áreas de maior e menor produção. A relação do meio em que se realizam a atividade e as exigências edáficas e climáticas dos cultivos também é um ponto tratado em todos os trabalhos.

Tendo como base um mapa de determinada região ou Estado do país, elaborado a partir de isoritmas, a densidade de produção de diferentes culturas é analisada no decorrer do texto, acompanhada de considerações históricas sobre o desenvolvimento do cultivo na área, sua distribuição e problemáticas gerais.

A região sudeste do Planalto Central Brasileiro foi destaque nos trabalhos levantados no *Boletim Geográfico*, com mapeamento de dados de densidade de produção para os anos de 1945 e 1950. Mesquita (1952), sobre o algodão; Lessa (1952a), sobre o feijão e o milho (1952b); e Mello (1952), sobre a mandioca.

MUNDO RURAL E GEOGRAFIA   223

O Estado da Bahia é merecedor de uma série de estudos (Egler, 1952; Simões, 1954, 1955; Guerra, 1955a, 1955b; Monbeig, 1945b), realizados para diferentes cultivos que compõem a agricultura local, como: café, milho, arroz, coco, mamona, mandioca, fumo e cana-de-açúcar. Os dados analisados referem-se ao ano de 1948 e a preocupação central dos autores é determinar as áreas que se destacam em um ou outro cultivo, sempre levando em consideração também a adaptação dos cultivos às condições físicas locais.

Dois trabalhos de mesma linha ainda aparecem na *Revista Brasileira de Geografia*, ano 12, n.1 e 3 (Mello, 1950; Simões, 1950), nos quais as autoras também estudam as densidades de produção de café e de cana-de-açúcar, pelo uso de isoritmas.

Tanto estes como os trabalhos anteriormente citados têm como características descrever uma dada área a partir de um ou vários cultivos, oferecendo um conhecimento pleno da área. São trabalhos puramente descritivos (apesar de alguns chamarem "interpretação do mapa...") que se diferenciam de outros já analisados por apresentarem como fonte de informações dados estatísticos e não fontes primárias.

Ainda baseado em dados estatísticos, o *Boletim Geográfico* do ano 9, n.105 (1951) ao ano 11, n.111 (1953), passou a publicar uma série de artigos – apresentados na forma de livro ao Instituto Histórico e Geográfico do Brasil, em 1860 – intitulada *Notas estatísticas sobre a produção agrícola e carestia dos gêneros alimentícios no império do Brasil*, de autoria de Sebastião Ferreira Soares. Essa série valoriza o uso de dados estatísticos, que o autor salienta ser necessário aos estudiosos brasileiros, não só geógrafos, mas principalmente economistas.

Tratando da evolução da economia e das paisagens brasileiras, o trabalho apresenta fatos, informações estatísticas e descrições sobre o que considera a principal fonte de riqueza do país, ou seja, a agricultura.

Alguns pontos merecem destaque, já que evidenciam fatos históricos que marcaram o período estudado pelo autor, ou seja, o Império. O primeiro deles diz respeito às melhorias nas técnicas de produção e, principalmente, nas de transformação dos produtos que geraram um certo desenvolvimento ao país: cana-de-açúcar e café.

Outro fato é a existência de um conjunto de pessoas sem atividades no país e que, certamente, poderiam ter sido ocupadas em
projetos de colonização que teriam possibilitado uma maior produção de víveres, superando assim a carestia de alimentos que marcou
esse período histórico.

O objetivo central do autor consiste em demonstrar, estatisticamente, que a abolição do tráfico de negros, considerada por
pesquisadores da época como a causa do aumento dos preços dos
alimentos, justificada pela falta de braços no país, foi acompanhada
da queda da produção de cultivos como o café ou a cana-de-açúcar.
Comparando dados de produção do período em que era permitido
o tráfico, com os do período pós-abolição, o autor demonstrou
que houve um "maior aumento de produção que na época anterior
... o qual equivale a um progresso na razão de 9,61%" (Soares,
1951, p.937).

Fazendo referência ao abandono de pequenas lavouras em
benefício da lavoura principal, o autor salienta que os proprietários
não tomaram tal atitude somente pela ambição dos lucros, mas
pela facilidade na obtenção de financiamentos. Conforme comenta
Pedro Pinchas Geiger (in Soares, 1951, p.939) sobre o texto: "os
intermediários, os exportadores, os proprietários, a usina, finan-
ciam os plantadores apenas para os produtos do seu interesse e
que não são os cereais".

A ênfase no uso de dados estatísticos dos trabalhos do período
é plenamente justificável, não só pela disponibilidade dos dados do
censo agrícola de 1940, como pelo fato de que muitos dos autores,
se não a totalidade, eram funcionários do Conselho Nacional de
Geografia, o que lhes dava acesso fácil aos dados, bem como a
obrigação de realizar estudos na perspectiva "o que – onde – por
que", necessários para a estratégia de conhecimento do território
e expansão e desenvolvimento da atividade produtiva nacional.

Com características diferenciadas das dos demais trabalhos,
dois devem ser destacados por fazerem uso da análise quantitativa,
num período em que o paradigma quantitativo estava longe de ser
estabelecido.

A estrutura fundiária, a concentração de terras e as técnicas
quantitativas são os eixos condutores do trabalho de Câmara (1949).

MUNDO RURAL E GEOGRAFIA

Nesse texto, é feita uma análise quantitativa, levando em consideração a mensuração estatística da concentração da terra no país. Segundo o autor,

> as desigualdades na distribuição da propriedade agrária – motivo de inquietações, rebeldias, reivindicações de todos os séculos e de diferentes latitudes – podem ser mensuradas através de áreas, razões ou índices específicos, a cuja metodologia a escola italiana de Estatística dedicou as maiores atenções e as mais aprofundadas pesquisas, a despeito da precedência, no tempo e noutros países, de estudos dessa natureza. (p.516).

Tratando da concentração da terra, o autor primeiramente esclarece sobre a dimensão da propriedade agrária, dizendo que estabelecer limites numéricos para o tamanho das propriedades, como metros absolutos, é incorrer em erro e que as variáveis – localização, fim e condições do meio – devem ser também levadas em consideração.

Utilizando dados do Censo Nacional para 1940 e a partir do cálculo da razão R, cujos valores variam entre 0 (concentração nula) e 1 (concentração absoluta), o autor detecta uma "fortíssima concentração" de terras no país. Apenas dois Estados da Federação apresentaram o que o autor designou de "condições satisfatórias de concentração": Espírito Santo e Santa Catarina.[13]

A ÊNFASE DA COMERCIALIZAÇÃO DA PRODUÇÃO AGRÍCOLA

Pudemos detectar a existência de um pequeno número de trabalhos sobre a temática comercialização de produtos agrícolas. Entre esses, duas linhas gerais de análise foram observadas. A primeira, preocupada com o estudo do mercado interno, tem como objeto de análise as feiras de gado e, como problema, explicar a existência dessas feiras num sistema comercial, considerado moderno (Strauch, 1949-1950).

---

13 Os geógrafos "redescobrem" a técnica de Câmara na década de 1960 e no início da de 1970, como se verá adiante.

O estudo tem como universo duas áreas distintas, Feira de Santana e Arcoverde, geograficamente situadas no contato do sertão com a Zona da Mata e do litoral nordestino. Como a pecuária nordestina é praticada de forma extensiva na caatinga, as feiras se justificam como uma forma tradicional de comércio e por serem o ponto de convergência que aproxima a área produtora, o sertão, e a área consumidora, o litoral e a Zona da Mata.

O autor procura caracterizar as duas feiras e determinar suas áreas de influência destacando que, como centros comerciais importantes e tradicionais, não são destruídas pelo sistema comercial de características capitalistas, além de serem influentes regionalmente como centros de abastecimento. A importância desses centros comerciais é determinada, primeiramente, por possibilitarem ao agricultor acesso ao mercado e, por conseguinte, por serem centros de abastecimento regionais.

A segunda linha de análise tem uma preocupação mais econômica e o trabalho de Souza (1951) mostra essa característica na medida em que estuda, a partir de dados estatísticos, a relação entre custo de produção e preço de venda de produtos agrícolas em oito diferentes distritos no Rio de Janeiro, preocupando-se com o entendimento do processo de comercialização de produtos perecíveis, de consumo imediato em mercado local. A análise da eficiência da produção pode demonstrar que, além de um sistema de produção, baseado em técnicas pouco eficientes, o preço do produto no mercado não possibilitou o retorno esperado pelos agricultores, fato agravado mais ainda pela existência do intermediário.

Tratando de produtos valorizados, definidos como aqueles fornecidos para a circulação, Geiger (1953) discute os conceitos de produto comercial (produzido para o consumo doméstico) e de produto valorizado, partindo do pressuposto de que é a organização econômica e social de uma dada área que estabelece os produtos valorizados por seus interesses comerciais. Para desenvolver seu trabalho, o autor estuda diferentes zonas geográficas, demonstrando que os elementos físicos da área, atrelados à estrutura econômica e social, e à história, determinam um produto valorizado.

O estabelecimento de produtos valorizados em cada área reflete não só as condições físicas, mas, o grau de sua organização econômica

MUNDO RURAL E GEOGRAFIA

e social. Através da distinção de produtos valorizados e não valorizados apresentam-se diversas características desta organização, pois o conceito de uns e outros envolve aspectos das relações de produção e da organização do comércio. (Geiger, 1953, p.17)

Da análise de Geiger fazem parte os aspectos vinculados à mão de obra (manutenção na propriedade pela permissão para cultivar produtos de consumo direto aliados aos produtos valorizados) e ao acesso a financiamento (facilitado mais para os produtos valorizados), o mercado e a estrutura agrária.

De acordo com todos os itens acima se estabelecerá a ordem de valorização de cada produto em cada região. O pesquisador deverá indagar quais os produtos que obtêm crédito com mais facilidade; quais são aqueles por cujo cultivo os lavradores sem terra têm que dar a meia; quais são aqueles negociados antes da colheita, etc. (p.22)

Aliada à conceituação estabelecida no trabalho anterior (produtos valorizados), três outros trabalhos analisam a comercialização de um grupo de produtos voltados ao abastecimento do mercado externo.

O primeiro deles trata do mercado mundial da banana, destacando sua importância e o volume de consumo em diferentes áreas do mundo. Barrère (1954) inicia seu estudo descrevendo como se iniciaram a produção e a comercialização desse produto no contexto mundial já no século XVI, na África, e no XIX, na América Central. Vinculada à comercialização, o autor ainda estuda as técnicas culturais e os riscos dessa monocultura, as formas de transporte e a tendência à concentração da produção e o domínio dos trustes frutíferos.

Análise parecida é realizada por Dantas (1957) sobre a produção do açúcar. O papel da produção brasileira é um dos aspectos desenvolvidos pelo autor, que para o biênio 1954/1955 posicionava o Brasil em segundo lugar entre os países produtores de cana-de-açúcar. O estudo procura avaliar as causas que levaram ao aumento do volume produzido e comercializado, definido em razão do crescimento demográfico mundial.

Considerando o conceito de autossuficiência para a análise das premissas naturais e culturais em diferentes países, Léo Waibel

(1955a) estuda o comportamento do abastecimento de produtos agrícolas tropicais em países de clima temperado. Nessa análise, o autor procura discutir uma realidade comercial que lhe parece extremamente garantida, já que, segundo ele, "os trópicos mantêm para muitos produtos um monopólio natural ... Todos os países da zona temperada ... principalmente os estados industriais superpovoados, ficam, portanto, em maior ou menor grau na dependência dos trópicos" (p.143). A compreensão do grau de dependência estabelecido por esse comércio de exportação tropical é o que o autor enfatiza no trabalho.

Salientamos que os trabalhos utilizados até aqui, como referência para definir a produção geográfica sobre agricultura, durante as décadas de 1940 e 1950, priorizaram, em suas análises, os aspectos que nortearam o processo de ocupação do território nacional, tendo como agente propulsor a atividade agrícola.

Migliorini (1950) afirma que é necessário um processo acumulativo para a plena realização da Geografia Agrária. Nesse sentido, podemos compreender que a existência de um conjunto de estudos que procuram descrever a atividade agrícola em uma dada região ou país é fato presente na trajetória da Geografia Agrária brasileira, no período ora analisado. O autor afirma que o estudioso da Geografia Agrária

> deve ter sempre em mira o estudo de um país, em grande escala, de maneira a conseguir em particular o exame das relações entre as condições físicas, antropogênicas e econômicas. Uma vez concluído este estudo de pormenor, poder-se-á passar ao exame de espaços cada vez maiores, até alcançar o âmbito de um continente inteiro. E então, somente quando se tiver concluído estudos semelhantes nos diversos continentes é que se poderá ter um quadro preciso das condições agrárias de todo o planeta ... (p.1091)

Os trabalhos de Petrone (1954-1955) e Melo (1951-1952) sobre aspectos da Geografia Agrária em Garanhuns e no Brejo Paraibano, respectivamente, podem ser considerados como o ponto de partida para uma análise mais detalhada sobre a Geografia Agrária.

Esses trabalhos, puramente descritivos, têm, de maneira geral, a mesma ordem quanto ao desenvolvimento dos assuntos. Os aspectos

MUNDO RURAL E GEOGRAFIA

229

do quadro natural sempre aparecem em primeiro lugar; a seguir vem a descrição do hábitat rural, com suas diferentes paisagens. As técnicas de cultivo e o trabalho agrícola aparecem em uma parte intitulada "exploração agrícola ou sistema de culturas". Como último item podem aparecer a indústria rural e o sistema de comercialização dos produtos.

A preocupação dos autores é a de oferecer a caracterização completa da área em razão do cultivo estudado, indicando que cada cultivo deverá oferecer uma paisagem diferenciada, determinada pelas características naturais e organização da produção agrícola.

Conforme apontou Migliorini (1950), a escala de análise dos autores é variada. De estudos locais (municipais), pode-se passar a estudos de regiões ou zonas geograficamente determinadas. É interessante notar também que esses tipos de trabalho nem sempre trazem a titulação Geografia Agrária. Em geral, são estudos de Geografia Humana e Econômica, nos quais a agricultura é a atividade em questão.

Alguns trabalhos vêm fazer referência à Geografia Humana e Econômica com uma preocupação regional. O estudo de Almeida (1945, p.1517), sobre a Geografia Econômica e Humana do Nordeste, discute a problemática agrícola dessa região brasileira, avaliando primeiramente os fatores naturais que caracterizam essa região, apresentando os seus diferentes quadros naturais que formam "um mosaico de culturas, de formas de vida, de hábitos e de tradições humanas" que não se direcionam para um só fato econômico, graças a essa diversidade. Também vivem à mercê do clima que "age diretamente sobre o homem como estimulante e como deprimente determinando a sua atividade, o seu temperamento, a sua cor e, através do ambiente, condiciona a sua riqueza e a sua economia" (ibidem). Nessa citação, o autor declara sua posição determinista.

O autor considera que o valor econômico de uma região é dado pelo volume total de produção de seu agrupamento humano. Nesse sentido, a Região Nordeste teria como desafio a ampliação do índice de produção, melhorando o seu principal fator: o trabalhador nordestino.

O problema agrícola do Nordeste tem, segundo Almeida (1945), duas facetas. Uma, delineada pela ação inconstante dos agentes meteorológicos que tornam incerta a exploração da terra. Outra, consequência dos latifúndios açucareiros que impediram o desenvolvimento de um trabalhador agrícola que valorizasse sua terra por meio de pequenas propriedades. É preciso, segundo o autor, pensar na produção de gêneros alimentícios atendendo às necessidades dos mercados, além de desenvolver a pecuária, suprindo a necessidade de pastagens nordestinas.

Concluindo o trabalho, ele fala sobre a implantação de uma política agrária que visasse não apenas ao crescimento do volume de produção, mas também à criação de "uma sociedade próspera e ativa, o homem habitando a sua própria casa, cultivando o seu próprio campo, elaborando a produção e criando a riqueza, e concorrendo para aumentar o patrimônio econômico e moral da nação pela valorização do homem e da terra" (p.1519).

Outro texto que procura tratar da Geografia Humana do Nordeste é o de Monbeig (1948), que analisa a paisagem rural dessa região, tratando de problemas humanos ligados às duas regiões distintas: o interior semiárido, com os efeitos do clima sobre o sertanejo, e o litoral, com sua experiência de colonização branca em clima tropical e a cultura da cana-de-açúcar.

A paisagem e a sociedade do Nordeste são caracterizadas por seus gêneros de vida e sistemas de cultivo. O sertanejo é definido em razão de seu regime alimentar inadequado e sujeito aos desequilíbrios climáticos que não lhe proporcionam uma vida saudável e equilibrada, além de suas formas rudimentares de cultivar a terra.

No outro extremo, aparece a cana-de-açúcar modificando a paisagem nordestina do litoral desde o final do século XIX. Do engenho à usina, a aristocracia nordestina, segundo o autor, procurou sempre se modernizar, mantendo o domínio explorador sobre toda a região. Um destaque é dado à manutenção da mão de obra, base da cultura canavieira, que se vê aprisionada sem poder realizar pequenas culturas em terras próprias.

Ainda numa perspectiva de análise regional e tendo a economia e a agricultura brasileiras como temática, quatro trabalhos podem ser destacados por procurar tratar da problemática agrária e agrícola do Brasil.

A má utilização das terras no país, consequência do abandono de terras esgotadas em direção de outras inexploradas; o vínculo direto da produção brasileira ao mercado que, momentâneo, determina o sucesso e o desastre das culturas de tempos em tempos; a dominação da grande propriedade sobre a pequena, limitando o acesso à terra; técnicas de cultivo tradicionais e pouco produtivas e a existência de meios de transporte insatisfatórios, que possibilitem ao agricultor chegar mais facilmente ao consumidor, são os aspectos discutidos nos trabalhos de: Carvalho, *O Brasil precisa de mais agricultores* (1949), e Oliveira, *O espírito tradicional da expansão econômica brasileira*, *Problemas da produção no Brasil* e *Deficiência da Economia Rural Brasileira* (1947a, 1947b, 1947c). Segundo esses autores, a solução desses problemas é a saída para a constituição de uma classe rural sólida.

O ASPECTO FISIONÔMICO E O ESTUDO DAS PAISAGENS RURAIS

Ainda no que se refere aos estudos sobre a organização agrária regional, podem ser incluídos trabalhos cujo objetivo é o de estudar paisagens agrárias, individualizando ambientes diferenciados quanto à economia rural.

Os aspectos fisionômicos que determinam a individualização dos ambientes rurais são buscados pela Geografia Econômica. Os tipos geográficos, resultantes da reunião de territórios estudados, compõem as regiões agrárias, constituídas por aspectos ligados à realização de determinada cultura. Isso resultaria na análise de paisagens rurais.

A paisagem rural é temática específica de três trabalhos sobre o Estado de São Paulo. O primeiro (Monbeig, 1944) trata da evolução da paisagem e das modificações aí ocorridas desde o período colonial. No litoral do Estado e no Vale do Paraíba, predominava a paisagem da produção de víveres (cana-de-açúcar), ficando o restante do Estado ocupado pela criação, consequência do desflorestamento causado pelo caboclo na prática da queimada seminômade. "Dispersão da população, ataques da floresta nas suas orlas para culturas temporárias, imensos campos deixados à criação, eram os traços essenciais da paisagem rural paulista ainda muito antes do século XIX" (Monbeig, 1944, p.429).

Mais adiante, o autor assinala a existência de uma duplicidade de paisagens definidas por dois gêneros de vida opostos: o caipira, nômade e pobre de técnicas agrícolas, e o sedentário com caráter semi-industrial da cultura cafeeira. Dessa duplicidade de paisagens características do início do século, a paisagem rural paulista, após a década de 1920, apresenta duas zonas básicas: uma de ocupação mais antiga, de paisagem variada graças à diferenciação dos cultivos, e outra, pioneira, ainda indefinida.

As paisagens rurais do Estado de São Paulo continuam sendo tema de mais dois textos que procuram descrever a paisagem rural de dois municípios do Estado de São Paulo: Olímpia e Campinas.

Olímpia, pertencente ao Planalto Ocidental do Estado, área de ocupação recente, zona pioneira, tem na agricultura a atividade principal.

Nesse sentido, Araújo (1948) descreve o processo de ocupação da área segundo duas configurações distintas. O sítio, de ocupação familiar, com poucas instalações, uma única casa e cultivos variados, e a fazenda, ocupada e trabalhada por terceiros, constituída por um aglomerado de casas (dos colonos), a sede e demais instalações agrícolas resultando em paisagens.

O município de Campinas é palco do estudo de Nice Lecocq--Müller (1947), que, tendo como quadro natural uma área de contato entre duas regiões de características físicas diferentes e uma ocupação humana também caracterizada por uma duplicidade entre brancos e negros, observou o processo de adaptação da população ao meio e como esta contribuiu para a elaboração da paisagem rural, dando como resultado o que a autora denominou unidades paisagísticas, que tornaram complexa a paisagem natural relativamente simples da área.

Da análise efetuada até aqui, é possível indicar algumas características que delinearam a produção geográfica em agricultura durante as primeiras décadas (1940 e 1950) de desenvolvimento da Geografia no Brasil.

A primeira delas diz respeito às temáticas estudadas, cuja representatividade significativa ficou para os estudos sobre a questão da

MUNDO RURAL E GEOGRAFIA

produção agrícola, versando sobre diferentes culturas, em sintonia com o que se definia como estudos próprios ao período. Esses estudos não podem ser desvinculados, em muitos casos, da temática organização agrária, os quais, apesar de não serem assim designados, privilegiavam a descrição de uma área de estudo, em diferentes escalas, municipal, estadual, regional e mesmo nacional, a partir da produção (agropecuária) aí existente.

Temáticas como agroindústria, agricultura capitalista, produção familiar são inexpressivas, não aparecendo em estudos da época, como consequência do reflexo da realidade nacional, que não vislumbrava tais fatos. Entretanto, devemos ressaltar que os trabalhos que versavam sobre colonização faziam referência à produção familiar, mas com outra ênfase.

Além das temáticas características do período, é necessário assinalar que tais estudos foram realizados segundo modelo monográfico, no qual a descrição de aspectos observados na paisagem era o ponto marcante. Os estudos descritivos direcionaram-se para as descrições de paisagens com base na definição de diferentes tipos de hábitat rurais e gêneros de vida, resultado da influência francesa, presente no período e que se concretizavam nas excursões e trabalhos de campo organizados pelas seções regionais da AGB.

Da mesma forma, a grande ênfase nas condições naturais, como determinantes das atividades humanas, indicava a dicotomia Geografia Humana/Geografia Física, que encaminhou os estudos sobre a atividade agrícola em direção a uma Geografia Econômica, parte da Geografia Humana.

O geógrafo agrário da década de 1950 vivenciou também um período de mudanças nas fontes de informação quando passou a ter à sua disposição e colocou em uso dados estatísticos fornecidos pelo CNG, cujos estudiosos priorizaram tais informações em trabalhos sobre a produção de diferentes culturas em áreas distintas.

Também devemos considerar que o tipo de análise realizada no período aqui referenciado marcou o resplandecer da Geografia no Brasil, no qual a agricultura centralizou a atenção dos estudiosos estrangeiros e nacionais. A presença de outras ciências na análise geográfica é pouco significativa. As influências em uma ciência que se

sistematizava estiveram presentes no próprio processo de sistematização, que definiu, como parâmetro, a escola francesa de Geografia.

Vale lembrar que esse é o período em que a Geografia é mais
puramente Geografia, sem interferências de, ou aproximações com,
outras ciências, com as quais ela poderia, em dados momentos, vir a
se confundir. Mesmo se servindo dos conhecimentos da Economia
Política, das Ciências Naturais, da Agronomia, a Geografia Agrária
das décadas de 1940 e 1950, como ciência, estudava as distribuições
espaciais (dos cultivos) e procurava identificar as diferenças espaciais
registradas na paisagem. Deve-se lembrar que, naquele momento,
o conhecer é mais importante do que o explicar, e o conhecimento
do território nacional foi concretizado na valiosa produção geográfica do período.

5 AS DÉCADAS DE 1960 E 1970 – ANOS TURBULENTOS

A Geografia, ao findar a década de 1950, analisava a atividade agrícola fundamentada em um conjunto interpretativo que variava da descrição de áreas aos estudos estatísticos, passando pela caracterização do hábitat rural e do processo de colonização no Brasil. Podemos considerar que o quadro de informações sobre a agricultura brasileira, oferecido pela ciência geográfica, era bastante extenso. Essa tendência ainda seguiu por toda a década seguinte.

A definição das temáticas e formas interpretativas que compunham a Geografia das décadas de 1960 e 1970 caracterizará um dos períodos mais desafiantes para análise. O padrão tradicional de estudos, herança da década de 1950, divide a atenção com outro conjunto de tendências que teve como ponto forte a utilização da tecnologia.

Não se pode esquecer que o campo brasileiro, já na década de 1960, apontava uma tendência à utilização de insumos, produzidos além-propriedade. Na Geografia, a produção científica também passou a ser efetuada com parâmetros estranhos à observação e à descrição tradicionais.

Num prolongamento temporal, e definindo um lapso de tempo específico, a análise da realidade e da produção em Geografia Agrária ganha novo fôlego, ao considerarmos as décadas de 1960 e

1970. As mudanças aí presentes definem esse período como o mais revolucionário. Nele se introduziram novos processos no âmbito da produção agropecuária e novos paradigmas no âmbito da ciência geográfica. A introdução da tecnologia, em ambos os casos, é o principal sintoma causador das mudanças. A produção de alimentos e matérias-primas sofria a pressão do crescimento populacional, principalmente urbano-industrial. A interpretação da realidade colocava-se mais complexa, requerendo respostas mais concretas e não subjetivas e romanescas. O tempo do aventureiro havia passado. O mundo agora exigia um produtor consciente da sua função e um cientista capaz de apresentar soluções para os problemas que lhe eram colocados.

Em busca de respostas concretas, a Geografia transformou-se profundamente. Do campo para o gabinete. Da paisagem à fotografia aérea. Do romance à exatidão dos números. Da aventura à ciência. Essa era a necessidade que advinha de uma sociedade que não era composta de grupos isolados, mas vivia em relações, portanto a interpretação dos fatos deveria ser *padronizada*, já que a lógica do sistema econômico vigente exigia isso. A produção agrícola começava a ser efetuada da mesma forma nas mais diferentes partes do planeta. Da mesma maneira, admitir novas formas interpretativas levaria a Geografia a ser científica e a pertencer ao rol das ciências modernas.

É lógico que todos esses fatos não aconteceram repentinamente, e de um momento para o outro. As mudanças foram se propagando lentamente e, assim como na própria agricultura, o avanço tecnológico não se fez de súbito. Como nosso propósito foi o de efetuar um estudo que identificasse o modo geográfico de pensar sobre agricultura, ao longo do desenvolvimento da Geografia no Brasil, estudar lapsos de tempo específicos nos permitiu identificar as diferenças e mudanças que marcaram esses momentos.

Quando analisamos as décadas de 1940 e 1950, no capítulo anterior, nossa preocupação com o tempo não ganhou destaque, já que estávamos interpretando um período sem grandes oscilações. Naquelas circunstâncias, interessava-nos observar as temáticas e as formas de interpretá-las. Agora, a variável tempo ganha uma nova

MUNDO RURAL E GEOGRAFIA   237

conotação. Isso porque, ao longo das duas décadas que iremos
analisar, o grau de transformações é muito significativo, pois estão
nelas presentes, em diferentes momentos, formas interpretativas
distintas. Podemos afirmar, sem dúvida alguma, que o período a ser
analisado é o mais tumultuado da história da Geografia no Brasil.
Tumultuado porque encerra, provavelmente, todos os paradigmas
geográficos.

Ao longo da análise, perceberemos que, do início do período
ao seu findar, diferentes formas interpretativas vão surgindo,
permanecendo e desaparecendo, num ciclo que, em muitos casos,
alcança até a década seguinte.

O momento que ora nos propomos a analisar compreende,
em linhas gerais, o enfraquecimento da Geografia Tradicional; o
emergir da Geografia Quantitativa, sua consolidação e enfraquecimento; o manifestar-se da Geografia Radical.

Nossa opção, no momento de encaminhar a análise, foi a de
dividir o período estudado, nas décadas de 1960 e 1970, em qua-
drantes. Isso permitiu a visualização exata das mudanças e, como um
período que encerrava uma forma interpretativa, já permitia identificar o surgimento de outra, a se consolidar ou não futuramente.

Nesse contexto, foi possível não só avaliar as temáticas e as formas
de interpretá-las, mas também identificar o surgimento de diferentes
publicações, no caso, a perda da hegemonia do CNG/IBGE, com o
Boletim Geográfico e a *Revista Brasileira de Geografia*, que passa a
sofrer a concorrência de novas publicações, bem como o surgimento
dos Encontros Nacionais de Geografia Agrária e seus anais, registrando as preocupações e a produção do geógrafo agrário.

INÍCIO DA DÉCADA DE 1960: O ENFRAQUECIMENTO DA GEOGRAFIA TRADICIONAL

O primeiro lapso de tempo que analisaremos corresponde à
primeira metade da década de 1960, caracterizada por trabalhos cuja
forma lembrava os da década anterior. Quanto às temáticas, a chamada *questão da produção agrícola* e a *Geografia e meio ambiente*

apareceram em todo o período; a *colonização* ganhou destaque com a realização de simpósio, patrocinado pela AGB com esse tema. Os estudos de *Geografia Agrária Tradicional* também apareceram dispersos ao longo do intervalo analisado, bem como os estudos preocupados com a *definição da Geografia Agrária*. Os trabalhos metodológicos começaram a aparecer no final do período, mais precisamente nos anos de 1964 e 1965.

A análise dos fatores humanos continuou a preponderar, representada pelos estudos sobre colonização,[1] que apresentaram como característica três formas de avaliar o papel do colono. A primeira, envolvendo os aspectos históricos de constituição e desenvolvimento do processo de colonização; a segunda, considerando o condicionamento natural do colono ao meio físico, e a terceira, o trabalho do colono como agricultor nas fazendas. Embora esses enfoques também caracterizassem os trabalhos do período anterior, nesse momento a ênfase se colocava no aspecto conceitual da questão da colonização.

Os aspectos históricos, de maneira geral, foram apontados em todos os trabalhos. A colonização, vista como um processo de mudanças, foi definida por Orlando Ribeiro, citado por Bernardes (1962, p.215), como "a organização de vastos espaços, a ocupação de terras novas, a criação ou o acréscimo de bens de comércio, a transferência de populações, o encontro entre humanidades diversas e elementos de civilização que lhes são próprios". Para os geógrafos europeus a colonização implicava "o contato de dois grupos humanos diferentes" (ibidem, p.215), significando o povoamento e a valorização de uma região. Estão implícitos, então, o conceito de movimento e o de ocupação/valorização.

Segundo a autora, esses conceitos não ficam evidentes na chamada colonização brasileira. Como ato de povoar e valorizar, o processo de colonização deve evidenciar um planejamento: "povoar é colonizar", conforme afirmam os europeus. No Brasil, para a autora, a existência de um grupo pequeno de comerciantes e funcionários não pode ser qualificada de colonização.

---

1 Tais estudos apareceram com destaque nos *Anais da AGB* de 1962, que dedicaram espaço à exposição dos trabalhos apresentados em simpósio com essa temática, na XVI Assembleia Geral da AGB.

MUNDO RURAL E GEOGRAFIA

> A colonização se restringiria, pois, àquela forma de povoamento planejado, mediante a instalação de agricultores-proprietários.
> ... Ao se falar em colonização, fala-se de um processo planejado de ocupação da terra, isto é, de uma forma específica de organização do espaço, visando a valorização de uma região. (p.217-9)

Em todo esse processo de valorização está implícita a importância de situar o grupo humano, no espaço, sem negligenciar suas condições de vida e sua adaptação ao novo local, não só biológica, mas também culturalmente.

> Nas relações do fato colonial com os fatores naturais, a Geografia analisa a posição da colônia em face do problema de sua acessibilidade, examina as condições de solo, clima, drenagem, tipos de vertentes, etc., tendo em vista a modalidade de uso da terra que se pretende implantar ou que já foi implantada, analisa as relações entre o traçado das colônias e o relevo da região, e, ainda, outros aspectos em que as condições do meio possam influir sobre as iniciativas colonizadoras. (p.221)

A Geografia deveria, então, examinar o resultado da relação entre o grupo humano que veio de fora e o meio no qual foi instalado.

Observamos que a preocupação principal de trabalhos como o citado era identificar os fatores de transformação das áreas atingidas pelo processo de colonização, ao contrário daqueles que apenas descreviam o processo sem avaliar sua ação direta no espaço, ou seja, os geógrafos da década de 1960 estavam preocupados em entender o processo como fator de valorização do espaço por um grupo de pessoas ocupando uma área e criando um conjunto de características diferenciadas ou paisagens agrárias e culturais que, dependendo do grupo, faz surgir uma variação regional nas formas de explorar a terra.

Foi nesse sentido que Orlando Valverde (1961b) avaliou o papel da imigração italiana em diferentes Estados do país. O autor estudou o colono italiano no Sul do país, tornado pequeno proprietário, e o colono de São Paulo, proletário rural. Considerados criadores de paisagens culturais, esses dois grupos foram estudados como elementos que transformaram as áreas nas quais viveram.

No conjunto dos estudos sobre colonização ficou evidente uma preocupação em realizar estudos regionais. A preocupação principal nesses trabalhos, diferentemente daqueles da década anterior, estava em apontar como esses grupos valorizaram as áreas em que se instalaram, acompanhada de uma avaliação crítica sobre as falhas no processo de colonização considerando, principalmente, as dificuldades de adaptação do colono à nova realidade. A falta de estudos e planejamento prévios para identificação dos melhores locais para fixação dos projetos foi o fator principal apontado para o fracasso desse empreendimento.

Lobato Corrêa (1963b, p.479), caracterizando o processo de colonização, apontou que este visava à valorização regional e estava fundamentado na "organização planejada do espaço em bases agrárias" ou "nas relações entre o fato colonial e o fato regional".

Para esse autor, o processo de colonização provocou um conjunto de modificações determinando uma paisagem com tipo de povoamento, uso da terra, regime fundiário, diferenciáveis regionalmente, dependendo da forma de organização empreendida. Estudando a colônia Pindorama, nos tabuleiros alagoanos, o autor destacou o empirismo como forma de adaptação das técnicas agrícolas às características da área. O regime fundiário e o de explotação da terra trouxeram nova forma de valorização na qual a pequena propriedade passou a contrastar com o regime tradicional de grandes propriedades e assalariados.

Destacando outra temática e seguindo as tradições da Geografia Agrária Tradicional, o trabalho de Altiva P. Balhana (1962b) apresentou um roteiro para o estudo da casa rural no Sul do Brasil. Com base nos trabalhos de estudiosos franceses como Albert Demangeon e Jean Tricart, a autora tece considerações quanto à variedade de formas e tipos de habitações rurais no país e à necessidade de se estabelecer um roteiro de estudos completo e sistemático do assunto.

"O estudo da casa rural constitui problema bastante complexo porque exige a compreensão de algumas das necessidades fundamentais do homem como abrigo, vida familiar e trabalho, orientadas segundo as exigências da produção agrícola" (Balhana, 1962b, p.75) que levam à definição de casa rural ou habitação rural como um complexo formado pela casa da família ou moradia e pelo conjunto rústico, composto pelas construções separadas onde eram realizadas diferentes tarefas ou fases ligadas à produção agrícola.

A autora aponta os itens que deveriam fazer parte de um formulário de pesquisa, iniciando com a indicação de aspectos gerais sobre a casa rural na comunidade. O estudo da distribuição das construções e suas características e o material de construção são indicados separadamente, bem como a estrutura do edifício principal e, em outro item, das construções secundárias e anexas.

A exposição do formulário feita pela autora demonstra quanto eram descritivos tais estudos, pelo número de detalhes das informações: a condição da população em relação à terra, a nomenclatura utilizada pelos moradores para cada espaço, o escoamento da água pluvial, o material de construção e as transformações ocorridas nos edifícios, a funcionalidade do edifício principal e seus anexos, indicando a organização da terra, sintetizada em construções.

A descrição, além da temática, é o aspecto principal a ser considerado neste trabalho, o que o coloca como resquício da Geografia Agrária das décadas de 1940/1950. Porém, classificando e definindo tipos de habitações, tem um certo viés nomotético que o aproxima da tipologia agrícola que começará a fazer parte dos trabalhos dos geógrafos da década de 1970. A diferença entre eles vai se estabelecer na fonte de informações, estatística no primeiro caso, e direta, obtida pela observação, no segundo.

Sobre a mesma temática, Roy Nash (1961, p.460) também utiliza os franceses para fundamentar seu trabalho:

> É a seguinte a forma pela qual Brunhes observa o campo a estudar. Supondo que o observador se elevasse em um balão sobre determinada região, quais indícios da obra humana que mais de pronto lhe impressionariam a retina ou a chapa fotográfica. Em primeiro lugar, indivíduos movimentando-se como formigas sobre a crosta terrestre ... Mais distintamente que os homens que as construíram, nos impressionariam a vista as suas moradias de telhado vermelho ou pardacento.

Observamos, pelo trecho citado, que o autor conserva as velhas tradições francesas da descrição e observação da paisagem e da vertente possibilista quando classifica como típicas e descreve, na Amazônia, as palhoças de folhas de palmeira; no Rio Grande do Sul, a choupana de barrotes e as casas de turfa; em Minas Gerais e Alagoas, as casas de pedra; no Paraná e em Santa Catarina, as casas de madeira e de tijolos.

Outro tema característico da Geografia tradicional da década de 1950 e que aparece singelamente no início da de 1960 é o estudo dos sistemas de cultivo ou sistemas agrícolas. Orlando Valverde (1961a, p.718), afirmando que "as formas de atividade humana na agricultura traduzem-se pelos chamados 'sistemas de utilização da terra' ou 'tipos de culturas' ou ainda 'sistemas agrícolas'", utiliza-se da economia política para caracterizar os sistemas agrícolas em razão de três elementos, terra, trabalho e capital, que envolvem qualquer empreendimento agrícola: a abundância de terra sobrelevando as demais define os sistemas extensivos de terra. A dominação do trabalho em número e tempo indica um sistema intensivo. O grande emprego de capital também define um sistema intensivo, representado pela lavoura capitalista definida como *plantation* modernos, lembrando que a *plantation* do Brasil colonial adotava um sistema extensivo de terras.

A partir daí, o autor examinou distintos tipos de sistemas em diferentes partes do mundo. A ênfase do autor está em definir os sistemas de cultivo segundo um conhecimento da realidade, permitindo, assim, sua diferenciação. Ainda a observação é preponderante. Se a temática é antiga e comum, se a observação é a técnica de pesquisa preponderante, o discurso do professor Valverde o distingue dos autores do período pelo suporte teórico, buscado na economia política.

Os estudos sobre aspectos geográficos também apareceram na década de 1960. A descrição que Lúcia Oliveira (1960, p.47) fez sobre as paisagens da zona agrícola do Rio do Prata é um exemplo: o "presente trabalho é pois um estudo da vida rural da zona do Rio do Prata, pesquisando-se sob o ponto de vista geográfico os seus habitantes, seu gênero de vida, as modalidades de explotação e ocupação do solo, enfim, das paisagens criadas por esse conjunto de montanha e planície do qual é formado seu quadro físico".

O trabalho de Silva (1964, p.385) analisou, de maneira crítica, a relação entre os fatores ecológicos e socioeconômicos e a produção de alimentos, ou seja, os diversos aspectos que exercem influência e se relacionam com o problema alimentar, para que possa ter uma ideia aproximada das dificuldades que o cercam e impedem uma solução adequada e pronta, na conformidade das necessidades e exigências da realidade nacional.

Os aspectos tratados não foram apenas descritos, mas enfocados criticamente, como mostrado a seguir: o primeiro aspecto envolveu as características históricas, que marcaram a ocupação das terras brasileiras pelo latifúndio e pela monocultura, concentrando a terra, e fazendo que o cultivo de produtos para exportação ou pecuária prevalecessem sobre os alimentares.

Referência foi feita ao sistema de utilização da terra, baseado em técnicas rotineiras e rudimentares, resultando apenas na manutenção da subsistência. A devastação das matas (queimada e coivara) foi tratada particularmente e questionada a baixa fertilidade dos solos que desencadeou a necessidade de utilização de fertilizantes, dificultando uma produção uniforme de gêneros alimentícios.

Outro fator apontado como condicionante da baixa produção de alimentos foi o êxodo rural, consequência da falta de condições de trabalho, da concentração das terras e da influência urbana.

Embora timidamente, o geógrafo agrário da década de 1960 começa a mudar o enfoque, procurando explicações e buscando relações causais entre fatos, mas, em termos numéricos, ainda prevalece a linha tradicional descritiva no início da década.

Outros exemplos dessa mudança de enfoque, justificada pelas transformações que começavam a ser sentidas no agro brasileiro, decorrentes da aceleração do processo de urbanização e industrialização do país, sustentado pela política desenvolvimentista do Estado, podem ser citados.

Geografia Agrária do Baixo Açu, de Orlando Valverde e Myriam Mesquita (1961), foi definido, pelos autores, como um trabalho de Geografia Aplicada, resultado de investigações e observações sobre hábitos alimentares no Brasil, que serviram como fundamento para a FAO.

A designação de Geografia Aplicada foi adotada por tratar-se de um estudo "encomendado", ou seja, as informações oferecidas pelos autores teriam uma finalidade prática, definida por um órgão internacional. Destacamos esse trabalho pelo fato de contrariar a crítica à Geografia dessa época, segundo a qual, apesar de estudar a realidade – a Geografia –, não teria uma aplicação prática.

As características gerais da agricultura brasileira em meados do século XX foram estudadas por Nilo Bernardes (1961), utilizando informações censitárias relativas ao Censo Geral do Brasil de 1950.

O autor destaca a preponderância das atividades agropecuárias em relação à produção industrial, fato marcante do Brasil da década de 1950, que começa a se inverter na década de 1960, apresentando desigualdades no ritmo do desenvolvimento. Nilo Bernardes (1961) pode ser considerado um dos primeiros geógrafos que buscaram uma análise mais crítica da atividade agrícola, colocada no contexto da economia nacional, discussão que se tornaria bastante clara somente no final da década de 1970 sob influência dos estudos de economia.

As questões levantadas por Nilo Bernardes foram reforçadas por Alberto Passos Guimarães (1962) em um texto que tratou da questão agrária brasileira, discutida pelo prisma da manutenção e desenvolvimento da economia nacional, entravada pela estrutura colonial e pré-capitalista do sistema agrário do país. O texto, apresentado à comissão de Reforma Agrária da Câmara dos Deputados, expôs, em vinte itens, os problemas da agricultura brasileira, mostrando as discussões e a problemática que afligia a agricultura no início da década de 1960, já apontada por Bernardes (1961). A reforma agrária era pensada como a alternativa para solucionar os problemas vigentes.

> Posso, pois, concluir, à base dos fatos e dados aqui expostos que há uma crise estrutural no sistema agrário brasileiro, a qual só terá solução com uma reforma agrária que realize profundas mudanças no regime de propriedade da terra, que promova e acelere o desenvolvimento da agricultura e eleve o nível de vida dos trabalhadores agrícolas. (Guimarães, 1962, p.57)

Considerando que a questão da terra ganhava espaço no rol das discussões sobre a agricultura brasileira, começam a surgir trabalhos que procuram entender e explicar, à luz do desenvolvimento histó-

MUNDO RURAL E GEOGRAFIA   245

rico, a distribuição da terra no Brasil e suas relações com o uso e a
produção agrícola.

O trabalho de Rodrigues (1961) pode ser citado como exemplo
pois narra a história da concessão de terras no Brasil a partir da
definição do termo sesmarias.

A partir daí o autor trata da legislação ligada às sesmarias,
referindo-se à Lei de Terras (1850) como o aparato legal que ga-
rantiu a terra àqueles que a conseguiram pelo sistema de sesmarias.

> Com ela morria definitivamente no Brasil as sesmarias e se es-
> tabelecia a venda das terras, com o que não se dava ao tesouro um
> novo recurso, como também se garantia uma melhor colonização. Se
> um novo processo de distribuição de riqueza territorial se inaugurava
> em 1850, não deixava, contudo, a lei de reconhecer as sesmarias e
> concessões que satisfizessem as condições legais. (Rodrigues, 1961,
> p.370)

Acompanhando a análise sobre a distribuição da terra e suas
relações com o uso, em muitos casos, inadequado, pois que baseado
no sistema extensivo, o uso da terra foi uma temática de destaque
na primeira metade da década de 1960.

Além da questão da técnica, expressa pelos sistemas de cultivo,
a questão das mudanças no uso começava a chamar a atenção dos
geógrafos, quer do ponto de vista paisagístico, quer considerando
suas implicações econômicas e sociais.

Preston James (1960) estudou o uso da terra, privilegiando
os tipos no Nordeste brasileiro. A aliança entre a qualidade do
solo e seu uso, segundo o autor, imputou ao Nordeste brasileiro a
condição de região pobre e com dificuldades.

Considerando essa correlação, Preston James (1960) realizou
um levantamento geográfico dos solos e usos regionais, associando
a eles a aplicação do capital à medida que as condições se modifi-
cam. Conclui que a atividade agrícola nordestina se fez em razão
da oscilação do mercado, organizando um sistema em torno da
criação e outro voltado às colheitas comerciais.

Estudando as considerações geoeconômicas sobre a cultura do
fumo no Brasil, Manuel Correia de Andrade (1963) avaliou essa

produção considerando-a como uma das principais culturas do país, revelando ainda a escassez de estudos sobre o assunto na Geografia.

Nesse trabalho, oferece uma narrativa que valoriza aspectos específicos da produção, fugindo do padrão tradicional de descrever a cultura em seus aspectos físicos, econômicos, humanos etc. O que o autor designou de considerações geoeconômicas diz respeito ao fato de dirigir sua preocupação para a produção, destacando o papel desempenhado pela cultura na história do Brasil.

A preocupação com uma entidade não paisagística, o mercado, e a ênfase ao seu papel como controlador da produção e, consequentemente, da ocupação de espaços pela cultura aparecem e são privilegiados no trabalho de Correia.

A discussão sobre a questão alimentar ganha bastante espaço nos periódicos geográficos no início da década de 1960 como reflexo da preocupação com o crescimento populacional e das cidades, que desviava da agricultura um contingente grande de produtores, aumentando a demanda por alimentos das áreas urbanizadas. Tais circunstâncias se agravariam ainda mais a partir de meados da década de 1960.

Monbeig (1965, p.21), em seu estudo sobre culturas alimentares em Salvador, destaca como o clima/relevo proporcionava duas colheitas anuais de produtos alimentares: "uma cultura de milho sobre as vertentes, durante o inverno e uma segunda, em período seco, no fundo dos vales que conservam a terra úmida".

A ocupação e a utilização do solo foram tratadas como consequência das condições naturais, aliadas aos aspectos humanos: "O grau e o modo de ocupação do solo variam não somente em função dos três tipos de condições naturais ... mas, ainda, segundo os fatores humanos, tais como a proximidade de Salvador e acessibilidade" (p.22).

Outro estudo sobre uso da terra apareceu na seção Resenha e Opiniões do *Boletim Geográfico*,[2] em que René Dumont (1962) discutiu a produção alimentar em países subdesenvolvidos.

---

2 Representativo do interesse na recuperação de textos que mostrassem a organização do uso da terra, o *Boletim Geográfico* publicou, em 1962, com anotações de Orlando Valverde, o raro texto monográfico de André João Antonil – *Cultura e Opulência do Brasil por suas drogas e minas* –, obra do cronista colonial (século XVIII) que, embora não geógrafo, descreve de maneira magistral a economia e a Geografia econômica brasileira da época.

MUNDO RURAL E GEOGRAFIA   247

O autor centralizou suas preocupações no problema alimentar comum e na incapacidade dos países subdesenvolvidos em elevar a produção de alimentos.

Os fatores ou razões que impossibilitariam esse aumento estavam diretamente ligados à questão da distribuição da terra.

A ausência de impostos fundiários, a utilização inadequada do capital para comprar alimentos e matérias-primas, em vez de ser empregado em equipamentos adequados, e os baixos salários foram apontados como fatores que impediam o avanço da produção de alimentos, agravados ainda pela "explosão demográfica" e pela falta de controle de natalidade.

O autor tratou particularmente da América do Sul, Índia e África:

> e portanto o progresso agrícola (sempre possível) bastante difícil na Índia, que lavra 43% de seus solos, mesmo se erodidos e empobrecidos, não o é absolutamente no Brasil, nem em toda a América do Sul. Esta última lavra apenas 2 a 3% de seus solos e deixa sempre largamente subexplorados, solos que estão entre os mais ricos do mundo. Pois a grande maioria das terras está concentrada aí entre as mãos dos grandes proprietários, latifundiários, que não se preocupam absolutamente (apenas com raras exceções, que confirmam as enormes potencialidades) de tirar o máximo possível. (Dumont, 1962, p.75)

Em outra ótica, Roberto Lobato Corrêa (1963a) estudou o regime de explotação da terra no Nordeste, a partir de sua expressão cartográfica. O autor considerou que os estudos em Geografia Agrária, sobre uma dada área, deveriam conhecer e interpretar sua estrutura agrária.

Assim, analisando o regime de explotação da terra pelo uso do diagrama triangular para representar as porcentagens de assalariados, parceiros e não remunerados, o autor utilizou dados estatísticos, para as décadas de 1950 e 1960, referentes a cada município da Região Nordeste e obteve uma carta correspondendo à predominância de um dos elementos citados: a área de predominância de assalariados correspondeu às zonas canavieira, junto ao litoral; produtora de coco, cacaueira e de gado, nos brejos e serras; e a outras áreas específicas. A parceria predominou no sertão algodoeiro, na zona de arroz do Baixo São Francisco, na Chapada Diamantina, na zona de Ibiapaba e em outras áreas menos significativas. A explotação direta por não remunerados aparece em direção ao interior, em áreas em que as condições físicas impediram a introdução de culturas tropicais valorizadas como é o caso da zona de arroz no Maranhão, no agreste e no sertão.

Na conclusão, o autor apontou como consequências da situação verificada: o baixo padrão de vida da população, a migração por diferentes áreas do próprio Nordeste, uma insatisfação social e um "subdesenvolvimento crônico que caracteriza toda a região, apesar de haver culturas valorizadas, de formas de adequação às condições naturais, de uma área de povoamento recente e em expansão" (Corrêa, 1963, p.369).

No trabalho de Corrêa (1963), a preocupação com a localização dos fatos era permanente e se fazia possível a partir da aplicação dos dados estatísticos produzidos pelo IBGE. Assim, a análise regional ganhava nova conotação. A paisagem, antes definida pela combinação de fenômenos naturais e sociais, passa a ser definida estatisticamente pela frequência de determinado fato em um dado local, ainda sem o uso de técnicas avançadas.

É necessário salientar que o autor utiliza a expressão *organização espacial* para definir a combinação dos fatos estudados. Para o início da década de 1960, o uso dessa expressão é uma ocorrência pouco frequente, uma vez que o uso do termo espaço, na Geografia Tradicional, era quase inexistente. O próprio Corrêa (1995, p.17), em trabalho teórico posterior, confirma tal afirmativa.

A geografia tradicional em suas diversas versões privilegiou os conceitos de paisagem e região em torno deles estabelecendo-se a discussão sobre o objeto da geografia e a sua identidade no âmbito das demais ciências. Assim, os debates incluíam os conceitos de paisagem, região natural e região-paisagem, assim como os de paisagem cultural, gênero de vida e diferenciação de áreas. Envolviam geógrafos vinculados ao positivismo e ao historicismo ... ou, em outros termos, aqueles geógrafos deterministas, possibilitas, culturais e regionais. A abordagem espacial, associada à localização das atividades dos homens e aos fluxos, era muito secundária entre os geógrafos ...

MUNDO RURAL E GEOGRAFIA

A preocupação com as relações entre a agricultura e o meio ambiente continuou a merecer a atenção do geógrafo agrário da década de 1960. As publicações geográficas abrem espaço para que agrônomos tratem da questão da conservação dos solos, como Braun (1961, p.592 e 639) que associa a degradação dos solos às condições técnicas de sua utilização.

> A não utilização das práticas racionais na agricultura conduz sempre a um decréscimo na fertilidade das terras, que se processa em maior ou menor número de anos conforme as condições do solo, a topografia, o clima e as culturas que lhe são impostas...
> Por esse quadro vê-se o grande atraso técnico do trabalho rural no Brasil, o que constitui sem dúvida um dos maiores obstáculos ao desenvolvimento da conservação de solo no país.

O atraso a que se refere o autor é relativo às mudanças na agricultura que se imprimiram na Europa e nos EUA, pela Revolução Verde, nesse período já concretizada. O Brasil da época ainda limita o emprego de tecnologia àqueles agricultores e culturas mais capitalizados, em razão da necessidade de se adquirir boa parte dos insumos por intermédio da importação. A análise técnica feita por Braun (1961) não é comum na Geografia Agrária, que ainda estuda as condições naturais como determinação ou possibilidade para a ação humana.

Em sua parte intitulada Contribuição à Ciência Geográfica, o *Boletim Geográfico* (ano XVIII, n.155, p.222-3, 1960) trouxe o texto de Sheila O'Callaghan sobre recuperação de terras esgotadas, no qual a autora discute o uso de fotografias aéreas na avaliação do esgotamento do solo, técnica ainda não utilizada pelo geógrafo brasileiro.

> A fotografia aérea serve de orientação à classificação das terras nos estudos em grande escala. Os filmes infravermelhos são muito usados por revelarem mais pormenores e variações da umidade. Preparam-se mapas com a ajuda de fotografias, que são coloridas para representar tipos de terras e prováveis diferenças do solo, deduzidas da vegetação ou da falta da mesma. (O'Callaghan, 1960, p.222)

Por aparecer na seção citada, pode-se concluir que a Geografia buscava abrir-se a novas formas de estudo e, principalmente, a novas técnicas e fontes de informação.

Felix Rawitscher (1962) tratou da degradação dos solos tropicais como consequência do emprego de métodos agriculturais de climas temperados. O autor examinou a inadequação do uso de métodos europeus em áreas tropicais, definindo os fatores que levaram à degradação dos solos. O fenômeno da lixiviação interior dos solos, comum nos trópicos, foi o fato principal considerado, complicado pela inadequação das técnicas: "Hoje em dia, não podemos imitar tais métodos de culturas migrantes dos povos primitivos, mas, com eles poderíamos dar referência a culturas permanentes, se possível com plantas de raízes profundas e com proteção duradoura do solo" (p.291).

Com o objetivo de oferecer fundamentos geográficos dos solos, tendo em vista a reforma agrária, Antônio Teixeira Guerra (1965a, p.240) ressalta que o solo "é um elemento componente da paisagem e de grande importância na organização do espaço geográfico".

Relaciona, nesse trabalho, a Pedologia e a Edafologia com a Geologia, a Geomorfologia e a Climatologia, demonstrando que cada uma apresenta uma tipificação dos solos diferente, de acordo com sua objetividade, definindo representações cartográficas específicas como a carta pedológica e a carta agrogeológica.

Guerra não esquece o papel do homem como agente modificador do solo. "O grupo humano constitui importante elemento da diagênese dos solos. Dois elementos devem ser considerados: a) tempo de exploração; b) história dessa exploração ..." (p.242).

Coerente com uma questão que dominava o cenário acadêmico e político nos primeiros anos da década de 1960, outro texto de Antônio Teixeira Guerra (1965b) também discutiu a relação entre solos e reforma agrária, e o autor, no papel de técnico, ofereceu informações àqueles empenhados na reforma agrária, organizando o texto a partir de algumas indagações e respostas que considerou convenientes.

Nesse sentido, sua primeira questão era definir a reforma agrária, considerada mais que uma partilha, mas também uma modificação da relação do homem com a terra em busca de maior produtividade e melhora nas condições de vida da população.

MUNDO RURAL E GEOGRAFIA

> Reforma agrária, significa, no nosso entender, uma transforma-ção radical no sistema de propriedade, onde as condições gerais e bem-estar do homem sejam também revistas. A simples *posse da terra* sem uma completa assistência ao homem rural, em nada contribui-rá para o aumento de riquezas do país. (Guerra, 1965b, p.131 – grifo no original)

A questão seguinte procurou definir o tamanho ideal das propriedades em razão da qualidade do solo, já que o processo de minifundização em algumas áreas do país se fazia presente.

A preocupação central do autor, porém, foi a avaliação do solo no Brasil, considerada por ele precária e sem critérios científicos. Considerando a terra como o suporte para as atividades agropastoris, seu conhecimento era, na década de 1960, de base empírica. Assim, segundo Guerra (1965b, p.134), a análise científica dos solos seria valiosa para os governantes interessados na reforma agrária.

> A terra constitui um importante elemento na questão da lei agrária, no entanto, o conhecimento profundo da potencialidade das mesmas não poderá ser assunto de meras conjecturas especulativas. Devemos salientar que numa reforma agrária, além do problema da posse da terra e os modos como dividi-la, se for o caso, tem-se que considerar o capital, a assistência técnica e financeira, e a segurança de escoamento das safras, além de outros elementos como: tipos de clima, defesa florestal e águas. Em outros termos, significa conhecer-se o meio fisiográfico e socioeconômico de cada área.

Em outra perspectiva, Valverde (1965) trata da reforma agrária como uma necessidade para o país. Para tanto, afirma que, para a plena eficácia do plano, seria necessário considerar alguns pontos: ouvir técnicos e camponeses da região, bem como estabelecer como unidade de execução da reforma a região geoeconômica.

> Os limites dessas regiões não coincidem com os limites estaduais, conforme podem pensar alguns espíritos simplistas. A existência de diversas regiões geoeconômicas dentro de uma mesma unidade da Federação tem até o efeito salutar de favorecer as trocas comerciais. (Valverde, 1965, p.616)

O conhecimento pleno das diferentes regiões que compõem o país é o aspecto fundamental a ser considerado na elaboração do plano de reforma agrária segundo esse autor. A região é a unidade de análise.

"Em resumo, a reforma agrária é uma operação muito complexa, mas inadiável, e que só pode ser enfrentada em soluções regionais" (ibidem, p.619). O objetivo da reforma agrária para o autor é o "soerguimento econômico e social das populações rurais" (p.618). Cada unidade produtiva, ou propriedade, deveria ter um tamanho mínimo, "*minimale ackernahrung*" (p.617).

O conhecimento da região seria efetivado, considerando as seguintes variáveis: fertilidade do solo, sistemas agrícolas adotados, produtos comercializados, meios de transporte, distância dos mercados etc. Cada região geoeconômica apresentaria um tamanho mínimo para cada momento, variando no tempo em decorrência de mudanças na realidade econômica.

Valverde (1965) nos apresenta uma proposta de realização da reforma agrária que, se considerada em relação às correntes vigentes, preocupadas unicamente com a distribuição da terra, se coloca como de vanguarda. Contemplar as condições do meio físico, e também as condições infraestruturais, define uma forma pouco comum de avaliar o problema. A noção de região geoeconômica, já citada por outros autores, parece ser o conceito fundamental apresentado, além de colocar-se como uma proposta de cunho puramente geográfico que não desconsidera a presença do quadro natural como um dos fatores determinantes do processo de ocupação de dada área, sem priorizar unicamente o social (conflito) ou o econômico (produção).

A SEGUNDA METADE DA DÉCADA DE 1960: AS EVIDÊNCIAS DAS MUDANÇAS METODOLÓGICAS

Com trabalhos idiográficos, monográficos, a Geografia Agrária da primeira metade da década de 1960 mantém as ligações temáticas e metodológicas com aquela da década anterior, porém, por alguns trabalhos, já se percebe a introdução de novas diretrizes no fazer do geógrafo agrário (fotografias aéreas, análises quantitati-

MUNDO RURAL E GEOGRAFIA   253

vas, questões sociais), que se tornariam mais evidentes a partir da
segunda metade dessa década, principalmente sob a égide das
Comissões de Levantamento da Utilização da Terra e de Tipologia
Agrícola da União Geográfica Internacional, à qual muitos geógrafos brasileiros se filiaram.

Como consequência dessa orientação internacional e do clima
de restrição ao livre-pensar que se instalara no país em 1964, as
questões sociais, entre elas a reforma agrária, praticamente desapareceram das publicações geográficas, dando margem a uma das
mais contundentes críticas à produção geográfica brasileira no
período: a alienação com relação aos problemas que afligiam o
país naquele momento.

Mas, de qualquer maneira, ainda se mesclam trabalhos de
vários estratos temáticos e metodológicos como os de Bernardes
(1966) sobre as mudanças na economia agrícola brasileira, Pebayle
(1968) sobre a Geografia da Campanha rio-grandense, ambos de
características claramente tradicionais, bem como o de Valverde
(1969) sobre a definição de sistemas de cultivo, tema já distante na
historiografia da Geografia Agrária naquele momento.

O clássico da Geografia Agrária brasileira produzido por Nice
Lecocq Müller (1966) sobre bairros rurais do município de Piracicaba (SP) merece destaque no período.

Estudando a origem e o desenvolvimento dos bairros rurais
no Estado de São Paulo, a autora apontou que "o bairro rural
constitui tipo de habitat bastante comum no Estado de São Paulo,
onde constitui uma unidade de povoamento, formado que é por
um conjunto maior ou menor de estabelecimentos" (p.87).

Efetuando uma descrição das características principais da
evolução dos bairros rurais a autora apresenta uma tipologia com
critério temporal dos bairros identificados como: bairros do século
XIX, bairros das primeiras quatro décadas do século XX, bairros
do período 1939-1946 e bairros recentes e tendências atuais.

No que se refere à distribuição geográfica dos bairros, a autora considera áreas "vazias" de bairros, áreas de concentração de
bairros e distribuição dos bairros pelas áreas geoeconômicas: área
canavieira, área de criação e cultura do algodão e área policultora
com produção comercial do fumo.

A noção de organização espacial aparece na exposição da autora, que designa o bairro como uma forma de organização do espaço agrário, constituído de núcleos (agrupamento humano na paisagem) e área periférica (propriedades rurais com hábitat disperso).

Em relação à questão econômica, os bairros também foram considerados como formas de organização socioeconômica e as categorias de bairros foram definidas a partir de "áreas geoeconômicas", expressas em razão das formas de ocupação do solo e dos tipos de produção organizados, em virtude da área em que foram encontrados. Assim, os bairros poderiam ser: da área canavieira, da área de pastoreio e da cultura do algodão, da área fumageira. Apareceram ainda os bairros com policultura de subsistência e produtos comerciais variados.

Considerando relações mantidas entre os agricultores, a autora identificou: bairros de centralização patriarcal (laços de família), bairros de centralização espontânea (dependência econômica entre produtores e trabalhadores), bairros de centralização econômica (ligados à produção canavieira e de origem patronal).

Percebe-se pelo exposto que a preocupação com a classificação ficou evidente no trabalho, indicando uma tendência futura para os estudos de Geografia Agrária que diferiram deste (baseado na observação direta) por estarem alicerçados em dados estatísticos.

Ainda como de transição entre a base empírica e o tratamento quantitativo, Elza Coelho de Souza Keller (1964) ofereceu uma contribuição à metodologia da pesquisa em utilização da terra. O trabalho expôs métodos e técnicas de pesquisa empregados em estudo sobre o uso da terra na depressão periférica paulista.

> O nosso interesse na elaboração deste trabalho é sobretudo, metodológico e pretendemos com ele experimentar métodos e técnicas adaptadas às condições precárias da pesquisa geográfica no Brasil ...
> Dando tal orientação a esta pesquisa pretendemos também trazer elementos seguros e fundamentos aos estudiosos que futuramente possam se interessar no estabelecimento de uma tipologia da agricultura brasileira. (p.89-90)

Tratou-se de estudo orientado para o levantamento de dados sobre aspectos físicos, sociais, técnicos e econômicos da utilização da terra.

MUNDO RURAL E GEOGRAFIA   255

Em relação às técnicas expostas, "o mapeamento da utilização da terra foi feito através de operações combinadas de gabinete e de campo, mediante técnicas de fotointerpretação apoiadas em observações intensivas no terreno" (p.91).

As categorias de utilização da terra foram determinadas segundo classificação adotada pela UGI que definiu os usos como: utilização não agrícola, terras agrícolas – horticultura, culturas perenes, culturas anuais, pastagens, matas, águas – e terras improdutivas.

O trabalho combinou conhecimentos usuais com técnicas de fotointerpretação.

> O emprego desta técnica no mapeamento da utilização da terra mostrou grandes vantagens decorrentes da rapidez do inventário e da objetividade e boa qualidade das informações obtidas. Em área de difícil acesso é quase que o único meio de levantamento. (p.96)

Em relação às condições fundiárias a autora justificou:

> A inexistência de mapas cadastrais no Brasil levou-nos à preparação de cartas desse tipo para que pudéssemos conhecer as estruturas agrária da região. Sem dúvida, o método mais rápido e econômico de se obter informação cadastral é o emprêgo de fotografias aéreas, complementando, quando necessário, com a consulta de escrituras em cartórios e nos registros de imóveis. (p.97)

As informações relativas à estrutura fundiária se fizeram a partir da classificação das propriedades segundo uma identificação dos imóveis que considerou as características do proprietário, suas condições, a natureza da posse e as condições de exploração da propriedade. A estrutura agrária quanto ao regime de trabalho identificou as categorias: por conta própria, parceria e arrendamento.

Os diferentes tipos de povoamento foram analisados segundo a organização do hábitat obtida pela descrição e observação das unidades de povoamento, utilizando-se da aerofotogrametria e de inquéritos no campo. O resultado obtido foi a definição dos tipos de hábitat agrupado e disperso, e um mapa foi apresentado mostrando a intensidade das unidades de povoamento.

A pesquisa efetuada por Elza Keller (1964) deixa patente como o período que ora analisamos é de transição. Nessa pesquisa, a autora fez uso de duas distintas fontes de informação. A observação não foi abandonada, na medida em que serviu para esclarecer e complementar detalhes, imperceptíveis nas fotos. Outro fato importante a ser referenciado diz respeito ao uso de classificações propostas pela União Geográfica Internacional, com o intuito de padronizar os estudos e informações sobre o uso da terra em todo o mundo.

Considerando a inclinação metodológica, merece alusão o texto de Moraes (1968): uma contribuição à identificação de tipos de utilização da terra, com o uso de fotografias aéreas.

Inicialmente, o autor tratou de questões técnicas sobre a fonte de informações que divulgava. Assim, alinhou uma série de aspectos que deveriam ser considerados nesses estudos: o período do ano em que as fotos eram tiradas (diversidade na fisionomia das culturas), a escala e a acuidade visual que determinariam a identificação dos elementos.

Considerando os dois aspectos assinalados, o autor estabeleceu *chaves de identificação* com base em alguns elementos: tonalidade ou tom fotográfico, altura dos indivíduos, disposição ou arranjo dos indivíduos, forma, relação com aspectos vizinhos e situação ou localização. Como conclusão, salientou que a correlação entre os elementos de reconhecimento seria bastante útil.

Também profissionais de outras formações passam a utilizar a fotografia aérea como instrumento de pesquisa e muitos deles têm espaço nas publicações geográficas, divulgando seus trabalhos, como Mário Borgonovi (1966) que estudou o uso da terra do município de Andradina. Engenheiro agrônomo do Serviço de Fotointerpretação do Instituto Agronômico de Campinas, o autor realizou seu estudo fazendo uso da fotointerpretação.

A partir da aplicação da aerofotogrametria para mapeamento do uso do solo, outras questões passaram a fazer parte do horizonte geográfico brasileiro, preocupado em participar de uma linha de pesquisa de abrangência mundial, acolhida pela UGI e liderada por Jerzy Kostrowicki: a tipologia da agricultura. Além de Elza C. S. Keller, outros dois geógrafos se destacaram nessa linha logo de início: António Olivio Ceron e José Alexandre Filizola Diniz, da Facul-

MUNDO RURAL E GEOGRAFIA

dade de Filosofia, Ciências e Letras de Rio Claro (SP), que desenvolveram técnicas cartográfico-quantitativas para mensuração e representação dos vários indicadores necessários à tipologia da agricultura, por eles considerada o cerne da Moderna Geografia Agrária.
Nas suas palavras:

> Um dos objetivos primordiais da Geografia Agrária moderna, de
> acordo com a orientação preconizada pela União Geográfica Interna-
> cional, é a sistematização dos Tipos de Agricultura em todo mundo.
> Para tanto, é fundamental que os conceitos e os elementos necessários
> para a definição desses tipos de agricultura sejam os mesmos. (Ceron
> & Diniz, 1969, p.2)

No trabalho citado, Ceron & Diniz propõem e aplicam a 179
municípios do Estado de São Paulo uma técnica para análise da
orientação da agricultura.

No método adotado, consideraram como variáveis o valor
da produção agrícola e do rebanho e apontaram problemas na
aplicação, decorrentes da inexistência ou inadequação dos dados,
obrigando a adaptações do método original aplicado na Europa.

Em um estudo sobre eficiência da agricultura, Diniz (1969c,
p.63), salientava:

> Os estudos de eficiência da agricultura desenvolvidos nos anos
> mais recentes, dentro de condições de análise estatística, vêm preen-
> cher uma lacuna nos trabalhos de Geografia Agrária. De fato, a
> noção de intensidade quase sempre caracterizada por informações
> qualitativas, pode agora ser completada com a ideia de eficiência em
> termos quantitativos.

Observamos que temáticas puramente qualitativas ganharam
nova roupagem e passaram a ser tratadas quantitativamente, conforme salientou o autor. Porém, apesar de todo o aparato matemático-
-estatístico aplicado a dados, nesse momento, abundantes, ele não
resultou senão em "descrições com números", ou seja, o aparato
técnico, se mudou radicalmente a forma, não chegou a mudar o conteúdo dos trabalhos dessa década. A paisagem local, descrita pela

observação, é substituída por uma "paisagem virtual", só possível de ser abstraída a partir dos dados. Era a "revolução teorético-quantitativa" da Geografia que começava a aparecer nos estudos agrários, pioneiros, junto com a Geomorfologia na aplicação dessa nova forma de ver o mundo.

Essa forma "revolucionária" de tratar a agricultura só seria possível também em razão das mudanças tecnológicas que atingiam o espaço brasileiro. A própria atividade agrícola sofria transformações e novas indagações se colocavam para o geógrafo agrário. A proposta de estudos locais ficava desqualificada em relação à noção de expansão da atividade que se colocava, não só em termos materiais, mas mesmo espaciais, a partir da incorporação de novas áreas, até então impróprias.

A política de desenvolvimento nacional, que começava a ser implantada pelo governo militar, eivada do dirigismo centralizado, indicava o conhecimento de grandes traços do espaço e da economia brasileira como base para o planejamento de Estado. Estava, então, a Geografia Agrária brasileira impulsionada por duas forças que lhe davam as diretrizes teórico-metodológicas: de um lado, a orientação da UGI, apontando para as tipologias da agricultura (principalmente junto às universidades, como Rio Claro); de outro, a do Estado (principalmente junto às agências de pesquisa, como o IBGE), privilegiando os trabalhos genéricos, de amplo espectro espacial, com base para ações planejadas.

Mesmo nesse contexto de mudanças, persistia a forma clássica de abordar a agricultura, demonstrando que a novidade não seria assimilada com tanta facilidade.

Assim, Orlando Valverde, em 1967, nos oferecia um ensaio sobre a fazenda de café escravocrata no Brasil, destacando seu papel histórico.

Descrevendo a paisagem a partir do hábitat, do trabalho escravo, do modo de vida dos senhores e dos escravos, do beneficiamento e do transporte do café, o autor analisou as causas do florescimento e da decadência da fazenda de café, aliadas ao papel econômico e social da escravidão.

O *Boletim Paulista de Geografia*, em 1967 e 1968, publicou dois trabalhos de Manuel Correia Andrade que também mantinham a forma de análise tradicional.

Considerando as regiões da mata, agreste e sertão pernambucanos, Andrade (1967) avaliou em que medida as condições naturais influenciaram na ocupação e exploração da terra, utilizando como fio condutor a definição dos sistemas de exploração existentes em cada uma delas. Dessa forma, o autor estudou a estrutura fundiária, a área ocupada com cada cultura, os sistemas de cultura, as relações de trabalho e as condições de vida do agricultor.

Em outro estudo, Andrade (1968, p.23-4) examinou o latifúndio, a cana-de-açúcar e o coco no norte de Alagoas.

> Ao se pretender estudar a Região Norte de Alagoas do ponto de vista geográfico, tanto em seus aspectos físicos como nos econômicos, uma divisão das mesma em duas zonas ... Há, na verdade, uma zona litorânea ... Nessa zona as principais atividades econômicas são a cultura do coco-da-Bahia e a pesca. A essas duas atividades econômicas se acha ligada a maioria da população, dedicando-se o restante ao comércio e a pequenos roçados.
>
> O habitat dominante é agrupado em compridas povoações que se alongam próximas umas às outras à beira-mar. A outra zona é a que se poderia chamar de mata ou, mais propriamente, de zona de transição entre o litoral e a mata; compreende as várzeas dos rios e os tabuleiros que se separam ... onde a cultura da cana é a principal atividade econômica e onde a população se aglomera ora nessas pequenas e antigas cidades, ora em torno às usinas que dominam inteiramente as paisagens e a economia da região.

Na *Revista Brasileira de Geografia*, Elza Keller (1969) apresentava um projeto de mapeamento da utilização da terra que deveria ser executado pelo IBGE, atendendo às recomendações da UGI.

Primeiramente, a autora resgata a história da Comissão de Levantamento da Utilização da Terra que preconizava a pesquisa mundial sobre esse assunto com um sistema uniforme de classificação. A seguir, apontou as diretrizes do levantamento, descrevendo a classificação proposta pela UGI.

A grande novidade estava nas técnicas de pesquisa, que indicavam o uso da fotointerpretação e não o método clássico com base em mapas topográficos e observações no campo.

O significado científico e prático do levantamento detalhado do uso da terra encontra, também, expressão no fato de que pode servir de fundamento seguro na pesquisa sobre tipologia da agricultura. É este um dos aspectos da Geografia Agrária de mais recente interesse por parte dos geógrafos especialistas ... (p.160)

Realmente, Ceron & Diniz, já em 1966, desenvolviam metodologias e empregavam a técnica para estudar a utilização da terra na Média Depressão Periférica Paulista, buscando a sistematização dos elementos para a identificação das culturas, designados como chaves de identificação: cor, textura, forma da parcela, dimensão dos campos de cultivo, altura, espaçamento, restos de colheita e arranjo espacial.

O mapeamento da utilização da terra com o apoio de fotografias aéreas constituiu uma verdadeira linha de pesquisa, principalmente na FFCL de Rio Claro, dando origem a inúmeros artigos e teses de doutorado.

É bom lembrar que a fotografia aérea não substituirá completamente o trabalho de campo, já que, paralelamente ao uso da terra, era comum a identificação dos sistemas de cultivo associados.

Ainda na linha de comando da UGI, Ceron (1968) apresentou técnica para definir as categorias dimensionais de propriedades agrícolas, buscando demonstrar nova forma de classificar os estabelecimentos agrícolas, não apenas por elementos qualitativos, mas também quantitativos.

Na conclusão, afirmou que "propriedades agrícolas podem ser agrupadas em categorias dimensionais, de acordo com os critérios expostos nesse trabalho, o qual, convém ressaltar, leva em consideração o regime de exploração agrícola mais frequente, aliado ao volume de mão de obra empregada" (Ceron, 1968, p.122).

No final da década de 1960, começavam a aparecer com grande ênfase, na Europa e Estados Unidos, os efeitos danosos da Revolução Verde, já plenamente instalada naquelas áreas e ainda incipiente no Brasil.

A questão das agressões ambientais do processo de produção agrícola, com uso maciço de fertilizantes e agrotóxicos, aparece discutida numa bibliografia internacional e, no Brasil, alguns auto-

MUNDO RURAL E GEOGRAFIA 261

res começam a se interessar pelo assunto, ainda da perspectiva da apologia ao uso de insumos.

O problema do uso dos fertilizantes químicos no Brasil foi discutido por Leão (1966) a partir de seu uso e crescimento no mundo e suas relações com o crescimento populacional, produção e produtividade de cultivos alimentares.

Tratando particularmente do Brasil, o autor apontou o baixo nível de utilização dos fertilizantes em relação a outros países, afirmando que o "uso deficiente de fertilizantes no Brasil deve-se mais à escassez e ao alto custo do que mesmo ao atraso dos lavradores" (p.106). É importante considerar que, nesse período, a agricultura ainda não se consolidara como consumidora de insumos químicos, ou seja, grande maioria dos agricultores nacionais não teve acesso, ainda, às inovações e ao crédito, sustentáculo da modernização. Daí Leão (1966, p.106) apontar a falta de dinheiro como indicativo do baixo uso de fertilizantes, completando: "compreende-se que possibilitar a existência no país de ampla quantidade de fertilizantes ao mais baixo preço possível constitui um dos nossos mais prementes problemas".

Constata-se a insistência do autor quanto à adoção, por parte dos agricultores brasileiros, de métodos já utilizados em outros países.

Considerando as condições de produção, bastante favoráveis na Região Centro-Sul do país, o autor destaca o uso dos fertilizantes nas propriedades dessa área, comprovando sua afirmação de que o aumento no uso de fertilizantes no país depende da queda nos preços, tornando o produto acessível, fazendo propagar a modernização.

Não se deve esquecer que, nesse momento, o uso de fertilizantes é defendido como indispensável para o aumento da produtividade agrícola. A preocupação ambiental e a discussão sobre as consequências desse uso não são destacadas. Essa temática vai ganhar foco novamente, em finais da década de 1970 e durante o decênio de 1980, sob nova roupagem, quando as consequências de mais de uma década de uso de fertilizantes químicos começam a aflorar.

Assim como Valverde (1965), Marques (1969) procura mostrar que a discussão sobre a questão da terra, não sendo tratada de forma regional, deixaria de considerar que qualquer ação relativa ao agro não teria apenas um reflexo local, mas influiria numa área maior. Os dados estatísticos, nesse sentido, guardariam as particularidades locais, não fazendo transparecer as diferenças regionais de forma nítida.

Percebemos que a preocupação com a definição de formas eficazes de tratar a questão da terra é corrente em finais da década de 1960. No bojo das mudanças tecnológicas que começaram a ser introduzidas, a terra passou a ganhar destaque, pois a problemática da produção agrícola seria solucionada pela adoção de tecnologia, permanecendo a terra, ou melhor, a distribuição da terra, intocada. A futura discussão da modernização conservadora começou a se evidenciar nessas preocupações.

A TIPOLOGIA AGRÍCOLA E OS ESTUDOS CLASSIFICATÓRIOS DO INÍCIO DA DÉCADA DE 1970

A década de 1970 surgiu trazendo consigo uma série de mudanças e consolidando a chamada agricultura capitalista, denominação que se tornou comum nos trabalhos do período.

Ganhou destaque o desenvolvimento tecnológico, que atingiu o campo, mas que também alcançou as análises geográficas, tornando a Geografia uma ciência rica em modelos, leis e testes científicos.

Nesse momento, consolidava-se a modernização da agricultura no Sudeste e no Sul do país, estimulada por uma política de subsídios e incentivos que privilegiavam produtos voltados à exportação e/ou industrialização, produzidos em larga escala, em grandes estabelecimentos monocultores.

Consolidava-se, também, a chamada Revolução Teórico-quantitativa na Geografia brasileira, dinamizada, principalmente, a partir de Rio Claro e do IBGE.

Apesar das mudanças factuais e teóricas, ainda se encontravam trabalhos, realizados na ótica tradicional, publicados nos periódicos e anais geográficos, mostrando a força dessa escola de Geografia, mesmo dentro da Associação de Geógrafos Brasileiros, como é o caso do estudo sobre "O uso da terra em Guaratiba", patrocinado pela Diretoria de Pesquisa da Seção Regional do Rio de Janeiro, da AGB (1970), em que o padrão tradicional aparece na própria estru-

MUNDO RURAL E GEOGRAFIA 263

tura do texto, com a descrição do quadro natural por seus elementos, história da ocupação e povoamento da área, a atividade agrícola e criatória, os sistemas agrícolas e a comercialização.

A relação entre ciência e literatura, hoje valorizada na escola humanista, apareceu já em 1973 em artigo de Daniel Dillman, que se apoia na literatura de Jorge Amado para o estudo da região cacaueira da Bahia.

> Grande parte da história da colonização brasileira está estreitamente ligada a uma sucessão de ciclos econômicos, com crescimento, clímax e declínio, conferindo cada ciclo uma identidade distinta a uma região específica de cultura ... Em cada região um modo de viver funcionalmente carente evoluiu para abarcar todo o conjunto dinâmico do homem e da terra. (Dillman, 1973, p.99)

A partir dessa afirmativa, o autor trata da região como uma área de ocorrência de uma dada cultura e toda organização que dela deriva.

Que a diferenciação e a variação espaciais centralizavam as atenções no início da década de 1970 é algo notório, como veremos a seguir. No entanto, pensar a região a partir da leitura de romances e do ponto de vista de romancistas surpreendia, num momento em que a exatidão dos dados e das técnicas centralizava as atenções.

Para Dillman (1973), a utilização de romances como fonte de informações foi uma prática bastante positiva e se traduziu na criação de imagens regionais distintas. Segundo ele, os romancistas regionais históricos tratavam de gêneros de vida locais no contexto espacial e temporal: "O romance histórico pode pois permitir uma melhor apreciação e um entendimento mais concreto da realidade humana em uma região onde a agricultura evolui" (p.99).

O trabalho objetivou avaliar a personalidade do grupo, a cultura e o meio ambiente como elementos que interagiam para construir a região cacaueira da Bahia. A fonte principal foi a obra de Jorge Amado, representada pelos romances *Terras do sem fim* e *Gabriela cravo e canela*.

> Os romances da escola regional da literatura no Brasil, entre os quais os romances de Jorge Amado, gozam da melhor reputação

internacional; oferecem em especial, visões proveitosas do comportamento humano e de organização social como parte de contextos
regionais emergentes no Nordeste do Brasil. (ibidem, p.100)

Comentando as duas obras nas quais se baseou, descreveu
diferentes momentos históricos que marcaram a implantação da
cultura do cacau na Bahia e como o romancista Jorge Amado discutiu o assunto. Utilizando-se da mesma estrutura de um romance,
Dillman (1973) apresentou seu texto de forma análoga: prólogo
(história da ocupação do Estado da Bahia), o plantio (o desenvolvimento da cultura do cacau), os imigrantes (população da região
cacaueira), as terras do cacau (a ocupação das terras pela cultura),
personalidade e comunidade (a personalidade dos trabalhadores
do cacau) e perspectiva (o futuro do cacau).

Justificando que existiria na Geografia uma lacuna quanto
à definição dos motivos que levam à formação de uma região
agrícola, o autor salientou que o romance regional foi uma fonte
importante para fornecer tais informações.

A explicação histórica dos fatores sociais e econômicos que de-
sempenharam papel preponderante na transformação e na formação
de uma região pode ser fortalecida pelo conhecimento do gênero de
vida local obtido de interpretações sensíveis de um romancista profundamente imerso neste tema, em virtude de sua experiência pessoal.
(p.110)

A subjetividade, sem dúvida, está presente nesse trabalho na
maneira como o romancista realizou sua exposição, na sua percepção em relação à área e aos personagens que viveram a história,
da mesma forma que, na Geografia Tradicional, esteve presente
na maneira como cada estudioso observava a paisagem, por meio
do trabalho de campo, procedimento que predominou durante
longo tempo.

No período ora resgatado, o trabalho de campo, em muitos
casos, foi substituído pelas informações secundárias, sem entretanto
desaparecer, servindo para confirmá-las; as fotografias, os mapas e o
discurso de caráter literário deram lugar à exatidão das fórmulas e dos

MUNDO RURAL E GEOGRAFIA

cálculos; a intenção de apresentar um trabalho completo que incorporasse todos os aspectos de uma dada área ou cultura cedeu lugar aos testes de métodos e modelos que seriam posteriormente utilizados e serviriam como indicações para futuras análises integradas.

Nessa linha e dando sequência a uma série de trabalhos iniciados na década anterior, sob a iluminação das orientações da UGI, Diniz (1970) propôs o cálculo da eficiência da agricultura para a Depressão Periférica Paulista, texto que foi publicado na seção Resenha e Opiniões do *Boletim Geográfico*, o que indica tratar-se de trabalho informativo.

Diniz (1970) expõe sua experiência na aplicação da técnica de cálculo da eficiência agrícola que, para o caso estudado, Depressão Periférica Paulista, resultou na criação de um índice que exprimiu a eficiência agrícola e pecuária.

Aspectos gerais da área são descritos como no padrão dos trabalhos tradicionais para, em seguida, apresentar considerações sobre a eficiência agrícola e seu mapeamento para diferentes culturas (café, cana-de-açúcar e milho) e para a pecuária.

Poltroniéri (1973) expôs aspectos da economia agrícola na porção Centro-Norte do Estado de São Paulo, valendo-se de métodos de trabalho, segundo ela, tradicionais à Geografia e "formas de abordagem ainda não muito usuais" (p.65), representadas pela análise quantitativa.

A área estudada, porção Centro-Norte paulista, formada pelas Regiões Fruticultora de Bebedouro e Canavieira de Araraquara-São Carlos, foi definida pelo IBGE, e o município foi a unidade básica de informações estatísticas.

Embora esses estudos buscassem definições regionais, ou seja, estudos em escala regional, procurando identificar áreas com o mesmo padrão estatístico de variáveis, tinham como unidade de análise o município, unidade básica de levantamento dos institutos de pesquisa que padronizava o nível máximo de desagregação dos dados dos trabalhos da época, ao contrário do período anterior, em que o estudo poderia admitir desde a escala microlocal (uma só propriedade e sua organização interna) até paisagens regionais.

Nesse sentido, a avaliação da evolução espacial da produção agrícola, que antes se faria com grande apoio da história, foi efetuada por Poltroniéri (1973) com base em informações estatísticas sobre áreas de pastoreio, terras de pastagens, lavouras para sequências estatísticas temporais (1940, 1950 e 1962). A análise fez uso da técnica de classificação de espaços produtores, representados em cartogramas, que demonstraram a evolução espacial da cultura do café, cana-de-açúcar, citrus e algodão, criação de bovinos e produção de leite, da qual Poltroniéri (1973, p.75) conclui que "as produções cafeeira e algodoeira decresceram, estabilizaram-se ou cresceram em ritmo pouco acelerado, enquanto a canavieira e cítricola tiveram ritmo de crescimento vertiginoso, particularmente depois de 1950".

Vale lembrar que, pela exposição dos resultados obtidos por Poltroniéri (1973), as informações oferecidas não são diferentes das encontradas nos estudos descritivos; não há aqui referência ao quadro físico ou ao povoamento. O que antes era observado no campo e descrito como paisagem, agora é tratado estatisticamente e mostrado em cartogramas e tabelas.

Em outro estudo, Poltroniéri (1974), ainda preocupada com variação espacial, prioriza a regionalização, procurando definir espaços agrícolas uniformes no Estado de São Paulo por meio de estruturas econômicas. Numa parte introdutória do trabalho, a descrição do quadro físico da área é substituída pela exposição das bases técnicas e teóricas, utilizadas para classificar o espaço paulista em regiões uniformes por meio de variáveis agrícolas.

> Trata-se da aplicação de uma classificação de ordem multidimensional baseada nos seguintes atributos regionalizadores: valor da produção, em cruzeiros, de 11 diferentes produtos agrícolas e de índices de intensidade do trabalho agrícola. Desta forma, os 505 municípios de São Paulo (1962) tiveram o seu comportamento descrito por 15 variáveis. (1974, p.5)

Por tratar-se de um ensaio, cuja base foi a aplicação de uma técnica, a autora teve como preocupação definir, teoricamente, termos ainda pouco comuns ao vocabulário geográfico e que foram utilizados no decorrer do trabalho: estrutura, estruturas agrícolas e regiões uniformes.

MUNDO RURAL E GEOGRAFIA

As bases técnicas utilizadas foram classificadas em três estágios: os atributos regionalizadores (com uso de computador), estruturas agrícolas (análise fatorial) e agrupamento (Cluster Analysis, Dendograma).

Em resumo, Poltroniéri (1974, p.8) assim alinhou as técnicas necessárias e utilizadas em seu estudo:

> 1. Escolha de um conjunto "n" de variáveis, cujo comportamento foi sondado em relação ao conjunto "m" de casos;
> 2. determinação das estruturas;
> 3. localização das estruturas;
> 4. agrupamento dos espaços com base nas estruturas.

As estruturas agrícolas foram analisadas, considerando, a autora, as relações entre os atributos obtidas por meio do cálculo do coeficiente de correlação. A análise fatorial foi utilizada e dela resultou a determinação de quatro fatores, analisados separadamente, acompanhados da distribuição espacial de cada um.

Por fim, a autora chegou às regiões agrícolas em espaços não homogêneos, em que a contiguidade foi inexistente. Nesse sentido, a autora concluiu que

> Analisando o comportamento dos 4 componentes agrícolas no espaço paulista, pudemos concluir que o Estado de São Paulo não apresenta áreas agricolamente organizadas exclusivamente em torno de uma única estrutura.
> Como vimos, a superposição é uma constante e a dispersão também. Isto prova que a agricultura paulista não apresenta um nível de hierarquização espacial agrícola considerável. (p.27)

A regionalização tornou-se temática de destaque na década de 1970, como pudemos observar até aqui. É interessante notar que o "velho" conceito de região sucumbe diante de uma "regionalização" que não exige a continuidade espacial para a configuração da região. A preocupação com a distribuição dos fatos agrícolas buscando definir padrões de localização fundamentou os trabalhos do período. Levando a efeito diferentes técnicas e modelos, sua aplicação tornou-se ponto de referência para os estudos quantitativos sobre agricultura.

Constatamos, também, que a atividade agrícola e o meio rural, matérias de estudo até então, deixaram de ser prioridade. Buscou--se, durante a década de 1970, explicar onde tal atividade ocorria no espaço e sob que leis ou padrões.

O texto de Mesquita & Silva (1970, p.3), sobre a definição estatística de regiões agrícolas do Estado do Paraná, oferece um exemplo com tais características.

> A importância da atividade agrícola sob o ponto de vista espacial e o seu papel na elaboração regional mostram o interesse, para a regionalização, do conhecimento de áreas com unidade de produção agrícola. A identificação de regiões agrícolas é essencial para a compreensão das formas atuais de organização espacial e é, ademais, elemento fundamental para toda política de planejamento que vise à reorganização das atividades de produção.

Utilizando dados estatísticos de área cultivada e efetivo do rebanho bovino, as autoras chegam à definição de dezoito regiões agrícolas.

> Com base na comparação dos mapas elaborados e levando em conta alguns elementos do quadro natural onde se desenvolve a atividade agrícola, foram identificadas regiões caracterizadas pela homogeneidade dos aspectos de produção agrícola.
>
> Para delimitar as regiões de produção agrícola foram utilizadas, basicamente, os mapas de combinação de culturas, de combinação de formas de utilização da terra, de diversificação de culturas e de hierarquização dos rebanhos. (ibidem, p.37)

Ainda buscando a definição de regiões por meio de modelos estatísticos, os trabalhos sobre tipologia da agricultura apareceram durante toda a década de 1970. Como autores que mais se dedicaram ao assunto, Ceron & Diniz (1971) trataram de questões metodológicas e aplicabilidade da tipologia da agricultura, tendo como palco o Estado de São Paulo.

MUNDO RURAL E GEOGRAFIA   269

O trabalho, de caráter metodológico, foi originado de experiências de adaptação sugeridas pela Comissão de Tipologia Agrícola da
UGI, com aplicação em duas importantes regiões do Estado de São
Paulo – a da Depressão Periférica Paulista e a do Planalto Ocidental.
Por tratar-se de estudo inovador, os autores apresentaram um
sumário das sugestões da UGI para trabalhos sobre tipologia e os
problemas concernentes à adaptação metodológica para o Brasil,
considerando nossas fontes de informação e os indicadores da
atividade agrícola, expressos por características sociais (tipo de
propriedade, mão de obra, sistema de exploração, dimensão dos
estabelecimentos etc.), características funcionais (organização e
técnicas de produção) e características de produção.
Outro exemplo de estudo da linha temática – tipos de agricultura – é proporcionado por Elza Keller (1970). O estudo teve

> como objetivo aplicar a *factor analysis* e a *cluster analysis* na classifi-
> cação dos tipos de agricultura encontrados na metade Sul do Estado
> do Paraná. Pretende, basicamente, experimentar esses métodos ma-
> temáticos na combinação dos índices que foram selecionados como
> capazes de exprimir as características inerentes da agricultura. (p.41)

Tais características foram também selecionadas a partir de
indicações da Comissão de Tipologia Agrícola da UGI. A unidade
básica de coleta foi o município, e os índices selecionados foram
estabelecidos a partir de dados estatísticos fornecidos pelo Censo
Agrícola de 1960 e pelo Escritório Técnico de Estatísticas Agrícolas do Ministério da Agricultura, compondo 65 variáveis que
resultaram em 14 fatores e 19 tipos de agricultura.
A série bibliográfica de trabalhos sobre a tipologia da agricultura e correlatos é extensa e dela podem ser destacados Poltroniéri
(1973) sobre o Estado de São Paulo, Gusmão (1975) sobre o Estado
do Rio de Janeiro, Gusmão (1974) sobre a Região Sul, Steffan &
Brito (1974) sobre os Estados da Paraíba e Pernambuco, Mesquita
& Silva (1970) sobre o Estado do Paraná e Ceron & Diniz (1971)
sobre a Depressão Periférica Paulista.
O trecho a seguir nos permite verificar um exemplo de como o
resultado apresentado, embora descritivo, evidencia diferenças

quanto às descrições da Geografia Tradicional pela utilização de um vocabulário bastante específico. Se, nos estudos tradicionais, as generalizações e descrições possibilitavam o acesso às informações de maneira clara, percebe-se que os estudos realizados durante a década de 1970, e aqui referidos, impunham ao leitor um conhecimento técnico que implicava a assimilação de uma linguagem própria e até certo ponto hermética.

> O primeiro fator, de maior explicação, abrangendo 16,43% da variância total, foi identificado como área de cana-de-açúcar, definido através desta variável e de outras de mais forte correlação como valor da sua produção, a presença de grandes estabelecimentos, o predomínio de empregados em trabalho permanente, o emprego da força animal e mecânica, o uso de fertilizantes e o valor da produção animal e vegetal. (Steffan & Brito, 1974, p.24)

Tendo como palavras de ordem mensurar, quantificar, classificar e tipificar, a Geografia Agrária brasileira viveu um período de grande efervescência na década de 1970. Os estudos metodológicos – que visavam adequar os preceitos da UGI às condições dos dados e às especificidades da agricultura brasileira, testando e retestando cálculos, índices, combinações – dão sequência a uma série de trabalhos, nos quais a "descoberta" dessa técnica – a da análise fatorial – passou a ser aplicada incessantemente a porções do espaço, com diferentes conjuntos de variáveis ou indicadores, buscando tipologias, diferenciações de áreas ou regiões agrícolas; tinham um sentido muito mais estatístico do que o de uma efetiva contribuição ao conhecimento da realidade do campo no país.

Se a macrovisão permitida pela generalização das técnicas e números pôde proporcionar o sentido dos grandes traços da ocupação do espaço agrícola (mais bem definido anteriormente pelos mapeamentos de utilização da terra) e da produção de alimentos e matérias-primas, a dinâmica do setor, vista pelo movimento de coisas e pessoas, ficou alijada das análises desse período.

A crítica à Geografia Tradicional, pelo seu caráter descritivo – idiográfico, nos termos da linguagem corrente no período –, não contribuiu para que esse caráter fosse superado pela chamada Nova

MUNDO RURAL E GEOGRAFIA

Geografia, uma vez que os trabalhos, embora mostrassem uma nova estética, dada pelas fórmulas, matrizes, escores etc., mantinham uma essência descritiva, agora não mais da atividade agrícola, das paisagens e personagens a ela associados, mas das mesmas fórmulas, matrizes e escores. Aquela Geografia que se pretendia nomotética, muito pouco nomo (lei), ditou e usou. À medida que aumentava a possibilidade de usar cada vez maior número de variáveis e trabalhar com áreas cada vez mais amplas, aumentava, também, a superficialidade do "conhecimento" sobre a agricultura.

É ilustrativo do momento o trabalho de Elza Keller (1973, p.135) que, tratando das diretrizes e prioridades das pesquisas agrárias, afirma:

> Dentro do vasto campo das pesquisas agrárias propomos como tema de estudo prioritário a classificação dos *Tipos de Agricultura*[8] no Brasil e a definição das regiões Agrícolas no espaço nacional, noções completas e sintéticas de grande importância científica e prática...
>
> Por outro lado, a Geografia, atualmente, por sua renovação filosófico-metodológica, não tem mais seu interesse centrado sobre a simples localização e descrição dos fatos geográficos, porém tem a preocupação básica de identificar e explicar estruturas e processos espaciais.

Alinha os objetivos científicos dos estudos tipológicos em dois tópicos:

> a) ordenar o conhecimento sobre a agricultura nacional em termos de suas similaridades, diferenciações e interpelações espaciais, destacando o seu caráter de fenômeno complexo;
>
> b) estabelecer critérios para posteriores estudos sintéticos da agricultura em diferentes níveis e escalas ... (p.136),

aliados aos objetivos práticos de:

> a) melhor conhecimento dos usos atuais dos recursos agrícolas e suas futuras possibilidades;

b) conhecimento das características ou atributos da agricultura que impedem ou aceleram o desenvolvimento e a modernização de tipos particulares de agricultura;

c) [basear-se] no conhecimento das características e resultados adequados e inadequados de determinados tipos de agricultura, [havendo] possibilidade de definir a melhor orientação para o desenvolvimento agrícola de uma área... (p.136)

e finaliza, enfatizando

o fato de que a definição dos tipos de agricultura é importante não só por seus objetivos científicos pois contribui para o desenvolvimento da Geografia Agrária como uma disciplina científica, como também pela possibilidade de fornecer subsídios à solução dos problemas de desenvolvimento e planejamento regionais.

A tipologia e a regionalização agrícolas são fundamentais a um desenvolvimento planificado da agricultura. (p.142)

Paralelamente aos estudos tipológicos e àqueles que discutiam metodologias e técnicas voltadas para as tipologias, a década de 1970 também é fértil em estudos que procuravam discutir e aplicar teorias e modelos teóricos à atividade agrícola.

São desse período os estudos com enfoque sistêmico, em que a Teoria Geral dos Sistemas de L. von Bertalaufy é usada para a explicação da organização da agricultura, ou aqueles em que teorias como a da Difusão Espacial de Inovações ou da localização da produção agrícola de Von Thünen são chamadas para a sustentação analítica dos trabalhos de Ceron (1973b, 1976a), Ceron & Halbsgut (1978), Gusmão et al. (1978), Sanchez (1978).

A Teoria da Difusão Espacial, por seu turno, oferece excelentes condições e meios técnicos para abordagem da evolução dos processos e respostas recorrentes da atividade espacial agrícola tanto na dimensão tempo quanto no espaço, ao que se denomina, frequentemente, "trajetória do sistema". E a análise sistêmica da atividade, num dado período de tempo e determinado espaço, permite enfocar não somente a morfologia, mas principalmente o processo, em toda sua dinâmica de interações com outras estruturas, da mesma natureza ou de naturezas diferentes e em níveis menores de resolução – de

MUNDO RURAL E GEOGRAFIA   273

subsistemas e elementos – permite colocar em evidência as interações internas que mantêm a estrutura como foi isolada no mundo real, de forma teórica. (Ceron, 1973a, p.36)

Além dos trabalhos nos quais a vertente quantitativa é predominante como exercício e aplicação de técnica, começam a aparecer, na década de 1970, preocupações motivadas pelas transformações que ocorriam na agricultura, naquele momento, vista como empreendimento econômico *stricto sensu*.

A importância das análises econômicas e a própria influência dos economistas começam a permear os textos geográficos, os quais passam a analisar o capital e seu movimento na agricultura. As publicações geográficas abrem espaço para autores não geógrafos que tratam do assunto, como Senra (1974), Simm (1972) e geógrafos que se preocupam com a questão do planejamento e o papel da atividade agrícola e da análise geográfica nesse contexto, como Valverde (1972, p.49) que, embora justifique seu trabalho como subsídio ao planejamento, mantém o tratamento do quadro físico, na sua caracterização geral, e do quadro histórico do povoamento, dizendo que este representa "apenas o subsídio que o geógrafo pode trazer a uma equipe composta, sobretudo, de economistas, arquitetos, urbanistas, etc.".

Além da preocupação com o planejamento da produção agrícola e com o desenvolvimento econômico, fez parte do conjunto de preocupações do agrogeógrafo a questão do abastecimento urbano. As relações campo-cidade, já demarcadas, determinaram ao meio rural a função primordial de produtor de alimentos. A definição dos economistas em relação ao papel da agricultura no processo de desenvolvimento econômico (Araújo, 1975) estabelecia como primeira função a produção de alimentos e matérias-primas. Responder a essa premissa determinava, no processo de modernização, o crescimento da produção em razão do acréscimo populacional.

Nesse cenário, o abastecimento urbano ganhou significado e estudar a comercialização de produtos agrícolas tornou-se objetivo de um grupo de geógrafos, como Rosa Ester Rossini (1971), que se dedicou à análise da oferta de produtos perecíveis, particularmente a alface. Como o abastecimento desse produto era procedente de áreas restritas e próximas à cidade de São Paulo e seu volume de consumo bastante generalizado, a autora procurou mostrar, em uma monografia, aspectos ligados à sua produção na capital paulista.

Outro trabalho, na mesma linha, foi realizado por La Corte (1971), que estudou aspectos do abastecimento da cidade de São Paulo em frutas, principalmente uva e figo. O objetivo da autora não fugiu aos anteriormente citados, ou seja, identificar as áreas responsáveis pela produção e pelo abastecimento do mercado metropolitano paulista, apresentando algumas características próprias a elas, como as condições naturais e a estrutura fundiária.

Sua análise não fugiu aos padrões tradicionais de estudos sobre o mercado de produtos agrícolas, que consideravam o meio e a proximidade do centro consumidor como fatores determinantes. Apesar de tratar-se de um estudo sobre abastecimento de produtos de origem agrícola, a autora faz referência a outro ramo de estudos na Geografia, enquadrando sua pesquisa como de Geografia do Consumo, definida por ela como

> uma preocupação setorial das pesquisas da organização dos espaços e que, só presentemente, vem merecendo as atenções do geógrafo, ganhando uma qualidade relevante em áreas, como a comandada pela Metrópole paulista, que vem assistindo a todo um processo de transformação presidido pela solidificação dos padrões de comportamento, decorrentes da industrialização. (La Corte, 1971, p.2)

Tal afirmação nos leva à conclusão de que a Geografia Agrária, na década de 1970, fazia estudos que tratavam da produção agrícola, do campo até seu destino, ou seja, o mercado, ou mesmo a indústria. Uma nova ordem econômica induz a que o mercado já não pudesse ser tratado no bojo de outras questões, mas deveria ganhar nova ênfase, com pesquisadores dedicados unicamente à questão do abastecimento urbano e do consumo. Uma nova especialização apareceu, oriunda da complexidade e da especialização crescentes da economia que a ciência, consequentemente, deveria acompanhar.

Ainda dentro da Geografia Agrária, mas também acompanhando as variações ao longo do tempo, o estudo da colonização, em razão das mudanças sofridas pela sociedade brasileira, passou por

MUNDO RURAL E GEOGRAFIA   275

momentos distintos: nas décadas de 1940 e 1950, o estudo da colonização estrangeira e sua influência e ações nas áreas ocupadas.
Na década seguinte, as consequências e problemáticas de tal processo preocuparam o geógrafo agrário. Na década de 1970, a expansão
e a ocupação da fronteira agrícola ganhou destaque, tendo sido privilegiada nos *Anais da Associação de Geógrafos Brasileiros*, em seu
volume XVIII, de 1973, que publicou um conjunto de trabalhos referentes à colonização, apresentados no Simpósio "Perspectivas da
Colonização do Brasil", durante a realização do I Encontro Nacional de Geógrafos, em Presidente Prudente, 1972 (Andrade, 1973;
Lopes, 1973; Dias, 1973; Melo, 1973).

A CONSOLIDAÇÃO DO PROCESSO DE MODERNIZAÇÃO E O ESTUDO DA AGRICULTURA CAPITALISTA EM FINAIS DA DÉCADA DE 1970

O quadro de referência para o geógrafo agrário, ao final da
década de 1970, é diversificado em suas temáticas. As questões
metodológicas não perderam sentido, ganhando nova perspectiva.
A modernização da agricultura tendo sido consolidada, coube à
Geografia Agrária sua análise sob diferentes enfoques.

O primeiro, ligado à quantificação, procurou medir o processo
de difusão das inovações no campo, buscando a medida quantitativa da modernização e definindo os fatores que influíram na sua
adoção, principalmente os de ordem espacial, ligados à localização
das propriedades em relação aos centros urbanos. Outro enfoque
discutiu a modernização como consequência da expansão do sistema capitalista no campo, dando ênfase às questões econômicas
e sociais. O último refletiu o estudo dos efeitos da modernização
e da expansão do capitalismo no campo e no meio ambiente.

Exemplos do primeiro enfoque são os estudos de Bernardes
(1978, p.15) sobre a determinação de um "índice para a medida do
grau de diversificação em agricultura: diversificação da produção
ou diversificação da utilização da terra".

Um ponto importante levantado pelo autor diz respeito ao uso
de procedimentos correlatos para estudos urbanos e da indústria, o

que indicou uma aproximação entre estudiosos de diferentes espaços, cujo comportamento poderia ser estudado de maneira análoga.

Não devemos esquecer que as análises futuras sobre a agricultura capitalista estarão transpondo para o campo o mesmo padrão de desenvolvimento das forças produtivas, não havendo, então, distinção em muitos aspectos como a perda dos meios de produção, as relações de trabalho de tipo capitalista, a especialização da produção etc. Assim, a referência de Nilo Bernardes é bastante oportuna, despertando a atenção para o fato de que os estudos rurais já não teriam mais metodologias próprias.

Bernardes (1978, p.16) justifica sua opção metodológica dizendo que:

> Estas técnicas procuram oferecer uma descrição objetiva da complexidade com que, de área para área, se compõem as categorias de uso da terra ou da produção agropastoril. Ademais disso, necessita-se de um índice simples que meça, univocamente, a maior ou menor voracidade das categorias predominantes de produção ou de utilização da terra, isto é, a medida do grau de diversificação.

Gerardi & Ceron (1979, p.43) também estudam a modernização da agricultura, utilizando a quantificação, pela qual procuraram medir as disparidades em modernização da agricultura no Estado de São Paulo com o objetivo de "delinear uma técnica de mensuração do conceito de modernização da agricultura, aplicá-la ao espaço paulista, verificar a realidade e coerência dos resultados obtidos e explicar, pelo menos de modo especulativo, suas geratrizes", utilizando a conceituação de Paiva (1971) para definição do conceito de modernização.

Sem se desviar das características do período, ou seja, utilização de técnicas quantitativas, descrição das técnicas e aplicação, os autores mostraram-se interessados em responder às inquietações vividas pela atividade agrícola, procurando determinar seu grau de atuação no espaço por meio da mensuração e análise de seus elementos formadores.

Considerando que o desenvolvimento rural é composto por um conjunto de aspectos infraestruturais e institucionais, e que a armazenagem é um desses aspectos, além de ser uma das características infraestruturais que compõem a modernização agrária, Gusmão et al. (1978, p.58) publicam trabalho

> para a difusão de conhecimentos relativos à teoria da difusão de inovações, especialmente na América Latina, através do preparo de documentos conceituais e metodológicos, bem como de documentos sobre a aplicação empírica destes conceitos e métodos. Somente a aplicação da teoria a estudos de caso poderá fornecer uma avaliação sobre o papel da difusão de inovações para o desenvolvimento.

Após abordar as questões conceituais, os autores expuseram a metodologia de pesquisa, composta por duas fases: gabinete com análise de dados estatísticos relativos às microrregiões do Estado do Rio Grande do Sul, buscando realizar um estudo sobre a organização agrária, considerando, principalmente, as características de armazenagem. Por meio da aplicação da análise fatorial, os autores definiram aquelas áreas que seriam objeto do trabalho de campo; a pesquisa direta, aplicada nas áreas selecionadas, deveria identificar a influência do armazém no comportamento do produtor rural.

O uso de informações estatísticas, tratadas por técnica quantitativa, ofereceu os subsídios para que informações qualitativas fossem buscadas e interpretadas com maior clareza. É possível perceber que a fase dos trabalhos nos quais se testavam técnicas parece ter sido ultrapassada, demonstrando, agora, maturidade e um fim prático para aqueles estudos.

A ligação da Geografia com a Economia, na década de 1970, resultou na preocupação dos geógrafos em explicar o raciocínio econômico. O privilégio dado aos aspectos econômicos aparece quando se observa que a preocupação em explicar padrões de localização passa a dar ênfase ao econômico, colocando a distância do mercado como variável fundamental.

Assim, a localização dos cultivos, como dimensão espacial do processo produtivo, passou a desempenhar função importante e determinante, em alguns casos, no que se refere à definição das taxas de lucro e do preço dos produtos. Todo esse raciocínio não é gratuito e advém da expansão do sistema capitalista e seu foco no lucro.

Nesse momento de desenvolvimento da Geografia Agrária, além da preocupação com a racionalidade econômica da atividade, estão presentes, também, estudos que centralizaram sua análise na questão do meio ambiente. As modificações trazidas pela adoção de um novo pacote tecnológico, no espaço e na sociedade, resultaram em estudos relacionando agricultura e meio ambiente, não tratando mais apenas das consequências da modernização no espaço físico, mas também as questões sociais daí surgidas.

Em dezembro de 1978, durante o 1º Enga, Diniz faz uma reflexão sobre a trajetória dos estudos rurais:

> Tudo indica que agora estaríamos iniciando uma nova fase, caracterizada por estudos ligados a desenvolvimento rural, inclusive com mais nítida preocupação pragmática, tenderiam a abordar três questões fundamentais: primeira, a modernização da agricultura; segunda, a força de trabalho na agricultura e o emprego de tecnologia; terceira, o meio ambiente e o desenvolvimento da agricultura. (p.35)

Essa reflexão, destacando agricultura e meio ambiente, foi temática tratada já no 3º Encontro Nacional de Geógrafos (julho de 1978), no qual Manuel Correia de Andrade apresentou um ensaio sobre o problema da degradação ambiental. Conforme o autor, a degradação poderia ser analisada segundo dois aspectos: a degradação pura e simples, provocada pela ação humana, e a dilapidação dos recursos por meio de sua exploração desenfreada.

Discutindo fatos e aspectos que marcaram a degradação ambiental pela agricultura, o autor tratou do uso das terras em áreas de clima úmido e semiúmido, bem como das consequências do desmatamento e do uso intensivo e inadequado do solo, usando como exemplo a Bacia do Rio Capibaribe e os Estados do Espírito Santo e Rio de Janeiro, com a cultura do café. Também apontou a industrialização como fator da degradação, principalmente em área de domínio do complexo agroindustrial canavieiro. Em relação à dilapidação de recursos, preocupou-se em discutir a exploração mineradora no país e a destruição da floresta para plantio e pastagem.

> Observa-se assim uma política econômica imediatista, feita visando os interesses dos grandes grupos econômicos, com desprezo

MUNDO RURAL E GEOGRAFIA

pela mão de obra nacional e pelo futuro do país, face aos prejuízos ecológicos que podem esses empreendimentos trazer. (Andrade, 1978b, p.92)

É interessante notar que o discurso, em tempos de abertura política, começa a mudar, inclusive com crítica explícita a ações do Estado e seus beneficiários diretos.

O autor critica também, claramente, a linha teórico-metodológica quantitativa quando recomenda cuidado com a importação de modelos que nada tenham a ver com nossa realidade, referindo-se à modernização da agricultura, e faz restrição ao uso dos modelos matemático-estatísticos, divorciados do conhecimento real.

Em outro texto, tratando da modernização agrícola, Andrade (1978a) privilegiou as consequências sociais do processo, ligadas à proletarização do trabalhador rural no Brasil.

O estudo analisou a evolução dos modos de produção na agricultura nacional e as condições de vida do trabalhador rural ao longo da sucessão dos modos de produção.

Com relação ao modo de produção escravista, ligado à *plantation*, Andrade (1978a, p.32) diz:

> Para produzir em grande escala o açúcar e, posteriormente, o fumo, o café, o arroz, o algodão, etc., tornava-se necessário uma produção em grande volume, que demandava a formação de unidades de grande escala e em que a autoridade do proprietário se fizesse sobre um grande número de trabalhadores ...
>
> Como o escravo era de raça diferente do senhor, ao lado de uma estratificação social, econômica, formou-se também uma estratificação étnica, de vez que o escravo foi identificado com o negro e considerado um indivíduo de raça inferior, de menor capacidade intelectual e destinado sempre a servir.

O surgimento de outros modos de produção, com a decadência do modo escravista, leva Andrade (1978a) a destacar o papel da mão de obra que, desqualificada e com a abolição, gerou uma população pobre e livre, formando grupos marginais de arrendatários, parceiros e moradores, que ocupavam as terras abandonadas pelo senhor, cultivando lavouras de subsistência. A tendência ao assalariamento fez surgir um modo de produção mercantil simples (transição entre o escravista e o capitalista).

A expansão do modo de produção capitalista no campo, a partir da segunda metade do século XX, fez desaparecer os modos de produção pretéritos, levando o trabalhador à condição de proletário que, pelo assalariamento, vende sua força de trabalho em troca de dinheiro.

A análise de Andrade (1978a) incorpora conceitos pouco comuns à Geografia Agrária do momento. Sua orientação em direção à análise de questões sociais é pouco conhecida no meio geográfico, embora presente na Economia e na Sociologia. Esse tipo de interpretação ganhou ênfase na década seguinte, tornando-se prioritária nos estudos agrários.

Também sob inspiração das tendências dos trabalhos de economistas e sociólogos, aparece, no final da década de 1970, na Geografia Agrária, uma linha de estudos muito frutífera, privilegiando a chamada *questão agrária*.

Em trabalho originalmente apresentado no 1º Encontro Nacional de Geografia Agrária, realizado em Salgado, em 1978, Solange Tietzmann Silva e Olindina Vianna Mesquita procuraram discutir aspectos relevantes ligados à questão agrária, afirmando que, entre os cientistas sociais, os geógrafos eram os que menos estavam se envolvendo com a temática da questão agrária, preocupando-se com a problemática social apenas em locais em que esta assumia formas concretas.

A responsabilidade do geógrafo com relação à sociedade deveria levá-lo a uma reavaliação de suas preocupações e a questão agrária ganharia destaque como um dos temas a ser privilegiado nos estudos, não mais apenas nos locais em que as problemáticas sociais estivessem presentes, mas sob a forma de *processo*.

As mudanças de enfoque, apresentadas neste trabalho, também foram encontradas em outros autores. O discurso quantitativo parecia perder significado, provavelmente porque o geógrafo agrário se deu conta de que a agricultura havia mudado e, portanto, a forma de análise utilizada até então não respondia às novas necessidades colocadas. Por outro lado, a consciência de que a quantificação deveria ser um meio e não um fim parecia já clara.

MUNDO RURAL E GEOGRAFIA

Assim, uma temática que ganha espaço nas reuniões científicas e nos periódicos nacionais é a nova forma de relação de trabalho que cresce com a agricultura capitalista: o assalariado.

Rossini (1978, p.81) estudou o volante como força de trabalho na agricultura, em consequência do uso da tecnologia, caracterizando-o

> como um elemento parcialmente liberado pela agricultura posto que ele é convidado a participar das atividades principalmente nos momentos de "picos" dos trabalhos agrícolas, constituindo-se, dessa forma, em um exército de reserva, no caso urbano, que opera com as atividades agrícolas, como elemento não qualificado, e com alto grau de rotatividade.

Diz, ainda, a autora:

> Como conclusão geral poderíamos assinalar que o volante é uma das formas capitalistas mais *puras*, encontrada na agricultura brasileira, isto é, ele é um elemento totalmente desprovido dos meios de produção e de subsistência, tendo que vender sua força de trabalho para conseguir sobreviver e que o avanço tecnológico muito tem concorrido para o aumento das necessidades de mão de obra volante. (p.86)

O processo de substituição da mão de obra permanente por trabalhadores temporários, que ocorreu no município de Cordeiró-polis, em São Paulo, também foi temática do trabalho de Lombardo (1978) que explica tal fato como causa da expansão da cultura canavieira, a partir de 1950, e como consequência da concentração dos antigos colonos nas cidades.

A autora resume o processo:

> A reprodução do capital agroindustrial, no setor açucareiro, influiu na elevação da composição orgânica do capital aplicado na agricultura, verificando-se profundas transformações em toda a estrutura agrária do município.
> Mudanças significativas ocorreram nas relações de trabalho, com crescente aumento do número de trabalhadores temporários nas fainas agrícolas. Reduz-se a população residente na zona rural e

simultaneamente, urbaniza-se o campo. O uso de força de trabalho é reduzida enquanto aumenta o capital investido em máquinas e implementos agrícolas. (Lombardo, 1978, p.11)

É notável, no texto citado, o uso de um padrão nitidamente econômico, viesado de expressões e conceitos correntes na economia política de estrato marxista, que viria a ser a grande linha de abordagem da década seguinte.

A expansão do capitalismo no campo, ao lado de privilegiar a grande exploração de caráter comercial, acabou por chamar a atenção dos pesquisadores para as explorações de caráter familiar, quer pela sua discrepância com relação às primeiras, quer pelas situações de desvantagem e risco enfrentadas e os problemas sociais delas decorrentes.

Assim, timidamente, no final da década, começam a aparecer estudos sobre a chamada pequena propriedade ou pequena unidade de produção e seu papel no contexto da agricultura brasileira.

Solange Tietzmann da Silva e Maria do Socorro Brito (1979) discutem esse papel dizendo que ele "evidencia a articulação que se dá entre o grande estabelecimento de caráter empresarial e a pequena unidade produtora no contexto da implantação e do desenvolvimento do modo de produção capitalista na agricultura".

Além desse papel mais destacado, as autoras ainda se referiram à ocupação da fronteira agrícola, assumida pela pequena unidade produtora; seu papel como supridora de matéria-prima para a indústria e como consumidora de bens industriais. "Assim, há uma integração entre as formas de organização capitalista e não capitalista mostrando o papel que o próprio capital exerce na permanência e na recriação da pequena unidade produtora" (ibidem).

Considerando a grande exploração como germe da destruição da pequena, Manuel Correia de Andrade (1979) estudou a divisão da terra agrícola no Brasil, principalmente no Nordeste, destacando o papel do latifúndio como instrumento de expropriação e miséria (do produtor familiar).

A análise da expansão da fronteira agrícola e a consolidação do latifúndio permitiram ao autor concluir que:

MUNDO RURAL E GEOGRAFIA

o sistema latifundiário, originado no período colonial, vem se consolidando nas áreas em processo de ocupação, ampliando sua área de influência e o seu poder político ... O latifúndio, é assim, um agente de expropriação das classes médias e de baixa renda do campo e um grande responsável pela pauperização de grandes contingentes da população rural. (Andrade, 1979, p.43)

Cumprindo o vaticínio de Diniz (1978), a temática agricultura e desenvolvimento foi destaque, principalmente no 2º Enga. Vários autores discutiram o assunto, privilegiando as políticas de planejamento rural e o desenvolvimento rural, como Souza & Sader (1979, p.1) que, considerando que o "desenvolvimento rural está em moda", tratam do papel desempenhado pela agricultura no processo de desenvolvimento segundo a visão dos economistas, destacando a tese sobre as funções da agricultura e como a reforma agrária foi entendida nesse contexto. Discutem as diretrizes de política agrícola nos planos de governo (Metas e Bases, II PND), destacando como a agricultura foi tratada nesses planos, e propõem um macrozoneamento do país com fins à política rural.

O desenvolvimento rural também foi temática de Piran (1978), tratado a partir da ótica desenvolvimento-subdesenvolvimento, colocando a reforma agrária como estratégia para o desenvolvimento do setor rural.

O autor discutiu a importância do controle dos meios de produção para o consequente desenvolvimento, destacando a reforma agrária como fundamental, por permitir a transferência do controle dos meios de produção aos trabalhadores, rompendo com estruturas pré-capitalistas no campo.

O trabalho de Bertha Becker (1979), sobre a relação entre agricultura e desenvolvimento, procurou explicar o atraso e apontar diretrizes que permitiriam o desenvolvimento da agricultura, em sua dimensão espacial. Segundo ela, a estruturação espacial permitiu a análise das condições sociais, das quais o espaço é uma dimensão concreta, uma formação social.

Passa-se, pois a compreender a estruturação do espaço e as relações entre a agricultura e desenvolvimento, pelos modos de produção. Trata-se de analisar como, em sua expansão, o modo de produção capitalista se apropria do espaço, articulando-se de diferentes maneiras com as formas de organização da produção preexistentes...

Assim, se cria e recria o espaço socioeconômico, que é a um tempo, produto da articulação das relações sociais...

... O grau de desenvolvimento das forças produtivas no país, que valorizam a terra e a agricultura, sua estrutura espacial concreta que oferece imenso espaço à penetração do capital, expressam-se na expansão da fronteira agrícola na Amazônia.

O caráter dominante na atual expansão da fronteira, é a busca do monopólio da terra, refletindo-se na rapidez extraordinária da apropriação e produção do espaço. (p.11 e 33)

A questão espacial, discutida pela autora, é exemplo de um dos poucos trabalhos em que se faz a ligação entre os conceitos teóricos derivados da economia e sua aplicação na explicação da estruturação do espaço.

Marcante na Geografia Agrária brasileira, a partir de finais da década de 1960, a incorporação de um conjunto de postulados não geográficos à análise espacial definiu um período rico em formas de abordar o meio rural.

Da busca direta de informações no campo à precisão dos dados e das técnicas estatísticas, das descrições às abordagens econômicas precisas, da alienação à práxis, muitos agrogeógrafos vivenciaram toda a trajetória da Geografia Agrária até aqui.

Observamos que, acompanhando o papel significativo que passou a ter a atividade agrícola no contexto do desenvolvimento econômico, o geógrafo brasileiro dedicou seus estudos à agricultura, também refletindo sobre esse papel, e buscou explicar a nova realidade, fazendo germinar os primeiros indícios de um dos períodos mais importantes da Geografia Agrária brasileira.

Durante as décadas de 1960 e 1970, as mudanças e transformações no agro e na Geografia foram uma constante. Nas décadas seguintes, 1980 e 1990, as ações e as ideias são reflexo do que aconteceu anteriormente. No agro, a sociedade sofre as consequências da modernização (proletarização do trabalhador rural, encarecimento da produção, problemas ambientais etc.); na Geografia e particularmente na Geografia Agrária, a crítica ao modo de produção capitalista prolifera sob enfoques distintos: o *radical/marxista*, crítico voraz da quantificação; o *econômico*, no qual o destino da produção é enfatizado nos estudos sobre a relação pequena produção/ indústria; o *social*, privilegiando a proletarização/persistência do trabalhador rural, e o *ambiental*, voltado para as consequências ambientais do processo de modernização.

6 AS DÉCADAS DE 1980 E 1990 – INFLUÊNCIAS

> As grandes transformações ocorridas no espaço agrário, na década de 1970, conferem-lhe características substancialmente diferentes daquelas verificadas em décadas anteriores. Essas transformações contribuíram para gerar ou agravar problemas de tal importância pelo impacto sobre o conjunto da população, que sua discussão extravasou a esfera acadêmica, atingindo os meios de comunicação de massa.
> (Brito & Mesquita, 1980, p.1)

Esse trecho do trabalho de Brito & Mesquita (1980) demonstra o grau de inquietação que afligia a academia e a sociedade brasileira no início da década de 1980. Os fatos marcantes vivenciados nesse período foram um prolongamento daquilo que começava a acontecer a partir de finais da década de 1960, ou seja, a modernização da agricultura.

Proclamada como impulsionadora do desenvolvimento e da passagem de um país tradicional para um moderno, a modernização da agricultura brasileira foi o grande marco das transformações no Brasil. O antes e o depois da modernização podem ser observados e definidos em razão de uma produção acadêmica e institucional bastante vasta, a qual discutiu e registrou as principais consequências do processo. Em tempo algum se viu tamanha obstinação por uma temática de estudos.

Na Geografia Agrária, assim como em outras ciências, a década de 1980 viu frutificar um emaranhado de opiniões, interpretações e discussões sobre o assunto. Tudo o que se discutia era voltado para ou tinha como origem a modernização e buscava entender o funcionamento do processo, suas consequências e distorções.

Considerando que o sentido das mudanças foi dado em direção à consolidação das relações campo-cidade, evidenciadas pelos papéis que passaram a exercer a agricultura e a indústria na economia nacional, os estudos de Geografia Agrária deixaram de ser tipicamente agrícolas e incorporaram de forma definitiva a vertente social como definidora da postura geográfica sobre o assunto. Até então, as consequências da modernização do campo haviam sido prioritariamente "medidas", ou seja, buscavam-se as evidências de um fenômeno no espaço.

A incorporação de terras e a transformação da base técnica de produção definiram a ocupação do território brasileiro durante a década de 1970. Aliada às novas formas de produzir no campo, as relações de trabalho e, principalmente, as consequências sociais passaram a ser priorizadas na década de 1980.

A agricultura ou meio rural, como vinha sendo designado, ganhou uma conotação espacial diferenciada e passou a ser tratada como espaço agrário, diferente do urbano, e local onde um conjunto de relações, principalmente de trabalho e comerciais, passou a determinar as funções da atividade agrícola. Campo e cidade, trabalhadores e meios de produção separados, tudo em razão de uma "reestruturação de atividades tradicionais ou implantação de novas atividades em moldes modernos..."

> As transformações ocorridas foram viabilizadas pela ação do Estado, consubstanciada, sobretudo, por medidas relacionadas a incentivos fiscais, crédito rural e implantação de grandes eixos rodoviários através de espaços fracamente ocupados – medidas essas que, embora já presentes na década anterior, tiveram seus efeitos somados e combinados às condições do contexto econômico, conduzindo às grandes alterações dos anos 70. (Brito & Mesquita, 1980, p.1)

Como fato mais significativo na sociedade brasileira, a partir da década de 1970, o processo de modernização da agricultura, efetivado pelas transformações ocorridas na atividade agrícola e pela inserção do modo capitalista de produção no campo, tornou-se uma temática central nos estudos de Geografia Agrária. Várias foram as formas encontradas pelos agrogeógrafos para abordar esse tema.

No contexto teórico de definição do desenvolvimento do capitalismo no campo, a modernização significou o desaparecimento das formas tradicionais de relação com a terra, conforme definiram os autores marxistas: Marx, Lenin, Kautsky. No contexto espacial, a modernização definiu espaços diferentes, determinados pela maior ou menor adesão às técnicas modernas de produção.

A partir dessas interpretações, a modernização tornou-se referência em estudos de caso sobre as transformações no espaço agrário e em trabalhos metodológicos que priorizaram as evidências estatísticas do processo.

AS TRANSFORMAÇÕES DA AGRICULTURA E A REALIDADE DA DÉCADA DE 1980

Como temática central na década de 1980, os estudos sobre modernização consideraram diferentes aspectos. Assim, o desenvolvimento tecnológico, os conflitos sociais, a degradação ambiental, as relações de trabalho no campo, a dualidade entre pequena e grande produção, a relação agricultura/indústria, o uso da terra em diferentes áreas, entre outros, direcionaram as reflexões em torno do processo.

O trabalho, já citado, de Brito & Mesquita (1980) apresentou uma síntese das transformações ocorridas em todo o território nacional, privilegiando as mudanças na base técnica e a expansão do espaço agrário, por meio da análise de dados do período 1970-1975, que acarretaram consequências no momento de desenvolvimento da pesquisa, e assim, as autoras puderam captar as variações espaciais ocorridas. Para entender o rumo da evolução, elas ainda fizeram referência aos fatos que marcaram a segunda metade da década de 1970, reforçando ou modificando o que se verificou no período anterior.

Nesse contexto, as autoras preocuparam-se em estudar a expansão do espaço agrário relacionada à modernização da agricultura, indicando aquelas áreas em que as modificações foram mais significativas, mostrando uma clara preocupação com as consequências espaciais do processo de modernização. Dessa forma, consideraram as medidas governamentais que facilitaram o acesso às regiões Centro-Oeste e Norte, pela implantação de rodovias e concessão de crédito rural; as ações de ocupação da Amazônia; a implantação de projetos agropecuários em áreas de fronteira. Em relação às mudanças na base técnica, as autoras privilegiaram a análise das variações na intensidade do uso de máquinas e outros insumos modernos.

É interessante observar que, na análise do período 1975-1980, Brito & Mesquita (1980) dizem retomar as abordagens já efetuadas no âmbito das ciências sociais, relativas às alterações significativas ocorridas na agricultura. Assim, a análise ganha uma referência econômica e sociológica na qual as autoras revelam a influência dessas ciências na Geografia. Os fatos que marcaram o período, de certa forma, fizeram prevalecer essa posição.

Não só a preocupação com produtos exportáveis conduziu a mudanças importantes nos padrões de utilização da terra, mas também as diretrizes de substituir importações. Assim, foi estimulada a cultura do trigo, alimento que onera a balança comercial e também promovida a expansão da cultura da cana-de-açúcar, com vistas a diminuir os gastos com importação de combustíveis.

... os pequenos produtores almejam permanecer na terra, com vistas à sua valorização e aos benefícios creditícios e fiscais relacionados a tal apropriação. Configura-se, então, um contexto de luta pela terra, que tende a agravar-se à medida que se expandem os estabelecimentos empresariais. (ibidem, p.12 e 15)

Apesar de tal referência, as autoras voltaram a privilegiar a questão espacial:

as transformações verificadas na agropecuária brasileira durante a década de 1970 reforçaram ou produziram diferenciações significativas no espaço agrário. Apesar das tendências homogeneizadoras contidas no processo de expansão do capitalismo no campo, as diversidades espaciais são aproveitadas por esse processo ou são por ele próprio criadas para fortalecer a acumulação e a centralização do capital. (p.18)

Novamente, as orientações econômicas e sociais, vigentes no período, consideravam que a agricultura deveria cumprir papéis específicos para a superação da crise econômica, aparecendo como referência no texto das autoras, as quais discutiram os impasses gerados pelo modelo adotado.

Assim, a formulação da política agrícola de privilégio dos cultivos de exportação em detrimento dos produtos de consumo interno, a questão da terra ligada à ocupação da fronteira por grupos empresariais e a não absorção de trabalhadores rurais pela agricultura foram os aspectos analisados e que refletiram o tipo de evolução do espaço agrário requerido naquele momento.

Apesar dessas análises mais gerais, relativas ao processo, as questões sociais ganharam destaque, e a luta pela terra, que gerou conflitos, marcou a década de 1980. Segundo Araújo Filho (1982, p.75), a questão da terra no Brasil era, em início da década de 1980, um desafio para a sociedade brasileira, principalmente para os políticos e acadêmicos.

> Assuntos dos mais focalizados, como já foi dito, nos dias que correm, em função, não apenas dos problemas criados nas chamadas Velhas áreas de colonização do Nordeste, Sudeste e Sul, mas, principalmente, do que está acontecendo nas duas grandes Regiões do País em pleno *processo de ocupação – a Amazônia e o Centro-Oeste.* (grifo no original)

O principal acontecimento apontado pelo autor como responsável pela inquietação citada diz respeito ao fato de ter ocorrido um afluxo de trabalhadores do campo para os centros urbanos. Sabe-se que a migração campo-cidade era um dos problemas mais graves que assolavam o Brasil no período ora analisado.

A análise do assunto foi priorizada em uma mesa-redonda realizada durante o 1º Encontro Regional de Geografia, promovido pela AGB, seção de Presidente Prudente, e publicada no *Caderno*

Prudentino de Geografia. Sua efetivação veio comprovar o interesse pelo assunto, conforme demonstrou Araújo Filho (1982).

Em trabalho apresentado no encontro citado, Ariovaldo Umbelino de Oliveira (1982c, p.79) discutiu a luta pela terra e os conflitos sociais que caracterizaram a história da ocupação da terra no Brasil.

> A amplitude desses conflitos pela terra tendo como vítimas geralmente índios e posseiros, tem razão estrutural, pois aí estão presentes duas formas de propriedade da terra não (anti)capitalista, como escreveu José de Souza Martins, a propriedade tribal, a propriedade comunitária e a posse. Formas de propriedade que instauram a subversão da propriedade capitalista.

O trabalho apresentado por Oliveira (1982c) demonstrou um posicionamento teórico bastante claro em relação ao entendimento do desenvolvimento do capitalismo. A luta pela terra era o contraponto dialético a essa trajetória e ganhou uma interpretação "crítica", baseada nas análises de sociólogos, citados pelo autor.

Nesse caso, a questão da terra ganhou uma conotação sociológica e política, como geradora de conflitos sociais, na qual o papel do Estado era avaliado como fator condicionante da instituição ou extinção desses conflitos. Perde ênfase a análise centrada na localização e distribuição da terra.

A chamada lógica do sistema capitalista, tratada por Oliveira (1982c), passou a ser incorporada para o entendimento das questões do campo. As mesmas ações sofridas pelo trabalhador na indústria seriam sentidas pelo trabalhador rural, daí a expropriação da terra. A transposição de tal raciocínio para a Geografia se fez a partir do crescimento da chamada Geografia Crítica que via no materialismo histórico e dialético e no marxismo a explicação para os fatos correntes.

Tal discurso e posicionamento eram evidentes no trabalho de Oliveira (1982c), que, ao discutir a questão da posse da terra no Brasil, a trata no contexto do desenvolvimento do sistema capitalista, diferentemente do que se via até então, em que a questão da terra era tratada como fato histórico, como resultado da colonização

MUNDO RURAL E GEOGRAFIA

efetivada no país. A agricultura passou a ser tratada atrelada ao desenvolvimento do sistema.

> Não há capitalismo sem subjugação do trabalho. Assim, na medida em que o trabalhador vende a sua força de trabalho ao capitalista, mediante o salário, os frutos do seu trabalho aparecerão necessariamente como frutos do capital que o comprou, como propriedades do capitalista.
> ... No Brasil, o processo de desenvolvimento do capitalismo nos mostra claramente o processo de expropriação do lavrador pelo capitalista, e não como se poderia imaginar os grandes capitalistas engolindo os pequenos. (p.82-4)

A referência à atividade agrícola como uma paisagem com elementos próprios, como uma atividade econômica, ou como algo mensurável, desapareceu na perspectiva de Oliveira (1982c) e apesar de ser a modernização da agricultura o dado concreto da expansão do capitalismo no campo e, em muitos casos, ser ela geradora dos conflitos, a ela não houve referência. A prioridade foi dada ao desenvolvimento do modo capitalista de produção no campo e à luta de classes (posseiros e capitalistas) daí derivada.

Com abordagem diversa, mostrando a fase de transição metodológica, Dora R. Hees (1983) discorre sobre as transformações técnicas e relações de trabalho na agricultura brasileira. Segundo a autora, a situação da mão de obra rural era uma das questões latentes no âmbito das atividades agrárias, sob a égide da modernização.

Nas suas palavras:

> A menor absorção de pessoal ocupado nas atividades agrícolas verificada no período em análise ocorre simultaneamente à incorporação de áreas à atividade de lavoura e, também, à maior utilização de máquinas e insumos modernos ao processo de produção agrícola, o que vem demonstrar que essa liberação de mão de obra é decorrente da intensificação das técnicas agrícolas modernas. (p.48)

Das proposições de Hees (1983) é possível observar que a análise do processo de modernização da agricultura ganhava contornos distintos. Nesse caso, o processo foi pensado como um conjunto de técnicas, assimiladas diferentemente pelo agricultor e, consequentemente, distribuídas no espaço de formas distintas. A autora concedeu atenção especial à ação do processo de modernização no espaço.

Apesar de as consequências sociais e econômicas do processo de modernização terem sido significativas, a manifestação espacial do processo refletiu mudanças na ocupação do espaço, quando a agricultura ganhou significado social.

Se, por um lado, ela expulsou do campo grande contingente de trabalhadores, por outro a tecnologia proporcionou a oportunidade de ocupar espaços inexplorados. A desarmonia no desenvolvimento do processo de modernização se refletiu, sem dúvida, nos trabalhos geográficos, principalmente junto à Divisão de Estudos Rurais do IBGE, que muito publicou sobre o assunto na *Revista Brasileira de Geografia*, em início da década de 1980, privilegiando a questão espacial.

Como exemplo desses trabalhos, acentuando o papel das transformações técnicas na agricultura, Innocêncio & Oliveira (1983), técnicos da citada divisão, realizaram uma análise regional do processo de modernização. Fazendo parte do estudo que procurou medir os efeitos desse processo na agricultura brasileira, neste caso, os autores privilegiaram as relações de trabalho naquelas áreas em que o nível de modernização foi médio. Tal estudo, a partir de uma avaliação espacial, como o de Hees (1983), definiu porções do território nacional segundo o grau de modernização.

> Assim, uma parte das microrregiões inseridas na área de estudo se caracterizou por apresentar uma transição da economia agrícola tradicional para uma mais moderna, como é o caso daquelas localizadas no Nordeste. Outras situam-se entre aquelas de penetração mais recente do capitalismo, como é o caso das microrregiões situadas no Norte e Centro-Oeste. Finalmente, tem-se as do Sul e Sudeste que se inserem numa região mais antiga de penetração do capitalismo no setor agrícola. (Innocêncio & Oliveira, 1983, p.3)

Em relação ao comportamento da mão de obra, os autores destacaram que, apesar do desenvolvimento de novas formas de relações de trabalho, principalmente a assalariada, formas conside-

MUNDO RURAL E GEOGRAFIA

radas tradicionais, como a força de trabalho familiar, coexistiram com as outras modalidades, confirmando assim a não destruição total dessas formas.

> Isso pode ser observado pelo contingente da força de trabalho representado pelos responsáveis e membros não remunerados da família que, no período em questão, teve uma participação significativa no conjunto das microrregiões.
>
> ... Quanto aos empregados parceiros verificou-se que a sua participação encontra-se em retração na maioria das microrregiões, o que já denota a substituição das formas semiassalariadas, pelas relações de trabalho tipicamente capitalistas.
>
> ... os produtores parceiros e arrendatários sofreram, no período em estudo, um processo de expropriação ... inerentes ao processo de penetração do capitalismo nas atividades agrárias, que resulta num emprego crescente das formas de exploração direta da terra, em detrimento das formas indiretas. (ibidem, p.306)

É interessante observar que essa constatação estatística, presente nas informações censitárias utilizadas pelos autores, despertou grande interesse, em período mais recente quando, fazendo uso das reflexões da sociologia rural, o geógrafo agrário procurou respostas para tal evidência na racionalidade interna do grupo familiar que se ajusta às mudanças, sejam elas técnicas, sociais ou econômicas.

Em finais da década de 1980, a modernização da agricultura brasileira ainda permanecia como temática de diferentes trabalhos. Um exemplo deles foi fornecido por Silveira & Spósito (1987), que discutiram a modernização da agricultura brasileira como um processo que permitiu a manutenção do sistema fundiário oriundo da colonização, que privilegiou as culturas de mercado garantido.

Para tanto, o autores apresentam um ensaio, cuja fundamentação, na história da agricultura brasileira, lhes possibilitou avançar no tempo, demonstrando como o processo estudado foi resultado do atendimento aos interesses dos grandes proprietários e empresas industriais e comerciais que se instalaram no país.

Considerando que a política brasileira de desenvolvimento agrícola se fez em moldes economicistas, que privilegiaram a manutenção do sistema capitalista, os autores salientaram como a modernização ocorrida na agricultura brasileira através da transformação de grandes propriedades em grandes empresas se fez sem uma mudança estrutural, e estas empresas surgidas se transformaram em fornecedoras de matérias-primas, produtos alimentares e em consumidores de insumos agrícolas, tornando-as subordinadas à indústria. (Silveira & Spósito, 1987, p.144-5)

Frisando o papel desempenhado pelos setores empresariais e capitalistas do país, lembraram que o Estado brasileiro serviu como viabilizador do processo de modernização.

A modernização da agricultura brasileira vem sendo feita com o intuito de atender aos interessados dos setores mais capitalizados, cujos reflexos são sentidos no campo político, onde a intermediação do estado em nome de uma classe de proprietários latifundiários e de industriais é cada dia mais evidente. (p.146)

Numa linha teórica diversa, discutindo os posseiros no Estado do Maranhão, Rapchan (1989) refletiu sobre a relação existente entre este grupo e a terra, privilegiando a organização e o modo de vida oriundos dessa relação.

Sua análise foi realizada com base na definição da reprodução camponesa, entendida não apenas como

a reprodução de força de trabalho como ocorre com o trabalho proletarizado e expropriado de todos os meios de produção, que se oferece no mercado de trabalho em troca de um salário. A reprodução camponesa é a reprodução de todo um modo de vida, de uma lógica passada dos pais aos seus filhos. Implica uma concepção de mundo, de espaço e de tempo diversos daqueles que não vivem da terra e na terra. (Rapchan, 1989, p.69)

A autora apresentou uma descrição da área estuda, considerando os diferentes povoados encontrados, a acessibilidade a tais locais, o trabalho na terra e as relações de trabalho aí encontradas, além da descrição do ambiente gerado pela não legalidade da posse da terra, provocando conflitos e grilagem. Até aqui seu estudo se restringiu

MUNDO RURAL E GEOGRAFIA

àqueles aspectos visíveis do local estudado de forma descritiva, ou seja, a autora narra, minuciosamente, as características encontradas.

Após esse olhar sobre o visível, a autora disse observar o "que não se vê" (p.71), descrevendo então as relações dos posseiros entre si e com a terra. Nessa parte do texto, é interessante observar que a autora privilegiou aspectos das relações sociais mantidas no grupo, ou seja, a busca da sobrevivência em confronto com a luta pela vida.

> Lembram-se, com saudade, do tempo em que a área e a comida eram fartas, um tempo mítico e distante. Hoje, famintos e doentes, esses posseiros se desesperam por não encontrarem maneiras de obter seu sustento.
> Uma possível solução seria a ocupação de sua própria terra, hoje grilada, nas épocas de plantio. No entanto, todas as ocupações são acompanhadas de violentas intervenções policiais, gerando um grande medo.
> Um espaço fragmentado seja pelo grilo, pela estrada, pelo conflito ou pela migração. Um mundo ameaçado e, ao mesmo tempo, resistente. (p.73)

Tanto nesse texto como no já citado de Oliveira (1982), o enfoque do processo de transformação da agricultura dá-se pela ótica da expansão do capitalismo no campo, considerado um processo geral, do qual a modernização da agricultura é apenas parte, ou talvez, a parte que se concretiza na paisagem.

Nos trabalhos dessa linha, encontra-se a verdadeira ruptura epistemológica dentro da Geografia Agrária. Descritiva até então (mesmo a teorético-quantitativa), a Geografia Agrária que começa a se delinear na década de 1980 busca, mesmo em detrimento da espacialização, explicação para o movimento que se estabelecia, desde a década anterior, no campo. A busca dessas explicações faz que o geógrafo transcenda a própria Geografia, lastrando-se nos postulados teóricos da Economia Política e da Sociologia.

Em outra perspectiva, a modernização também foi vista a partir da sua relação com a questão ambiental. Como exemplo, destacamos o texto de Barros (1982) que avaliou como a agricultura fez uso dos recursos naturais no Brasil. Utilizando o modo de produção e o desenvolvimento científico e tecnológico como fios condutores de sua análise, Barros (1982) afirma que, na sociedade capitalista, a apropriação dos recursos naturais, em um dado momento histórico, foi marcada por um caráter destrutivo, acelerado ainda mais pelas condições da sociedade atual. Assim, "o conhecimento que possamos ter sobre as diversas maneiras de utilização da Natureza deve ser empregado no sentido de aperfeiçoar a relação histórica Homem-Natureza, num processo que privilegie necessidades sociais" (Barros, 1982, p.12).

A relação conhecimento científico e agricultura, porém, gerou a aplicação da racionalidade científica na produção, liberando a agricultura dos condicionantes ecológicos, mas limitando a inserção do trabalho na nova estrutura produtiva. Não havia mais lugar para o trabalhador no campo: "No fundo a questão é a de como o conhecimento científico vai mediatizar a relação homem-natureza, de como a ciência serve até um dado fim" (ibidem, p.16).

A questão levantada pelo autor coloca-nos diante da mesma indagação de Ariovaldo Umbelino de Oliveira (1982), que destacou o modo de produção como estrangulador de formas tradicionais de relação com a terra. Aqui, Barros (1982) privilegiou o conhecimento científico que colocaria em risco não só a produção, mas o consumo, já que os trabalhadores não teriam onde trabalhar para gerar seu sustento.

A dualidade entre grande e pequena produção, analisada sob a ótica da penetração do capitalismo no campo, definida pela modernização da agricultura, foi um tema frequente na década de 1980 e aparece, por exemplo, em um texto publicado na seção Transcrição, da *Revista Brasileira de Geografia*, por Servolin (1983), que discutiu as proposições de autores marxistas clássicos no que concerne à dominação da agricultura capitalista com base na grande exploração.

Considerou a pequena e a grande produção como modos de produção distintos e mostrou, ao longo de sua reflexão, que a pequena produção conseguiu manter-se como produção mercantil. É nesse sentido que ele fala de uma pequena produção sustentada pelo modo de produção capitalista na qual

o trabalhador direto é proprietário de todos os meios de produção ... o objetivo da produção não é a valorização do capital e a obtenção

MUNDO RURAL E GEOGRAFIA

de lucro, mas sim, a subsistência do trabalhador e de sua família e a reprodução dos meios de produção necessários para assegurá-la e que implicaria em uma convivência.

A agricultura de PPM [pequena produção mercantil], pelo seu próprio funcionamento, fornece então ao MPC [modo de produção capitalista] um fluxo contínuo de novos trabalhadores livres, sem que este precise destruí-la. (Servolin, 1983, p.433)

Estudando particularmente a pequena e a grande produção no Rio de Janeiro, Galvão (1983, p.78) iniciou sua exposição preocupada com a questão conceitual que, segundo ela, seria de interesse da Geografia e da Geografia Agrária; mais especialmente, envolveria

a definição de critérios dos quais depende a seleção de variáveis e indicadores referentes ao dimensionamento da produção, e à caracterização do processo produtivo.

A coexistência da pequena e da grande produção numa mesma área ou a complementaridade que sob diferentes formas entre elas se estabelece representam um desafio de alto significado para investigações em geografia agrária.

Na mesma linha de explicação da manutenção da pequena produção por sua inserção no modo de produção capitalista, Galvão (1983, p.79-80) afirma:

As contradições entre a pequena e a grande produção são examinadas no bojo do próprio modo de produção, com o que se explicam os vínculos que as mantêm interdependentes num sistema de articulada complementaridade. Com esse enfoque são confrontadas a pequena e a grande produção nas diversas modalidades que as diferenciam e que explicam sua funcionalidade no sistema global de produção.

Observamos que os autores estavam preocupados em definir com clareza as diferenciações que se fizeram presentes no espaço agrário, a partir da modernização, sabendo que um sistema global de relações se concretizava, definindo diferentes papéis para cada categoria de produtor agrícola. Considerando as transformações contidas no bojo da agricultura capitalista, um dos aspectos da análise da pequena produção foi o da inserção dessa categoria no contexto das mudanças tecnológicas. Ao pequeno produtor restou aderir ao pacote técnico, para que pudesse fazer parte do novo modelo de desenvolvimento da agricultura, ou à proletarização.

Estudando a inserção da pequena produção, da região Sul do país, no processo de modernização, Mesquita & Silva (1986, p.56) avaliaram, a partir de dados censitários de 1970 e 1980, os mecanismos que favoreceram o ingresso do pequeno produtor nesse processo e concluíram que a modernização, na área, teve uma incidência diferenciada, "quer em função da organização agrária preexistente, quer pela potencialidade real que os diferentes segmentos espaciais apresentavam para abrigar uma estrutura produtiva que atendia a interesses nacionais e transnacionais ligados ao complexo agroindustrial da soja".

Tal perspectiva de estudo desenvolveu-se de maneira significativa durante a década de 1980 e muitos agrogeógrafos realizaram estudos de caso sobre áreas e culturas variadas, tendo o pequeno produtor como categoria de análise. Assim, podemos citar os trabalhos apresentados em diferentes sessões dos Engas: *As relações de produção sob o capital monopolista: a produção do fumo no sul do Brasil*, Etges (1984); *A sericicultura e a indústria da seda na região de Charqueada*, Oliveira et al. (1984); *Pequena produção agrícola – município de Guaraçaí – SP – estudo de caso*, Okuda (1984); *Relação campesinato – pequena indústria urbana e produção do espaço na área de influência da cidade de Toritama – PE*, Castilho (1988); *A problemática da tomaticultura na microrregião dos Cariris Velhos – PB*, Melo (1988).

Agricultura e indústria tornaram-se objeto de análise conjunta nesses trabalhos. Os estudos de caso sobre diferentes áreas regidas pela pequena produção mercantil, voltada para a produção de matérias-primas industriais, proliferaram pela década e, embora variassem as áreas e culturas, tiveram em comum a análise da relação do pequeno agricultor com a indústria, falando de subordinação, dependência e autonomia do produtor agrícola.

Garibe (1982, p.97) estudou a relação indústria e pequena produção agrícola em Limeira (São Paulo), procurando avaliar "a penetração do capital monopolista no campo, através do capital financeiro que se utiliza da indústria".

MUNDO RURAL E GEOGRAFIA

Estudando um bairro rural em que o predomínio dos produtores de laranja era evidente, o autor conseguiu definir algumas características também comuns a outras áreas: produção predominantemente voltada à indústria, aumento da área produzida garantido pela indústria, preço do produto determinado pela indústria, homogeneização da produção (cultivo de um único produto ou espécie) imposta pela indústria, aumento no uso de insumos com introdução de máquinas e redução de mão de obra, capital financeiro proveniente do exterior (multinacionais), transporte a cargo da indústria e existência de contrato garantindo a entrega à indústria: "de um lado, como fator positivo, a indústria absorve e estimula a produção incrementando a produtividade; de outro, como fator negativo, a indústria impõe um preço de monopólio que reduz a lucratividade do pequeno produtor" (ibidem, p.98).

Das colocações apontadas, fica claro que os estudos referentes à relação agricultura/indústria procuravam identificar as características gerais da vinculação existente. Tinha-se um fato concreto – relação agricultura/indústria – acontecendo em dado local, que tinha como racionalidade esquemas exteriores à propriedade (o desenvolvimento do capitalismo). O tamanho da propriedade, o tipo de cultivo, o tipo de mão de obra, o destino da produção, a organização do trabalho, eram aspectos que, mais do que caracterizar um espaço, definiam formas de produzir, agora muito mais importantes do que a simples descrição de organização agrária. Novos conceitos estavam envolvidos e a complexidade de relações impostas pelo avanço do capitalismo no campo determinava uma pesquisa mais abrangente.

Para o geógrafo agrário da década de 1980, a necessidade de definir conceitos importantes no período presumia empenho e a penetração por caminhos não próprios à Geografia. O conjunto de relações trazidas com a transformação na forma de produzir no campo colocava indagações que já não eram mais puramente geográficas. A Geografia Agrária intensificou o uso de conhecimentos de outras ciências e a busca de respostas de origem não geográfica. Era necessário não só descrever, ou medir os fatos agrícolas, mas explicá-los conforme a realidade exigia, cheia de contradições e complexidade.

A contradição mais evidente na agricultura brasileira, na década de 1980, diz respeito à coexistência da pequena e da grande exploração agrícola, cada uma cumprindo funções específicas dentro do sistema, o que fez gerar inquietação, principalmente quando se preconizava que a grande exploração de origem capitalista era mais rentável e decretaria o fim da pequena. Entretanto, o que se observava era o crescimento da representatividade da pequena exploração.

Para compreender tal contradição, Fátima Rotundo Silveira (1986) fez um retrospecto histórico, procurando identificar as formas de exploração ocorridas no passado, intencionando, assim, chegar à explicação do presente. Da produção para exportação, sustentada pela força de trabalho escrava, passando pela imigração, até alcançar os empreendimentos agrícolas contemporâneos ao e à sociedade da década de 1980, a autora definiu a propriedade privada da terra, a indústria e o setor financeiro como os determinantes da posição subordinada da pequena propriedade no Brasil.

> Como foi visto, nas várias etapas de desenvolvimento econômico a mesma sempre esteve subordinada às exigências da grande propriedade, servindo a esta ora como fornecedora de produtos de subsistência, ora como fornecedora de mão de obra.
> De agora em diante sua subordinação se estenderá a outros setores capitalistas, no caso a indústria e ao capital financeiro, o que aumentará o grau de dependência frente a outros setores. (Silveira, 1986, p.12)

Para tratar da temática escolhida, a autora fez uso de escritos clássicos de sociólogos, economistas e historiadores[1] que, em trabalhos da década de 1970, discutiram o assunto, em diferentes perspectivas. Isso demonstra a liberdade e, em muitos casos, a necessidade de os geógrafos lidarem com as referências das ciências afins em consequência do grau de complexidade maior alcançado pela sociedade, obrigando à inclusão de abordagens que ultrapassaram os limites geográficos.[2]

---

1 A autora citou autores como Célia Castro, José de Souza Martins, Caio Prado Júnior, José Francisco Graziano da Silva e Paul Singer.
2 Essa complexidade já havia levado alguns agrogeógrafos a discutir, na década de 1980, a questão agrária brasileira. Numa temática tão abrangente, a discussão se delineava em direção à compreensão do que ocorria com a agricultura nacional. Oliveira (1980) deixa evidente a crítica à geografia científica

MUNDO RURAL E GEOGRAFIA   303

O privilégio dos conflitos sociais no campo e a dominação do sistema capitalista sobre a sociedade tornaram-se a referência para diferentes autores. Rosa Ester Rossini (1983) apresentou, durante o 4º Enga, pressupostos gerais para a compreensão dos conflitos sociais no campo. Para desenvolver tal tema, a autora tomou um direcionamento que, primeiramente, discutiu as *relações entre sociedade e natureza*, definindo que tais relações eram fruto do trabalho que, na sociedade capitalista, geraria mercadorias e seria o resultado da apropriação da natureza pelo homem responsável pela força de trabalho.

Tais relações seriam mediadas pelo modo de produção vigente, considerado um elemento da totalidade social, definida numa categoria mais abrangente, a *formação econômica da sociedade.* "Assim sendo, se o ato de produzir é concomitantemente o ato de produção do espaço, é nesse sentido que o geógrafo analisará o processo de produção: enquanto processo social e histórico, produtor do espaço geográfico" (Rossini, 1983, p.7).

Esses pressupostos teóricos consideravam exclusivamente o modo de produção capitalista, acentuando seu significado como fator organizador do espaço. Nesse sentido, a compreensão do contexto teórico de constituição do sistema e de seus diferentes aspectos tornava-se de extrema importância ao agrogeógrafo. Era necessário definir as novas categorias de análise da atividade agrícola que era dominada pela indústria, tinha como determinante o capital e a população era a força de trabalho.

Na formação econômica da sociedade capitalista, a categoria determinante da análise é o capital. Deste modo, teremos uma pro-

---

nacional que, segundo ele, "nasceu velha" (p.41), por apegar-se a valores já ultrapassados enquanto a formação social brasileira transformava-se e lutava para adaptar-se à etapa monopolista do capitalismo. As questões sociais não eram consideradas pertinentes e os estudos sobre o campo procuravam explicar a dimensão espacial dos fenômenos rurais: "E a Geografia que se dizia humana, esquecia-se, propositalmente das classes sociais assentadas na base deste modo de produzir. O importante eram os sistemas agrícolas, se extensivos, se intensivos, se primitivos, se modernos, se com rotação entre terras ou com cereais. Toda a estrutura social edificada sobre o colonato, as relações sociais de produção que permitiam a exploração dessa massa trabalhadora, era relegada a um segundo plano, quando não, esquecida propositalmente" (p.42).

dução espacial voltada para as exigências e necessidades do capital; uma população que se produzirá e reproduzirá em função de suas leis e, consequentemente, um processo de apropriação que lhe será peculiar...

No modo de produção capitalista, a indústria assume o papel dirigente da economia, subordinando, criando e redefinindo outras atividades, tornando a agricultura um ramo seu. A indústria é a célula básica do processo produtivo. (Rossini, 1983, p.8-9)

A autora fez referência à questão espacial, que a leva a refletir sobre o espaço global e o espaço regional: "A totalidade considerada como pano de fundo da análise regional é o espaço produzido pela formação econômica social capitalista, que ultrapassa o território de uma nação para abranger o espaço dos países capitalistas" (ibidem, p.11).

Toda essa discussão teórica desencadeia a reflexão sobre a renda e a propriedade da terra, a terra de trabalho e a exploração do trabalho. Essa discussão foi efetuada pela autora para explicar alguns dos problemas que estariam sendo gerados no âmbito da agricultura brasileira. Assim, teríamos a discussão em torno da função da terra na agricultura capitalista, como terra de negócio ou de trabalho que foi discutida por Oliveira (1982) quando tratou dos posseiros e da luta pela terra no Brasil. A reflexão feita por Rossini (1983) foi levada a cabo para explicar a resistência dos agricultores e a origem dos conflitos sociais no campo, desencadeados em razão das objetividades contrárias relativas à terra, buscadas pelo trabalhador/proprietário e pelo capitalista.

Os conflitos sociais no campo se deram e continuam a ocorrer em todo a história de estruturação do espaço nacional tendo sempre como elemento centralizador a concepção do trabalho, o conflito "provocado" pelo capital que gera o confronto entre a terra de negócio e a terra de trabalho por causa da renda da terra e ainda a exploração do trabalho. (p.28)

Observamos que as reflexões efetuadas em torno da agricultura capitalista privilegiavam a discussão da luta de classes, representada pela identificação e pela compreensão dos conflitos sociais. A luta pela terra deveria se fazer em razão da manutenção do *status quo* do agricultor, trabalhador da terra e não do capital.

Bertha K. Becker desenvolve, na década de 1980, uma linha de pesquisa importante, relacionada à fronteira amazônica. A ocupação agrícola do espaço da fronteira é um dos temas tratados por Becker e seu grupo de pesquisa da UFRJ.

Tratando, no Brasil, do desenvolvimento do capitalismo no campo, Becker (1980) discutiu a questão do acesso à terra na Amazônia, tentando elucidar a origem das transformações no interior da grande exploração ou a manutenção da economia camponesa, mostrando como a Geografia poderia contribuir na análise dessa questão.

Considerando a análise no tempo e no espaço e a dominação do sistema capitalista, Becker (1980) propôs o estudo da manutenção do campesinato em diferentes escalas que definiram um conjunto de relações variadas, presentes na fronteira. Assim, a fronteira foi considerada: internacional, quando esteve à frente da expansão do capitalismo mundialmente; nacional, quando pôde ser reguladora de contradições, usada para sanar conflitos e subalterna à grande exploração; regional, quando foi apropriada pelo Estado, e valorizada por incentivos fiscais, mas teve o pequeno produtor proletarizado; regional-local, quando a disputa do espaço por diferentes agentes possibilitou ao pequeno produtor sua manutenção junto às empresas de desbravamento; por outro lado, fez a expropriação de grupos locais, indígenas e posseiros que passaram a lutar pela terra.

Todas as constatações da autora a levaram a tratar da questão da terra e da expropriação dos trabalhadores agrícolas numa perspectiva espacial. Sua análise considerou a expansão do sistema capitalista em uma área específica, de fronteira, e sobre um grupo específico, os camponeses[3] do local. O privilégio à questão espacial em nenhum

---

3 Aliás, ela usa o termo camponês com o mesmo sentido de posseiro, pequeno produtor, quando havia controvérsia quanto à utilização dessa designação em outras ciências, principalmente na sociologia rural, e quando, na Geografia Agrária, o usual era a denominação pequeno produtor. Tal discussão ganhou maior ênfase após a década de 1990 quando os agrogeógrafos passaram a dar importância à qualificação e definição exata dessa categoria, demonstrando isso em seus estudos.

momento tornou secundária a questão social, objeto da análise, ou seja, a expropriação de camponeses em uma área de fronteira. Sua ênfase na conotação espacial desse processo de expropriação a fez contribuir de maneira diferenciada, incorporando novos elementos à análise, singular em relação às outras ciências.

Em outro estudo, ao lado de Lia Osório Machado, Becker enfatizou novamente o assunto, agora pela ótica da mobilidade do trabalho. Segundo as autoras, a atração oferecida ao capital, pela fronteira amazônica, se reflete também em relação aos trabalhadores, que, sem a posse dos meios de produção, tornam-se disponíveis e, portanto, móveis no espaço. "A instabilidade ocupacional induz a mobilidade horizontal, que, por sua vez, responde pelo povoamento e valorização da fronteira" (Becker & Machado, 1980, p.25).

Nessa perspectiva, as autoras discutiram a formação de um mercado de trabalho, cuja característica principal, a polivalência (capacidade que o trabalhador tem de alternar atividades sazonalmente), proporcionaria ao pequeno produtor "a alternativa que impede a sua proletarização total, o que vale dizer a sua preservação como camponês" (ibidem). A disponibilidade da mão de obra e, consequentemente, a mobilidade permitiram ao capital ter à sua disposição um mercado de trabalho, de acordo com as necessidades. As autoras consideraram também que a proletarização poderia causar uma diferenciação, propiciada por aqueles trabalhadores que, expulsos do campo, na cidade, buscariam novos ofícios, sem, no entanto, indicar seu afastamento sazonal do campo.

Continuando sua abordagem sobre a mobilidade do trabalhador-camponês, as autoras apreenderam o assunto, considerando a diferenciação interna do grupo camponês, definida segundo o acesso ou posse legalmente reconhecida da terra (pequeno proprietário, rendista, posseiro, peão) e acesso ao crédito e pela polivalência. Para Becker & Machado (1980), as condições em que se encontra o camponês definem sua maior ou menor estabilidade ocupacional e social. Assim, cada categoria apresentaria um comportamento diferenciado em relação à mobilidade no espaço.

Podemos observar que as autoras incorporaram o espaço urbano na análise e esta também foi uma faceta discutida pelos agrogeó-

MUNDO RURAL E GEOGRAFIA

grafos, já que não se poderiam mais negar as relações campo-cidade, evidentes aos olhos dos pesquisadores.

A mobilidade da força de trabalho tem também uma dimensão espacial nos núcleos urbanos. Sede de coleta e distribuição de produtos, são também núcleos de aglutinação e distribuição da força de trabalho, e constituem o locus privilegiado da mudança estrutural do migrante que, aí sediado se modifica através da informação e da adequação tecnológica adquirida em polivalência. Expressão física da plasticidade da força de trabalho, o núcleo urbano é hoje, ele próprio, um elemento da formação e regulação do mercado de trabalho. (Becker & Machado, 1980, p.28)

Preocupada em discutir a manutenção do grupo camponês, também na fronteira amazônica, Vilela (1980) estudou as diferentes formas de dissolução/conservação do grupo camponês, a partir da expansão do capital na agricultura brasileira.

Abordando historicamente essa transformação, a autora ressalta a necessidade de estudo da nova organização do espaço na região da fronteira agrícola, principalmente por ser uma área em que a presença de conflitos pela terra era evidente. Fazendo a analogia entre duas visões distintas (sociológica – José de Souza Martins – e geográfica – Santos e Becker) sobre a interpretação da ocupação da fronteira amazônica, a autora estudou as formas de dissolução/conservação da "pequena produção camponesa" (Vilela, 1980, p.30).

Como vimos, a diferenciação do pequeno produtor agrícola, a partir da consolidação da expansão capitalista no campo, tornou-se preocupação do geógrafo agrário, que buscava respostas para a diversidade de formas que esse grupo adquirira ao longo do processo. Não era apenas a constatação de evidências da diferenciação entre os pequenos produtores, em determinadas áreas, que o preocupava. Buscava explicações para a ocorrência espacial do fato e suas diferenças, determinadas, muitas vezes, pelo grau diferenciado de penetração das formas capitalistas no campo. Quanto mais capitalizado o grupo, maior o grau de diversidades e relações mantidas extrapropriedade.

As relações de trabalho, aqui, ganharam nova conotação, já que o trabalhador assalariado não era a única categoria existente e que oferecia maiores indagações. O trabalhador familiar também tornou-se assalariado temporário, o que fez surgir uma categoria distinta. A cidade passou a ser tratada como constituinte de um mercado de consumidores, mas também como fornecedora de mão de obra e, principalmente, como o local onde a indústria estava localizada.

Em um enfoque diferente, que conjuga muito da Geografia Tradicional por ser um estudo de caso descritivo, baseado em informações obtidas no campo, Piran & Gerardi (1982) estudam a pequena produção em Erexim (RS), apresentando uma caracterização, não só da categoria analisada, mas permeando sua análise por um conjunto de informações referentes ao município estudado, oferecendo, assim, um estudo de caso bastante completo sobre a área.

O padrão apresentado por Piran & Gerardi (1982) pode ser considerado como um modelo desse tipo de estudos que sistematizam, por meio de informações censitárias ou diretas de campo, os elementos constituintes da organização agrária (definidos na estrutura agrária) da área em estudo, ou mais propriamente dos municípios, pois eles é que passaram a ser objeto de análise, sendo então trabalhos realizados em escala local, cujo objetivo era "identificar transformações agrárias ocorridas no município, os mecanismos que as têm regido e a situação em que se encontra a pequena produção" (p.124).

O processo de transformação do produtor familiar sob a égide da expansão do capitalismo no campo, via modernização, foi estudado por diversos autores naquilo que provocou diferenciação entre produtores.

Figueiredo et al. (1983), seguindo esse raciocínio, identificaram, com base em dados censitários de 1970 e 1975, o impacto desigual da expansão da modernização da agricultura na área que compõe o oeste do Paraná. Essa área, segundo as autoras, foi alvo de transformações na organização produtiva, efetivadas por políticas do Estado, a partir dos incentivos aos produtos de alto valor comercial para exportação.

Para discutir tal impacto, Figueiredo et al. (1983) analisaram o processo de ocupação da área, que passou de fronteira com base na mão de obra familiar a um espaço dominado pela pequena produção mercantil, cogitando um rápido processo de capitalização. Como consequência desse processo, as autoras analisaram as mudan-

MUNDO RURAL E GEOGRAFIA

ças ocorridas na base técnica do processo produtivo, avaliando o uso da mecanização e a especialização de alguns produtores subordinados à indústria.

Efetuada a caracterização do espaço em estudo, a análise prosseguiu buscando as respostas para a rapidez no desenvolvimento do processo, estudando a ação das instituições locais e do Estado como mediadores do processo. As políticas agrárias foram então priorizadas. Aqui novamente o papel do Estado ganhou destaque, considerado como agente viabilizador do processo de modernização.

Como o objetivo central do trabalho era medir o impacto das transformações na produção e nos produtores, a partir da análise do papel do Estado, as autoras chegaram a uma diferenciação dos produtores estudados. A diferenciação, no que concerne ao tamanho das propriedades, já existia. Entretanto, a partir de trabalho de campo, efetuado junto aos produtores, as autoras identificaram uma acentuação nessa diferenciação, norteada pela capacidade de deter meios de produção que determinaram o vínculo dos agricultores com as instituições.

Assim, a inserção na nova forma de organização da produção provocou uma diferenciação maior nos níveis de renda, uma capacidade superior quanto à absorção de mão de obra, além do emprego de assalariados, à medida que aumentava a necessidade produtiva. Ao final, ainda, as autoras puderam observar que a condição de "pequeno produtor" levou muitos à não associação com as instituições (indústria ou banco), ficando o grupo alijado da nova organização.

Observamos pela análise que as autoras procuraram avaliar de forma bastante crítica as consequências do processo de modernização, retomando a noção da diferenciação entre os produtores, fato este que marcou o processo, a realidade e os estudos da década de 1980.

A relação com a terra apresentou mudanças nítidas com a inserção do capitalismo na agricultura brasileira. Sabemos que o assalariamento e o arrendamento se tornaram formas características da expansão do sistema. Como tal, o estudo dessas relações ganhou destaque, acompanhando a tendência de estudos da pequena produção. A manutenção de formas não capitalistas de trabalho, como vimos, manteve-se como tema. Entretanto, aqueles que foram expropriados e se assalariaram ou, quando possível, tornaram-se arrendatários, também estiveram presentes na análise geográfica sobre a agricultura.

O estudo de Gusmão (1984) avaliou o sistema de arrendamento no Brasil. Segundo esse autor, o arrendamento compreende uma relação de produção, inserida no conjunto de transformações vivenciadas pela agricultura.

O autor buscou identificar as diferentes formas de arrendamento pela análise de fatores atuantes no modo de produção: tamanho da área arrendada, nível tecnológico e condições de comercialização de produtos agropecuários.

O período escolhido para estudo foi o de 1960/1975, considerado por Gusmão (1984, p.56) como marcante por indicar a influência intensa da expansão do capitalismo no campo, representado pela "utilização de tecnologias que permitem maiores níveis de produtividade e, também, as alterações nas relações de trabalho".

Tendo em vista a análise do arrendamento no Brasil, o autor estudou, primeiramente, a origem dessa relação de trabalho, numa perspectiva predominantemente histórica, descrevendo e caracterizando as diferentes formas apontadas por diferentes autores.

> No Brasil, o sistema de arrendamento, de acordo com o conceito adotado, só ocorre nas grandes propriedades, uma vez que, quando se diz que existe um contrato de pequeno estabelecimento, pouco difere da parceria. Portanto, estes pequenos estabelecimentos explorados sob a forma de "arrendamento" são, geralmente, uma unidade produtiva do tipo familiar. (ibidem, p.59)

Entre as principais características que envolveram a análise, o autor avaliou atentamente os contratos de arrendamento que, em muitos casos, foram confundidos com outras formas como a parceria, por exemplo. Foi possível definir, então, o arrendamento nas pequenas propriedades e aqueles ligados ao cultivo de lavouras comerciais (algodão, arroz, cana-de-açúcar). A definição e a diferenciação de cada tipo se fizeram pela indicação do tamanho da área arrendada e pela duração do contrato: "A finalidade agrícola da terra a ser arrendada decorre, formalmente, de um acordo entre as par-

MUNDO RURAL E GEOGRAFIA 311

tes contratantes que estipula o que deve ser cultivado pelo rendei-ro. Entretanto, são, em geral, os proprietários das terras que estipu-lam as lavouras a serem desenvolvidas" (ibidem, p.62).

Na análise espacial feita pelo autor, foi possível a identificação de diferenças regionais quanto às características do arrendamento. O chamado arrendamento com características não capitalistas foi identificado principalmente nos Estados do Norte e Nordeste do país com baixo nível de capitalização e produção voltada à subsis-tência (agricultura familiar), enquanto a forma com características pouco capitalistas predominou nos Estados do Centro-Oeste, Su-deste, Santa Catarina e Paraná, e alguns proprietários-arrendatários no Nordeste, com a dominação da pecuária bovina e do cultivo do arroz. O arrendamento com características tipicamente capitalistas esteve presente no Rio Grande do Sul, São Paulo, Mato Grosso do Sul e Goiás, com intenso uso de máquinas agrícolas para produção da soja/trigo.

Outra temática que ganhou impulso com o processo de mo-dernização do campo foi a relação campo-cidade, estando em discussão a chamada urbanização do campo. Lia Osório Machado (1980) discutiu esse assunto tomando como exemplo o caso da região norte do Estado de Goiás. Ela justifica seu interesse dizen-do que o "inchamento" das metrópoles foi um assunto bastante problematizado, ficando inexplorado o processo de urbanização do campo brasileiro.

A difusão espacial da urbanização é a expressão clara e inequí-voca da profunda transformação em curso na agricultura brasileira tendo em vista que a maior parte dos núcleos desenvolve atividade industrial insignificante. Esta transformação se resume na crescente capitalização da agricultura e na vinculação desta com o capital in-dustrial e financeiro. (p.40)

Pelas considerações da autora, observamos que o que ela designa de urbanização do campo se exprime por um conjunto de relações, nas quais a atividade agrícola deixou de ser independente, auto-gerida, para transformar-se em um setor da economia que estava sujeito a outros setores. Esse processo fez difundir núcleos de menor tamanho, que se tornaram a "condição para a ocorrência do desenvolvimento capitalista da agricultura brasileira" (Machado, 1980, p.40), tornando-se ponto de fixação da mão de obra agrícola (migração campo-cidade); uma forma que permitiu a redução do tempo de circulação do capital, concentrando os meios de produção e os serviços necessários à reprodução da força de trabalho; local de interferência política econômica na escala local, regional, nacional, disseminando os meios de consumo e os serviços de apoio à produção; local de transferência dos encargos sociais e investimentos do Estado e não mais particulares (Machado, 1980).

Do conjunto de pressupostos apontados, concluiu que o papel das cidades foi bastante significativo e fundamental para que a racionalidade do sistema capitalista se concretizasse e procurou deixar claro que campo e cidade teriam funções particulares e que de forma alguma poderiam ser tratados isoladamente.

Tratando da interiorização do desenvolvimento urbano no Nordeste, Wanderley (1980) apresentou estratégia com o intuito de efetivar a urbanização no espaço rural nordestino. Contrariamente a Machado (1980), que buscou o entendimento do processo de urbanização do campo, a autora ofereceu subsídios para a efetivação desse processo. Para chegar à fundamentação da estratégia, Wanderley (1980, p.362-3) realizou "um zoneamento a partir da divisão geográfica e social do trabalho cientificamente justificada, em zonas econômicas de potencial de desenvolvimento diferenciados do ponto de vista da potencialidade dos recursos naturais e humanos".

Em sua metodologia, a autora buscou identificar espaços diferenciados em relação ao potencial de cada um. Assim, seu objetivo era, a partir dessa diferenciação, definir a interiorização da urbanização, ou seja, fomentar o desenvolvimento naqueles locais de potencialidade para a interiorização.

> A aplicação da estratégia, implica em sua totalidade, uma organicidade tanto do ponto de vista teórico como prático ...
> Com base nos coeficientes supracitados verifica-se, no Nordeste, ao nível de tecnologia atual e estrutura de cultivo vigente, os recursos naturais podem absorver uma população duas vezes e meia

(2.5) maior do que a atual; com melhor nível de vida para a população. (Wanderley, 1980, p.364)

Da perspectiva da organização do espaço rural-urbano, o texto de Nakagawara (1980) nos oferece outro exemplo de estudo sobre as transformações agrárias e o sistema urbano. Relatando diferentes momentos históricos que marcaram a ocupação, integração e modificação nas relações de produção e organização do trabalho no Paraná e, particularmente, do norte do Estado, a autora revelou a indefinição quanto aos aspectos urbanos da área, contra uma caracterização bastante clara dos aspectos agrários.

No caso específico por ela estudado, a dominação urbana ainda era restrita, havendo, ao contrário, uma vinculação urbano-rural ditada pelo campo. Segundo a autora, as oscilações das safras agrícolas refletiram no setor econômico-financeiro, em escala regional. As relações se ampliaram à medida que as safras foram positivas, sem indicar, entretanto, a constituição de uma rede de relações, mas movimentos esporádicos, resultando em uma interinidade do sistema urbano.

O exame dos trabalhos citados nos coloca diante da constatação de que a relação campo-cidade ocorria de maneira distinta por todo o território nacional, estando concretizada em alguns locais, em andamento em outros, e esporádicas, algures. Da mesma forma e por consequência dessa variação, os estudos sobre o assunto eram feitos de maneiras distintas, indicando a busca da explicação teórica, a efetivação do processo e a indicação de fatores determinantes.

Ainda como consequência do processo de modernização da agricultura, a questão ambiental relacionada à ocupação agrícola do espaço também foi cogitada e discutida pelos geógrafos. Os estudos de caso prevaleceram, tratando do assunto em diferentes áreas e sob distintos aspectos. Gama (1980) priorizou os problemas ecológicos e sociais advindos da implantação de um complexo industrial no município de Aracruz (ES).

Grossi (1983) analisou as atividades agrícolas e as relações da paisagem agrícola com a compartimentação geomorfológica regional. Na realidade, a autora relacionou aspectos da ocupação humana com o meio físico, no município de Monte Alto (SP). Em relação aos aspectos humanos, a autora caracterizou a atividade agrícola, procurando definir o processo de ocupação da área por diferentes cultivos.

A questão ambiental, relacionada com a agricultura moderna, foi a temática abordada por Barros (1989), tomando como palco de suas aferições o campo brasileiro, inserido no modo de produção capitalista, colocado como forma de relação com a natureza que apresenta diversidades diante da ação humana.

Centrou sua preocupação nos chamados domínios morfoclimáticos,[4] que indicavam, segundo ele, as diferenças existentes nos domínios geográficos e, consequentemente, o seu grau de alteração natural. Os exemplos estudados foram a Hileia Amazônica e o Cerrado.

No estudo sobre o desenvolvimento da agroindústria, os geógrafos agrários dedicaram vários trabalhos ao complexo canavieiro. Aliás, a cultura da cana-de-açúcar foi bastante estudada, a partir da inserção da modernização e da implantação do Proálcool.

No 4º Enga, em 1983, a agricultura energética foi um dos temas centrais da reunião, sendo tratado por dois autores e pesquisadores distintos. Silvio Carlos Bray (1983) discutiu a cultura da cana-de-açúcar no contexto das políticas agrárias e de energia do país, como salvaguarda à crise energética que assolava o mundo, após 1973, com a elevação do preço do petróleo e a queda no preço do açúcar. O engenheiro agrônomo Francisco Graziano Neto discutiu a produção canavieira, priorizando a problemática social advinda da formação do chamado "mar de cana" com função de produção energética.[5]

Enquanto Bray (1983) discutiu a problemática espacial de dominação e concentração de terras, Graziano Neto (1983), de forma quase literária, traduziu o domínio da cana num texto crítico.

O canavial já beira a porta dos lares de milhões de famílias e invade os quintais das periferias, depois de substituir as casas das colônias nas fazendas, depois de engolir os pequenos sítios, a roça, o

---

4 O autor utilizou a proposição de Ab'Saber (1970, 1977).
5 A participação efetiva desse autor como convidado do 4º Enga reflete a pluralidade de influências que marcava a Geografia Agrária na década de 1980.

pasto. Visto de longe o canavial mais parece um mar de cana, verde, homogêneo, superior, dominando completamente a paisagem rural. (Graziano Neto, 1983, p.1)

Ainda com grande veemência, o autor arrolou por todo o texto o conjunto de situações de rudeza, colocadas ao trabalhador rural, após a implantação do projeto canavieiro. Sua exposição procurou mostrar a dualidade existente no processo que, por um lado, era grandioso por utilizar os métodos mais modernos de cultivo e, por outro, levou a miséria aos trabalhadores, que viviam em condições precárias. "Aqui está a desgraça, ao lado da opulência" (Graziano Neto, 1983, p.3).

Em toda a sua exposição, o autor procurou mostrar que o problema fundamental da produção canavieira não estava no comprometimento da produção de alimentos, mas na concentração de riquezas, da riqueza social que, como lembrou Bray (1983), era a terra.

Nas palavras dos autores,

> O fato do Programa valorizar a empresa agroindustrial de grande porte, levou consequentemente à uma maior monopolização da produção e das terras pelos grupos usineiros.
> Esse aspecto monopolizador de terras vem ampliando com maior intensidade nas tradicionais áreas canavieiras do Estado de São Paulo, com os incentivos do PROÁLCOOL. (Bray, 1983, p.18)

> Concentra a posse da terra, concentra a riqueza, concentra o poder. Cresce, na mesma proporção, a miséria.
> A distribuição da posse da terra sempre foi extremamente desigual em toda agricultura brasileira, desde suas origens. Mas nas regiões onde historicamente se expandiu a agroindústria canavieira o problema sempre foi maior. E se agravou violentamente nos últimos anos, após o PROÁLCOOL. (Graziano Neto, 1983, p.5)

Alguns autores dedicaram seus trabalhos ao entendimento da evolução da agricultura brasileira, destacando as principais características do processo de modernização na década de 1970. Foram ensaios que procuraram avaliar a importância do processo e suas consequências para o desenvolvimento da agricultura na década seguinte e basicamente desenvolvidos por pesquisadores do IBGE. Um desses estudos foi realizado por Mesquita & Silva (1987), concluindo, os autores, que duas são as características principais do período: acentuação do crescimento horizontal, representada pela incorporação de novos espaços e pela ampliação da área dos estabelecimentos, resultando na intensificação do processo de modernização, sustentado pela implantação da política de crédito rural.

> Paralelamente ao alargamento do espaço agrário, verificou-se, no país, no período 1970-80, um processo muito acelerado de modernização da agricultura sustentado, em grande parte, pela implementação da política de crédito rural no final da década de 60. A difusão, em moldes modernos, dos cultivos comerciais de grãos e, em especial, da soja, respondeu pela intensificação do uso de itens modernos, ampliando-se o mercado das indústrias de máquinas e de insumos que se expandiam no país. (p.5)

> Assim, a ampliação da área dos estabelecimentos rurais ocorreu, por um lado, na porção meridional do Centro-Oeste e em trechos limitados do Sudeste e do Sul do país, num contexto de preenchimento de espaços que permaneceram disponíveis em fases já avançadas da ocupação do território e que, somente na década de 70, foram incorporados, quer através da difusão do cultivo comercial de grãos, quer através da expansão da pecuária bovina. (p.4)

Um aspecto a destacar diz respeito ao fato de que, na análise efetuada, as abordagens consideraram as características diferenciadoras que, regionalmente, marcaram a agricultura. A incorporação de terras pela expansão da pecuária e das lavouras e o papel desempenhado pelo Estado, como dinamizador das mudanças, definiram o propósito dos trabalhos que procuraram compreender o processo de evolução da fronteira agrícola e estruturação regional.

> As transformações da agricultura, nas diversas Regiões do País, embora tenham se efetuado segundo características comuns ao modelo nacional de crescimento da agricultura, sofreram influência das condições preexistentes da organização agrária resultantes de distintos processos históricos de ocupação, levando a especificidades regionais, modeladoras da evolução da agricultura. (Mesquita & Silva, 1987, p.9)

MUNDO RURAL E GEOGRAFIA   317

Outro trabalho, sobre a mesma temática, foi apresentado por Brito (1987). Conforme os outros estudos, a autora preocupou-se em apontar os aspectos que marcaram as mudanças na agricultura brasileira a partir dos anos 70, ampliando a discussão para apontar as contradições que se fizeram presentes e que retomaram a discussão sobre a questão agrária brasileira que se colocava, segundo a autora, "como um dos grandes temas de interesse nacional" (p.139).

Após a análise da distribuição dos diferentes tipos de produto com base nas transformações da agricultura brasileira, a autora apontou os problemas relacionados a essas transformações que se destacaram por suas repercussões sociais. O primeiro, ligado à competição entre as diferentes atividades, originado pela política governamental, que não compatibilizou essas atividades, em detrimento daquelas culturas voltadas ao abastecimento alimentar da população brasileira.

Outro problema ligou-se à acentuação do processo de concentração fundiária, provocada pela aglutinação de unidades produtoras nas áreas onde as modificações na base técnica foram mais significativas (Brito, 1987). O último problema tratado relacionou-se com a acentuação da mobilidade populacional, resultando em uma urbanização precoce, naqueles núcleos próximos às áreas de fronteira, e com o aumento da sazonalidade do emprego rural, provocada pela importância que ganha o trabalhador temporário como categoria de mão de obra.

Ao final, a autora lembrou que a "questão agrária assume, assim, enorme relevância não apenas pelos aspectos relacionados às disparidades e aos conflitos que se intensificaram nas áreas rurais, mas, também, pelas repercussões que passam a ter no contexto socioeconômico mais amplo do país" (p.160).

A colonização foi uma temática de pouco destaque durante a década de 1980. A análise da fronteira agrícola no contexto da modernização, como vimos, foi tratada em diferentes trabalhos, sem, no entanto, deterem-se, os autores, no estudo dos grupos envolvidos. Nesse sentido, a colonização em área de fronteira foi pouco tratada. Um dos poucos trabalhos nessa temática é o de Henriques (1986, p.3), que teve como objetivos: "examinar as condições de vida dos colonos de Rondônia e proporcionar resposta a questões tais como, quem são os colonos, quais são os seus antecedentes, suas formas de produção e pretensões".

Num balanço sobre a agricultura brasileira na década de 1980, Oliveira (1988, p.5) discute as contradições presentes nesse setor, oriundas da penetração do capitalismo no campo: "Este trabalho tem por objetivo discutir as características básicas e fundamentais do campo no Brasil, no final da década de 80. Procuramos tratar o desenvolvimento contraditório e desigual do capitalismo brasileiro e suas manifestações no campo".

Para tratar do assunto, o autor apresentou as contradições do desenvolvimento capitalista representadas por relações de trabalho não capitalistas, resultando na produção do capital que "Uma vez acumulado, este capital poderá numa próxima etapa do processo de produção ser destinado à contratação de boias-frias, por exemplo, e então se estará implantando o trabalho assalariado na agricultura" (p.6). Se não assalariados, os camponeses também podem tornar-se capitalistas, trabalhando com a família e fazendo aparecer outra contradição do desenvolvimento capitalista.

O autor salienta que a economia brasileira não estava dissociada do capitalismo mundializado, expresso na expansão de culturas para exportação e a alteração dos hábitos alimentares (soja e laranja).

A unificação indústria e agricultura exprime a expansão do capital pelo território, representada pela integração do pequeno produtor à indústria e pelo fato de o capitalista também ter-se tornado proprietário de terras.

Outro aspecto tratado pelo autor diz respeito à concentração fundiária e ao trabalho no campo que o levou a concluir que houve aumento dos latifúndios, que as terras estão concentradas regionalmente de maneira desigual, da mesma forma que as relações de trabalho se expressam regionalmente de formas e intensidades diferentes.

A reforma agrária foi temática que ganhou bastante destaque em meados dos anos 80, graças ao movimento que se instalava e se cristalizava da elaboração do 1º Plano Nacional de Reforma Agrária da Nova República, em 1985.

O 7º Enga, em 1986, definiu como tema de suas conferências a reforma agrária, bem como acolheu em suas sessões de comunicações

MUNDO RURAL E GEOGRAFIA 319

trabalhos que tratavam do assunto. A professora Mariana Miranda (1986) discutiu o tema, ressaltando em seu trabalho a trajetória das diretrizes, formuladas após 1964, associando-as à colonização. Segundo a autora, o Estado brasileiro encontrou na colonização uma forma alternativa para a não execução de medidas reformistas no campo.

> Dentro dessa ótica, com base na existência de terras devolutas, que atenderiam à população excedente sem terra, de outras regiões do país, desenvolveu-se todo um processo de ocupação da nova fronteira representada pela Amazônia.
> No momento em que a questão da reforma agrária é recolocada, não mais como objeto de discussão, para uma concretização futura como ocorreu no contexto econômico e político pré-64 ou mesmo nos períodos pós-68 e pós-78, mas como programa de governo, explicitada num plano nacional, é importante a retomada da discussão em torno da colonização com relação à reforma agrária. (p.8-9)

Diante de tais indicações, a autora avalia a pertinência da questão apontando diferentes fatos que a justificam: as críticas dirigidas à política de colonização que favoreceu a monopolização das terras por parte de grupos econômicos no país; a viabilização da colonização como alternativa à expansão da fronteira e, finalmente, como uma forma de mediação política na luta pela terra e de acumulação na fronteira.

Ao final, a autora realiza um balanço da colonização, concluindo que apesar de muitas vezes o projeto de colonização não atingir as metas programadas, "propiciou uma real ocupação do espaço" (p.24); com erros e acertos significou um equilíbrio na luta pela terra, já que ofereceu ao Estado a oportunidade de solucionar conflitos na área; os projetos na Amazônia tiveram uma ocupação diferenciada e, portanto, resultados diferenciados segundo a atuação dos agentes socioespaciais: população, empresas colonizadoras, Estado e o lugar; foi uma forma complementar de expansão da fronteira, com presença do capital monopolista; ela respondeu mais aos interesses do sistema do que, propriamente, de quem a requisitou.

Assim, Miranda (1986, p.28) conclui que a colonização foi

> uma estratégia de manipulação pelo estado das populações rurais. Por essa estratégia buscava, em termos socioeconômicos, controlar

a apropriação e utilização do espaço, preservando estruturas vigentes. No campo político, contornava as reivindicações e as lutas sociais, projetando as imagens do proprietário fundiário e de classe média rural.

Em trabalho sobre a região amazônica, Manuel Calaça (1986, p.46) fez considerações sobre o plano regional de reforma agrária, com reflexões para o Estado do Acre. O trabalho refletiu sobre

> a distribuição da propriedade da terra, a preservação ambiental, com base na manutenção de extrativismo como atividade econômica do Estado e sobre a justiça social no campo, como preocupação primeira dos planos de reforma agrária, cuja economia se baseia no extrativismo, e portanto deveria o plano ter atividade como preocupação básica.

Para contemplar sua proposta, o autor avaliou a estrutura fundiária do Estado do Acre, formada por latifúndios e minifúndios, estes compostos por famílias de seringueiros. Nesses casos, o autor destacou a violência com que ocorreu a expropriação dessas famílias nas áreas em que a organização sindical era presente. Assim, a reforma agrária foi avaliada no contexto das reivindicações da sociedade local.

Também de caráter regional, o trabalho apresentado por Manuel Correia de Andrade (1986), no 7º Enga, avaliou os planos regionais de reforma agrária, organizando suas ideias sob três enfoques distintos.

O primeiro, de cunho histórico, analisou as diferentes ações ocorridas durante o desenvolvimento da sociedade brasileira, as quais visavam modificar a estrutura fundiária concentradora vigente no país. A abordagem, puramente histórica, tem início no século XIX, alcançando a proclamação da República, a Revolução de Trinta, o governo Getúlio Vargas e o regime autoritário, procurando destacar, em cada uma dessas fases, como foi tratada a questão da distribuição da terra.

O segundo enfoque destacou a reforma agrária como uma problemática regional, justificando tal ação em virtude da diversifica-

MUNDO RURAL E GEOGRAFIA

ção regional existente no país e, portanto, a necessidade de uma política que considerasse tais diversidades.

> A delimitação das áreas prioritárias de Reforma Agrária, em cada região ou em cada estado, é da maior importância, cabendo aos órgãos locais a competência para selecionar aquelas de maior tensão social, onde se torna urgente a intervenção do Poder Público, ou aqueles cujas terras oferecem melhores condições para sua implantação. (Andrade, 1986, p.5)

O último enfoque destacou o papel do Estado, analisando o desenvolvimento do Plano de Reforma Agrária após os anos 60 e a falta de empenho do Estado quanto à execução do plano. Nesse contexto, Andrade (1986) fez sobressair o diferencial político representado pelo poder local, os proprietários de terra, quando, na execução do plano, influentes nos governos estaduais, impediam a efetivação do processo.

Observamos, pelas considerações até aqui registradas, que a atuação regional e a execução do plano de reforma agrária estavam presentes como questões candentes para o agrogeógrafo dos anos 80. Não há dúvida de que a *questão da terra* se colocava como uma *questão social latente* que exigia entendimento e exame.

Entretanto, não era somente a questão social que se colocava como indagação para os geógrafos agrários. A execução do plano, em seu contexto técnico, também ganhou partidários. Tratou-se de pensar a reforma agrária em seu sentido prático, no qual a cartografia foi destaque. Dois trabalhos podem ser citados: Comitti (1986), que apresentou em Belo Horizonte, durante a realização do 7º Enga, uma comunicação relativa à cartografia e ao cadastro geoambiental, como instrumento para a reforma agrária; e Ceron (1989), que destacou, em artigo publicado na revista *Geografia*, as possibilidades e limitações oferecidas pela cartografia ao planejamento da reforma agrária.

O primeiro autor citado justifica a atuação da cartografia na área fundiária por esta propiciar a possibilidade de agilizar os trabalhos de regularização fundiária por meio de atividades de cadastro rural, estudos e pesquisas sobre recursos humanos: "É verdade que estas atividades, eivadas de vícios decorrentes de uma realidade anterior diversa da atual, devem ser reavaliadas e adequadas, particularmente nos seus aspectos legais, ao PNRA, mas pouco poderá se acrescer aos aspectos técnicos do processo aerofotogramétrico utilizado" (Comitti, 1986, p.73).

Pela análise efetuada até aqui, foi possível identificar as principais características dos trabalhos de Geografia Agrária desenvolvidos durante a década de 1980. Assim, o tema que centralizou os estudos agrogeográficos, nesse período, foi a modernização da agricultura. Tal processo se desenvolvia e atingia a sociedade, já na década de 1970, quando o agrogeógrafo estava verificando a extensão econômica e espacial do processo, sem, no entanto, privilegiar as questões sociais.

Para a década de 1980, a análise da realidade social prevaleceu nos estudos sobre a ação da modernização no espaço brasileiro, considerando: o atrelamento da pequena produção à indústria transformadora de matérias-primas em seus mais diferentes tipos; a dinamização das relações cidade-campo, concretizada pela urbanização da agricultura; as mudanças na forma de produzir, reveladas pela adoção de novo patamar tecnológico; a incorporação de novas terras com a ocupação da fronteira agrícola; e o acirramento da concentração da terra e da renda, resultado da expropriação dos trabalhadores familiares. A questão espacial ganhou ênfase quando, em geral, foram realizados estudos de caso que procuravam definir o impacto local/regional da modernização e suas diferenciações.

Por outro lado, as mudanças trazidas pela modernização e suas consequências fizeram crescer a discussão sobre a questão da terra no Brasil, tornando a reforma agrária uma temática urgente quando a sociedade discutia o assunto. Podemos considerar que os estudos geográficos, concomitantemente, refletiam a realidade e nela interferiam: quando a sociedade reivindicava e o Estado agia, a Geografia Agrária participava, discutindo as questões técnicas e sociais advindas da realidade.

Para o período seguinte, a concretização das políticas de assentamento do governo ganha relevo. Também crescem as discussões teóricas ligadas ao campesinato, novo nome dado pelo geógrafo agrário ao pequeno produtor da década de 1980. Contudo, não há uma temática que domine o período isoladamente. Encontram-se estudos sobre diferentes áreas que variam bastante em temas, mas que de uma forma ou de outra privilegiam as transformações da agricultura em locais específicos, fora do eixo Sul–Sudeste, onde elas já se haviam concretizado.

DÉCADA DE 1990: DIVERSIDADE DE TEMAS E ÁREAS ESTUDADAS

Nossa análise referente à década de 1990 será efetuada considerando os trabalhos publicados até 1995. A primeira metade da década de 1990 não encontrou, nas publicações periódicas, grande destaque quanto ao aparecimento de trabalhos geográficos relativos à agricultura. Ele deve ser dado a dois Engas, em Maringá (1992) e Águas de São Pedro (1994), realizados no período, e que tiveram, em volume de trabalhos, grande significado. Acompanhando a análise efetuada para a década de 1980, não foi privilegiada a perspectiva temporal. Consideramos que não houve uma temática central que prevalecesse por todo o período, mas sim a interpretação de diferentes temas, concretizados em estudos de casos diversos, o objetivo deste tópico é destacar alguns trabalhos que refletiram as diferentes faces da agricultura na década de 1990 na perspectiva geográfica.

No início da década, as referências à agricultura estavam voltadas, como afirmamos anteriormente, a temas variados. A luta pela terra como resultado da ocupação da fronteira agrícola, os assentamentos rurais, a produção familiar, as consequências da modernização agrícola no meio ambiente, as novas formas de análise cartográfica e o uso da terra, as relações campo-cidade e a constituição do CAI, os estudos de caso caracterizando diferentes áreas constituem o conjunto de aspectos privilegiados para o estudo da agricultura.

A partir deles, o geógrafo agrário procurou explicar a complexa realidade que definia a agricultura até meados dos anos 90. É interessante observar que, apesar de podermos definir essas temáticas, contrariamente a outros períodos, elas se confundem ou se completam em muitos trabalhos, tornando-se difícil a definição de um único tema para o trabalho. Não existem aspectos isolados a serem estudados, mas um conjunto de relações estabelecidas pelo desenvolvimento do sistema capitalista que fizeram da agricultura uma atividade integrada à indústria e aos centros urbanos e que não poderia mais ser concebida isoladamente. Na análise a seguir procuramos mostrar como a integração ao mundo capitalista fez da agricultura uma atividade complexa, que abrangia diferentes elementos. Vale lembrar, ainda, que as diferentes temáticas apresentaram-se conjugadas a outras, destacando as diferentes relações que se fizeram presentes até então.

A luta pela terra relacionada à expansão da fronteira agrícola foi tema do trabalho de Barbosa (1989/1990), que avaliou a ocupação ilegal de terras por meio da grilagem. Nesse ensaio, o autor procurou confrontar duas formas de ocupação da fronteira, a frente de expansão representada pelos posseiros e a frente pioneira organizada pelas grandes empresas, estudando o caso particular do Estado do Tocantins.

> O Estado foi levado a controlar ou mesmo a suprimir qualquer intento de reforma agrária. As terras devolutas, tribais, invadidas ou ocupadas foram griladas ou compradas a preço simbólico, por grileiros, latifundiários, fazendeiros e empresários implicando na expulsão, ou subordinação de índios, sitiantes, caboclos, posseiros e colonos. (p.121)

O estudo teve como base empírica a Fazenda Pantanal de Cima, considerada pelo autor como exemplo de apropriação fraudulenta de terras na Amazônia por meio de incentivos fiscais. A penetração do capitalismo fez a terra transformar-se em mercadoria, sendo utilizada como apoio legal para a obtenção de financiamentos. Os posseiros foram expropriados nesse processo e, como frente de expansão, ocuparam as terras devolutas do Estado. A implantação da propriedade privada da terra se transformou, segundo o autor, no desenvolvimento de um empreendimento econômico.

De certa forma, encontramos nesse texto a mesma racionalidade desenvolvida pelos autores que discutiram a penetração do capitalismo no campo na década de 1980. A referência à fronteira agrí-

MUNDO RURAL E GEOGRAFIA

cola foi feita por vários deles, que a consideraram o resultado da expansão do capitalismo no campo, que fez a incorporação de novas terras às já apossadas. A grilagem e o conflito com os grupos indígenas e de posseiros na Amazônia apareceram em diferentes momentos no decorrer da vida nacional. A chegada da década de 1990 tornou pública tal discussão e a luta desses grupos expropriados foi inserida no dia a dia da nação e no rol de interesses do geógrafo agrário.

Em outro texto, Antonio (1992) trata da questão da terra relacionada ao assentamento de trabalhadores em terras do Estado. O movimento social rural foi tratado pelo autor como uma consequência da expansão capitalista que integrou e incorporou territórios ao seu desenvolvimento econômico. Para tanto, o autor analisou a lógica do movimento social, do planejamento estatal e da organização do espaço rural.

Considerando que a institucionalização do movimento social rural e os assentamentos populacionais representaram a incorporação do espaço agrário camponês e que tal situação é parte integrante da questão agrária brasileira, Antonio (1992) avalia o movimento no Estado de São Paulo.

Segundo ele, a institucionalização do movimento social rural se deu a partir da concretização dos assentamentos rurais e da autonomia produtiva a que se submeteram os camponeses. Tal fato consolidou a existência e a manutenção da produção camponesa.

O autor destaca como o Estado assumiu a responsabilidade pela eliminação dos focos de tensão social e o fez por meio de uma política de assentamento. Estudando particularmente o Estado de São Paulo, a partir de 1964, o autor apontou as vias que, patrocinadas pelo Estado, viabilizaram a expansão do setor privado, na região da Alta Sorocabana. Tais vias serviram para recriar a pequena produção familiar, pela aplicação de investimentos públicos e pela intervenção direta do Estado nos conflitos de terra com implantação de assentamentos rurais.

O movimento social rural ocupou, resistiu e produziu na posse o seu sustento, patrocinado pelo Estado, que o encaminhou à subordinação. A autonomia do camponês foi representada pela liberdade do que plantar. A subordinação/sujeição se fez via obtenção de crédito financeiro, compra de insumos e venda da produção a grupos específicos. Tais considerações, em seu aspecto espacial, levaram à incorporação da área, à expansão da agricultura capitalista.

Regionalmente, segundo o autor, os latifúndios que esvaziavam a região deram lugar a minifúndios e "a intervenção do estado deve ser entendida como um mecanismo contraditório; ao permitir a destruição de algumas áreas do latifúndio, recriando a pequena produção, permitiu que o território deixasse de ser devoluto" (Antonio, 1992, p.20).

A pequena produção aqui referida foi inspiração para outros autores que procuraram analisar sua relação com o sistema capitalista. Considerada no contexto das transformações da agricultura brasileira, na década de 1980, a pequena produção foi descrita em razão das mudanças pelas quais passava, inserindo-se na lógica da agricultura capitalista. Na década de 1990, uma nova forma interpretativa buscou entender a lógica das relações mantidas no grupo familiar. Ganha destaque a família como unidade de produção.[6]

Tais estudos, sem dúvida, sofreram a influência dos sociólogos rurais que, na década anterior, priorizaram tal enfoque. A notoriedade dessa forma de avaliar a produção familiar definiu-se de maneira bastante nítida, no período ora avaliado, apresentando continuidade entusiástica, interessando a um grupo bastante representativo de geógrafos agrários.

No início da década de 1990, a referência à produção familiar ainda se fazia em razão da pequena produção, ou seja, aqui se considerava o tamanho da propriedade e a participação no volume total de produção. O trabalho de Medeiros (1990) sobre a emigração rural na pequena produção no Rio Grande do Sul, área sob o domínio do minifúndio, apresentou uma tipologia de propriedades baseada em duas formas de organização da produção. Segundo a autora, a ocupação das terras no Estado se fez por meio do Grande Domínio, representado pela grande propriedade, e pelo Pequeno Domínio, representado pela pequena produção.

---

6 É interessante notar que o pequeno produtor passa, gradativamente, a produtor familiar e a camponês, significando não apenas uma mudança semântica, mas uma mudança de enfoque.

Historicamente, cada uma dessas organizações definiu um desenvolvimento diferenciado. Enquanto nas áreas de colonização, sob o domínio da pequena produção, se instalou uma agricultura de subsistência com produção de excedentes comercializados nos centros urbanos, o domínio dos latifúndios voltou-se à pecuária, visando, exclusivamente, ao mercado.

O desenvolvimento do comércio, junto à pequena produção, gerou uma diversificação da aplicação de capitais: "Dessa forma, enquanto o Pequeno Domínio com um dinâmica própria crescia em importância econômica no Estado, o Grande Domínio permanecia com sua característica inicial" (Medeiros, 1990, p.478).

Demonstrando uma preocupação com a distribuição espacial da pequena produção, a autora, mediante uma regionalização, que utilizou como variáveis a estrutura fundiária, as áreas de colonização e as formas de produção, definiu as áreas de domínio dessa categoria: regiões de Pequena Produção Funcional do Grande Domínio (minifúndios dedicados à policultura), de Agricultura Tradicional do Pequeno Domínio (forma de produzir tradicional com culturas diversificadas) e de Lavoura Empresarial do Pequeno Domínio (presença da modernização e da monocultura).

A produção familiar continuou a ser temática em trabalho de Rosa Ester Rossini (1990), que considerou o assunto na perspectiva das relações de trabalho. Segundo a autora, a modernização da agricultura trouxe mudanças profundas nas relações de trabalho e uma nova dinâmica a esse mercado.

Numa abordagem histórica, Rossini (1990, p.119) demonstrou como, ao longo da história da agricultura brasileira, as relações de trabalho se alteraram, passando pelo trabalho escravo, o colonato, a parceria, o arrendamento e o assalariamento, chegando finalmente ao trabalho familiar, considerando que assim se legitima o trabalho da família como objeto de análise.

> O interesse atual para se compreender melhor a problemática do trabalho feminino passa obrigatoriamente pelas relações de trabalho e família. Neste caso, a unidade de estudo não é mais o indivíduo isolado, mas as peripécias que os indivíduos, a partir de suas relações mais próximas com os membros de sua família, realizam, para garantir a sobrevivência do grupo.

Nessa perspectiva, a autora analisa o trabalho da mulher, encarada como força de trabalho e não mais como mão de obra disponível. Assim, as condições de reprodução da família são tratadas no contexto da organização do grupo familiar como unidade de consumo, no qual o ingresso monetário dos membros garante a reprodução. Seguindo os postulados chayanovianos, que serão enfatizados, principalmente, nos trabalhos apresentados durante o 12º Enga, a autora oferece uma forma interpretativa nova para o período.

Realizando um estudo de caso sobre a produção familiar de pêssego em Pelotas (RS), seguindo a linha chayanoviana, Salamoni & Gerardi (1992, p.45) constatam que,

> embora os produtores familiares se encontrem integrados ao mercado, utilizem capital sob a forma de insumos e tecnologia moderna, e orientem as ações da unidade produtiva em função de custos e rendimentos, mantêm intrínseca sua racionalidade camponesa, pela qual a agricultura é, em princípio, fonte de sua sobrevivência, e não simplesmente alternativa de investimento para o capital.

A relação com o complexo agroindustrial colocou as autoras diante de um processo marcante que se referia à inserção da produção familiar no contexto da racionalidade capitalista. A reprodução da família estaria vinculada à capacidade do grupo de ser autônomo e subordinado, ou seja, sua reprodução social seria definida em razão dessa capacidade. O atrelamento à indústria traria como consequência a possibilidade de crédito (autonomia), mas, por outro lado, imporia ao produtor um único comprador e não um mercado livre (subordinação).

Sob a lente chayanoviana, muitos outros autores produziram análises do meio rural. Antonello (1994, p.5) ressaltou, em seu estudo, a contabilidade camponesa referindo-se "às receitas e despesas efetuadas pelos estabelecimentos camponeses sertanejos", obtendo

> o peso das despesas sobre as receitas na reprodução da produção camponesa e o rendimento líquido auferido pelo estabelecimento agrícola, por pessoa (considerando-se os responsáveis e membros

MUNDO RURAL E GEOGRAFIA

não remunerados da família) e por hectare, respaldando a visualização de uma diferenciação do camponês sertanejo.

Nessa análise, a autora privilegiou a situação econômica e concluiu que os produtores camponeses sergipanos não constituíam um grupo homogêneo, mas com diferenciações definidas em razão da relação despesas-receitas.

Outro trabalho (Matta, 1994) analisou a resistência do grupo camponês que buscou sua reprodução a partir da estratégia de inserção no processo de modernização, representado pelo cultivo da laranja, para abastecer as indústrias de suco de Sergipe.

Para desenvolver tal raciocínio, a autora considerou que "o amadurecimento das relações capitalistas no campo mostrou que a unidade de produção familiar, para permanecer no processo produtivo, desenvolveu estratégias que além de possibilitar sua reprodução tornou significativa a sua participação nas atividades agrícolas" (p.51).

Em estudo intitulado O futuro do camponês, Meneses (1994) pretendeu compreender o campesinato em sua inserção no complexo agroindustrial. Segundo esse autor, a penetração do capitalismo no campo trouxe mudanças estruturais que marcaram o campesinato segundo uma heterogeneidade que precisava ser analisada. O futuro do camponês seria, segundo o autor, marcado por sua vinculação à indústria, coincidindo com a política estatal de modernização industrial e agrícola do Nordeste.

Todos esses estudos demonstram a preocupação em definir e entender as estratégias de reprodução do grupo familiar, avaliando o assunto em seu contexto econômico (análise da renda) e social (autonomia/subordinação à indústria). Também foi possível encontrar trabalhos de cunho teórico que buscaram a explicação para as estratégias adotadas pelos agricultores. Trata-se de um período rico nesse sentido, já que tomando conhecimento das proposições teóricas que explicavam a manutenção do grupo familiar diante do desenvolvimento capitalista, a discussão entre os pares se fez nos palcos dos congressos geográficos e nas páginas de algumas revistas.

Um exemplo é fornecido pelo trabalho de Meneghini & Miorin (1995), que procurou refletir sobre a produção familiar na sua vertente teórica. Para tanto, os autores analisaram as diferentes definições encontradas na literatura para a produção familiar, utilizando as proposições de Chayanov e seus seguidores Chonchol, Abramovay e Lamarche.

Em relação ao meio ambiente, os pesquisadores, na primeira metade dos anos 90, preocuparam-se com o desgaste do solo, temática presente em outros períodos, e com o uso de agrotóxicos, estudados como consequência do processo de modernização tecnológica introduzido no país.

A problemática ambiental, visualizada pelas consequências do processo de modernização da agricultura e aplicação de insumos químicos, gerou, em alguns autores, a necessidade de discussão do assunto no que diz respeito à ação desses insumos sobre o agricultor.

Os trabalhos preocupavam-se em diagnosticar o impacto do uso desses insumos não só no ambiente agrícola, mas também no agricultor, como se pode constatar em Martin (1993, p.7):

> O objetivo deste trabalho foi verificar a ocorrência de intoxicações humanas e a contaminação ambiental causadas pela utilização de agrotóxicos nas atividades agrícolas. O uso indiscriminado de agrotóxicos tem provocado problemas de poluição do ar, solo, água e vegetação. Além disso, esses produtos têm sido responsáveis pela contaminação de organismos vivos em geral, inclusive o homem.

A autora escolheu a região de Presidente Prudente como área de estudo, onde o Projeto Rebojo, uma iniciativa pioneira de reforma agrária, em 1965, consolidou-se, e durante o qual o "uso indiscriminado de agrotóxicos e a erosão [foram] problemas que se generalizaram e se agravaram cada vez mais, decorrentes de práticas agrícolas inadequadas" (Martin, 1993, p.7) em razão do baixo nível de escolaridade dos agricultores, " um aspecto importante, porque essas pessoas que não sabem ler precisam seguir as instruções fornecidas verbalmente, o que pode dar margem a uma maior possibilidade de erro e/ou utilização inadequada dos produtos" (p.11).

Em relação ao uso de agrotóxicos, 46,5% das famílias entrevistadas pela autora disseram utilizá-los, e 35% delas informaram ter tido problemas com intoxicações quando da pulverização manual das plantas.

MUNDO RURAL E GEOGRAFIA

Após a análise das famílias, a autora preocupou-se com o ambiente agrícola no que diz respeito à concentração de resíduos químicos na água e no solo, o que a fez concluir que, sendo os agrotóxicos poluentes em potencial, a relação custo-benefício da utilização desses produtos precisaria ser revista. O caso estudado coloca--se, segundo a autora, como uma pequena amostra do que ocorre no contexto mundial.

Outra vertente de estudos do meio ambiente passou a se preocupar com a ocupação dos assentamentos e as formas de uso da terra aí desenvolvidas, objetivando a conservação ambiental.

Nesse sentido, Simonetti (1994, p.163) refletiu sobre "algumas interpretações teóricas dos movimentos de luta pela terra, a contínua recriação do campesinato por todo o território brasileiro, e as novas estratégias e práticas relativas à produção e ao meio ambiente sendo gestadas em assentamentos, seringais e pequenas unidades produtivas".

O interesse, nesses estudos, ganha a perspectiva de considerar a luta pela terra como luta socioambiental, já que esse movimento tem feito emergir sujeitos sociais não unicamente agricultores, mas também seringueiros e posseiros, que propõem um desenvolvimento em outras bases, nas quais o meio ambiente é variável principal.

> A luta pela terra também contradiz o suposto desenvolvimento linear e inexorável da modernização agrícola, gerando nesse processo novos atores, novos projetos de vida, novas formas organizacionais, que faz com que este percurso tenha de ser visto a partir dos resultados (vitoriosos ou não) das lutas empreendidas em seu interior. (Simonetti, 1994, p.164)

Nessa perspectiva, os elementos de análise tornaram-se outros, definindo um papel muito importante para os agentes envolvidos como "sujeitos políticos" que, ao conseguir a posse da terra, geram "práticas coletivas" que incorporam à produção agrícola o processo de conservação dos recursos naturais.

Esses trabalhos priorizaram as novas organizações no campo, que, apesar de ainda não estarem mapeadas, marcaram profundamente a formulação de políticas e definição de áreas como as Reservas Extrativas dos Seringueiros.

Dentro do conjunto de questões que constituem o campo de lutas sócio-ambientais, a questão da terra pode ser vista como portadora de uma das contradições mais flagrantes, no sentido de apontar para a insustentabilidade do atual modelo de desenvolvimento. A luta pela terra põe em evidência a violência com que os trabalhadores são impedidos de ter acesso ao meio ambiente e às condições básicas de reprodução da vida. (ibidem, p.166)

Uma última referência deve ser feita à temática uso da terra no que se refere à forma de realizar estudos nesse tema. A introdução da tecnologia moderna, ligada a imagens orbitais, levou os estudos sobre uso da terra a uma nova fase. O aprimoramento tecnológico colocou, diante dos pesquisadores, instrumental de melhor qualidade no que se refere ao dimensionamento das áreas ocupadas. A disponibilidade de imagens orbitais atualizadas colocou-se como bastante vantajosa em relação às tradicionais fotografias aéreas e às mais antigas, ainda, expedições de campo (Koffler, 1992).

Com características teóricas ou como estudo de caso, o exame das questões agrícolas e agrárias que marcaram a primeira metade da década de 1990 refletiu as mudanças ocorridas na agricultura brasileira a partir da década de 1970.

Podemos afirmar que ocorreu uma continuidade na forma de interpretar as mudanças, e, na década de 1990, a preocupação foi explicar a manutenção de grupos teoricamente fadados ao desaparecimento. Justifica-se, assim, o grande interesse pela unidade de produção familiar, não como organizadora do espaço mas como categoria social que engendrou formas de driblar a perversidade do capitalismo. Tais estudos ocorreram por toda a década de 1990 e parecem ser a grande marca do período, já que o último Enga, realizado em Diamantina (1996), registrou um volume de trabalhos bastante significativo sobre o assunto.

Vale lembrar ainda que a discussão em torno do trabalho familiar alcançou os meios de comunicação e ganhou a opinião pública a partir da discussão de reforma agrária que se desenvolveu na década de 1980. Os assentamentos rurais com base no trabalho da família e o Movimento dos Sem-Terra levaram a sociedade e a Igreja a valorizar o grupo familiar e a discutir a problemática social da concentração da terra.

MUNDO RURAL E GEOGRAFIA

Além da tendência à incorporação de tecnologia nos estudos geográficos, a década de 1990 abre perspectivas de estudos bastante variadas. A incorporação da unidade de produção familiar ao rol de interesses dos agrogeógrafos se consolidou, assim como a discussão da inserção da agricultura ao sistema urbano-industrial como um fato concreto.

Outra temática recente, e que se refletiu nos últimos fóruns de debate da Geografia Agrária, diz respeito à integração da agricultura brasileira à economia regional, representada pelo Mercosul, e à economia mundial. Tal integração foi tema de mesa-redonda no 12º Enga (1996) e de comunicações apresentadas por diferentes autores, dando destaque à triticultura e à citricultura brasileiras (Geraci et al., 1996; Ruas et al., 1996; Francisco Pinto, 1996a, 1996b; Lozani, 1996).

Em termos de forma de análise, a incorporação de conceitos e teorias sociológicas e econômicas marcou presença nos estudos da década de 1990. A questão espacial foi suplantada pela social, e a referência a grupos, sujeitos, classes sociais, entidades, lutas, tornou-se evidente.

7 AO FINAL, UM BALANÇO E O FUTURO

O estudo da Geografia Agrária brasileira, desenvolvido ao longo deste trabalho, permitiu apontar os eixos principais que caracterizaram tal ramo da Geografia no Brasil.

Considerando que o objeto analisado mostrou-se dinâmico, a historicidade tornou-se evidente nas transformações pelas quais passou a Geografia Agrária. Pudemos perceber que as mudanças paradigmáticas e socioeconômicas marcaram a produção do geógrafo agrário. Essas duas situações, cada qual a seu modo, provocaram uma diferenciação nas interpretações sobre o agro.

O modo de pensar a agricultura do ponto de vista geográfico variou, ao longo do tempo, refletindo o dinamismo da Geografia e da realidade. Tal reflexo foi sentido já no momento de definir Geografia Agrária, uma vez que esta ganhou conotações diversas em períodos diferentes, espelhando os aspectos que marcavam a sociedade em determinadas circunstâncias: o valor da paisagem como reflexo da ocupação do território e a valorização dos aspectos econômicos da produção agrícola, na Geografia Agrária Tradicional; as medidas da agricultura e sua classificação, na Geografia Agrária Quantitativa; a significância do social na Geografia Agrária Crítica.

Também concluímos que, enquanto a agricultura era atividade econômica hegemônica e o aspecto marcante na ocupação do espaço, não se caracterizava propriamente como uma especialização. Fazer Geografia significava, muitas vezes, estudar a agricultura. A partir da década de 1950, com os papéis definidos para cada setor, agricultura/indústria, campo/cidade, a especialização foi requerida e definiu rumos próprios a cada ramo da ciência geográfica, ou seja, à medida que a sociedade se tornava mais complexa em suas relações, a ciência especializava-se, induzindo à aproximação com outras ciências. Tal aproximação fez o geógrafo agrário tomar parte em um processo de mudanças que ultrapassou as fronteiras da Geografia, utilizando-se de conceitos, metodologias e lógicas não geográficos. Podemos afirmar que, mesmo se utilizando da História e das Ciências Naturais, foi durante as décadas de 1940 e 1950 que o geógrafo agrário realizou, com maior clareza, a análise espacial. Mesmo criticada, a Geografia Tradicional definiu muito bem o papel do geógrafo no contexto das ciências, definição esta que foi sendo modificada, resultando numa certa crise de identidade da Geografia.

Esse fato ficou comprovado ao longo da análise das três variáveis de observação: tempo, escolas do pensamento, temáticas, definidas para este trabalho. Para avaliar a produção geográfica em agricultura no período que compreende as décadas de 1930 a 1990, o levantamento bibliográfico realizado permitiu reunir, se não todo, a grande parte dessa produção. Registrada em diferentes publicações – periódicas ou em anais de reuniões científicas –, a produção nacional dos geógrafos agrários manuseada indicou, claramente, a variação temporal das temáticas, dos autores, das instituições responsáveis pelas edições, definindo os mais representativos em cada categoria. Também ficou evidente como se encaminhou, no contexto teórico-metodológico, a produção referenciada.

O fio condutor dos trabalhos, os estudos de caso, marcou toda a trajetória da Geografia Agrária no Brasil. Sua ocorrência define marcadamente uma produção científica que se diferenciou em dois tipos: os estudos sobre áreas específicas, em diferentes escalas, e os estudos sobre cultivos/criações diversos.

Os estudos de caso colocaram-se como a forma encontrada para explicar as ocorrências no espaço. A forma definida para interpretar tais ocorrências levou à identificação de três modalidades de

MUNDO RURAL E GEOGRAFIA 337

estudo. A primeira, dedicada à descrição das áreas e das formas de cultivo/criação. Seu tempo histórico, ao contrário do que se pensa, não é restrito às décadas definidas como da Geografia Tradicional. Estamos considerando aqui, como descrição, o fato de existir nos trabalhos a preocupação em apontar as características de um local ou cultivo, antes mesmo de interpretá-lo.

Trabalhos nitidamente técnicos da década de 1970 fogem a essa situação, mas mesmo estudos marcados por definições teóricas claras preocuparam-se com informações gerais sobre o fato estudado e sua ocorrência.

Uma segunda modalidade está ligada à medição e ao mapeamento das ocorrências. Em muito contribuiu a quantificação utilizada nos departamentos/universidades e no IBGE. Não bastava caracterizar o evento geográfico, mas definir as leis que o determinavam e sua frequência espacial.

Por último, as interpretações teórico-conceituais, evidentes a partir da década de 1970 e que permitiram a aproximação da Geografia com outras ciências. Nesses estudos, a diretriz é dada por um conceito ou teoria. Os conceitos de modernização da agricultura e desenvolvimento rural enriqueceram as interpretações geográficas sobre o agro, durante as décadas de 1970 e 1980, bem como a teoria sobre a racionalidade da unidade familiar de produção e o conceito de campesinato, mais recentemente.

Vale lembrar que tais modalidades não são excludentes, mas, na verdade, sintetizam a interpretação do agro pela Geografia, relacionada diretamente à ocorrência dos eventos, ou seja, à realidade socioeconômica que definiu as interpretações em diferentes momentos históricos avaliados neste trabalho.

O período em que a Geografia realizou seus estudos fundamentados na elaboração de sínteses explicativas de paisagens humanas, definindo quadros regionais de uma época, corresponde ao intervalo de tempo marcado pela décadas de 1940 e 1950. Temos um período brilhante no qual as raízes da ciência geográfica se fixam no Brasil, firmando-se como uma das fases mais produtivas, considerando o volume de trabalhos, da história da Geografia no país. O número de periódicos encontrados para o período é restrito, entretanto o volume de trabalhos sobre a agricultura, neles publicados, coloca essa fase como uma das mais significativas no contexto da produção geográfica como um todo.

Esses trabalhos, como afirmamos, têm a síntese geográfica como fundamento, resultante da influência francesa na construção da Geografia nacional, correspondendo à chamada Escola Tradicional de Geografia. A presença francesa é perceptível em dois aspectos: na forma de desenvolvimento dos estudos nesse período e no volume de trabalhos publicados por esses pesquisadores. Os estudos regionais, as sínteses explicativas, a valorização das condições naturais, privilegiando a relação homem-meio, compõem a fisionomia do período.

Por essa ótica tradicional, várias temáticas foram estudadas. A realidade socioeconômica brasileira do período aparece refletida nos trabalhos. Os primeiros estudos da década de 1940 revelam um acúmulo de conhecimento sobre o território nacional, cuja atividade econômica principal era a agricultura. São descrições de diferentes áreas do país tendo como objeto de análise a organização da atividade agrícola. A década de 1950 apresenta trabalhos que demonstram preocupação com a exploração desmedida da terra. A conservação do solo e a adoção de técnicas racionais sinalizam na direção de mudanças no contexto agrícola. O território conhecido, a hegemonia agrícola, ameaçada pela expansão urbana, as terras apropriadas ao cultivo já ocupadas são elementos que fazem os geógrafos agrários tomarem uma nova direção em seus estudos. A distribuição da terra, a reforma agrária, os estudos do hábitat rural (agora definidos em razão da realidade nacional e não francesa) determinam tendências para o período seguinte. A década de 1960 deverá ser marcada como o período das mudanças tanto teórico-metodológicas (o uso de fotos aéreas irá revolucionar as pesquisas de campo) como da realidade nacional.

A realidade transformada fez o geógrafo agrário estudar uma sociedade urbana, na qual a agricultura teria um papel secundário. O progresso técnico, em seus diferentes níveis, atingiu profundamente o desenvolvimento dos estudos geográficos; a principal mudança ocorreu nas informações, que passaram a ser de fontes secundárias.

Na realidade, as mesmas definições de tipos passam a ser obtidas pelo uso de informações estatísticas. Muda a realidade, muda a

MUNDO RURAL E GEOGRAFIA

escala de análise, mudam-se as temáticas e os métodos. O geógrafo agrário desviou seu interesse para espaços maiores. Os estudos não são mais locais, mas compreendem análises de áreas maiores, possíveis pela concretização dos censos e pelo início do uso dos modelos computacionais.

Na década de 1960, as descrições continuam em uma base estatística. Na década seguinte, as mudanças na forma de produzir, na agricultura brasileira, fizeram o geógrafo agrário preocupar-se com a medição e a distribuição da modernização agrícola, definindo as áreas mais representativas, os graus de modernização e sua variação espacial.

Não podemos dizer a mesma coisa sobre a análise do desenvolvimento do capitalismo no campo. Nesse contexto, a referência espacial é inexistente, ganhando ênfase a exploração do trabalhador pelo capital. Os objetos de análise tornaram-se puramente econômico-sociais. O espaço, agrícola, local onde se dá a exploração capitalista, é um espaço sem características naturais, mesmo que, em alguns casos, elas sejam determinantes.

A descrição de diferentes formas de produzir no campo interessa por indicar o processo de dependência da agricultura à indústria. Nos estudos sobre o complexo agroindustrial, a organização da produção é tida como indicadora do atrelamento ou subordinação do pequeno produtor, que não dirige mais a propriedade, mas cumpre as determinações exteriores a ela. A conotação espacial fica determinada quando se define a área de atuação de determinada corporação industrial, colocando sob seu domínio grupos distintos de agricultores.

Numa outra linha interpretativa, direcionando a atenção para o produtor rural, a teoria sobre a organização da unidade familiar de produção ganhou interesse mais recentemente e marcou profundamente os estudos da década de 1990.

Preocupado em entender a racionalidade da organização do grupo familiar, a prioridade na aplicação de uma teoria de fundo sociológico redefine o espaço agrícola da propriedade como aquele onde a família busca a satisfação de suas necessidades. A forma como a propriedade está organizada reflete essa busca, mas é o grupo familiar e não o espaço de atuação da família que é priorizado.

Em resumo, pelo estudo realizado podemos concluir que:

- A uma geografia tradicional – idiográfica-descritiva – corresponde uma Geografia Agrária paisagística, até certo ponto determinista, coerente com o perfil epistemológico da própria Geografia e com a importância da agricultura como evento econômico-social e político e como elemento organizador do espaço e, portanto, dominante do ponto de vista da paisagem.
- A uma geografia teorético-quantitiativa corresponde uma Geografia Agrária modelizada, tipificada, em busca de normas que permitissem a previsibilidade e a intervenção planejada, coerentemente com o domínio de um Estado autoritário, centralizador, intervencionista, com um período de modernização induzida do campo, aceleração do processo de urbanização e mudança do eixo econômico, da agricultura para a indústria. Coerente, ainda, com uma ciência neopositivista voltada para a aplicabilidade imediata dos conhecimentos.
- A uma geografia crítica corresponde uma Geografia Agrária preocupada com as questões sociais e econômicas da relação homem-terra e com as relações dos homens do campo entre si e com aqueles das cidades. Essa posição é coerente com uma liberdade de expressão ideológica conquistada após o período ditatorial e com o acirramento dos conflitos sociais numa situação de fechamento de fronteiras à apropriação de terras. É coerente também com preocupações da ordem dos direitos humanos e do uso (e abuso) dos recursos naturais, num mundo que se tecnifica e imediatiza.

O futuro aponta para uma ciência, uma Geografia e uma Geografia Agrária que se humanizam, que procuram recuperar a visão que o homem tem de si mesmo e de seu entorno, resgatando a indissociabilidade das ações e reações entre os homens e destes com a natureza. A preocupação com o legado natural e cultural que será deixado às próximas gerações parece ser o rumo da Geografia Agrária para o futuro, interessada em questões relacionadas à percepção dos impactos ambientais da atividade agrícola e às alternativas ecologicamente sustentáveis, às estratégias de sobrevivência e progresso de grupos familiares sem perda de seus traços culturais fundamentais, à visão (novamente) integrada da atividade agrícola, numa espécie de "nova paisagem", na qual o visível e as forças invisíveis, em interação, sejam consideradas na concepção dos lugares, sem menosprezar os fluxos e as trajetórias globais que os determinam.

BIBLIOGRAFIA

É de importância fundamental para este livro a bibliografia aqui contida, representando o levantamento exaustivo de periódicos e anais e parcial de livros e teses referentes à temática agrária na Geografia que, esperamos, possa servir de referência aos estudiosos deste tema.

ABRAMOVAY, R. *Paradigmas do capitalismo agrário em questão*. São Paulo: Hucitec, 1992.

ABRÃO, V. L. S. *A pecuária em Corumbá* (Uma contribuição ao estudo da natureza das relações de produção e de trabalho no Pantanal). São Paulo, 1982. 112p. Dissertação de Mestrado – Faculdade de Filosofia, Letras e Ciências Humanas, Universidade de São Paulo.

ABREU, A. A. A colonização holandesa no Estado de São Paulo – Holambra I. *Série Teses e Monografias*, n.6, p.3-114, 1971.

ABREU, F. O gado bovino e sua influência sobre a antropogeografia do Rio Grande do Sul. *Boletim Geográfico*, ano 11, n.116, p.466-76, 1953.

_____. O gado bovino e sua influência sobre a antropogeografia do Rio Grande do Sul. In: CONGRESSO BRASILEIRO DE GEOGRA-FIA, 9, 1944, Rio de Janeiro. *Anais...* Rio de Janeiro: CNG, 1944. p.452-64.

AB'SABER, A. N. Paisagens e problemas rurais na região de Santa Isabel. *Boletim Paulista de Geografia*, n.10, p.45-70, 1952.

_____. Aptidões agrárias do solo maranhense. *Boletim Paulista de Geografia*, n.30, p.31-7, 1958.

_____. Vinte e cinco anos de Geografia em São Paulo. *Boletim Paulista de Geografia*, n.34, p.71-82, 1960.

_____. Províncias geológicas e domínios morfoclimáticos no Brasil. *Geomorfologia (São Paulo)*, v.20, 1970.

_____. Os domínios morfoclimáticos na América do Sul. *Geomorfologia (São Paulo)*, v.52, 1977.

AB'SABER, A. N., COSTA JÚNIOR, M. Paisagens Rurais do Sudoeste Goiano, entre Itumbiana e Jataí. *Boletim Paulista de Geografia*, n.7, p.38-63, 1951.

AGUIAR, L. M. B. et al. Atualidade e territorialidade da práxis revolucionária – Os caminhos do movimento social rural e a reforma agrária. In: ENCONTRO NACIONAL DE GEÓGRAFOS, 8, 1990, Salvador. *Anais...* Salvador: AGB, 1990. v.1, p.287-92.

ALBUQUERQUE, J. A Palmeiron e seu espaço: um caso de modernização da agroindústria no Nordeste. In: ENCONTRO NACIONAL DE GEOGRAFIA AGRÁRIA, 6, 1985, Garanhuns. *Comunicações...* Garanhuns: Fundação Joaquim Nabuco, 1985. p.20-5.

ALBUQUERQUE, M. J. C. Zoneamento agrícola do Estado de Alagoas. In: ENCONTRO NACIONAL DE GEOGRAFIA AGRÁRIA, 6, 1985, Garanhuns. *Comunicações...* Garanhuns: Fundação Joaquim Nabuco, 1985. p.147-55.

ALFONSI, R. R. Parâmetros agroclimáticos na potencialidade agrícola. In: ENCONTRO NACIONAL DE GEOGRAFIA AGRÁRIA, 11, 1992, Maringá. *Anais...* Maringá: UEM, 1992. v.2, p.140-57.

ALLEGRETTI, M. H. Reservas extrativas: parâmetros para uma política de desenvolvimento sustentável na Amazônia. *Revista Brasileira de Geografia*, ano 54, n.1, p.5-23, 1992.

ALMEIDA, J. Pioneiros no Vale do São Francisco. *Boletim Geográfico*, ano 17, n.150, p.227-8, 1959.

ALMEIDA, L. Introdução à Geografia Econômica e Humana do Nordeste. *Boletim Geográfico*, ano 2, n.22, p.1517-9, 1945.

ALMEIDA, M. C. J. et al. Classificação do uso e ocupação do solo quanto à exposição dos solos à erosão, nas bacias dos rios Tietê e Pinheiros, na região metropolitana de São Paulo. In: ENCONTRO NACIONAL DE GEÓGRAFOS, 9, 1992, Presidente Prudente. *Anais...* Presidente Prudente: AGB, 1992. p.49.

ALMEIDA, M. C., SANTO, E. A. E. Identificação de terras devolutas município de Parati Rio de Janeiro. In: ENCONTRO NACIONAL DE GEOGRAFIA AGRÁRIA, 11, 1992, Maringá. *Anais...* Maringá: UEM, 1992. v.1-A, p.108-21.

ALMEIDA, M. G. Pecuarização no Estado do Acre: algumas considerações sobre o processo e consequências sociais. In: ENCONTRO NACIONAL DE GEOGRAFIA AGRÁRIA, 6, 1985, Garanhuns. *Comunicações...* Garanhuns: Fundação Joaquim Nabuco, 1985. p.45-8.

ALMEIDA, R. A. Diferentes trajetórias da luta pela terra no Pontal do Paranapanema/São Paulo. In: ENCONTRO NACIONAL DE GEOGRAFIA AGRÁRIA, 12, 1994, Águas de São Pedro. *Comunicações...* Águas de São Pedro: UNESP, 1994. p.1-2.

_____. A conquista da terra pelo MST e a estrutura fundiária no Pontal do Paranapanema. *Caderno Prudentino de Geografia*, n.16, p.159-67, 1994.

ALMEIDA, R. Traços da história econômica da Bahia no último século e meio. *Boletim Geográfico*, ano 15, n.140, p.576-97, 1957.

ALONSO, D. M. Aspectos geográficos da cultura fumageira no Estado do Rio Grande do Sul/Brasil. *Revista Brasileira de Geografia*, ano 20, n.3, p.295, 1958 .

ALVES, A. F., MAGINA, M. A. A. A integração do Estado do Rio de Janeiro ao CAI: alternativas possíveis. In: ENCONTRO NACIONAL DE GEOGRAFIA AGRÁRIA, 10, 1990, Teresópolis. *Anais...* Teresópolis: UFRJ, 1990. v.1, p.20-30.

AMARAL, A. E. P. Áreas de exceção do Agreste de Pernambuco: aspectos socioeconômicos. In: ENCONTRO NACIONAL DE GEOGRAFIA AGRÁRIA, 10, 1990, Teresópolis. *Anais...* Teresópolis: UFRJ, 1990. v.1, p.42-54.

AMARAL, J. J. de O. et al. A colonização agrícola de novas terras e a luta pela terra em Rondônia. In: ENCONTRO NACIONAL DE GEÓGRAFOS, 9, 1992, Presidente Prudente. *Anais...* Presidente Prudente: AGB, 1992. p.81.

AMARAL, L. Pequena história do algodão no Brasil. *Boletim Geográfico*, ano 7, n.77, p.460-99, 1949.

AMORIM FILHO, O. B. *Reflexões sobre as tendências teórico-metodológicas da Geografia*. Belo Horizonte: UFMG, 1985. 56p. (Publicação Especial, 2)

ANDRADE, G. O. O Projeto de Colonização do Alto Turi (Maranhão). *Anais da AGB*, n.18, p.123-87, 1973.

346   DARLENE APARECIDA DE OLIVEIRA FERREIRA

ANDRADE, M. C. Considerações geoeconômicas sobre a cultura do
fumo no Brasil. *Boletim Geográfico*, ano 22, n.173, p.181-4, 1963.
_____. Condições naturais e sistemas de exploração da terra no Estado
de Pernambuco. *Boletim Paulista de Geografia*, n.44, p.63-84, 1967.
_____. Latifúndio, cana-de-açúcar e coco no Norte de Alagoas. *Boletim
Paulista de Geografia*, n.45, p.16-58, 1968.
_____. Colonização e povoamento no Brasil. *Anais da AGB*, n.18,
p.65-82, 1973.
_____. Comércio internacional e distribuição espacial da produção de
açúcar no Brasil. *Boletim Paulista de Geografia*, n.51, p.15-30, 1976.
_____. O processo de modernização agrícola e a proletarização do
trabalhador rural no Brasil. *Geografia*, v.3, n.5, p.31-41, 1978a.
_____. O meio ambiente e a agricultura. In: ENCONTRO NACIO-
NAL DOS GEÓGRAFOS, 3, 1978, Fortaleza. *Anais...* Fortaleza: UFC,
1978b. p.89-104.
_____. Divisão da terra agrícola no Brasil: latifúndio, expropriação e
miséria. In: ENCONTRO NACIONAL DE GEOGRAFIA AGRÁRIA,
2, 1979, Rio Claro. *Anais...* Rio Claro: UNESP, 1979. p.1-43.
_____. *Latifúndio e reforma agrária no Brasil*. São Paulo: Duas Cidades,
1980. 115p.
_____. *Áreas de domínio da pecuária extensiva e semiextensiva na
Bahia e Norte de Minas*. Recife: Sudene, 1982. 469p.
_____. *Tradição e mudança*. A organização do espaço rural e urbano na
área de irrigação do submédio São Francisco. Rio de Janeiro: Zahar,
1983. 114p.
_____. *Escravidão e trabalho "livre" no Nordeste açucareiro*. Recife:
ASA, 1985. 74p.
_____. *Lutas camponesas no Nordeste*. São Paulo: Ática, 1986. 64p.
_____. "Reforma agrária e colonização" O Plano Nacional de Re-
forma Agrária dentro do contexto do Brasil atual. In: ENCONTRO
NACIONAL DE GEOGRAFIA AGRÁRIA, 7, 1986, Belo Horizonte.
Conferências e Comunicações... Belo Horizonte: UFMG, 1986. v.1,
p.63-6.
_____. A reforma agrária e os planos regionais. In: ENCONTRO
NACIONAL DE GEOGRAFIA AGRÁRIA, 7, 1986, Belo Horizonte.
Conferências e Comunicações... Belo Horizonte: UFMG, 1986. v.1,
p.1-8.
_____. A institucionalização da Geografia brasileira. In: ___. *Geogra-
fia Ciência da Sociedade*. Uma Introdução à Análise do Pensamento
Geográfico. São Paulo: Atlas, 1987a. p.81-93.

MUNDO RURAL E GEOGRAFIA

ANDRADE, M. C. *Geografia Ciência da Sociedade*. Uma introdução à análise do pensamento geográfico. São Paulo: Atlas, 1987b. 143p.

_____. *Área do sistema canavieiro*. Recife: Sudene, 1988. 684p.

_____. *História das usinas de açúcar de Pernambuco*. Recife: Massangana, 1989. 114p.

_____. O debate. In: ENCONTRO NACIONAL DE GEOGRAFIA AGRÁRIA, 10, 1990, Teresópolis. *Anais...* Teresópolis: UFRJ, 1990a. p.40-66.

_____. O pensamento geográfico e a realidade brasileira. *Boletim Paulista de Geografia*, n.68 (n.esp.), p.125-46, 1990b.

_____. Capitalismo e agroindústria canavieira no Nordeste. *Boletim de Geografia Teorética*, v.22, n.43-4, p.75-8, 1992.

_____. A AGB e o pensamento geográfico no Brasil. In: ___. *Uma Geografia para o Século XXI*. Recife: s. n., 1993a. p.61-71.

_____. A Geografia e o problema da interdisciplinaridade entre as Ciências. In ___. *Caminhos e Descaminhos da Geografia*. Campinas: Papirus, 1993b, cap.2, p.11-24.

_____. Pierre Monbeig e o pensamento geográfico no Brasil. *Boletim Paulista de Geografia*, n.72, p.63-82, 1994.

_____. Geografia rural: questões teórico-metodológicas e técnicas. In: ENCONTRO NACIONAL DE GEOGRAFIA AGRÁRIA, 12, 1994, Águas de São Pedro. *Mesas-Redondas...* Águas de São Pedro: UNESP, 1994. p.52-7.

ANDRADE, S. M., RIBEIRO, M. R. M. Projeto Jaíba: a experiência de pequenos agricultores com cultura irrigada no sertão mineiro. In: ENCONTRO NACIONAL DE GEOGRAFIA AGRÁRIA, 12, 1994, Águas de São Pedro. *Comunicações...* Águas de São Pedro: UNESP, 1994. p.106-7.

ANDRADE, T. L. C. Espaço agrário e meio ambiente na Bacia do Capibaribe. In: ENCONTRO NACIONAL DE GEOGRAFIA AGRÁRIA, 12, 1994, Águas de São Pedro. *Comunicações...* Águas de São Pedro: UNESP, 1994. p.108-9.

_____. Triunfo a agricultura de serra. In: ENCONTRO NACIONAL DE GEOGRAFIA AGRÁRIA, 6, 1985, Garanhuns. *Comunicações...* Garanhuns: Fundação Joaquim Nabuco, 1985. p.114-20.

ANDRADE, T. Rio de Janeiro, a porta do café. *Boletim Geográfico*, ano 24, n.186, p.369-72, 1965.

ANDRADE NETO, J. C. X. A Intervenção do Estado na Agroindústria Açucareira. In: ENCONTRO NACIONAL DE GEOGRAFIA AGRÁRIA, 6, 1985, Garanhuns. *Comunicações...* Garanhuns: Fundação Joaquim Nabuco, 1985. p.65-9.

ANDRADE NETO, J. C. X. O Estado e a concentração de capital na agroindústria açucareira e algodoeira do Nordeste. In: ENCONTRO NACIONAL DE GEÓGRAFOS, 6, 1986, Campo Grande. *Anais...* Campo Grande: AGB, 1986. p.27.

_____. O Estado e a questão fundiária no Nordeste Oriental. In: ENCONTRO NACIONAL DE GEOGRAFIA AGRÁRIA, 12, 1994, Águas de São Pedro. *Comunicações...* Águas de São Pedro: UNESP, 1994. p.3-4.

ANGELO, S. Picinguaba: três décadas numa vila de pescadores do litoral norte do estado de São Paulo. In: ENCONTRO NACIONAL DE GEÓGRAFOS, 8, 1990, Salvador. *Anais...* Salvador: AGB, 1990. v.2, p.455-64.

_____. Picinguaba: três décadas numa vila de pescadores do litoral norte do Estado de São Paulo. *Boletim Paulista de Geografia*, n.69, p.61-73, 1991.

ANTONELLO, I. T. A contabilidade camponesa. In: ENCONTRO NACIONAL DE GEOGRAFIA AGRÁRIA, 12, 1994, Águas de São Pedro. *Comunicações...* Águas de São Pedro: UNESP, 1994. p.5-6.

ANTONELLO, I. T., MIORIN, V.M.F. Tipos de agricultura e sua relação com o meio ambiente: solos. In: ENCONTRO NACIONAL DE GEOGRAFIA AGRÁRIA, 10, 1990, Teresópolis. *Anais...* Teresópolis: UFRJ, 1990. p.295-314.

ANTONIL, A. J. Cultura e opulência do Brasil por suas drogas e minas. *Boletim Geográfico*, ano 20, n.166, p.31-49, 1962.

_____. Cultura e opulência do Brasil por suas drogas e minas. *Boletim Geográfico*, ano 20, n.167, p.181-97, 1962.

_____. Cultura e opulência do Brasil por suas drogas e minas. *Boletim Geográfico*, ano 20, n.168, p.268-80, 1962.

_____. Cultura e opulência do Brasil por suas drogas e minas. *Boletim Geográfico*, ano 20, n.169, p.379-87, 1962.

_____. Cultura e opulência do Brasil por suas drogas e minas. *Boletim Geográfico*, ano 20, n.171, p.635-41, 1962.

ANTONIO, A. P. Projeto COLAGOA – Os problemas de uma colonização dirigida no Sudoeste Paulista. *Caderno Prudentino de Geografia*, n.6, p.105-9, 1983.

_____. Projetos de reassentamentos e assentamentos rurais – Lagoa São Paulo, Gleba XV de Novembro e Rebojo exemplo de colonização dirigida. In: ENCONTRO NACIONAL DE GEOGRAFIA AGRÁRIA, 7, 1986, Belo Horizonte. *Conferências e Comunicações...* Belo Horizonte: UFMG, 1986. v.1, p.67.

MUNDO RURAL E GEOGRAFIA 349

ANTONIO, A. P. A ação estatal no processo de organização agrária no Município de Teodoro Sampaio – SP (Primeiras Notas). *Caderno Prudentino de Geografia*, n.9, p.112-35, 1987.

_____. Organização do espaço agrário no Projeto Integrado de Colonização REBOJO - INCRA Município de Estrela do Norte - São Paulo. In: ENCONTRO NACIONAL DE GEOGRAFIA AGRÁRIA, 9, 1988, Florianópolis. *Anais...* Florianópolis: UFSC, 1988. p.7-17.

_____. A gestão do Estado no território para a incorporação e expansão da agricultura capitalista: o exemplo na Alta Sorocabana Sudoeste Paulista. In: ENCONTRO NACIONAL DE GEOGRAFIA AGRÁRIA, 10, 1990, Teresópolis. *Anais...* Teresópolis: UFRJ, 1990. v.1, p.89-103.

_____. O movimento social rural e a recriação da produção camponesa. *Boletim de Geografia Teorética*, v.22, n.43-44, p.18-20, 1992.

_____. Movimento social rural e assentamento estatal. In: ENCONTRO NACIONAL DE GEÓGRAFOS, 9, 1992, Presidente Prudente. *Anais...* Presidente Prudente: AGB, 1992. p.80.

ANTONIO, A. P., FRANCISCO, M. L. O. A dinâmica do mercado de trabalho rural e as novas relações campo-cidade: um exemplo na Depressão Periférica Paulista. In: ENCONTRO NACIONAL DE GEOGRAFIA AGRÁRIA, 10, 1990, Teresópolis. *Anais...* Teresópolis: UFRJ, 1990. v.1, p.104-19.

AQUINO, D. T. Mudança no campo e fenômeno de urbanização: o caso de Garanhus. In: ENCONTRO NACIONAL DE GEOGRAFIA AGRÁRIA, 6, 1985, Garanhuns. *Comunicações...* Garanhuns: Fundação Joaquim Nabuco, 1985. p.49-52.

ARAÚJO, E. G. P. Alguns aspectos da paisagem rural no município de Olímpia *Anais da AGB*, v.3, t.1, p.87-95, 1948.

_____. Alguns aspectos da paisagem rural no município de Olímpia. *Boletim Paulista de Geografia*, n.5, p.12-22, 1950.

ARAÚJO, H. M. de. As atividades da mulher e as suas interações com as condições socioecológicas no povoado de Crasto – SE. In: ENCONTRO NACIONAL DE GEÓGRAFOS, 7, 1988, Maceió. *Anais...* Maceió: AGB, 1988. p.59.

ARAÚJO, P. F. C. de. Agricultura no processo de desenvolvimento econômico. In: ARAÚJO, P. F. C., SCHUN, G. E. *Desenvolvimento da agricultura*: natureza do processo e modelos dualistas. São Paulo: Pioneira, 1975. P.83-97.

ARAUJO FILHO, J. R. A Cultura da banana na Baixada do Intanhanhen. *Anais da AGB*, v.4, n.1, p.76-96, 1950.

ARAUJO FILHO, J. R. A Baixada do Rio Itanhaém – estudo de geografia regional. *Boletim da FFCL – Geografia*, São Paulo, v.5, p.7-74, 1951.

_____. O café em São Paulo. *Boletim Paulista de Geografia*, n.50, p.57-82, 1976.

_____. A questão da terra no Brasil. *Caderno Prudentino de Geografia*, n.3, p.75-7, 1982.

ARCHELA, R. S. A agroindústria canavieira no setor de Porto Feliz. *Geografia (Rio Claro)*, n.4, p.38-48, 1987.

ASARI, A. Y. Produtores e processadores do rami. O caso de Londrina (PR). *Geografia (Londrina)*, v.2 n.2, p.1-10, 1984.

_____. Os produtores do Rami – Londrina – PR. In: ENCONTRO NACIONAL DE GEÓGRAFOS, 6, 1986, Campo Grande. *Anais...* Campo Grande: AGB, 1986. p.20.

_____. Colonos japoneses em Assaí. In: ENCONTRO NACIONAL DE GEÓGRAFOS, 9, 1992, Presidente Prudente. *Anais...* Presidente Prudente: AGB, 1992. p.59.

_____. De Três Barras a Assaí, a presença do capital estrangeiro na colonização do Norte do Paraná. In: ENCONTRO NACIONAL DE GEOGRAFIA AGRÁRIA, 12, 1994, Águas de São Pedro. *Comunicações...* Águas de São Pedro: UNESP, 1994. p.7-8.

ASARI, A. Y., STIER, K.K. ,TSUKAMOTO, R.Y. Considerações sobre o papel do "Cinturão Verde" no abastecimento de Londrina-PR. In: ENCONTRO NACIONAL DE GEOGRAFIA AGRÁRIA, 9, 1990, Florianópolis. *Anais...* Florianópolis: UFSC, 1988. p.222-39.

ASSOCIAÇÃO DE GEÓGRAFOS BRASILEIROS. Apresentação. *Boletim Baiano de Geografia*, n.1, 1960.

ASSOCIAÇÃO DOS GEÓGRAFOS BRASILEIROS. Seção Regional Rio de Janeiro. Uso da Terra em Guaratiba. *Boletim Carioca de Geografia*, ano 21, p.53-77, 1970.

_____. Aspectos Geográficos do Baixo São Francisco. *Anais da AGB.* n.5 (avulso), p.1-95, 1962.

ASSUMPÇÃO, E. F., ARIRANHA, G. Estudo de caso. In: ENCONTRO NACIONAL DE GEÓGRAFOS, 7, 1988, Maceió. *Anais...* Maceió: AGB, 1988. p.59.

AUBERTIN, C. Os freios na agroindustrialização nas áreas de fronteira agrícola - Mato Grosso e Mato Grosso do Sul. In: ENCONTRO NACIONAL DE GEOGRAFIA AGRÁRIA, 6, 1985, Garanhuns. *Comunicações...* Garanhuns: Fundação Joaquim Nabuco, 1985. p.26-39.

AZEVEDO, A. A região de Juazeiro e Petrolina. *Boletim da FFCL – Geografia*, São Paulo, v.2, p.4-38, 1946.

MUNDO RURAL E GEOGRAFIA   351

AZEVEDO, A. Palavras de apresentação. *Boletim Paulista de Geografia*, São Paulo, n.1, 1949.

AZEVEDO, M. M. L. A resistência dos trabalhadores da área de Itaparica – PE/BA. In: ENCONTRO NACIONAL DE GEÓGRAFOS, 9, 1992, Presidente Prudente. *Anais...* Presidente Prudente: AGB, 1992. p.71.

AZEVEDO, S. A. A imigração e colonização no Estado de São Paulo. In: CONGRESSO BRASILEIRO DE GEOGRAFIA, 9, 1944, Rio de Janeiro. *Anais...* Rio de Janeiro: CNG, 1944. p.516-43.

BACCARIN, J. G., GEBARA, J. J., THOMAZ JR., A. Expansão da Cultura da Cana na Região de Ribeirão Preto – SP e os efeitos sobre a mão de obra. In: ENCONTRO NACIONAL DE GEOGRAFIA AGRÁRIA, 5, 1984, Santa Maria. *Comunicações...* Santa Maria: UFSM, 1984. p.138-42.

BACHARACH, D. V. Modernização da agricultura no Sudoeste de Goiás. In: ENCONTRO NACIONAL DE GEOGRAFIA AGRÁRIA, 2, 1979, Rio Claro. *Anais...* Rio Claro: UNESP, 1979. não pag.

BAHIANA, L. C. Teoria, metodologia e história do pensamento geográfico: flagrantes de um século de reflexão em periódicos selecionados. *Revista Brasileira de Geografia*, ano 54, n.3, p.63-90, 1992.

BAHLS, A. S. Influência climática na cultura da maça. *Boletim de Geografia*, Maringá, ano 2, n.2, p.48-51, 1984.

BALBI, L. Médio Amazonas: a problemática da produção de alimentos na região do Careiro. In: ENCONTRO NACIONAL DE GEOGRA- FIA AGRÁRIA, 5, 1984, Santa Maria. *Comunicações...* Santa Maria: UFSM, 1984. p.202-6.

BALHANA, A. P. Duas pequenas indústrias agrárias em Santa Felicidade. *Boletim Paranaense de Geografia*, v.1, n.1, p.26-51, 1960.

_____. Notas sobre os núcleos recentes de colonização nos Campos Gerais. *Anais da AGB*, n.14, p.269-82, 1962a.

_____. Roteiro para o estudo da casa rural no Sul do Brasil. *Boletim Paranaense de Geografia*, n.6-7, p.74-85, 1962b.

BARBOSA, A. D. Classificação dos municípios segundo a variação do uso do solo. In: ENCONTRO NACIONAL DE GEOGRAFIA AGRÁRIA, 6, 1985, Garanhuns. *Comunicações...* Garanhuns: Fundação Joaquim Nabuco, 1985. p.136-46.

_____. Agreste da Paraíba: mudanças no uso do solo. In: ENCONTRO NACIONAL DE GEOGRAFIA AGRÁRIA, 11, 1992, Maringá. *Anais...* Maringá: UEM, 1992. v.1-B, p.421-37.

BARBOSA, A. D., LIMA, M.F. Estudo da condição do produtor no Agreste da Paraíba. In: ENCONTRO NACIONAL DE GEOGRAFIA AGRÁRIA, 12, 1994, Águas de São Pedro. *Comunicações...* Águas de São Pedro: UNESP, 1994. p.9-10.

BARBOSA, D. V. N. O uso de agrotóxicos no estado da Bahia: uma avaliação do estágio atual da informação. In: ENCONTRO NACIONAL DE GEÓGRAFOS, 8, 1990, Salvador. *Anais...* Salvador: AGB, 1990. v.2, p.465-70.

_____. Orientação e especialização da agricultura na Bahia. In: ENCONTRO NACIONAL DE GEOGRAFIA AGRÁRIA, 1, 1978, Salgado. *Comunicações...* Salgado: Fundação Joaquim Nabuco, 1978. p.38-42.

BARBOSA, Y. M. O movimento camponês de Trombas e Formosa. *Terra Livre,* n.6, p.115-22, 1988.

_____. Conflito pela posse da terra, posseiros x a grande propriedade Fazenda Pantanal de Cima. *Boletim Goiano de Geografia,* v.9-10, n.1-2, p.121-26, 1989/90.

BARBOZA, A. M. A. et al. A produção científica geográfica na década de 80: análise de revistas especializadas. In: ENCONTRO NACIONAL DE GEÓGRAFOS, 9, 1992, Presidente Prudente. *Anais...* Presidente Prudente: AGB, 1992. p.105.

BARCZYSCZYN, O., NAKASHIMA, P., SERRA, E. Os processos erosivos em Cidade Gaúcha - Paraná. In: ENCONTRO NACIONAL DE GEOGRAFIA AGRÁRIA, 12, 1994, Águas de São Pedro. *Comunicações..* Águas de São Pedro: UNESP, 1994. p.110-1.

BARONI, O. A batalha da borracha. *Boletim Geográfico,* ano 5, n.50, p.158-60, 1947.

BARREIRA, J. A organização do espaço agrário regional como fator de mobilidade populacional. *Caderno Prudentino de Geografia,* n.6, p.102-5, 1983.

_____. Evolução da economia rural do sudoeste paulista. *Geografia (Londrina),* v.2, n.2, p.11-9, 1984.

BARRÉRE, P. O Mercado mundial da banana. *Boletim Geográfico,* ano 12, n.121, p.141-58, 1954.

BARRETO, C. Considerações sobre o êxodo rural. *Boletim Geográfico,* ano 4, n.45, p.1127-35, 1946.

BARRETO, M. J. R. Dimensões da agricultura e regionalização da modernização no Mato Grosso de Goiás – 1975. *Geografia (Rio Claro),* v.7, n.13-14, p.147-53, 1982.

_____. Dimensões da agricultura e regionalização do Mato Grosso de Goiás – 1975. *Boletim Goiano de Geografia,* v.2, n.2, p.197-202, 1982.

BARRIOS, N. A. Z. Clima e produção agrícola. *Caderno Prudentino de Geografia,* n.6, 129-31, 1983.

BARROS, B. S. Dinâmica do uso da terra e erosão no município de Araguari – MG In: ENCONTRO NACIONAL DE GEOGRAFIA AGRÁRIA, 7, 1986, Belo Horizonte. *Conferências e Comunicações...* Belo Horizonte: UFMG, 1986. v.2, p.53.

BARROS, H. O. M. Modernização agrícola autoritária e desestruturação do ecossistema: o Caso do Baixo São Francisco. In: ENCONTRO NACIONAL DE GEOGRAFIA AGRÁRIA, 5, 1984, Santa Maria. *Comunicações...* Santa Maria: UFSM, 1984. p.128-132.

BARROS, H. S. Pescadores das Ilhas da Guanabara. *Anais da AGB*, n.14, p.79-101, 1962.

BARROS, H. S., DUARTE, A. C. A Utilização da Terra em duas Serras do Sertão Nordestino: Pereiro e Triunfo. *Anais da AGB*, n.15, p.103-26, 1964.

BARROS, N. C. C. O pequeno produtor agrícola sem terra no Sertão pernambucano. In: ENCONTRO NACIONAL DE GEOGRAFIA, 5, 1982, Porto Alegre. *Anais...* Porto Alegre: AGB, 1982. v.1, p.316-9.

BARROS, O. N. F. A produção de alimentos e alimentação no Brasil. In: CONGRESSO BRASILEIRO DE GEÓGRAFOS, 4, 1984, São Paulo. *Anais...* São Paulo: AGB, 1984. p.359-62.

_____. Impacto ambiental da agricultura moderna. *Boletim Paulista de Geografia*. n.67, p.45-50, 1989.

_____. Recursos naturais – usos e abusos – o caso da agricultura no Brasil. *Caderno Prudentino de Geografia*, n.3, p.11-6, 1982.

BARROS, S. Brasil, país da borracha ? *Boletim Geográfico*, ano 29, n.214, p.111-9, 1970.

_____. Raízes tropicais do Nordeste. *Revista Brasileira de Geografia*, ano 11, n.3, p.409-26, 1949.

BASSO, L. A. Irrigação: salinidade das águas e solos. *Boletim Gaúcho de Geografia*, n.20, p.111-3, 1995.

BATISTA, E. E., STIER, K. Organização espacial dos assentamentos de sem terras Pari-Paró – Londrina – PR. In: ENCONTRO NACIONAL DE GEOGRAFIA AGRÁRIA, 12, 1994, Águas de São Pedro. *Comunicações..* Águas de São Pedro: UNESP, 1994. p.11-2.

BAUMFELD, C. M. Notas de um estudo comparativo dos recentes processos de ocupação do espaço na Amazônia Oriental e Ocidental. In: ENCONTRO NACIONAL DE GEOGRAFIA AGRÁRIA, 5, 1984, Santa Maria. *Comunicações...* Santa Maria: UFSM, 1984. p.82-7.

BECKER, B. K. O mercado carioca e seu sistema de abastecimento. *Revista Brasileira de Geografia*, ano 28, n.2, p.129-56, 1966.

_____. O Norte do Espírito Santo. Região Periférica em Transformação. *Revista Brasileira de Geografia*, ano 35, n.3, p.107-32, 1973.

BECKER, B. K. Agricultura e desenvolvimento no Brasil: a expansão da fronteira agrícola. In: ENCONTRO NACIONAL DE GEOGRAFIA AGRÁRIA, 2, 1979, Rio Claro. *Anais...* Rio Claro: UNESP; AGETEO, 1979. p.1-40.

_____. A questão da terra na Amazônia e a via brasileira de desenvolvimento capitalista no campo: uma contribuição geográfica. In: ENCONTRO NACIONAL DE GEOGRAFIA AGRÁRIA, 3, 1980, Rio de Janeiro. *Anais...* Rio de Janeiro: UFRJ, 1980. p.20-4.

_____. A questão da terra na Amazônia e a via brasileira de desenvolvimento capitalista no campo: uma contribuição geográfica. In: ENCONTRO NACIONAL DOS GEÓGRAFOS, 4, 1980, Rio de Janeiro. *Anais...* Rio de Janeiro: AGB, 1982. p.376-82.

_____. A fronteira em fins do século XX - proposições para um debate sobre a Amazônia. In: ENCONTRO NACIONAL DE GEOGRAFIA AGRÁRIA, 4, 1983, Uberlândia. *Anais...* Uberlândia: UFU, 1983. p.1-39.

_____. A via brasileira de desenvolvimento no campo e a diferenciação social do campesinato. O caso da fronteira amazônica In: ENCONTRO NACIONAL DE GEOGRAFIA AGRÁRIA, 5, 1984, Santa Maria. *Comunicações...* Santa Maria: UFSM, 1984. p.59-74.

_____. Expansão do povoamento e mudança social: o caso de Rondônia. In: ENCONTRO NACIONAL DE GEOGRAFIA AGRÁRIA, 6, 1985, Garanhuns. *Conferências...* Garanhuns: Fundação Joaquim Nabuco, 1985. p.91-129.

BECKER, B. K., MACHADO, L.O. Mobilidade do trabalho: proletarização e conservação do campesinato na Amazônia. . In: ENCONTRO NACIONAL DE GEOGRAFIA AGRÁRIA, 3, 1980, Rio de Janeiro. *Anais...* Rio de Janeiro: UFRJ, 1980. p.25-8.

BELOTTI, B. L. Algumas considerações sobre o manejo ecológico do solo na microbacia do Córrego Iller (microbacia hidrográfica Ribeirão Centenário – Maringá). In: ENCONTRO NACIONAL DE GEOGRAFIA AGRÁRIA, 11, 1992, Maringá. *Anais...* Maringá: UEM, 1992. v.1-A, p.251-67.

BELTRAME, A. V. A colonização do vale do Itajaí-Mirim e os reflexos na degradação de seus recursos naturais renováveis. *Geosul*, ano 6, n.11, p.91-8, 1991.

BENADUCE, G. C., DEFFUNE, G., ROCHA, M.M. Considerações preliminares sobre a questão agrária na bacia do Rio IVAÍ-PR. Como subsídio ao estudo do meio ambiente. In: ENCONTRO NACIONAL DE GEOGRAFIA AGRÁRIA, 11, 1992, Maringá. *Anais...* Maringá: UEM, 1992. v.1-B, p.723-47.

BENCHIMOL, S. O aproveitamento das terras incultas e a fixação do homem ao solo. *Boletim Geográfico*, ano 4, n.42, p.684-700, 1946.

BENITES, M. G. Domínio Fundiário das Cidades na Alta Sorocabana. *Anais da AGB*, n.18, p.300-4, 1973.

_____. Notas sobre o abastecimento de carne bovina nas metrópoles nacionais. In: ENCONTRO NACIONAL DOS GEÓGRAFOS, 4, 1980, Rio de Janeiro. *Anais...* Rio de Janeiro: AGB, 1980. p.396-9.

_____. Notas sobre o abastecimento de carne bovina nas metrópoles nacionais. *Caderno Prudentino de Geografia*, n.1, p.90-2, 1981.

_____. Algumas considerações sobre frigoríficos de bovinos na região do Brasil central pecuário. In: ENCONTRO NACIONAL DE GEÓGRAFOS, 9, 1992, Presidente Prudente. *Anais...* Presidente Prudente: AGB, 1992. p.15.

BERNARDES, L. M. C. O problema das "frentes pioneiras" no Estado do Paraná. *Revista Brasileira de Geografia*, ano 15, n.3, p.335-84, 1953.

_____. Cultura e produção do arroz no sul do Brasil. *Revista Brasileira de Geografia*, ano 16, n.4, p.403-39, 1954.

_____. Problemas da utilização da terra nos arredores de Curitiba. *Revista Brasileira de Geografia*, ano 18, n.2, p.271-6, 1956.

_____. Geografia e colonização. *Anais da AGB*, n.14, p.215-26, 1962.

BERNARDES, N. A Colonização no Município de Santa Rosa, Estado do Rio Grande do Sul. *Revista Brasileira de Geografia*, ano 12, n.3, p.383-92, 1950.

_____. Notas sobre a distribuição da produção de carnes e banha no Rio Grande do Sul. *Boletim Geográfico*, ano 9, n.102, p.605-9, 1951.

_____. A colonização europeia no Sul do Brasil. *Boletim Geográfico*, ano 10, n.109, p.442-8, 1952a.

_____. Observações sobre a paisagem agrária no município de Areia. *Anais da AGB*, v.6, n.2, p.35-70, 1952b.

_____. A contribuição para uma discussão sobre problemas de "*habitat* rural" no Brasil. *Anais da AGB*, São Paulo, v.10, t.1, p.137-44, 1955-57.

_____. O problema do estudo do *habitat* rural no Brasil. *Boletim Carioca de Geografia*, ano 10, n.1-2, p.5-33, 1957.

_____. Notas sobre a ocupação humana da Montanha no Distrito Federal. *Revista Brasileira de Geografia*, ano 21, n.3, p.363-88, 1959.

_____. Características gerais da agricultura brasileira em meados do século XX. *Revista Brasileira de Geografia*, ano 23, n.2, p.363-420, 1961.

_____. Colonização e utilização da terra no território do Amapá. *Anais da AGB*, n.14, p.243-61, 1962.

BERNARDES, N. O Problema do estudo do *habitat* rural no Brasil. *Boletim Geográfico*, ano 22, n.176, p.529-44, 1963.

_____. *O espaço econômico brasileiro*. Rio de Janeiro: Colégio Pedro II, 1966. 149p.

_____. Sobre diversificação e sua medida aplicada à Geografia Agrária. *Geografia (Rio Claro)*, v.3, n.5, p.15-29, 1978.

_____. O pensamento geográfico tradicional. *Revista Brasileira de Geografia*, ano 44, n.3, p.391-413, 1982.

_____. A modernização da agricultura e suas consequências. In: ENCONTRO NACIONAL DE GEOGRAFIA AGRÁRIA, 6, 1985, Garanhuns. *Comunicações...* Garanhuns: Fundação Joaquim Nabuco, 1985. p.7-54.

BERNARDES, S. A. C. A malha fundiária no município de Santa Maria. In: ENCONTRO NACIONAL DE GEOGRAFIA AGRÁRIA, 8, 1987, Barra dos Coqueiros. *Mesas-Redondas Comunicações...* Barra dos Coqueiros: UFS, 1987. p.123-4.

_____. Espaços rurais de emancipação recente Silveira Martins, RS, 1988 (um estudo de caso). In: ENCONTRO NACIONAL DE GEOGRAFIA AGRÁRIA, 9, 1988, Florianópolis. *Anais...* Florianópolis: UFSC, 1988. p.128-42.

BERRY, B. J. L., PYLE, G. F. Grandes regiões e tipos de agricultura no Brasil. *Revista Brasileira de Geografia*, ano 32, n.4, p.23-39, 1970.

BERTELLO, E. Reforma agrária. In: ENCONTRO NACIONAL DE GEÓGRAFOS, 6, 1986, Campo Grande. *Anais...* Campo Grande: AGB, 1986. p.4.

BERTOLINA. et al. O espaço agrário no sudeste paraense. In: ENCONTRO NACIONAL DE GEÓGRAFOS, 9, 1992, Presidente Prudente. *Anais...* Presidente Prudente: AGB, 1992. p.80.

BEZZI, M. L. Regionalização das principais culturas gaúchas através do modelo de Ayyar. In: ENCONTRO NACIONAL DE GEOGRAFIA AGRÁRIA, 5, 1984, Santa Maria. *Comunicações...* Santa Maria: UFSM, 1984. p.214-21.

BEZZI, M. L., GERARDI, L. H. O. As transformações da agricultura em Santa Maria (RS) no período de 1960. In: ENCONTRO NACIONAL DE GEOGRAFIA AGRÁRIA, 5, 1984, Santa Maria. *Comunicações...* Santa Maria: UFSM, 1984. p.159-63.

_____. São Borja transformações no espaço agropecuário: o processo de despecuarização. *Geografia (Rio Claro)*, v.12, n.23, p.47-63, 1987.

MUNDO RURAL E GEOGRAFIA   357

BEZZI, M. L., MIORIN, V. M. F. Resultados da aplicação do modelo da Tipologia da Agricultura no Rio Grande do Sul. In: ENCONTRO NACIONAL DE GEOGRAFIA AGRÁRIA, 10, 1990, Teresópolis. *Anais...* Teresópolis: UFRJ, 1990. v.1, p.427-48.

BICALHO, A. M. S. M. Da irrigação capitalizada à maconha no Sertão do São Francisco. In: ENCONTRO NACIONAL DE GEOGRAFIA AGRÁRIA, 12, 1994, Águas de São Pedro. *Comunicações...* Águas de São Pedro: UNESP, 1994. p.112-4.

BICALHO, A. M. S. M., AGUIAR, T. C. Uma visão sistêmica da atividade agrícola na Zona da Mata Nordestina. In: ENCONTRO NACIONAL DE GEÓGRAFOS, 2, 1976, Belo Horizonte. *Anais...* Belo Horizonte: AGB, 1976. p.393-401.

BIGARELLA, J. J. Apresentação. *Boletim Paranaense de Geografia*, ano 1, n.1, 1960.

BIRCK, H., BENADUCE, G. C. A evolução da estrutura fundiária na região de Maringá e seus impactos socioeconômicos. In: ENCONTRO NACIONAL DE GEOGRAFIA AGRÁRIA, 12, 1994, Águas de São Pedro. *Comunicações...* Águas de São Pedro: UNESP, 1994. p.13-4.

BITOUN, J. P. G. A prática econômica dos pequenos produtores de cana do Agreste Setentrional. In: ENCONTRO NACIONAL DE GEOGRAFIA AGRÁRIA, 8, 1987, Barra dos Coqueiros. *Mesas-Redondas Comunicações...* Barra dos Coqueiros: UFS, 1987. p.138-9.

_____. As novas formas de culturas alimentares na Zona da Mata de Pernambuco. In: ENCONTRO NACIONAL DE GEOGRAFIA AGRÁRIA, 5, 1984, Santa Maria. *Comunicações...* Santa Maria: UFSM, 1984. p.104-7.

_____. Notas sobre o avanço da cana-de-açúcar no Agreste Pernambucano. In: ENCONTRO NACIONAL DE GEOGRAFIA AGRÁRIA, 6, 1985, Garanhuns. *Comunicações...* Garanhuns: Fundação Joaquim Nabuco, 1985. p.75-80.

BITOUN, J. P. G. SILVA, M.M. O artesanato cerâmico numa comunidade camponesa do Agreste Pernambucano. In: ENCONTRO NACIONAL DE GEOGRAFIA AGRÁRIA, 7, 1986, Belo Horizonte. *Conferências e Comunicações...* Belo Horizonte: UFMG, 1986. v.1. p.110-5.

BITTENCOURT, A. O lastro conveniente de um programa de ensino rural na Amazônia. *Boletim Geográfico*, ano 3, n.33, p.1159-62, 1945.

BLEINROTH, E. W. Aspectos da produção da banana. *Boletim Geográfico*, ano 26, n.196, p.84-5, 1967.

BOLÉO, J. O. A falsa concepção da esterilidade das terras intertropicais e de nelas se desenvolver uma civilização superior. *Boletim Geográfico*, ano 11, n.113, p.148-56, 1953.

BONDAR, G. Solos da Bahia, sua conservação e aproveitamento. *Boletim Geográfico*, ano 9, n.99, p.243-81, 1951.

BONNAUD, P. A cerca e o lugarejo: as palavras e as coisas. *Boletim Geográfico*, ano 32, n.234, p.55-79, 1973.

BORBA, M. M. Z., MARTINS, M. I. E. G., GEBARA, J. J. Formas de organização da produção na agricultura moderna de Ribeirão Preto. In: ENCONTRO NACIONAL DE GEOGRAFIA AGRÁRIA, 12, 1994, Águas de São Pedro. *Comunicações...* Águas de São Pedro: UNESP, 1994. p.115-6.

BORDALO, C. A. Perfil socioambiental da microbacia hidrográfica do Igarapé Murucutum. In: ENCONTRO NACIONAL DE GEOGRAFIA AGRÁRIA, 12, 1994, Águas de São Pedro. *Comunicações...* Águas de São Pedro: UNESP, 1994. p.15-6.

BORGES, M. G. L. Análise da Geografia Agrária em áreas do Rio Grande do Norte. In: ENCONTRO NACIONAL DE GEOGRAFIA AGRÁRIA, 9, 1988, Florianópolis. *Anais...* Florianópolis: UFSC, 1988. p.18-39.

BORGES, M. G. L., ANDRADE, D.A. A fruticultura no semiárido: uma alternativa econômica. In: ENCONTRO NACIONAL DE GEOGRA-FIA AGRÁRIA, 11, 1992, Maringá. *Anais...* Maringá: UEM, 1992. v.1-B, p.438-49.

BORGES, S. S. O açude da Macela, agrotóxicos, crise ambiental e a construção do futuro. In: ENCONTRO NACIONAL DE GEOGRAFIA AGRÁRIA, 12, 1994, Águas de São Pedro. *Comunicações...* Águas de São Pedro: UNESP, 1994. p.117.

BORGES, T. P. A. Migrações internas no Brasil. *Boletim Geográfico*, ano 16, n.144, p.359-76, 1958.

BORGONOVI, M. Estudo do uso da terra por fotointerpretação do município de Andradina, no Estado de São Paulo. *Boletim Geográfico*, ano 25, n.191, p.224-33, 1966.

BOTELHO, C. de C. Aspectos geográficos da Zona Cacaueira da Bahia. *Revista Brasileira de Geografia*, ano 16, n.2, p.161-212, 1954.

BOTELHO, R. G. M. Relação entre o uso do solo e a degradação das terras em Vassouras – RJ. In: ENCONTRO NACIONAL DE GEÓGRAFOS, 9, 1992, Presidente Prudente. *Anais...* Presidente Prudente: AGB, 1992. p.44.

BRAUN, E. H., RAMOS, J. R. A. Estudo agrogeológico dos campos Pucioni-
-Humaitá- Estado do Amazonas e território federal de Rondônia. *Revista
Brasileira de Geografia*, ano 21, n.4, p.443-93, 1959.

BRAUN, W. A. G. Contribuição ao estudo da erosão no Brasil e seu controle. *Revista Brasileira de Geografia*, ano 23, n.4, p.591-642, 1961.

BRAY, S. C. A política do Instituto do Açúcar e do Álcool na década de
70 e os reflexos na área canavieira do Vale do Paranapanema. In:
ENCONTRO NACIONAL DE GEOGRAFIA AGRÁRIA, 2, 1979, Rio
Claro. *Anais...* Rio Claro: UNESP; AGETEO, 1979. não pag.

_____. As relações de trabalho na área canavieira do Vale do Pa-
ranapanema. In: ENCONTRO NACIONAL DE GEOGRAFIA
AGRÁRIA, 3, 1980, Rio de Janeiro. *Anais...* Rio de Janeiro: UFRJ,
1980. p.12-3.

_____. Aspectos da cultura da laranja em Bebedouro. *Boletim Paulista
de Geografia*, n.57, p.5-24, 1980.

_____. Agricultura energética. In: ENCONTRO NACIONAL DE
GEOGRAFIA AGRÁRIA, 4, 1983, Uberlândia. *Anais...* Uberlândia:
UFU, 1983. p.1-28.

_____. A Política do Instituto do Açúcar e do Álcool na década de 70
e seus reflexos na área Canavieira do Vale do Paranapanema. *Boletim
Paulista de Geografia*, n.61, p.105-18, 1984.

_____. As Políticas do Instituto do Açúcar e do Álcool e do Programa
Nacional do Álcool e suas influências na área de Catanduva. *Geografia*,
Rio Claro, v.10, n.20, p.99-123, 1985.

_____. A questão da formação do capital na agroindústria açucareira
paulista nos fins do século XIX e início do século XX. In: ENCONTRO
NACIONAL DE GEOGRAFIA AGRÁRIA, 7, 1986, Belo Horizonte.
Conferências e Comunicações... Belo Horizonte: UFMG, 1986. v.2,
p.42-5.

_____. Aspectos da trajetória teórico-metodológica da Geografia
Agrária no Brasil. In: ENCONTRO NACIONAL DE GEOGRAFIA
AGRÁRIA, 8, 1987, Barra dos Coqueiros. *Mesas-Redondas Comuni-
cações...* Barra dos Coqueiros: UFS, 1987a. p.4-12.

_____. Proálcool: a fórmula milagrosa no processo de desenvolvi-
mento capitalista da agroindústria açucareira-alcooleira nacional. In:
ENCONTRO DE GEÓGRAFOS DA AMÉRICA LATINA, 1, 1987,
Rio Claro. *Comunicações...* Rio Claro: UNESP, 1987b. p.1-18.

_____. O ciclo açucareiro paulista no século XIX: uma revisão. In:
ENCONTRO NACIONAL DE GEOGRAFIA AGRÁRIA, 11, 1992,
Maringá. *Anais...* Maringá: UEM, 1992. v.1-B, p.450-65.

BRAY, S. C. O PROÁCOOL e as transformações nas áreas canavieiras do Estado de São Paulo. *Boletim de Geografia Teorética*, v.22, n.43-44, p.21-6, 1992.

BRAY, S. C., FERREIRA, E. R. O monopólio da produção canavieira paulista pelos grupos usineiros a partir de 1970: a diminuição dos fornecedores de cana. In: ENCONTRO NACIONAL DE GEOGRAFIA AGRÁRIA, 5, 1984, Santa Maria. *Comunicações...* Santa Maria: UFSM, 1984. p.143-9.

BRAY, S. C., RUAS, G. G., LOZANI, M. C. B. O processo de ocupação e organização dos assentamentos rurais Araras I e II. In: ENCONTRO NACIONAL DE GEOGRAFIA AGRÁRIA, 11, 1992, Maringá. *Anais...* Maringá: UEM, 1992. v.1-B, p.625-36.

BRAY, S. C., RUAS, D. G. G. Crescimento e consolidação das usinas de açúcar no Estado de São Paulo – 1950 a 1974. In: ENCONTRO NACIONAL DE GEOGRAFIA AGRÁRIA, 12, 1994, Águas de São Pedro. *Comunicações...* Águas de São Pedro: UNESP, 1994. p.118-20.

BRAY, S. C., TEIXEIRA, W. A. O processo de implantação do complexo canavieiro, açucareiro e alcooleiro no Estado do Paraná. In: ENCONTRO NACIONAL DE GEOGRAFIA AGRÁRIA, 5, 1984, Santa Maria. *Comunicações...* Santa Maria: UFSM, 1984. p.150-4.

_____. O processo de implantação e expansão do complexo canavieiro, açucareiro e alcooleiro no Estado do Paraná. *Boletim de Geografia*, Maringá, v.3, n.3, p.17-30, 1985.

BREMER, S. E. C., DÉÇA, H. G. L. Colônia leiteira do Boqueirão. *Anais da AGB*. v.14, p.283-92, 1962.

BRITO, M. A. Questões associadas à evolução recente da agricultura brasileira. *Revista Brasileira de Geografia*, ano 49, n.3, p.139-61, 1987.

_____. Problemas relacionados à utilização de dados dos censos agropecuários. *Revista Brasileira de Geografia*, ano 50, n.4, p.165-9, 1988.

BRITO, M. A., INNOCÊNCIO, N. R. Organização do espaço agrário no Estado do Rio de Janeiro. *Revista Brasileira de Geografia*, ano 50, n.2, p.85-119, 1988.

BRITO, M. A., MESQUITA, O. V. Transformações recentes na agricultura brasileira. In: ENCONTRO NACIONAL DE GEOGRAFIA AGRÁRIA, 3, 1980, Rio de Janeiro. *Anais...* Rio de Janeiro: UFRJ, 1980. p.1-24.

_____. Expansão espacial e modernização da agricultura brasileira no período 1970-75. *Revista Brasileira de Geografia*, ano 44, n.1, p.3-49, 1982.

MUNDO RURAL E GEOGRAFIA   361

BRITO, M. A., OLIVEIRA, T. M. R., CHMATALIK, M. L. Evolução da
    agricultura na Região Nordeste na década de 1970. In: ENCONTRO
    NACIONAL DE GEOGRAFIA AGRÁRIA, 5, 1984, Santa Maria.
    Comunicações... Santa Maria: UFSM, 1984. p.92-7.
BRITO, M. S. O Cariri canavieiro cearense: manutenção e reestrutura-
    ção deste espaço. In: ENCONTRO NACIONAL DE GEOGRAFIA
    AGRÁRIA, 5, 1984, Santa Maria. Comunicações... Santa Maria:
    UFSM, 1984. p.190-3.
_____. O Projeto Curu-Paraipaba: uma avaliação socioeconômica de um
    perímetro irrigado. In: ENCONTRO NACIONAL DE GEOGRAFIA
    AGRÁRIA, 10, 1990, Teresópolis. Anais... Teresópolis: UFRJ, 1990.
    v.1, p.416-26.
_____. Políticas públicas e o padrão da pecuária na Amazônia legal. In:
    ENCONTRO NACIONAL DE GEOGRAFIA AGRÁRIA, 12, 1994,
    Águas de São Pedro. Comunicações... Águas de São Pedro: UNESP,
    1994. p.17-8.
BRITO, M. S., SILVA, S. T. A Diferenciação na composição da mão de obra
    em duas áreas de pequena produção. . In: ENCONTRO NACIONAL
    DE GEOGRAFIA AGRÁRIA, 3, 1980, Rio de Janeiro. Anais... Rio de
    Janeiro: UFRJ, 1980. p.35-9.
_____. O papel da pequena produção na agricultura brasileira. Revista
    Brasileira de Geografia, ano 44, n.2, p.191-261, 1982.
BRITO, M. S., UNE, M. Y. A agropecuária da Região Norte na década
    de 70. In: ENCONTRO NACIONAL DE GEOGRAFIA AGRÁRIA,
    5, 1984, Santa Maria. Comunicações... Santa Maria: UFSM, 1984.
    p.88-91.
_____. A evolução da agricultura na Região Norte na década de 70.
    Revista Brasileira de Geografia, ano 49, n.1, p.11-46, 1987.
BRITO, R. S. Agricultores e pescadores portugueses no Rio de Janeiro.
    Boletim Geográfico, ano 19, n.165, p.724-71, 1961.
BRITO, R. S. et al. O trabalhador agrícola volante na agricultura brasilei-
    ra. In: CONGRESSO BRASILEIRO DE GEÓGRAFOS, 4, 1984, Rio
    Claro. Anais... São Paulo: AGB, 1984. p.308-29.
BRITO, S. R., SENRA, N. C. Notas sobre o pessoal ocupado no setor
    agropecuário do Paraná, segundo dados censitários de 1970. Revista
    Brasileira de Geografia, ano 40, n.1, p.123-41, 1978.
BÜCHELE JUNIOR, C. A bacia do Itajaí. Boletim Geográfico (DEGC),
    ano 3, n.6, p.31-61, 1949.
BUENO, M. E. T. Solo e clima: uma introdução ao estudos de suas rela-
    ções. Revista Geografia e Ensino, ano 2, n.6, p.3-10, 1984.

BUSS, M. D., SCHMIT, W. Estudo integrado do solo: uma experiência com agricultores. *Geosul*, v.2, n.4, p.48-52, 1987.

BUZZATA, J. A., SANTOS, M. O movimento dos associativista nas pequenas comunidades rurais – O caso de Guaravera-Londrina, PR – Uma visão geográfica. In: ENCONTRO NACIONAL DE GEÓGRAFOS, 6, 1986, Campo Grande. *Anais...* Campo Grande: AGB, 1986. p.12.

BUZZATTA, J. A., SANTOS, M. X. O movimento associativista nas pequenas comunidades rurais – o caso de Guaravera. Uma visão geográfica. In: ENCONTRO NACIONAL DE GEOGRAFIA AGRÁRIA, 9, 1988, Florianópolis. *Anais...* Florianópolis: UFSC, 1988. p.240-58.

_____. O movimento associativista nas pequenas comunidades rurais – o caso de Guaravera – uma visão geográfica. In: ENCONTRO NACIONAL DE GEÓGRAFOS, 7, 1988, Maceió. *Anais...* Maceió: AGB, 1988. p.60.

C. P. J. Evolução da utilização da terra em Lebarion, New-Hampshire (Estados Unidos) (I). *Geografia (São Paulo)*, ano 1, n.4, p.87-90, 1935.

CABREIRA, M. M. A reforma agrária e os projetos especiais em assentamentos recentes no Nordeste brasileiro: recursos hídricos e irrigação. *Boletim Paulista de Geografia*, n.67, p.89-100, 1989.

CALAÇA, M. A Origem da pequena produção agrícola no Estado do Acre. In: ENCONTRO NACIONAL DE GEOGRAFIA AGRÁRIA, 6, 1985, Garanhuns. *Comunicações...* Garanhuns: Fundação Joaquim Nabuco, 1985. p.110-3.

_____. Considerações gerais sobre o Plano Regional de Reforma Agrária. In: ENCONTRO NACIONAL DE GEOGRAFIA AGRÁRIA, 7, 1986, Belo Horizonte. *Conferências e Comunicações...* Belo Horizonte: UFMG, 1986. v.2, p.46-52.

_____. A questão da terra no Acre e a intensificação dos fluxos migratórios. In: ENCONTRO NACIONAL DE GEOGRAFIA AGRÁRIA, 8, 1987, Barra dos Coqueiros. *Mesas-Redondas Comunicações...* Barra dos Coqueiros: UFS, 1987. p.156-8.

CALDEIRA, C. Arrendamento rural no Brasil. *Boletim Geográfico*, ano 8, n.86, p.203-13, 1950.

CAMACHO, A. R. Posse/propriedade: a questão e seu espaço. In: ENCONTRO NACIONAL DE GEÓGRAFOS, 9, 1992, Presidente Prudente. *Anais...* Presidente Prudente: AGB, 1992. p.73.

CÂMARA, L. A concentração da propriedade agrária no Brasil. *Boletim Geográfico*, ano 7, n.77, p.516-28, 1949.

MUNDO RURAL E GEOGRAFIA 363

CAMPELLO, G. M. C. A atividade de confecções e a produção do espaço em Santa Cruz do Capibaribe. In: ENCONTRO NACIONAL DE GEOGRAFIA AGRÁRIA, 6, 1985, Garanhuns. *Comunicações...* Garanhuns: Fundação Joaquim Nabuco, 1985. p.228-34.

CAMPOS, A. C. A assistência técnica na visão do produtor rural assentado. In: ENCONTRO NACIONAL DE GEOGRAFIA AGRÁRIA, 12, 1994, Águas de São Pedro. *Comunicações...* Águas de São Pedro: UNESP, 1994. p.19-21.

CAMPOS, M. G. C. Produção de feijão no Brasil Meridional. *Boletim Geográfico*, ano 12, n.118, p.50-8, 1954.

_____. Notas para um estudo da distribuição do rebanho bovino no Brasil Meridional. *Revista Brasileira de Geografia*, ano 17, n.3, p.331-42, 1955.

CAMPOS, N. J. A herança pré-feudal das "terras comuns" no litoral catarinense ... e os exemplos brasileiros. In: ENCONTRO NACIONAL DE GEOGRAFIA AGRÁRIA, 11, 1992, Maringá. *Anais...* Maringá: UEM, 1992. v.1-A, p.122-31.

_____. As terras de uso comum no contexto açoreano catarinense. In: ENCONTRO NACIONAL DE GEÓGRAFOS, 9, 1992, Presidente Prudente. *Anais...* Presidente Prudente: AGB, 1992. p.82.

CANALI, N. E. Utilização das terras no Estado do Paraná. In: ENCONTRO NACIONAL DE GEOGRAFIA AGRÁRIA, 7, 1986, Belo Horizonte. *Conferências e Comunicações...* Belo Horizonte: UFMG, 1986. v.1, p.134-37.

CÂNDIDO, A. *Os parceiros do Rio Bonito.* Rio de Janeiro: José Olympio, 1964. 239p.

CANILLO, R. F. Aspectos da agricultura paranaense período 70-80. *Geografia (Londrina)*, n.3, p.29-44, 1986.

CANÔAS, J. W. Recursos humanos em usinas de açúcar e álcool. *Caderno Prudentino de Geografia*, n.9, p.102-11, 1987.

CARDOSO, E. M., CARDOSO, N. M. A expansão do complexo agroindustrial e a reorganização do espaço rural: a avicultura integrada em Dourados. In: ENCONTRO NACIONAL DE GEÓGRAFOS, 9, 1992, Presidente Prudente. *Anais...* Presidente Prudente: AGB, 1992. p.77.

CARDOSO, M. E. S. et al. Estudo comparativo entre a população dos assentamentos e a população global do município – Pontal do Paranapanema. In: ENCONTRO NACIONAL DE GEÓGRAFOS, 9, 1992, Presidente Prudente. *Anais...* Presidente Prudente: AGB, 1992. p.77.

CARLI, G. D. Civilização do açúcar no Brasil. *Revista Brasileira de Geografia*, ano 2, n.3, p.349-71, 1940.

CARNEIRO, H. de S., MENECOZI, A. R. O ciclo do café no Mato Grosso do Sul. In: ENCONTRO NACIONAL DE GEÓGRAFOS, 6, 1986, Campo Grande. *Anais...* Campo Grande: AGB, 1986. p.18.

CARTAXO, M. A. A questão do comércio do leite em Campina Grande – PB. In: ENCONTRO NACIONAL DE GEOGRAFIA AGRÁRIA, 6, 1985, Garanhuns. *Comunicações...* Garanhuns: Fundação Joaquim Nabuco, 1985. p 218-21.

CARVALHO, A. A cultura da banana na Costa do Marfim. *Boletim Baiano de Geografia*, ano 3, n.7-8, p.21-8, 1962.

_____. A lei agrária e a Geografia. *Revista Brasileira de Geografia*, ano 10, n.4, p.535-52, 1948.

CARVALHO, C. V. O Brasil precisa de mais agricultores. *Boletim Geográfico*, ano 7, n.74, p.159-61, 1949.

CARVALHO, E. O trigo no Brasil. *Revista Brasileira de Geografia*, ano 13, n.4, p.591-608, 1951.

_____. A produção da batata inglesa no Sul do País. *Revista Brasileira de Geografia*, ano 14, n.3, p.354, 1952a.

_____. Densidade da população rural no Sudeste do Planalto Central em 1940. *Revista Brasileira de Geografia*, ano 14, n.2, p.203-8, 1952b.

_____. A produção agrícola do Brasil em 1957. *Revista Brasileira de Geografia*, ano 21, n.2, p.195-220, 1959.

CARVALHO, E. W., MONTEIRO, M. B. P., AQUINO, D. T. Dinâmica da produção agrícola da batata-doce no distrito de Rainha Isabel Bom Conselho PE. In: ENCONTRO NACIONAL DE GEOGRAFIA AGRÁRIA, 12, 1994, Águas de São Pedro. *Comunicações...* Águas de São Pedro: UNESP, 1994. p.20-1.

CARVALHO, G. de S. Cultura e colheita do café. In: CONGRESSO BRASILEIRO DE GEOGRAFIA, 9, 1944, Rio de Janeiro. *Anais...* Rio de Janeiro: CNG, 1944. p.331-6.

CARVALHO, J. P. A atividade farinheira em Vitória de Santo Antão – PE In: ENCONTRO NACIONAL DE GEOGRAFIA AGRÁRIA, 9, 1988, Florianópolis. *Anais...* Florianópolis: UFSC, 1988. p.259-78.

CARVALHO, M. L. G. A cultura do abacaxi no Município de Sapé. Um exemplo de modernização. *Geonordeste*, ano 2, n.2, p.75-80, 1985.

CARVALHO, M. S. Organização do espaço e expropriação da terra. *Geografia*, Londrina, ano 1, n.1, p.48-57, 1983.

_____. Sindicalismo rural em Pindaré-Mirim – Maranhão. In: CONGRESSO BRASILEIRO DE GEÓGRAFOS, 4, 1984, São Paulo. *Anais...* São Paulo: AGB, 1984. p.305-7.

MUNDO RURAL E GEOGRAFIA 365

CARVALHO, M. S. A desigualdade do acesso à terra no Paraná. *Geografia* (*Londrina*), ano 2, n.2, p.38-49, 1984.

_____. A política agrícola no Brasil – anos 50 a 70. In: ENCONTRO NACIONAL DE GEÓGRAFOS, 6, 1986, Campo Grande. *Anais...* Campo Grande: AGB, 1986. p.5.

_____. Concentração fundiária e reforma agrária em Londrina – PR. In: ENCONTRO NACIONAL DE GEÓGRAFOS, 6, 1986, Campo Grande. *Anais...* Campo Grande: AGB, 1986. p.26.

_____. O cooperativismo no Paraná: Perfil do Associado da Cooperativa Vale do Tibagi (VAL COOP) – 1984. In: ENCONTRO NACIONAL DE GEÓGRAFOS, 6, 1986, Campo Grande. *Anais...* Campo Grande: AGB, 1986. p.13.

_____. Transformações recentes na agricultura do Distrito de Tamarana – Município de Londrina – Paraná. *Geografia* (*Londrina*), n.4, p.14-37, 1987.

_____. Análise de ações trabalhistas: subsídios à Geografia Agrária. In: ENCONTRO NACIONAL DE GEÓGRAFOS, 8, 1990, Salvador. *Anais...* Salvador: AGB, 1990. v.1, p.293-300.

_____. A pequena produção de café do Paraná. In: ENCONTRO NACIONAL DE GEÓGRAFOS, 9, 1992, Presidente Prudente. *Anais...* Presidente Prudente: AGB, 1992. p.75.

_____. Pequenos produtores de café e a modernização agrícola: um estudo de caso no Estado do Paraná. In: ENCONTRO NACIONAL DE GEOGRAFIA AGRÁRIA, 11, 1992, Maringá. *Anais...* Maringá: UEM, 1992. v.1-B, p.465-85.

_____. A Geografia Agrária no primeiro grau: uma proposta didática. In: ENCONTRO NACIONAL DE GEOGRAFIA AGRÁRIA, 12, 1994, Águas de São Pedro. *Comunicações...* Águas de São Pedro: UNESP, 1994. p.176-8.

_____. Situação recente da mão de obra volante urbanizada nos municípios de Londrina, Cambé E Assaí (Norte do Paraná). In: ENCONTRO NACIONAL DE GEOGRAFIA AGRÁRIA, 12, 1994, Águas de São Pedro. *Comunicações...* Águas de São Pedro: UNESP, 1994. p.22-3.

CARVALHO JUNIOR, W., BARROS, R. C. Mapa de uso do solo de uma área no município de Paty de Alferes – RJ. In: ENCONTRO NACIONAL DE GEOGRAFIA AGRÁRIA, 12, 1994, Águas de São Pedro. *Comunicações...* Águas de São Pedro: UNESP, 1994. p.175.

CASSERE, G. Um drama da economia tropical – o Nordeste brasileiro. *Boletim Geográfico*, ano 6, n.66, p.581-97, 1948.

CASSETI, V. A relação homem-natureza no Sudeste Goiano. In: ENCONTRO NACIONAL DE GEOGRAFIA AGRÁRIA, 11, 1992, Maringá. *Anais...* Maringá: UEM, 1992. v.2, p.158-75.

CASSOL, R., ROCHA, J. S. M. O comportamento espectral de elementos do uso da terra em fotografias aéreas infravermelho falsa cor. In: ENCONTRO NACIONAL DE GEOGRAFIA AGRÁRIA, 5, 1984, Santa Maria. *Comunicações...* Santa Maria: UFSM, 1984. p.174-6.

CASTILHO, C. J. M. Relação campesinato-pequena indústria urbana e produção do espaço na área de influências da cidade de Toritama (PE). In: ENCONTRO NACIONAL DE GEOGRAFIA AGRÁRIA, 9, 1988, Florianópolis. *Anais...* Florianópolis: UFSC, 1988. p.279-300.

CASTRO, A. C. et al. Agricultura brasileira e seus esquemas explicativos – As principais correntes interpretativas nas décadas de 50 a 70. In: ___. *Evolução recente e situação atual da agricultura brasileira*: Síntese das Transformações. Brasília: BINAGRI, 1979. p.25-59.

CASTRO, A. A primeira fase do algodão paulista. In: CONGRESSO BRASILEIRO DE GEOGRAFIA, 9, 1944, Rio de Janeiro. *Anais...* Rio de Janeiro: CNG, 1944. p.416-21.

CASTRO, E. C. Desenvolvimento da agricultura no Triângulo Mineiro. In: ENCONTRO NACIONAL DE GEOGRAFIA AGRÁRIA, 1, 1978, Salgado. *Comunicações...* Salgado: UFS, 1978. p.3-5.

CASTRO, J. Áreas alimentares do Brasil. *Boletim Geográfico*, ano 6, n.65, p.456-66, 1948.

CAVALCANTE, E., FERREIRA, E. R. A seringueira no Estado de São Paulo: a implantação na região de Araçatuba – SP. In: ENCONTRO NACIONAL DE GEOGRAFIA AGRÁRIA, 11, 1992, Maringá. *Anais...* Maringá: UEM, 1992. v.1-B, p.486-500.

CAVALCANTI, H. Síndrome da falta de poder da classe pobre. In: ENCONTRO NACIONAL DE GEOGRAFIA AGRÁRIA, 6, 1985, Garanhuns. *Comunicações...* Garanhuns: Fundação Joaquim Nabuco, 1985. p.250-5.

CAVALCANTI, M. M. Informações das medidas tomadas pelo INCRA e outros órgãos sobre levantamento de recursos naturais na área da Amazônia legal. *Anais da AGB*, n.18, p.93-6, 1973.

CAVALCANTI, Z. M. C., COSTA, M. L. F. A mulher do campo e seus alunos – uma contribuição ao estudo da educação no meio rural. In: ENCONTRO NACIONAL DE GEOGRAFIA AGRÁRIA, 6, 1985, Garanhuns. *Comunicações...* Garanhuns: Fundação Joaquim Nabuco, 1985. p.245-2.

MUNDO RURAL E GEOGRAFIA 367

CAVALHEIRO, F. Agricultura, meio ambiente e modernização. In: EN-CONTRO NACIONAL DE GEOGRAFIA AGRÁRIA, 12, 1994, Águas de São Pedro. *Mesas-Redondas...* Águas de São Pedro: UNESP, 1994. p.1-2.

CAVALINI, M. B. *A conquista do capital: as transformações no espaço rural de Conquista.* Rio Claro, 1988. 140p. Dissertação (Mestrado em Geografia – Organização do Espaço) – Instituto de Geociências e Ciências Exatas, Universidade Estadual Paulista.

_____. Relações de trabalho na agricultura: o caso de Conquista (MG). *Sociedade e Natureza (Uberlândia)*, v.2, p.45-51, 1989.

CAVALINI, M. B., PESSOA, V. L. S. O espaço rural no Triângulo Mineiro: principais transformações ocorridas nas últimas décadas. In: ENCON-TRO NACIONAL DE GEOGRAFIA AGRÁRIA, 8, 1987, Barra dos Coqueiros. *Mesas-Redondas Comunicações...* Barra dos Coqueiros: UFS, 1987. p.117-8.

_____. O espaço rural do Triângulo Mineiro: principais transforma-ções nas últimas décadas. *Cadernos de Geografia (Uberlândia)*, n.1, p.1-22, 1988.

CAVALINI, M. B., GERARDI, L. H. O. A conquista do capital: as trans-formações no espaço rural de Conquista. *Geografia (Rio Claro)*, v.13, n.26, p.93-104, 1988.

CHAVES, M. R. Cerrado Brasileiro: principais fatores norteadores de sua ocupação. *Caderno Prudentino de Geografia*, n.16, p.198-227, 1994.

CERON, A. O. As categorias dimensionais de propriedades agrícolas: técnicas de agrupamento. *Boletim Paulista de Geografia*, n.45, p.106-23, 1968.

_____. *Aspectos geográficos da cultura da laranja no município de Limeira.* São Paulo, 1968. 362p. Tese de Doutorado. (Mimeogr.)

_____. Alguns padrões de utilização da terra agrícola no Planalto Oci-dental de São Paulo. *Boletim Paulista de Geografia*, n.47, p.3-29, 1972.

_____. Distribuições espaciais: sugestões normativas de análise aplicada ao Estado de São Paulo. *Anais da AGB*, v.18, p.217-8, 1973a.

_____. Revolução industrial e sistema espacial agricultura. *Boletim de Geografia Teorética*, v.3, n.5, p.5-38, 1973b.

_____. A função da distância e os padrões de intensidade e uso da terra no modelo thuniano de localização. *Geografia (Rio Claro)*, v.1, n.2, p.25-53, 1976a.

_____. Conceitos econômicos básicos para a Geografia da agricultura. *Geografia (Rio Claro)*, v.1, n.1, p.35-51, 1976b.

CERON, A. O. Distância do mercado e intensidade do uso da terra como fatores da localização da força de trabalho agrícola em São Paulo. *Boletim Paulista de Geografia*, n.50, p.143-58, 1976c.

_____. Distribuição da terra agrícola e a questão da reforma agrária no Brasil. *Geografia (Rio Claro)*, v.10, n.20, p.1-36, 1985.

_____. Técnicas cartográficas e planejamento de reforma agrária: possibilidades e limitações. *Geografia (Rio Claro)*, v.14, n.28, p.14-28, 1989.

CERON, A. O., DINIZ, J. A. F. O uso das fotografias aéreas na identificação das formas de utilização agrícola da terra. *Revista Brasileira de Geografia*, ano 28, n.2, p.161-72, 1966.

_____. Orientação da agricultura no Estado de São Paulo. *Geografia Econômica*, n.7, p.1-23, 1969.

_____. Tipologia da agricultura questões metodológicas e problemas de aplicação ao Estado de São Paulo. *Revista Brasileira de Geografia*, ano 32, n.3, p.41-71, 1971.

CERON, A. O., GERARDI, L. H. O. Geografia Agrária e metodologia de pesquisa. In: ENCONTRO NACIONAL DE GEOGRAFIA AGRÁRIA, 1, 1978, Salgado. *Textos Básicos para Discussão...* Salgado: UFS, 1978. p.20-35.

_____. Geografia Agrária e metodologia de pesquisa. *Boletim de Geografia Teorética*, v.9, n.17-18, p.59-68, 1979.

_____. Bases geográficas para planejamento rural no Estado de São Paulo. *Geografia (Rio Claro)*, v.6, n.11-12, 105-59, 1981.

_____. Geografia Agrária e metodologia de pesquisa. *Boletim de Geografia Teorética*, v.9, n.17-18, p.59-68, 1979.

CERON, A. O., HALBSGUT, H. S. A. P. Tendências espaciais na difusão dos tratores empregada na agricultura paulista, a partir de 1940. *Geografia*, Rio Claro, v.3, n.6, p.75-88, 1978.

_____. Tendências espaciais na difusão dos tratores empregados na agricultura paulista a partir de 1940. In: ENCONTRO NACIONAL DOS GEÓGRAFOS, 3, 1978, Fortaleza. *Anais...* Fortaleza: AGB, 1978b. p.63-74.

CERON, A. O., SANCHES, M. C. Estrutura da produção agrícola da região de Araçatuba – São Paulo. *Boletim de Geografia Teorética*, v.21, n.41, p.5-43, 1991.

_____. Alguns problemas de análise das distribuições espaciais: exemplos de variáveis agrícolas no espaço paulista. *Boletim Paulista de Geografia*, n.48, p.45-64, 1973.

_____. Determinações de espaços mais representativos. *Boletim de Geografia Teorética*, v.2, n.2, p.61-74, 1971.

MUNDO RURAL E GEOGRAFIA 369

CHASE, J. R. Espaço e mobilidade no Sudoeste Goiano: uma proposta de pesquisa sobre trabalhadores agrícolas, assalariados no município de Rio Verde. In: ENCONTRO NACIONAL DE GEOGRAFIA AGRÁRIA, 10, 1990, Teresópolis. *Anais...* Teresópolis: UFRJ, 1990. v.1, p.315-33.

CHAVEIRO, E. F. MENDONÇA, M.R. Perspectivas e impasses da cultura do alho, em Catalão – GO. In: ENCONTRO NACIONAL DE GEO-GRAFIA AGRÁRIA, 12, 1994, Águas de São Pedro. *Comunicações...* Águas de São Pedro: UNESP, 1994. p.24.

CHAYANOV, A. V. *La organización de la unidad económica campesina.* Buenos Aires: Nueva Visión, 1974. 351p.

CHISHOLM, M. Relaciones entre la geografía y economía. In ___. *Geografía y Economía.* Barcelona: Oikos-Tau, 1969. cap.2, p.17-43.

CHMATALIK, M. S. G. L. A evolução da agricultura na região Nordeste na década de 70. *Revista Brasileira de Geografia,* ano 49, n.1, p.47-106, 1987.

CHONCHOL, J. *O modelo de industrialização dos países industrializados.* Rio de Janeiro: Vozes, 1986.

CHRISTOFOLETI, R. S. A influência das geadas nas culturas de inverno na região de Dourados – MS. In: ENCONTRO NACIONAL DE GEÓGRAFOS, 9, 1992, Presidente Prudente. *Anais...* Presidente Prudente: AGB, 1992. p.48.

CHRISTOFOLETTI, A. As perspectivas dos estudos geográficos. In: ___. *Perspectivas da Geografia.* São Paulo: Difel, 1982. p.11-36.

_____. Em busca da sustentabilidade na agricultura e no uso dos recursos naturais. *Geografia (Rio Claro),* v.18, n.1, p.178-87, 1993.

_____. Quinze anos da revista Geografia. *Geografia (Rio Claro),* v.15, n.2, p.1-09, 1990.

CLEOFAS, J. Evolução da agricultura. *Boletim Geográfico,* ano 10, n.107, p.219-22, 1952.

CLEPS JUNIOR, J. O Pontal do Paranapanema: Uma região periférica do café no processo de incorporação do capital. In: ENCONTRO NACIONAL DE GEÓGRAFOS, 7, 1988, Maceió. *Anais...* Maceió: AGB, 1988. p.60.

_____. *O Pontal do Paranapanema Paulista:* a incorporação regional da periferia do café. Rio Claro, 1990. 237p. Dissertação (Mestrado em Geografia) – Instituto de Geociências e Ciências Exatas, Universidade Estadual Paulista.

CLEPS JUNIOR, J. Estruturação e relações intersetoriais do complexo agroindustrial em Uberlândia, Triângulo Mineiro. In: ENCONTRO NACIONAL DE GEOGRAFIA AGRÁRIA, 12, 1994, Águas de São Pedro. *Comunicações...* Águas de São Pedro: UNESP, 1994. p.121-2.

CLEPS JUNIOR, J., CUSTÓDIO, A. B., OLIVEIRA, V. O pequeno agricultor no quadro das transformações recentes da agricultura em Uberlândia, Triângulo Mineiro. In: ENCONTRO NACIONAL DE GEOGRAFIA AGRÁRIA, 12, 1994, Águas de São Pedro. *Comunicações...* Águas de São Pedro: UNESP, 1994. p.123-4.

CLEPS JUNIOR, J., KAHIL, S. P., BRAY, S. C. A experiência do 1º ano no assentamento rural dos Cocais – Município de Casa Branca. In: ENCONTRO NACIONAL DE GEOGRAFIA AGRÁRIA, 7, 1986, Belo Horizonte. *Conferências e Comunicações...* Belo Horizonte: UFMG, 1986. v.2, p.33-7.

CLEPS JUNIOR., J., SABINO, A. L., SANTOS, T. B. F. Formas de produção na mandiocultura e impactos ambientais no Noroeste Paranaense: o núcleo agroindustrial de Mandiocaba. In: ENCONTRO NACIONAL DE GEOGRAFIA AGRÁRIA, 11, 1992, Maringá. *Anais...* Maringá: UEM, 1992. v.1-B, p.748-60.

COARACY, V. Velhos engenhos cariocas. *Boletim Geográfico*, ano 19, n.162, p.362-5, 1961.

COELHO, M. C. N. Uso da terra: práticas agrícolas e meio ambiente no Estado do Rio de Janeiro. In: CONGRESSO BRASILEIRO DE GEÓGRAFOS, 4, 1984, São Paulo. *Anais...* São Paulo: AGB, 1984. p.363-79.

_____. A estrada de ferro Carajás e a estruturação do espaço rural no Pará e no Maranhão. In: ENCONTRO NACIONAL DE GEOGRAFIA AGRÁRIA, 12, 1994, Águas de São Pedro. *Comunicações...* Águas de São Pedro: UNESP, 1994. p.25-6.

COMITTI, G. Cartografia e cadastro geo ambiental como instrumentos de reforma agrária. In: ENCONTRO NACIONAL DE GEOGRAFIA AGRÁRIA, 7, 1986, Belo Horizonte. *Conferências e Comunicações...* Belo Horizonte: UFMG, 1986. v.1, p.73-6.

CONHALATO, L. S. Complexo agroindustrial (CAI): origem e desenvolvimento. In: ENCONTRO NACIONAL DE GEOGRAFIA AGRÁRIA, 12, 1994, Águas de São Pedro. *Comunicações...* Águas de São Pedro: UNESP, 1994. p.125-7.

CONSELHO NACIONAL DE GEOGRAFIA. Histórico da criação do Conselho Nacional. *Revista Brasileira de Geografia*, ano 1, n.1, p.9-17, 1939.

MUNDO RURAL E GEOGRAFIA   371

CONSELHO NACIONAL DE GEOGRAFIA. Campos de criação do Rio
   Grande do Sul. *Revista Brasileira de Geografia*, ano 2, n.2, p.262,
   1940.
_____. Coqueirais das praias do Nordeste. *Revista Brasileira de Geo-
   grafia*, ano 3, n.1, p.153, 1941.
_____. O êxodo rural. *Boletim Geográfico*, ano 2, n.24, p.1864, 1945.
_____. Arrendamento de terras na agricultura. *Boletim Geográfico*,
   ano 3, n.32, p.1084-7, 1945.
_____. A questão dos latifúndios. *Boletim Geográfico*, ano 3, n.34,
   p.1293-5, 1946.
_____. Distribuição regional da agricultura brasileira. *Boletim Geográ-
   fico*, ano 15, n.140, p.619-21, 1957.
_____. Panorama agrário do Brasil. *Boletim Geográfico*, ano 17, n.151,
   p.383-90, 1959.
_____. Milho é nova fonte de divisas. *Boletim Geográfico*, ano 27,
   n.207, p.49-51, 1968.
_____. Cerrado no Brasil é terra que não produz. *Boletim Geográfico*,
   ano 28, n.209, p.93-6, 1969.
_____. Arrendamento de terras na agricultura. *Boletim Geográfico*,
   ano 3, n.32, p.l084-7, 1945.
_____. A questão dos latifúndios. *Boletim Geográfico*, ano 3, n.34,
   p.1293-5, 1946.
CORDEIRO, C. A., SOARES, L. C. A erosão nos solos arenosos da Região
   Sudoeste do Rio Grande do Sul. *Revista Brasileira de Geografia*, ano
   39, n.4, p.82-150, 1977.
CORRÊA, N. Paisagens Catarinenses. *Boletim Geográfico* (DEGC), ano
   3, n.5, p.63-68, 1949.
CORREA, E. M. S., BARRETO, M. J. R. O espaço cartográfico e suas
   aplicações na Geografia Agrária. *Boletim Goiano de Geografia*, ano
   1, n.1, p.93-113, 1981.
CORRÊA, R. L. Regime de exploração da terra no nordeste. uma tentativa
   de expressão cartográfica. *Revista Brasileira de Geografia*, ano 25, n.3,
   p.343-72, 1963a.
_____. A Colônia Pindorama: uma modificação na paisagem agrária
   dos tabuleiros alagoanos. *Revista Brasileira de Geografia*, ano 25, n.4,
   p.479-84, 1963b.
_____. O sudoeste paranaense antes da colonização. *Revista Brasileira
   de Geografia*, ano 32, n.1, p.87-98, 1970.
_____. As correntes do pensamento geográfico. In ___. *Região e orga-
   nização espacial*. 4.ed. São Paulo: Ática, 1991. cap.2, p.7-21.

CORRÊA, R. L. Espaço, um conceito-chave da Geografia. In: CASTRO, I. E., GOMES, P. C. C., CORRÊA, R. L. (Org.) *Geografia: conceitos e temas*. São Paulo: Bertrand Brasil, 1995. p.15- 47.

CORREA, T. M., TUBALDINI, M. A. S. Influência da urbanização na modernização rural do Sul de Minas Gerais – 1980 – resultados preliminares. In: ENCONTRO NACIONAL DE GEOGRAFIA AGRÁRIA, 7, 1986, Belo Horizonte. *Conferências e Comunicações*... Belo Horizonte: UFMG, 1986. v.1, p.138-45.

CORRÊA, W. K. Evolução da modernização da agricultura no Estado de Santa Catarina – 1950 a 1975: uma contribuição metodológica. In: ENCONTRO NACIONAL DE GEOGRAFIA AGRÁRIA, 7, 1986, Belo Horizonte. *Conferências e Comunicações*... Belo Horizonte: UFMG, 1986. v.1, p.146-50.

CORRÊA, W. K., GERARDI, L. H. O. A atividade agrícola e a evolução da modernização da agricultura no Estado de Santa Catarina. *Geografia (Rio Claro)*, v.9, n.17-18, p.216-22, 1984.

CORRÊA, W. K., PRATES, A. M. M. As implicações do progresso técnico na horticultura: o caso de Antônio Carlos – SC. In: ENCONTRO NACIONAL DE GEOGRAFIA AGRÁRIA, 12, 1994, Águas de São Pedro. *Comunicações*... Águas de São Pedro: UNESP, 1994. p.128-9.

CORREA FILHO, V. Considerações a cerca de sesmarias. *Boletim Geográfico*, ano 14, n.135, p.482-96, 1956.

CORRÊA NETO, P. Êxodo dos trabalhadores rurais. *Boletim Geográfico*, ano 2, n.20, p.1166-7, 1944.

CORTE, J. O tomate no abastecimento da cidade de São Paulo. *Geografia Econômica*, São Paulo, v.3, 48p. 1966.

_____. Alguns aspectos do abastecimento da cidade de São Paulo em uva e figo. *Geografia Econômica (São Paulo)*, n.9, p.1-14, 1971.

CORTES, G. M. O coqueiro. *Boletim Geográfico*, ano 16, n.146, p.644-5. 1958.

COSTA, E. M. P. Centros urbanos canavieiros. Proposta de classificação das cidades situadas no espaço nordestino intitulado Áreas Canavieiras. In: ENCONTRO NACIONAL DE GEOGRAFIA AGRÁRIA, 6, 1985, Garanhuns. *Comunicações*... Garanhuns: Fundação Joaquim Nabuco, 1985. p.70-4.

_____. Metropolização recifense: expansão urbana x espaço rural In: ENCONTRO NACIONAL DE GEOGRAFIA AGRÁRIA, 8, 1987, Barra dos Coqueiros. *Mesas-Redondas Comunicações*... Barra dos Coqueiros: UFS, 1987. p.169-70.

MUNDO RURAL E GEOGRAFIA 373

COSTA, I. B. ACRE – O maior fornecedor de borracha do Brasil – passado e presente. In: ENCONTRO NACIONAL DOS GEÓGRAFOS, 4, 1980, Rio de Janeiro. *Anais...* Rio de Janeiro: AGB, 1980. p.585-8.

COSTA, R. C. O espaço e as associações rurais: um ensaio sobre os requerentes ao FNO – especial no sudeste paraense. In: ENCONTRO NACIONAL DE GEOGRAFIA AGRÁRIA, 12, 1994, Águas de São Pedro. *Comunicações...* Águas de São Pedro: UNESP, 1994. p.27.

COSTA, R. H. O latifúndio e os novos agentes modeladores do espaço regional na campanha gaúcha. In: ENCONTRO NACIONAL DE GEÓGRAFOS, 6, 1986, Campo Grande. *Anais...* Campo Grande: AGB, 1986. p.22.

COSTA, V. M. H. M. A reforma agrária perante a nova constituição. In: ENCONTRO NACIONAL DE GEOGRAFIA AGRÁRIA, 9, 1988, Florianópolis. Florianópolis: UFSC, 1988. não pag. (Mimeogr.)

_____. A modernização da agricultura no contexto da constituição do complexo agroindustrial no Brasil. In: ENCONTRO NACIONAL DE GEOGRAFIA AGRÁRIA, 11, 1992, Maringá. *Anais...* Maringá: UEM, 1992. v.2, p.2-26.

COSTA, V. M. H. M., MAZZALI, L. A perda de dinamicidade do modelo de desenvolvimento via CAI e a necessidade de um novo aparato conceitual. In: ENCONTRO NACIONAL DE GEOGRAFIA AGRÁRIA, 12, 1994, Águas de São Pedro. *Comunicações...* Águas de São Pedro: UNESP, 1994. p.179.

COSTA, W. M. O modo industrial de produzir no campo: um aspecto atual da modernização capitalista. *Orientação*, n.8, p.63-9, 1990.

COSTA, Y. M. M. A sericicultura em São Paulo. *Boletim Geográfico*, ano 32, n.232, p.1-38, 1973.

COSTA FILHO, M. Engenhos de Minas Gerais. *Boletim Geográfico*, ano 20, n.170, p.474-82, 1962.

COTA, R. G., COLEHO, M. C. N. Avaliação das propostas de Carajás para o campo. In: CONGRESSO BRASILEIRO DE GEÓGRAFOS, 4, 1984, São Paulo. *Anais...* São Paulo: AGB, 1984. p.380-91.

COUTIN, R. Caracteres gerais da economia brasileira. *Boletim Geográfico*, ano 8, n.85, p.56-65, 1950.

COUTINHO, R. Áreas alimentares no Brasil. *Boletim Geográfico*, ano 5, n.56, p.900-5, 1947.

COUTINHO, S. F. S. Espaço agrário do Estado de Pernambuco In: ENCONTRO NACIONAL DE GEOGRAFIA AGRÁRIA, 7, 1986, Belo Horizonte. *Conferências e Comunicações...* Belo Horizonte: UFMG, 1986. v.1, p.151-5.

CRUZ, M. A vegetação e o uso do solo no município de São José dos Pinhais: estudo de caso – bacia do rio Pequeno. In: ENCONTRO NACIONAL DE GEÓGRAFOS, 9, 1992, Presidente Prudente. *Anais...* Presidente Prudente: AGB, 1992. p.45.

CRUZ, P. S. Arroz, alimento básico do Brasil. *Boletim Geográfico*, ano 24, n.186, p.440-4, 1965.

CUNHA, S. R., SANCHEZ, M. C. Transformações no espaço agrícola do Rio Grande do Sul entre 1960-80. In: ENCONTRO NACIONAL DE GEOGRAFIA AGRÁRIA, 11, 1992, Maringá. *Anais...* Maringá: UEM, 1992. v.1-A, p.1-4.

DABAT, C. R. A "terra privilégio" estudo sobre a estrutura fundiária na zona canavieira de Pernambuco. In: ENCONTRO NACIONAL DE GEOGRAFIA AGRÁRIA, 10, 1990, Teresópolis. *Anais...* Teresópolis: UFRJ, 1990. v.1, p.133-50.

_____. A situação dos trabalhadores rurais de "Ponta de Rua" na Zona Canavieira de Pernambuco. In: ENCONTRO NACIONAL DE GEOGRAFIA AGRÁRIA, 9, 1988, Florianópolis. *Anais...* Florianópolis: UFSC, 1988. p.498-513.

D'ALMEIDA, O. G. O Povoamento do Piauí pelos Criadores de Gado Domingos Afonso Sertão. *Boletim Geográfico*, ano 20, n.169, p.409-14, 1962.

DANTAS, G. O Brasil no quadro mundial da produção de açúcar. *Boletim Geográfico*, ano 15, n.138, p.321-2, 1957.

_____. O Brasil no quadro mundial da produção de açúcar. *Boletim Geográfico*, ano 15, n.138, p.321-2, 1957.

DAVI, C., BEZZI, M.L. O processo de despecuarização espacial em Uruguaiana. *Geografia Ensino e Pesquisa*, n.4, p.103-47, 1990.

DAVID, C., BEZZI, M.L. Despecuarização espacial em Uruguaiana – RS: a cultura do arroz e a modernização da agricultura. *Geografia Ensino e Pesquisa*, n.5, p.70-107, 1991.

DE BIAGGI, E. M. A representação do espaço agrário por trabalhadores rurais. In: ENCONTRO NACIONAL DE GEÓGRAFOS, 8, 1990, Salvador. *Anais...* Salvador: AGB, 1990. v.1, p.153-6.

DÉ CARLI, G. Geografia econômica e social da cana-de-açúcar no Brasil. *Boletim Geográfico*, ano 6, n.61, p.8-33, 1948.

DEFFONTAINES, P. Geografia humana do Brasil. *Revista Brasileira de Geografia*, ano 1, n.1, p.19-67, 1939.

_____. Ensaio de divisões regionais e estudo de uma civilização pioneira – o Estado do Espirito Santo. *Boletim Geográfico*, ano 2, n.19, p.985-99, 1944.

MUNDO RURAL E GEOGRAFIA 375

DEFFONTAINES, P. Investigações sobre os tipos de povoamento no Estado de São Paulo. *Boletim Geográfico*, ano 5, n.51, p.249-52, 1947.

_____. Entre os vinhateiros de Jundiaí. *Boletim Geográfico*, ano 5, n.59, p.1301-2, 1948.

_____. As nossas responsabilidades geográficas nas zonas tropicais. *Boletim Geográfico*, ano 7, n.75, p.229-33, 1949.

_____. Caminhos de gado e tipos de feira no Uruguai. *Boletim Geográfico*, ano 11, n.115, p.327-31, 1953.

_____. História do gado nos países do Prata particularmente no Uruguai. *Boletim Geográfico*, ano 11, n.114, p.249-57, 1953.

_____. As invernadas: tipos de migrações do gado na América do Sul. *Boletim Carioca de Geografia*, v.9, n.3-4, p.6-13, 1956.

DEMANGEON, A. Uma definição da Geografia Humana. In: CHRISTOFOLETTI, A. *Perspectivas da Geografia*. São Paulo: Difel, 1982. p.49-57.

DENIS, P. A colonização no Paraná. *Boletim Geográfico*, ano 9, n.100, p.346-56, 1951.

DEPARTAMENTO DE PESQUISA POLÍMEROS. O Mercado da Borracha. *Boletim Geográfico*, ano 30, n.222, p.65-77, 1971

DEPARTAMENTO DE PLANEJAMENTO REGIONAL. Transformações da agricultura na região de Araçatuba (SP): a produção de alimentos nas áreas de implantação do PROÁLCOOL. 1ª parte. Rio Claro: UNESP, 1983. 282p.

DESPOIS, J. Notas sobre as culturas em terraços na Sardenha. *Boletim Geográfico*, ano 20, n.170, p.536-8, 1962.

DEUS, J. A. S. Os impactos socioambientais da mineração na Amazônia legal. *Revista Geografia e Ensino*, v.3, n.11-12, p.35-41, 1991.

DEUS, J. A. S., MELLO, M. P. A Amazônia Legal como espaço privilegiado de resistência cultural indígena: uma tentativa de abordagem geográfica. In: ENCONTRO NACIONAL DE GEÓGRAFOS, 6, 1986, Campo Grande. *Anais...* Campo Grande: AGB, 1986. p.11.

_____. A dinâmica dos grupos sociais urbanos e os impasses da mineração no contexto da Amazônia Legal. In: ENCONTRO NACIONAL DE GEÓGRAFOS, 6, 1986, Campo Grande. *Anais...* Campo Grande: AGB, 1986. p.10.

_____. A problemática de setores populares da Amazônia e a questão mineral. *Boletim de Geografia Teorética*, v.22, n.43-44, p.27-33, 1992.

DIAS, C. V. As perspectivas da colonização na Amazônia. *Anais da AGB*, v.18, p.97-8, 1973.

DIAS, C. V. Aspectos geográficos do comércio da castanha no Médio Tocantins. *Revista Brasileira de Geografia*, ano 21, n.4, p.517-31, 1959.

_____. O PROTERRA – justificativa para sua aplicação nas áreas prioritárias do plano regional de desenvolvimento da Amazônia (1972-1974). *Boletim Geográfico*, ano 32, n.233, p.105-30, 1973.

DIAS, L. C. La pensée géographique au Brésil: hier et aujourd'hui. *L'espace Géographique*, Paris, n.3, p.193-203, 1989.

DIEGUES JÚNIOR, M. Civilização do açúcar no Brasil. *Revista Brasileira de Geografia*, ano 2, n.3, p.349-71, 1940.

_____. Síntese histórica da economia açucareira no Brasil. *Boletim Geográfico*, ano 5, n.52, p.397-401, 1947.

DILLMAN, C. D. As terras da cacau da Bahia Meridional e os romances de Jorge Amado: uma imagem regional. *Boletim Geográfico*, ano 32, n.232, p.99-112 1973.

DINIZ, J. A. F. Cálculo da eficiência da agricultura na depressão Periférica Paulista. *Cadernos Rioclarenses de Geografia*, n.1, p.1-22, 1969a.

_____. Mapeamento da utilização da terra na Depressão Periférica Paulista. *Cadernos Rioclarenses de Geografia*, n.2, p.51-8, 1969b.

_____. Medida do desenvolvimento da agricultura: uma experiência. *Cadernos Rioclarenses de Geografia*, n.2, p.63-8, 1969c.

_____. Cálculo da eficiência da agricultura na Depressão Periférica Paulista. *Boletim Geográfico*, ano 29, n.218, p.66-75, 1970.

_____. A renovação da Geografia Agrária no Brasil. In: REUNIÃO ANUAL DA SBPC, 25, SIMPÓSIO RENOVAÇÃO DA GEOGRAFIA, 1973, Rio de Janeiro. *Anais...* Rio de Janeiro: SBPC, 1973. p.29-81.

_____. Modernização da agricultura e isotropia espacial em reflexão metodológica. In: ENCONTRO NACIONAL DE GEOGRAFIA AGRÁRIA, 1, 1978, Salgado. *Comunicações...* Salgado: UFS, 1978. p.35-7.

_____. Evolução dos conceitos geográficos e o estudo da agricultura. In: ___. *Geografia da Agricultura*. São Paulo: Difel, 1984a. cap.2, p.35-56.

_____. *Geografia da Agricultura*. São Paulo: Difel, 1984b. 278p.

_____. Modernização e conflito na fronteira ocidental do Nordeste. *Geonordeste*, ano 1, n.1, p.12-20, 1984c.

_____. Pecuarização e questão social. In: ENCONTRO NACIONAL DE GEOGRAFIA AGRÁRIA, 6, 1985, Garanhuns. *Conferências...* Garanhuns: Fundação Joaquim Nabuco, 1985. p.55-90.

_____. Mudanças recentes na organização do espaço rural no litoral sergipano. *Geografia*, v.12, n.23, p.31-45, 1987a.

DINIZ, J. A. F. A propósito do emprego de unidades convencionais na definição da orientação da agricultura. In: ENCONTRO NACIONAL DE GEOGRAFIA AGRÁRIA, 8, 1987, Barra dos Coqueiros. *Mesas-Redondas Comunicações...* Barra dos Coqueiros: UFS, 1987b. p.96.

_____. O estado da arte da Geografia Agrária na pós-graduação em Geografia na Brasil. In: ENCONTRO NACIONAL DE GEOGRAFIA AGRÁRIA, 13, 1996, Diamantina. *Mesa-Redonda...* Diamantina: UFMG, 1996. p.19-36.

DINIZ, J. A. F. et al. *Subsídio ao estudo da História da Geografia Agrária Brasileira – ENGA Ano 10.* Aracaju: s. n, 1987. 58p. (Mimeogr.)

DINIZ, J. A. F., OLIVEIRA, L. H. B. O emprego de modelos na análise da distribuição da terra e das categorias dimensionais de estabelecimentos agrícolas no leste Estado de São Paulo. *Revista Brasileira de Geografia,* ano 33, n.1, p.123-40, 1971.

DINIZ, J. A. F., ANTONELLO, I. T. Definição de tamanho limite de unidades de produção camponesa – uma experiência metodológica. In: ENCONTRO NACIONAL DE GEOGRAFIA AGRÁRIA, 12, 1994, Águas de São Pedro. *Comunicações...* Águas de São Pedro: UNESP, 1994. p.180.

DINIZ, J. A. F., FRANÇA, V. L. A. Tipologia da agricultura brasileira: uma avaliação metodológica no Nordeste In: ENCONTRO NACIONAL DE GEOGRAFIA AGRÁRIA, 11, 1992, Maringá. *Anais...* Maringá: UEM, 1992. v.1-B, p.501-12.

_____. Tipos de agricultura no Brasil. In: ENCONTRO NACIONAL DE GEOGRAFIA AGRÁRIA, 12, 1994, Águas de São Pedro. *Comunicações...* Águas de São Pedro: UNESP, 1994. p.181.

DOLABELA, E. Apresentação. *Boletim Mineiro de Geografia,* n.1, 1957.

DOMINGUES, O. Nota preliminar sobre as regiões pastoris do Brasil. *Boletim Geográfico,* ano 1, n.1, p.9-17, 1943.

_____. A microárea pastoril de Lopes: o imperativo do meio. *Boletim Geográfico,* ano 8, n.95, p.1275-6, 1951.

DORFMAN, A. Escala e estratégias nacionais: a triticultura gaúcha e o MERCOSUL. In: ENCONTRO NACIONAL DE GEOGRAFIA AGRÁRIA, 12, 1994, Águas de São Pedro. *Comunicações...* Águas de São Pedro: UNESP, 1994. p.168-9.

DRUMOND, A. Núcleo rural de Vargem Bonita. In: ENCONTRO NACIONAL DE GEOGRAFIA AGRÁRIA, 5, 1984, Santa Maria. *Comunicações...* Santa Maria: UFSM, 1984. p.15-9.

DRUMOND, A. Organização do espaço agrário e equilíbrio ambiental no Distrito Federal. In: ENCONTRO NACIONAL DE GEOGRAFIA AGRÁRIA, 5, 1984, Santa Maria. *Comunicações...* Santa Maria: UFSM, 1984. p.222-6.

DUARTE, A. C. Contribuição ao estudo geográfico de um setor hortícola. *Anais da AGB*, v.14, p.103-31, 1962.

_____. Irecê: uma área agrícola "insulada" no sertão baiano. *Revista Brasileira de Geografia*, ano 25, n.4, p.454-74, 1963.

_____. Distribuição da população rural na grande região Leste em 1960. *Boletim Geográfico*, ano 23, n.183, p.752-5, 1964.

_____. A região cacaueira da Bahia – uma análise espaçotemporal. In: ENCONTRO NACIONAL DOS GEÓGRAFOS, 4, 1980, Rio de Janeiro. *Anais...* Rio de Janeiro: AGB, p.580-1, 1980.

DUARTE, R. S. G. Colonização espontânea e assentamentos estaduais (Colônia Jader Barbalho) na área de Carajás no município de Parauapebas PA. In: ENCONTRO NACIONAL DE GEOGRAFIA AGRÁRIA, 12, 1994, Águas de São Pedro. *Comunicações...* Águas de São Pedro: UNESP, 1994. p.28-9.

DUBEY, V. Definição de Economia Regional. In. SCHWARTZMAN, J. *Economia Regional – textos escolhidos*. Belo Horizonte: CEDEPLAR, 1977. pt. 1, p.21-7.

DUMONT, R. Produção alimentar e países subdesenvolvidos. *Boletim Geográfico*, ano 20, n.166, p.71-5, 1962.

DUQUE, J. G. Apreciações sobre os solos do Nordeste conservação da fertilidade e economia da água. *Boletim Geográfico*, ano 8, n.93, p.1033-71, 1950.

EGLER, C. A. Os impactos do Proálcool na Paraíba. *Geonordeste*, ano 2, n.1, p.1-19, 1985.

EGLER, W. A. A zona pioneira ao Norte do Rio Doce. *Revista Brasileira de Geografia*, ano 13, n.2, p.223-64, 1951.

_____. Problemas agrários do Brasil. *Boletim Carioca de Geografia*, v.4, n.2-3-4, p.39-61, 1951.

_____. Aspectos gerais da cultura do fumo na região do Recôncavo na Bahia. *Boletim Geográfico*, ano 10, n.111, p.679-88, 1952.

_____. Aspectos geográficos da cultura do cacau na Bahia. *Boletim Carioca de Geografia*, v.6, n.1-2, p.25-32, 1953.

_____. O Agreste e os Brejos (notas de uma excursão a Pernambuco). *Boletim Geográfico*, ano 15, n.138, p.294-306, 1957.

_____. O Sertão da Paraíba. *Boletim Geográfico*, ano 15, n.140, p.598-602, 1957.

EGLER, W. A. Problemas agrários do Brasil. *Boletim Carioca de Geografia*, v.14, p.3-4, 1961.

_____. A zona pioneira ao norte do Rio Doce. *Boletim Geográfico*, ano 20, n.167, p.147-80, 1962.

ENJALBERT, H. A agricultura europeia na América do Sul. *Boletim Geográfico*, ano 13, n.128, p.483-502, 1955.

_____. Problemas de ocupação do solo em país novo. *Boletim Geográfico*, ano 13, n.127, p.371-91, 1955.

ERDENS, A. D. Criação de colônias agrícolas nos arredores de Salvador. *Anais da AGB*, v.14, p.263-4, 1962.

ETGES, V. E. As relações de produção sob o capital monopolista: a produção de fumo no Sul do Brasil. In: ENCONTRO NACIONAL DE GEOGRAFIA AGRÁRIA, 5, 1984, Santa Maria. *Comunicações...* Santa Maria: UFSM, 1984. p.9-14.

_____. Sujeição e resistência: os camponeses gaúchos e a indústria do fumo. In: ENCONTRO NACIONAL DE GEÓGRAFOS, 8, 1990, Salvador. *Anais...* Salvador: AGB, 1990. v.1, p.301-4.

_____. Sujeição e resistência: os camponeses gaúchos e a indústria do fumo. *Boletim Gaúcho de Geografia*, n.18, p.23-6, 1991.

_____. Fumo – saúde e meio ambiente. In: ENCONTRO NACIONAL DE GEOGRAFIA AGRÁRIA, 11, 1992, Maringá. *Anais...* Maringá: UEM, 1992. v.1-B, p.761-71.

_____. Santa Cruz do Sul: a realidade agrária local. *Boletim Gaúcho de Geografia*, n.19, p.105-6, 1994.

EVANGELISTA, V. M. Modernização da agricultura paranaense: o caso da soja. In: ENCONTRO NACIONAL DE GEÓGRAFOS, 7, 1988, Maceió. *Anais...* Maceió: AGB, 1988. p.61.

FABRINI, J. E. A expropriação do trabalhador rural assentado – o caso do assentamento Indaiá. In: ENCONTRO NACIONAL DE GEOGRAFIA AGRÁRIA, 12, 1994, Águas de São Pedro. *Comunicações...* Águas de São Pedro: UNESP, 1994. p.30-1.

_____. Frente pioneira e ocupação do sul do Mato Grosso do Sul. *Caderno Prudentino de Geografia*, n.16, p.159-67, 1994.

USP. FACULDADE DE CIÊNCIAS ECONÔMICAS. Duas riquezas de São Paulo – café e algodão. In: CONGRESSO BRASILEIRO DE GEOGRAFIA, 9, 1944, Rio de Janeiro. *Anais...* Rio de Janeiro: CNG, 1944. p.310-1.

FAISSOL, S. A colônia alemã de Uvá. *Revista Brasileira de Geografia*, ano 11, n.1, p.93-110, 1949.

_____. Problemas de colonização na Conferência de Goiânia. *Revista Brasileira de Geografia*, ano 11, n.2, p.274-8, 1949.

FAISSOL, S. A fazenda Boa-Esperança. *Revista Brasileira de Geografia*, ano 13, n.2, p.285-92, 1951.

_____. Aspectos gerais da economia do sudeste do Planalto Central. *Boletim Geográfico*, ano 10, n.110, p.547-58, 1952.

_____. O problema do desenvolvimento agrícola do sudeste do Planalto Central do Brasil. *Revista Brasileira de Geografia*, ano 19, n.1, p.3-66, 1957.

FALCADE, I., GERARDI, L. H. O. Considerações preliminares sobre a "Organização do espaço agrário em Bento Gonçalvez – RS". In: ENCONTRO NACIONAL DE GEOGRAFIA AGRÁRIA, 5, 1984, Santa Maria. *Comunicações...* Santa Maria: UFSM, 1984. p.207-10.

FARIA, I. F. Demarcação das terras indígenas no Amazonas. In: ENCONTRO NACIONAL DE GEÓGRAFOS, 9, 1992, Presidente Prudente. *Anais...* Presidente Prudente: AGB, 1992. p.76.

FARIA, M. A. et al. Reforma agrária e a produção da terra: uma proposta de integração de aluno na rede pública. In: ENCONTRO NACIONAL DE GEÓGRAFOS, 9, 1992, Presidente Prudente. *Anais...* Presidente Prudente: AGB, 1992. p.95.

FAUCHER, D. Princípios generales de Geografia Agrária. Trad. R. Martínez. In: ___. *Geografia Agrária Tipos de Cultivos*. Barcelona: Omega, 1953. p.11-28.

FELIPE, J. L. A., GOMES, R. de C. da C. Mudanças sócio espaciais no vale do Baixo açu – RN: modernização X pequena produção. In: ENCONTRO NACIONAL DE GEÓGRAFOS, 9, 1992, Presidente Prudente. *Anais...* Presidente Prudente: AGB, 1992. p.72.

FERNANDES, B. M. Da terra prometida à Terra definitiva – Na criação do "território liberado" a realização da reforma agrária. In: ENCONTRO NACIONAL DE GEÓGRAFOS, 8, 1990, Salvador. *Anais...* Salvador: AGB, 1990. v.2, p.697-712.

_____. O movimento dos trabalhadores rurais sem terra e a territorialização da luta pela terra no Brasil. *Boletim de Geografia Teorética*, v.22, n.43-44, p.34-9, 1992.

FERNANDES, L. L. Aerofotointerpretação – aspectos da paisagem rural no município de Limeira, *Orientação*, n.3, p.12-3, 1967.

_____. O bairro rural dos Pires (estudo de Geografia Agrária). *Série Teses e Monografias*, n.5, p.6-90, 1971.

_____. Introdução a um estudo geográfico de bairros rurais em São Paulo. *Boletim Paulista de Geografia*, n.55, p.31-46, 1978.

FERNANDES, M. de O. A. F., STIER, K. K. Estudo da Bacia Leiteira de Londrina. In: ENCONTRO NACIONAL DE GEÓGRAFOS, 6, 1986, Campo Grande. *Anais...* Campo Grande: AGB, 1986. p.29.

FERNANDES, R. B., SANTOS, R. L., SANTO, S. M. Proposta metodológica para análise ambiental em áreas agrícolas. In: ENCONTRO NACIONAL DE GEOGRAFIA AGRÁRIA, 12, 1994, Águas de São Pedro. *Comunicações...* Águas de São Pedro: UNESP, 1994. p.182.

FERRANTE, V. L. B. A luta pela cidadania das mulheres boias-frias (Um estudo das trabalhadores da região de Ribeirão Preto, SP (Brasil). *Boletim de Geografia Teorética*, v.22, n.43-44, p.323-9, 1992.

FERREIRA, D. A. O. O trabalho familiar na sericicultura: a mulher e a criança no processo de produção de mercadorias. In: ENCONTRO NACIONAL DE GEOGRAFIA AGRÁRIA, 11, 1992, Maringá. *Anais...* Maringá: UEM, 1992. v.1-A, p.335-47.

_____. A unidade de produção familiar no contexto da Geografia (Agrária) brasileira. In: ENCONTRO NACIONAL DE GEOGRAFIA AGRÁRIA, 12, 1994, Águas de São Pedro. *Comunicações...* Águas de São Pedro: UNESP, 1994. p.183-5.

_____. A unidade de produção familiar no contexto da Geografia (Agrária) brasileira. *Boletim de Geografia Teorética*, 1996.

_____. Geografia e agricultura: um estudo sobre a Geografia Agrária brasileira. In: ENCONTRO NACIONAL DE GEOGRAFIA AGRÁRIA, 13, 1996, Diamantina. *Comunicações...* Diamantina: UFMG, 1996. v.2, p.111-3.

FERREIRA, E. R. Considerações preliminares sobre a política alcooleira nacional: a questão da produção extraquota. In: ENCONTRO DE GEÓGRAFOS DA AMÉRICA LATINA, 1, 1987, Rio Claro. *Comunicações...* Rio Claro: UNESP, 1987. p.1-6.

_____. A expansão da canavicultura no Vale do Paranapanema – SP (1975-1988). In: ENCONTRO NACIONAL DE GEOGRAFIA AGRÁRIA, 9, 1988, Florianópolis. *Anais...* Florianópolis: UFSC, 1988. p.143-60.

FERREIRA, E. R., BRAY, S. C. As agroindústrias e a formação do setor canavieiro de Araras. *Boletim de Geografia Teorética*, v.13, n.25, p.57-68, 1983.

_____. O Proálcool e o Proeste e as transformações nas áreas canavieiras do Estado de São Paulo. In: ENCONTRO NACIONAL DE GEOGRAFIA AGRÁRIA, 4, 1983, Uberlândia. *Comunicações...* Uberlândia: UFU, 1983. p.46-52.

_____. As influências do Proálcool e do Pró-Oeste nas transformações das áreas canavieiras. *Geografia*, Rio Claro, v.9, n.17-18, p.101-13, 1984.

FERREIRA, E. R., BRAY, S. C. Avaliação dos caminhos e descaminhos do Proálcool em seus 15 anos. In: ENCONTRO NACIONAL DE GEOGRAFIA AGRÁRIA, 10, 1990, Teresópolis. *Anais...* Teresópolis: UFRJ, 1990. v.1, p.217-39

_____. Acompanhamento do processo de organização no decorrer dos 10 anos do assentamento rural dos "Cocais" em Casa Branca – SP. In: ENCONTRO NACIONAL DE GEOGRAFIA AGRÁRIA, 12, 1994, Águas de São Pedro. *Comunicações...* Águas de São Pedro: UNESP, 1994. p.32.

FERREIRA, F. R. B. Importância socioeconômica da pesca artesanal para o povoado de carnaubeiras no município de Araióses-MA. In: ENCONTRO NACIONAL DE GEÓGRAFOS, 7, 1988, Maceió. *Anais...* Maceió: AGB, 1988. p.51.

FERREIRA, I. C. B. Inovações tecnológicas e novos espaços de produção. In: ENCONTRO NACIONAL DE GEOGRAFIA AGRÁRIA, 10, 1990, Teresópolis. *Anais...* Teresópolis: UFRJ, 1990. v.2, p.67-81.

FERREIRA, S. B., MIORIN, V. M. F. A transformação da pequena produção a partir da re-produção das relações de produção em estudo de caso no Município de Santa Cruz do Sul. *Geografia Ensino e Pesquisa*, n.1, p.11-38, 1987.

FERREIRA, S. T. L., FERREIRA, E. R. Análise da proposta de assentamento de boias-frias em áreas de várzea. O exemplo de Penápolis e Rincão (SP). In: ENCONTRO NACIONAL DE GEOGRAFIA AGRÁRIA, 7, 1986, Belo Horizonte. *Conferências e Comunicações...* Belo Horizonte: UFMG, 1986. v.1, p.77-80.

FERREIRA, S. T. L., SILVEIRA, F. R. Aspectos gerais da citricultura no Estado de São Paulo. In: ENCONTRO NACIONAL DE GEOGRAFIA AGRÁRIA, 9, 1988, Florianópolis. *Anais...* Florianópolis: UFSC, 1988. p.161-70.

FIGUEIREDO, A. H. O impacto desigual da modernização da agricultura no Oeste do Paraná. *Revista Brasileira de Geografia*, ano 46, n.3-4, p.425-550, 1984.

FIGUEIREDO, A. H., MESQUITA, O. V., SILVA, S. T. O impacto desigual da modernização da agricultura no oeste do Paraná. In: ENCONTRO NACIONAL DE GEOGRAFIA AGRÁRIA, 4, 1983, Uberlândia. *Comunicações...* Uberlândia: UFU, 1983. p.2-14.

FIGUEIREDO, M. A. As serras úmidas do Ceará e a produção alimentar para o semiárido cearense. In: ENCONTRO NACIONAL DE GEÓGRAFOS, 7, 1988, Maceió. *Anais...* Maceió: AGB, 1988. p.73.

MUNDO RURAL E GEOGRAFIA 383

FIGUEIREDO, R. M. B. Conflitos de terra na área de influência da Estrada de Ferro-Carajás no Sudeste do Pará. In: ENCONTRO NACIONAL DE GEOGRAFIA AGRÁRIA, 12, 1994, Águas de São Pedro. *Comunicações...* Águas de São Pedro: UNESP, 1994. p.33-4.

FIORI, H. B. A expansão do café em São Paulo. In: CONGRESSO BRASILEIRO DE GEOGRAFIA, 9, 1944, Rio de Janeiro. *Anais...* Rio de Janeiro: CNG, 1944. p.337-45.

_____. As regiões produtoras de São Paulo. In: CONGRESSO BRASILEIRO DE GEOGRAFIA, 9, 1944, Rio de Janeiro. *Anais...* Rio de Janeiro: CNG, 1944. p.346-64.

FONSECA, J. C. et al. Estudo compartimentação do espaço agroecológico da microrregião da Serrinha. In: ENCONTRO NACIONAL DE GEÓGRAFOS, 8, 1990, Salvador. *Anais...* Salvador: AGB, 1990. v.1, p.193-6.

FONSECA, S. R., COSTA, V. M. H. M. As transformações recentes no setor agroindustrial brasileiro: uma abordagem da atividade cooperativista. In: ENCONTRO NACIONAL DE GEOGRAFIA AGRÁRIA, 12, 1994, Águas de São Pedro. *Comunicações...* Águas de São Pedro: UNESP, 1994. p.130.

FONSECA, V. A Intervenção do Estado do Nordeste e seus reflexos no campo. In: ENCONTRO NACIONAL DE GEOGRAFIA AGRÁRIA, 6, 1985, Garanhuns. *Comunicações...* Garanhuns: Fundação Joaquim Nabuco, 1985. p.183-9.

FONSECA NETTO, H. Mudanças nas estruturas produtivas agrárias: efeitos sobre as relações territoriais sob a ética das redes de circulação de produção. In: ENCONTRO NACIONAL DE GEOGRAFIA AGRÁRIA, 10, 1990, Teresópolis. *Anais...* Teresópolis: UFRJ, 1990. v.2, p.104-15.

FORTES, A. B. et al. O rio São Francisco – aspectos geo-humanos da Bacia. Boletim Geográfico do RS, ano 3, n.6-7, p.42-79, 1958.

FRANÇA, V. L. A. Cocoicultura e mudanças na ocupação do Litoral Sergipano. In: ENCONTRO NACIONAL DE GEOGRAFIA AGRÁRIA, 9, 1988, Florianópolis. *Anais...* Florianópolis: UFSC, 1988. p.40-56.

_____. Transformações na agricultura: o caso do Sul de Sergipe. In: ENCONTRO NACIONAL DE GEOGRAFIA AGRÁRIA, 8, 1987, Barra dos Coqueiros. *Mesas-Redondas Comunicações...* Barra dos Coqueiros: UFS, 1987. p.119-20.

FRANÇA, V. L. Transformações na agricultura: o caso do sul de Sergipe. *Cadernos de Geografia*, Aracaju, n.2, 23p., 1987.

FRANCISCO, M. L. O. A mulher e a criança como força de trabalho nas propriedades rurais do município de Rio Claro. *Geografia (Rio Claro)*, v.17, n.1, p.147-51, 1992.

_____. Mulher e criança na pequena, média e grande propriedade rural no município de Rio Claro (SP). In: ENCONTRO NACIONAL DE GEOGRAFIA AGRÁRIA, 11, 1992, Maringá. *Anais...* Maringá: UEM, 1992. v.1-A, p.348-67.

FRANCISCO PINTO, M. Produtores de citrus: enfrentamentos e estratégias frente à crise. In: ENCONTRO NACIONAL DE GEOGRAFIA AGRÁRIA, 13, 1996, Diamantina. *Comunicações...* Diamantina: UFMG, v.2, 1996a. p.169-70.

_____. Citricultura: uma atividade em crise. In: ENCONTRO NACIONAL DE GEOGRAFIA AGRÁRIA, 13, 1996, Diamantina. *Comunicações...* Diamantina: UFMG, v.2, 1996b. p.171-2.

FRANCO, E. A evolução da propriedade em Sergipe. In: ENCONTRO NACIONAL DE GEOGRAFIA AGRÁRIA, 8, 1987, Barra dos Coqueiros. *Mesas-Redondas Comunicações...* Barra dos Coqueiros: UFS, 1987. p.125.

FREILE, A. J. Geografia e Ciências Sociais. *Boletim Geográfico*, ano 24, n.189, p.865-72, 1965.

FREIRE, G. A Cana e a Mata. *Boletim Geográfico*, ano 9, n.104, p.771-6, 1951.

_____. *Casa grande e senzala*. 13.ed. Rio de Janeiro: José Olympio, 1966. 2v.

FREIRES, L. A. R. Organização espacial da agricultura no Estado do Rio de Janeiro. In: ENCONTRO NACIONAL DOS GEÓGRAFOS, 2, 1976, Salvador. *Resumo de Comunicações...* Salvador: AGB, 1976. p.371-8.

FREITAS, J. L. Alguns problemas enfrentados pela cultura da batata-inglesa no Agreste da Paraíba. In: ENCONTRO NACIONAL DE GEOGRAFIA AGRÁRIA, 6, 1985, Garanhuns. *Comunicações...* Garanhuns: Fundação Joaquim Nabuco, 1985. p.97-101.

FREITAS, N. R. As estruturas agrárias pretéritas segundo depoimentos antigos e causas de sua modificação. O Recôncavo açucareiro da Bahia. *Boletim Baiano de Geografia*, ano 2, n.5-6, p.51-60, 1961.

FRITSCHE, J. F. Migrações e mercado da terra na Região dos Cerrados do Oeste da Bahia. In: ENCONTRO NACIONAL DE GEOGRAFIA AGRÁRIA, 9, 1988, Florianópolis. *Anais...* Florianópolis: UFSC, 1988. p.514-29.

FUKUI, L. Estudos clássicos de Sociologia agrária: comunidades, estruturas agrárias, caracterização da camada camponesa. *Ciência e Cultura*, v.27, n.6, p.607-12, 1975.

FURTADO, C. *Formação Econômica do Brasil*. Rio de Janeiro: Fundo de Cultura, 1959. 279p.

FURTADO, E. M. Orientação da agricultura do Seridó – RN. In: ENCONTRO NACIONAL DE GEOGRAFIA AGRÁRIA, 8, 1987, Barra dos Coqueiros. *Mesas-Redondas Comunicações...* Barra dos Coqueiros: UFS, 1987. p.177.

_____. O pequeno produtor e a luta pela posse da terra no estado do RN. In: ENCONTRO NACIONAL DE GEÓGRAFOS, 9, 1992, Presidente Prudente. *Anais...* Presidente Prudente: AGB, 1992. p.72.

_____. Assentamento de trabalhadores rurais no Rio Grande do Norte: notas preliminares. In: ENCONTRO NACIONAL DE GEOGRAFIA AGRÁRIA, 12, 1994, Águas de São Pedro. *Comunicações...* Águas de São Pedro: UNESP, 1994. p.35.

FURTADO, E. M., MEDEIROS, M. F. A., GOMES, R. C. C. A cultura da mandioca e a reprodução do espaço em Serra de Sant'ana – RN. In: ENCONTRO NACIONAL DE GEOGRAFIA AGRÁRIA, 11, 1992, Maringá. *Anais...* Maringá: UEM, 1992. v.1-A, p.5-21.

FURTADO, E. M., VIANA, G. D., BORGES, M. G. L. Orientação da agricultura no Seridó – RN. *Cadernos de Geografia (Aracaju)*, n.1, p.1-13, 1987.

GALVÃO, M. C. C. Sistemas agrícolas no Congo Belga. *Boletim Carioca de Geografia*, ano 9, n.1-2, p.5-28, 1956.

_____. Lavradores brasileiros e portugueses na Vargem Grande. *Boletim Carioca de Geografia*, ano 10, n.3-4, p.35-60, 1957.

_____. Contrastes internos do espaço agrário fluminense. In: ENCONTRO NACIONAL DOS GEÓGRAFOS, 4, 1980, Rio de Janeiro. *Anais...* Rio de Janeiro: AGB, 1980. p.383-5.

_____. A propósito da pequena e da grande produção agrícola no Estado do Rio de Janeiro. In: ENCONTRO NACIONAL DE GEOGRAFIA AGRÁRIA, 4, 1983, Uberlândia. *Comunicações...* Uberlândia: UFU, 1983. p.78-80.

_____. A relação campo/cidade no estudo do espaço agrário. In: ENCONTRO NACIONAL DE GEOGRAFIA AGRÁRIA, 6, 1985, Garanhuns. *Comunicações...* Garanhuns: Fundação Joaquim Nabuco, 1985. p.276-83.

GALVÃO, M. C. C. Espaço rural em periferia metropolitana – os municípios de Silva Jardim e Casimiro de Abreu – RJ. In: ENCONTRO NACIONAL DE GEOGRAFIA AGRÁRIA, 7, 1986, Belo Horizonte. *Conferências e Comunicações...* Belo Horizonte: UFMG, 1986. v.2, p.54-8.

_____. Contribuição ao debate sobre perspectivas teórico-metodológicas para a Geografia Agrária. In: ENCONTRO NACIONAL DE GEOGRAFIA AGRÁRIA, 8, 1987, Barra dos Coqueiros. *Mesas-Redondas e Comunicações...* Barra dos Coqueiros: UFS, 1987. 17p. (Mimeogr.)

_____. Questões e desafios para a investigação em Geografia Agrária. In: ENCONTRO NACIONAL DE GEOGRAFIA AGRÁRIA, 9, 1988, Florianópolis. *Anais...* Florianópolis: UFSC, 1988. não pag.

_____. Questões e desafios para a investigação em Geografia Agrária. *Geosul*, ano 4, n.7, p.92-105, 1989.

_____. Espaços de gestão diversificada. In: ENCONTRO NACIONAL DE GEOGRAFIA AGRÁRIA, 10, 1990, Teresópolis. *Anais...* Teresópolis: UFRJ, 1990. v.2, p.82-101.

GALVÃO, M. C. C., COELHO, M. C. N. A propósito da organização pastoril leiteira no Estado do Rio – os casos de Resende/Barra Mansa e Itaperuna. In: ENCONTRO NACIONAL DE GEOGRAFIA AGRÁRIA, 3, 1980, Rio de Janeiro. *Anais...* Rio de Janeiro: UFRJ, 1980. p.14-5.

GALVÃO, M. C. C., COELHO, M. C. N., CUNHA, S. B. Um ensaio sobre relacionamentos entre pecuária e equilíbrio ambiental – Estado do Rio de Janeiro. In: ENCONTRO NACIONAL DOS GEÓGRAFOS, 4, 1980, Rio de Janeiro. *Anais...* Rio de Janeiro: AGB, 1980. p.539-42.

GALVÃO, M. C. C., COELHO, M. C. N. Valorização e transformações recentes do uso da terra no município de Silva Jardim. In: ENCONTRO NACIONAL DE GEOGRAFIA AGRÁRIA, 4, 1983, Uberlândia. *Comunicações...* Uberlândia: UFU, 1983. p.81-4.

GALVÃO, M. do C. C. et al. Movimento de compra e venda de terras rurais no município de Silva Jardim – RJ. In: ENCONTRO NACIONAL DE GEÓGRAFOS, 6, 1986, Campo Grande. *Anais...* Campo Grande: AGB, 1986. p.28.

GALVÃO, R. Aspectos da economia da borracha no território do Acre. *Revista Brasileira de Geografia*, ano 17, n.2, p.154-73, 1955.

_____. Aspectos de algumas fazendas no município de Amapá (território do Amapá). *Boletim Carioca de Geografia*, ano 12, n.3-4, p.32-53, 1954.

MUNDO RURAL E GEOGRAFIA

387

GALVÃO, R. Notas sobre algumas fazendas de criação no município de Rio Branco, território do Acre. *Boletim Geográfico*, ano 15, n.141, p.727-33, 1957.

GAMA, F. C. B. Aracruz: problemas ecológicos e sociais da implantação de um complexo industrial. In: ENCONTRO NACIONAL DOS GEÓGRAFOS, 4, 1980, Rio de Janeiro. *Anais...* Rio de Janeiro: AGB, 1980. p.535-8.

GARCIA, G. J. O sensoriamento remoto e a Geografia Agrária – perspectivas atuais e futuras. In: ENCONTRO NACIONAL DE GEOGRAFIA AGRÁRIA, 5, 1984, Santa Maria. *Comunicações...* Santa Maria: UFSM, 1984. p.55-8.

_____. O impacto do Proálcool na região Oeste do Estado de São Paulo. *Geografia (Rio Claro)*, v.13, n.26, p.105-18, 1988.

GARCIA, G. J., SANCHEZ, M. C., GERARDI, L. H. O. planejamento físico do uso da terra uma proposta didática. In: ENCONTRO NACIONAL DE GEOGRAFIA AGRÁRIA, 5, 1984, Santa Maria. *Comunicações...* Santa Maria: UFSM, 1984. p.42-5.

GARCIA, I. S. Utilização das imagens MSS do Landsat (ERTS) do mapeamento do uso da terra. *Boletim Geográfico do RS*, v.18, p.80-7, 1975.

GARIBE, R. N. Aspectos das relações entre indústria e pequena propriedade agrícola: o caso de Limeira – São Paulo. In: ENCONTRO NACIONAL DOS GEÓGRAFOS, 4, 1980, Rio de Janeiro. *Anais...* Rio de Janeiro: AGB, 1980. p.372-5.

_____. Aspectos das relações entre a indústria e pequena propriedade agrícola: o caso de Limeira – São Paulo. *Revista do Departamento de Geografia (São Paulo)*, n.1, p.97-8, 1982.

GARMS, A., ALVES, S. P. C., LEISTER, A. O bairro rural do Campinho. *Caderno Prudentino de Geografia*, n.8, p.39-61, 1983.

GEBARA, J. J. Do Vale do Jequitinhonha (MG) à Região de Ribeirão Preto (SP): a vida e o trabalho dos migrantes sazonais In: ENCONTRO NACIONAL DE GEOGRAFIA AGRÁRIA, 8, 1987, Barra dos Coqueiros. *Mesas-Redondas Comunicações...* Barra dos Coqueiros: UFS, 1987. p.159-60.

_____. Mecanização da colheita de cana-de-açúcar e diminuição da necessidade de trabalhadores – o início de uma discussão. *Boletim de Geografia Teorética*, v.22, n.43-44, p.39-43, 1992.

_____. Projeto Pintadas: experiência associativista de pequenos produtores baianos. In: ENCONTRO NACIONAL DE GEOGRAFIA AGRÁRIA, 12, 1994, Águas de São Pedro. *Comunicações...* Águas de São Pedro: UNESP, 1994. p.36-7.

GEIGER, P. P. A respeito de "produtos valorizados". *Boletim Carioca de Geografia*, ano 6, n.3-4, p.14-23, 1953.

_____. Renovação na Geografia. *Revista Brasileira de Geografia*, ano 32, n.1, p.67-71, 1970.

_____. Distribuição de atividades agropastoris em torno da metrópole de São Paulo. *Revista Brasileira de Geografia*, ano 36, n.4, p.3-36, 1974.

_____. A evolução do pensamento geográfico brasileiro: perspectivas. Ou a geografia brasileira da industrialização por substituição de importações a oitava economia do capitalismo: 1930-1980. In: ENCONTRO NACIONAL DOS GEÓGRAFOS, 4., 1980, Rio de Janeiro. *Anais...* Rio de Janeiro: AGB, 1980. p.337-55.

_____. Industrialização e urbanização no Brasil, conhecimento e atuação da geografia. *Revista Brasileira de Geografia*, ano 50, t.2, n.esp., p.59-84, 1988.

_____. Estrutura produtiva e novas articulações entre escalas geográficas In: ENCONTRO NACIONAL DE GEOGRAFIA AGRÁRIA, 10, 1990, Teresópolis. *Anais...* Teresópolis: UFRJ, 1990. v.1, p.133-54.

GEIGER, P. P., SANTOS, R. L. Notas sobre a evolução da ocupação humana na Baixada Fluminense. *Anais da AGB*, v.8, n.1, p.233-62, 1954.

GENTIL, J. M. L. A redefinição da patronagem no processo de produção da juta no Médio Amazonas Paraense. In: ENCONTRO NACIONAL DE GEOGRAFIA AGRÁRIA, 7, 1986, Belo Horizonte. *Conferências e Comunicações...* Belo Horizonte: UFMG, 1986. v.1, p.156-60.

GEONORDESTE. Subsídios à história da Geografia Agrária Brasileira. *Geonordeste*, ano 5, n.1, 62p., 1988. (Edição Comemorativa – 10 anos de Encontro Nacional de Geografia Agrária)

GEORGE, P. *Geographie agricole du monde*. 4.ed. Paris: Presses Universitaires de France, 1955. 119p.

_____. La campagne: une création humaine aux multiples aspects. In ___. *La campagne. Le fait rurale atravers le monde*. Paris: Presses Universitaires de France, 1956. cap.1, p.3-10.

_____. Os antecedentes. In: ___. *A Geografia Ativa*. São Paulo: Difel, 1975. pt.1, p.8-40.

_____. Introdução. In: ___. *Geografia agrícola do mundo*. Trad. O. M. Cajado. 3.ed. Rio de Janeiro: Difel, 1978. p.7-8.

GERACI, L. S. et al. A dinâmica recente do setor agropecuário frente ao Mercosul: políticas, impactos e estratégias. In: ENCONTRO NACIONAL DE GEOGRAFIA AGRÁRIA, 13, 1996, Diamantina. *Comunicações...* Diamantina: UFMG, v.2, 1996. p.37-8.

GERARDI, L. H. O. Geografia e agricultura utilização da terra nos municípios de Americana e Nova Odessa. *Geografia Econômica*, n.11, p.1-22, 1972.

_____. Sobre tipologia da agricultura e análise sistêmica – uma revisão bibliográfica. *Boletim Paulista de Geografia*, n.52, p.83-92, 1976.

_____. Algumas reflexões sobre a modernização da agricultura. *Geografia (Rio Claro)*, v.5, n.9-10, p.19-34, 1980.

_____. Expansão da lavoura cafeeira no Estado de São Paulo. *Boletim de Geografia Teorética*, v.10, n.19, p.61-73, 1980.

_____. O processo de urbanização/industrialização e seu impacto sobre algumas características do setor agrícola do estado de São Paulo. *Boletim de Geografia Teorética*, v.13, n.25, p.37-56, 1983.

_____. Urbanização e modernização da agricultura. In: ENCONTRO NACIONAL DE GEOGRAFIA AGRÁRIA, 5, 1984, Santa Maria. *Comunicações...* Santa Maria: UFSM, 1984. p.37-41.

_____. A pequena produção na área deprimida do Alto Paraopeba – diagnóstico e alternativas. In: ENCONTRO NACIONAL DE GEOGRAFIA AGRÁRIA, 7, 1986, Belo Horizonte. *Conferências e Comunicações...* Belo Horizonte: UFMG, 1986. v.1, p.116-8.

_____. Reforma Agrária e pequena produção. In: ENCONTRO NACIONAL DE GEOGRAFIA AGRÁRIA, 7, 1986, Belo Horizonte. *Conferências e Comunicações...* Belo Horizonte: UFMG, 1986. v.2, p.1-7.

_____. Algumas observações sobre o Censo Agropecuário. In: ENCONTRO NACIONAL DE GEOGRAFIA AGRÁRIA, 9, 1988, Florianópolis. *Anais...* Florianópolis: UFSC, 1988. p.585-7.

_____. A pequena produção na área deprimida do Alto Paraopeba: diagnóstico e alternativas. In: ENCONTRO NACIONAL DE GEOGRAFIA AGRÁRIA, 9, 1988, Florianópolis. *Anais...* Florianópolis: UFSC, 1988. p.301-27.

_____. Norte e Sul: dois estudos de campesinato. *Revista Brasileira de Geografia*, Rio de Janeiro, ano 52, n.1, p.199-206, 1990a.

_____. Vinte anos do Boletim de Geografia Teorética. *Boletim de Geografia Teorética*, v.20, n.40, p.1-2, 1990b.

GERARDI, L. H. O., CERON, A. O. Bases geográficas para planejamento rural no Estado de São Paulo. In: ENCONTRO NACIONAL DE GEOGRAFIA AGRÁRIA, 1, 1978, Salgado. *Comunicações...* Salgado: UFS, 1978. p.24-9.

_____. Disparidades de modernização da agricultura no Estado de São Paulo: primeiros resultados. *Geografia (Rio Claro)*, v.4, n.8, p.43-53, 1979.

GERARDI, L. H. O., CERON, A. O. Disparidades em modernização da agricultura no Estado de São Paulo: primeiros resultados. In: ENCONTRO NACIONAL DE GEOGRAFIA AGRÁRIA, 2, 1979, Rio Claro. *Anais...* Rio Claro: UNESP/AGETEO, 1979. não pag.

GERARDI, L. H. O., FERREIRA, T. J. L. O retorno do café às antigas áreas produtoras. *Boletim Geográfico*, ano 33, n.242, p.103-16, 1974.

GERARDI, L. H. O., SANCHEZ, M. C. A importância da avicultura na economia agrícola de Rio Claro. In: ENCONTRO NACIONAL DE GEOGRAFIA AGRÁRIA, 7, 1986, Belo Horizonte. *Conferências e Comunicações...* Belo Horizonte: UFMG, 1986. v.2, p.38-41.

_____. Avaliação do uso do solo por fotointerpretação e aplicação da técnica de amostragem. In: ENCONTRO NACIONAL DE GEOGRAFIA AGRÁRIA, 4, 1983, Uberlândia. *Comunicações...* Uberlândia: UFU, 1983. p.15-9.

GERMER, C. M. Acumulação de capital e proletarização na agricultura brasileira. In: ENCONTRO NACIONAL DE GEOGRAFIA AGRÁRIA, 11, 1992, Maringá. *Anais...* Maringá: UEM, 1992. v.2, p.63-108.

GERVAISE, Y. A utilização da tipologia agrícola na definição do uso potencial da terra – um ensaio metodológico. *Boletim Geográfico*, ano 34, n.244, p.81-96, 1975.

_____. Geografia e sociedades rurais na França. *Revista Geografia e Ensino*, ano 3, n.9, p.35-40, 1988.

GIANCOLA, A. Produtos e subprodutos do algodoeiro. In: CONGRESSO BRASILEIRO DE GEOGRAFIA, 9, 1944, Rio de Janeiro. *Anais...* Rio de Janeiro: CNG, 1944. p.457-60.

GIMBITZKI, H. L. Dom Feliciano: estudo sobre a colonização polonesa no Rio Grande do Sul. In: ENCONTRO NACIONAL DOS GEÓGRAFOS, 5, 1982, Porto Alegre. *Anais...* Porto Alegre: AGB, 1982. v.1, p.307-9.

GIOTTO, E. Metodologia do cálculo e divisão analítica de áreas sobre fotografias aéreas. In: ENCONTRO NACIONAL DE GEOGRAFIA AGRÁRIA, 5, 1984, Santa Maria. *Comunicações...* Santa Maria: UFSM, 1984. p.52-4.

GIOVANNI, G. Z., GEBARA, J. J. Os trabalhadores volantes do município de Rio Claro – São Paulo. In: ENCONTRO NACIONAL DE GEOGRAFIA AGRÁRIA, 12, 1994, Águas de São Pedro. *Comunicações...* Águas de São Pedro: UNESP, 1994. p.38.

MUNDO RURAL E GEOGRAFIA 391

GNACCARINI, J. C., MOURA, M. M. Estrutura agrária brasileira: permanência e diversificação de um debate. BIB *O que se deve ler em Ciências Sociais no Brasil*. São Paulo, Cortez; Anpocs, n.15-19, p.9-61, 1986-1990.

GOLDENSTEIN, L. Apresentação. *Orientação*, São Paulo, n.1, 1965.

GOMES, C. A. Q. Caracterização dos produtores de leite do município de Três Lagoas. In: ENCONTRO NACIONAL DE GEÓGRAFOS, 7, 1988, Maceió. *Anais...* Maceió: AGB, 1988. p.61.

GOMES, P. A juta no Brasil. *Boletim Geográfico*, ano 6, n.63, p.288-9, 1948.

_____. Cana-de-açúcar no litoral paraibano. *Boletim Geográfico*, ano 6, n.66, p.605-8, 1948.

GOMES, R. de C. da C. A modernização das atividades agropecuárias no Seridó do Rio Grande do Norte. In: ENCONTRO NACIONAL DE GEÓGRAFOS, 8, 1990, Salvador. *Anais...* Salvador: AGB, 1990. v.1, p.37-40.

GONÇALVES, A. Aristocracia rural e fidalgos do café. *Boletim Geográfico*, ano 15, n.139, p.484-7, 1957.

_____. A aristocracia rural e os fidalgos do café. *Boletim Geográfico*, ano 15, n.140, p.615-8, 1957.

_____. A aristocracia rural e fidalgos do café. *Boletim Geográfico*, ano 15, n.141, p.749-54, 1957.

GONÇALVES, J. D. G. Os sem terra de Caxias. In: ENCONTRO NACIONAL DE GEÓGRAFOS, 8, 1990, Salvador. *Anais...* Salvador: AGB, 1990. v.1, p.305-10.

GONÇALVES, L. M. Impacto dos programas de irrigação nas várzeas inundáveis do Baixo São Francisco (SE). In: ENCONTRO NACIONAL DE GEOGRAFIA AGRÁRIA, 1, 1978, Salgado. *Comunicações...* Salgado: UFS, 1978. p.61.

GRABOIS, J. A Organização do espaço no Baixo Vale do Taperoá: uma ocupação extensiva em mudança. In: ENCONTRO NACIONAL DE GEOGRAFIA AGRÁRIA, 9, 1988, Florianópolis. *Anais...* Florianópolis: UFSC, 1988. p.57-67.

GRABOIS, J. et al. Reordenação espacial e evolução da economia agrária: o caso das terras altas da transição Agreste – Mato do Norte de Pernambuco. *Revista Brasileira de Geografia*, ano 54, n.1, p.121-77, 1992.

GRAMS, M. L. A escola no campesinato: projeto de vida ou negação do rural. In: ENCONTRO NACIONAL DE GEOGRAFIA AGRÁRIA, 9, 1988, Florianópolis. *Anais...* Florianópolis: UFSC, 1988. p.530-43.

GRAZIANO NETO, F. O mar de cana (a produção de energia às custas da produção de miséria). In: ENCONTRO NACIONAL DE GEOGRAFIA AGRÁRIA, 4, 1983, Uberlândia. *Comunicações...* Uberlândia: UFU, 1983. 7p.

GRECO, F. A. S. O uso de agrotóxicos na Região Sudeste: suas implicações sociopolíticas e ambientais. *Cadernos de Geografia*, Uberlândia, n.1, p.59-68, 1988.

GRIGOLETTO, M. F., SOUZA, N. M. Análise de uma agroindústria de tomate na Alta Sorocabana: as relações indústria-produtor. *Revista de Geografia (São Paulo)*, n.2, p.123-45, 1983.

_____. Análise de uma agroindústria de tomate na Alta Sorocabana. *Caderno Prudentino de Geografia*, n.3, p.164-8, 1982.

GROSSI, S. R. D. Compartimento geomorfológico e a organização da agricultura no planalto de Monte Alto. In: ENCONTRO NACIONAL DE GEOGRAFIA AGRÁRIA, 4, 1983, Uberlândia. *Comunicações...* Uberlândia: UFU, 1983. p.85-93.

GUERRA, A. T. Degradação dos solos da Guiné Portuguesa. *Boletim Geográfico*, ano 9, n.103, p.717-20, 1951.

_____. Notas sobre as zonas econômicas do território federal do Acre. *Boletim Geográfico*, ano 11, n.115, p.349-66, 1953.

_____. Notas sobre a pecuária nos campos do Rio Branco. *Boletim Geográfico*, ano 12, n.123, p.422-34, 1954.

_____. Notas sobre as habitações rurais do território do Rio Branco. *Boletim Geográfico*, ano 13, n.125, p.173-7, 1955.

_____. Notas sobre o palmito em Iguape e Cananeia. *Revista Brasileira de Geografia*, ano 19, n.3, p.345-55, 1957a.

_____. Aspectos geográficos do Sudeste do Espírito Santo. *Revista Brasileira de Geografia*, ano 19, n.2, p.179-219, 1957b.

_____. Fundamentos geográficos dos solos tendo em vista a reforma agrária. *Boletim Geográfico*, ano 24, n.185, p.239-43, 1965a.

_____. Os solos e a reforma agrária no Brasil. *Revista Brasileira de Geografia*, ano 28, n.1, p.129-36, 1965b.

_____. Contribuição ao estudo da erosão dos solos agrícolas no Brasil. *Boletim Geográfico*, ano 36, n.258-259, p.68-78, 1978.

GUERRA, I. A L. T. O cacau na Bahia. *Revista Brasileira de Geografia*, ano 14, n.1, p.81-100, 1952.

_____. Comentário do mapa de produção do cacau no Estado da Bahia. *Boletim Geográfico*, ano 10, n.111, p.739-41, 1952.

GUERRA, I. A. L. T. Comentário do mapa de densidade do rebanho bovino no Estado da Bahia. *Boletim Geográfico*, ano 12, n.122, p.294-7, 1954.

_____. Comentário do mapa da criação de caprinos no Estado da Bahia. *Boletim Geográfico*, ano 13, n.124, p.78-80, 1955a.

_____. Comentário do mapa de produção de milho no estado da Bahia. *Boletim Geográfico*, ano 13, n.125, p.178-9, 1955b.

_____. A questão agrária brasileira. *Boletim Geográfico*, ano 20, n.166, p.53-7, 1962.

GUIMARÃES, A. P. A pecuária no nordeste de Minas Gerais. *Boletim Mineiro de Geografia*, Belo Horizonte, v.3, n.4-5, p.29-60, 1962.

GUIMARÃES, L. S. P. Transformações técnicas e relações de trabalho na agricultura brasileira em áreas de baixo nível de modernização. *Revista Brasileira de Geografia*, ano 45, n.2, p.155-204, 1983.

_____. O trabalhador volante na agricultura. *Revista Brasileira de Geografia*, ano 46, n.1, p.5-78, 1984.

_____. Organização agrária e marginalidade rural no Médio Tocantins – Araguaia. *Revista Brasileira de Geografia*, ano 46, n.2, p.227-361, 1984.

GUIMARÃES, L. S. P., INNOCÊNCIO, N. R. A evolução da agricultura na região Sudeste na década de 70. *Revista Brasileira de Geografia*, ano 49, n.1, p.107-57, 1987.

GUIMARÃES, L. S. P., INNOCENCIO, N. R., BRITO, S. R. Organização agrária e marginalidade rural no médio Tocantins Araguaia. In: ENCONTRO NACIONAL DOS GEÓGRAFOS, 5, 1982, Porto Alegre. *Anais...* Porto Alegre: AGB, 1982. v.1, p.141-61.

GUIMARÃES, M. L. L. Relações de trabalho nas propriedades forne-cedoras de cana-de-açúcar no município de São José do Mipibú. In: ENCONTRO NACIONAL DOS GEÓGRAFOS, 5, 1982, Porto Alegre. *Anais...* Porto Alegre: AGB, 1982. v.1, p.324-5.

GUIMARÃES, M. R. R., HAMMERLI, S. M. Estrutura espacial da co-mercialização do cacau na "região" cacaueira da Bahia – uma análise regional (proposta de estudo). In: ENCONTRO NACIONAL DOS GEÓGRAFOS, 4, 1980, Rio de Janeiro. *Anais...* Rio de Janeiro: AGB, 1980. p.582-4.

GUITTON, M. C. M. H. A cultura cafeeira no município de Manhumi-rim – Minas Gerais. In: ENCONTRO NACIONAL DE GEOGRAFIA AGRÁRIA, 3, 1980, Rio de Janeiro. *Anais...* Rio de Janeiro: UFRJ, 1980. p.6-8.

GUSMÃO, R. P. Estudo da organização agrária da região Sul através de uma análise fatorial. *Revista Brasileira de Geografia*, ano 36, n.1, p.33-52, 1974.

_____. Características gerais da organização agrária do Estado do Rio de Janeiro – um estudo através de análise fatorial. *Boletim Carioca de Geografia*, ano 24, p.63-78, 1975.

_____. Os estudos de Geografia Rural no Brasil: revisão e tendências. In: ENCONTRO NACIONAL DE GEÓGRAFOS, 3,1978, Fortaleza. *Sessões Dirigidas* ... Fortaleza: AGB/UFC, 1978a. p.57-62.

_____. Os enfoques preferenciais nos estudos rurais no IBGE. *Revista Brasileira de Geografia*, ano 40, n.1, p.142-6, 1978b.

_____. Os estudos de geografia rural no Brasil: revisão e tendências. In: ENCONTRO NACIONAL DOS GEÓGRAFOS, 3, 1978, Fortaleza. *Anais...* Fortaleza: AGB, 1978c. p.57-62.

_____. O sistema de arrendamento no Brasil e a sua inserção no processo de capitalização da agricultura. *Geografia (Rio Claro)*, v.9, n.17-18, p.55-80, 1984.

_____. Algumas considerações sobre a ocupação de novos espaços pela agricultura. *Revista Brasileira de Geografia*, ano 48, n.4, p.535-40, 1986.

GUSMÃO, R. P. et al. Difusão da infraestrutura de armazenagem e suas vinculações com a atividade agrária no noroeste do Rio Grande do Sul. *Revista Brasileira de Geografia*, ano 40, n.3-4, p.52-130, 1978.

HAHN, W., MIORIN, V. M. F. Estudo da densidade demográfica no setor agrícola do Rio Grande do Sul segundo Jean Raveneque: o exemplo de Santa Maria. In: ENCONTRO NACIONAL DE GEOGRAFIA AGRÁRIA, 10, 1990, Teresópolis. *Anais...* Teresópolis: UFRJ, 1990. v.1, p.527-38.

HANGAI, M. M. Fluxos do gado na região de Presidente Prudente. *Anais da AGB*, v.18, p.297-300, 1973.

HARTSHORNE, R. *Propósitos e natureza da geografia.* 2.ed. São Paulo: Hucitec, USP, 1978. 203p.

HARVEY, D. Mathematics – the language of science. In ___. *Explanation in Geography.* Londres: Edward Arnold, 1969. cap.13, pt.4, p.179-90.

_____. Conceitos teoréticos e a análise dos padrões de uso da terra agrícola na Geografia. *Boletim Geográfico*, ano 34, n.251, p.43-62, 1976.

HEES, D. R. Transformações técnicas e relações de trabalho na agricultura brasileira. *Revista Brasileira de Geografia*, ano 45, n.1, p.3-50, 1983.

_____. A evolução da agricultura na Região Centro-Oeste na década de 70. *Revista Brasileira de Geografia*, ano 49, n.1, p.197-257, 1987.

MUNDO RURAL E GEOGRAFIA

HEES, D. R., AGUIAR, T. C. A apropriação do espaço agrário pela pecuária no Centro-Oeste. *Revista Brasileira de Geografia*, ano 50, n.1, p.41-60, 1988.

_____. Proposta de estudo: caracterização socioeconômica dos municípios rurais brasileiros e análise dos municípios de fronteira agrícola. In: ENCONTRO NACIONAL DE GEOGRAFIA AGRÁRIA, 10, 1990, Teresópolis. *Anais...* Teresópolis: UFRJ, 1990. v.1, p.190-6.

HEES, D. R., SÁ, M. E. C., AGUIAR, T. C. Evolução da agricultura na região Centro-Oeste na década de 70. In: ENCONTRO NACIONAL DE GEOGRAFIA AGRÁRIA, 5, 1984, Santa Maria. *Comunicações...* Santa Maria: UFSM, 1984. p.194-6.

HENRIQUES, M. H. F. T. A política de colonização dirigida no Brasil: um estudo de caso, Rondônia. *Revista Brasileira de Geografia*, ano 46, n.3-4, p.393-423, 1984.

_____. Os colonos de Rondônia: conquistas e frustrações. *Revista Brasileira de Geografia*, ano 48, n.1, p.3-42, 1986.

HERRMANN, M. L. de P. Recomendação de uso da terra da porção central da Ilha de Santa Catarina. In: ENCONTRO NACIONAL DE GEÓGRAFOS, 8, 1990, Salvador. *Anais...* Salvador: AGB, 1990. v.2, p.515-23.

HESPANHOL, A. N. Considerações em torno da agricultura moderna na região metropolitana de São Paulo. In: ENCONTRO NACIONAL DE GEÓGRAFOS, 7, 1988, Maceió. *Anais...* Maceió: AGB, 1988. p.62.

_____. As transformações na base técnica e econômica da agricultura paranaense. In: ENCONTRO NACIONAL DE GEÓGRAFOS, 9, 1992, Presidente Prudente. *Anais...* Presidente Prudente: AGB, 1992. p.81.

HESPANHOL, A. N., COSTA, V. M. H. M. Constituição e expansão do binômio soja/trigo no Estado do Paraná In: ENCONTRO NACIONAL DE GEOGRAFIA AGRÁRIA, 11, 1992, Maringá. *Anais...* Maringá: UEM, 1992. v.1-B, p.513-31.

_____. A importância das cooperativas no processo de modernização da agricultura paranaense. In: ENCONTRO NACIONAL DE GEOGRAFIA AGRÁRIA, 12, 1994, Águas de São Pedro. *Comunicações...* Águas de São Pedro: UNESP, 1994. p.133-5.

_____. O crédito rural oficial e os processos de mecanização e de quimificação da agricultura paranaense. In: ENCONTRO NACIONAL DE GEOGRAFIA AGRÁRIA, 12, 1994, Águas de São Pedro. *Comunicações...* Águas de São Pedro: UNESP, 1994. p.131-2.

HESPANHOL, R. A. M. *O tomate a caminho da indústria*: a influência da CICA na Alta Sorocabana de Presidente Prudente. Rio Claro, 1991. 146p. Dissertação (Mestrado em Geografia – Organização do Espaço) – Instituto de Geociências e Ciências Exatas, Universidade Estadual Paulista.

HESPANHOL, R. A. M., COSTA, V. M. H. M. Modernização e regionalização da cultura do tomate no Brasil: a influência da indústria processadora. In: ENCONTRO NACIONAL DE GEOGRAFIA AGRÁRIA, 11, 1992, Maringá. *Anais...* Maringá: UEM, 1992. v.1-B, p.532-50.

HOEFLE, S. W. A produção de alimentos tradicionais: fronteira ou regiões consolidadas? In: ENCONTRO NACIONAL DE GEOGRAFIA AGRÁRIA, 12, 1994, Águas de São Pedro. *Comunicações...* Águas de São Pedro: UNESP, 1994. p.39-41.

HOLANDA, S. B. *Raízes do Brasil*. Rio de Janeiro: José Olympio, 1936. 176p.

INNOCÊNCIO, N. R., OLIVEIRA, T. M. R. Transformações técnicas e relações de trabalho na agricultura brasileira em áreas de nível médio de modernização. *Revista Brasileira de Geografia*, ano 45, n.3-4, p.263-309, 1983.

INSTITUTO DE GEOGRAFIA APLICADA – MINAS GERAIS. Projeto: Avaliação de terras com fins de planejamento rural – Microrregião do Alto Rio Grande – MG. In: ENCONTRO NACIONAL DE GEOGRAFIA AGRÁRIA, 1, 1978, Salgado. *Comunicações...* Salgado: UFS, 1978. p.43-5.

INSTITUTO DE GEOGRAFIA APLICADA – MINAS GERAIS. Atlas Geográfico do Estado de Minas Gerais – Agropecuária. In: ENCONTRO NACIONAL DE GEOGRAFIA AGRÁRIA, 1, 1978, Salgado. *Comunicações...* Salgado: UFS, 1978. p.46-52.

IOKOI, Z. M. G. As lutas camponesas no Rio Grande do Sul e a formação do movimento dos sem-terra. *Boletim de Geografia Teorética*, v.22, n.43-44, p.44-54, 1992.

IOSHIDA, C. K. Avicultura: a modernização, a especialização e a agroindústria em Bastos - SP. In: ENCONTRO NACIONAL DE GEÓGRAFOS, 6, 1986, Campo Grande. *Anais...* Campo Grande: AGB, 1986. p.31.

ISSLER, B. As feiras do nordeste e sua função regional. *Orientação*, n.3, p.37-41 1967.

JATENE, H. da S. Reabertura da fronteira sob controle: a colonização particular dirigida na Amazônia. In: ENCONTRO NAICONAL DE GEOGRAFIA AGRÁRIA, 4, 1983, Uberlândia. Uberlândia: UFU, 1983. p.1-17. (Mimeogr.)

J. C. Os sistemas agrários nas Ilhas Britânicas: um novo processo de pesquisa arqueológico (I). *Geografia (São Paulo)*, n.4, p.83-5, 1935.

JAMES, P. O problema da colonização permanente no Sul do Brasil. *Revista Brasileira de Geografia*, ano 1, n.4, p.70-84, 1939.

_____. As terras cafeeiras do Brasil de Sudeste. *Boletim Geográfico*, ano 3, n.29, p.701-16, 1949.

_____. Tendências no desenvolvimento agrícola brasileiro. *Boletim Geográfico*, ano 12, n.120, p.251-71, 1954.

_____. Tipos de uso da terra no Nordeste do Brasil. *Boletim Geográfico*, ano 18, n.156, p.353-77, 1960.

JOHNSTON, B. F., KILBY, P. Agricultura e transformação estrutural – estratégias econômicas de países em desenvolvimento. *Revista Brasileira de Geografia*, ano 40, n.3-4, p.248-56, 1978.

JOHNSTON, R. J. Fundamentos. In ___. *Geografia e Geógrafos*. São Paulo: Difel, 1986. cap.2, p.54-71.

JONES, C. F. A fazenda Miranda em Mato Grosso. *Revista Brasileira de Geografia*. ano 12, n.3, p.353-70, 1950.

KAHIL, S. P. A luta dos posseiros em Lagoa – São Paulo: a diferença da construção/destruição do território do trabalho livre. *Boletim Paulista de Geografia*, n.62, p.119-32, 1985.

_____. O movimento social rural no escript marxista da atualidade: sobre como os trabalhadores apreendem as verdades que o Marxismo procura levar-lhes. In: ENCONTRO NACIONAL DE GEOGRAFIA AGRÁRIA, 10, 1990, Teresópolis. *Anais...* Teresópolis: UFRJ, 1990. v.1, p.488-97.

KATER, G., KATER, K. V. Aproveitamento agrícola dos açudes do Estado da Paraíba. In: ENCONTRO NACIONAL DE GEOGRAFIA AGRÁRIA, 11, 1992, Maringá. *Anais...* Maringá: UEM, 1992. v.1-B, p.551-8.

_____. Os pequenos produtores rurais do semiárido do nordeste do Brasil: o problema da fome. In: ENCONTRO NACIONAL DE GEOGRAFIA AGRÁRIA, 11, 1992, Maringá. *Anais...* Maringá: UEM, 1992. v.1-A, p.373-8.

KATER, K. V. As condições de vida do pescador no litoral de Pernambuco. In: ENCONTRO NACIONAL DE GEOGRAFIA AGRÁRIA, 11, 1992, Maringá. *Anais...* Maringá: UEM, 1992. v.1-A, p.368-72.

KATER, M. G. L. Nova São Rafael "O desafio da sobrevivência". In: ENCONTRO NACIONAL DE GEOGRAFIA AGRÁRIA, 7, 1986, Belo Horizonte. *Conferências e Comunicações...* Belo Horizonte: UFMG, 1986. v.1, p.161-5.

_____. Síntese do relatório preliminar da pesquisa sobre a colônia de pescadores da Praia da Raposa. In: ENCONTRO DE GEÓGRAFOS DA AMÉRICA LATINA, 1, 1987, Rio Claro. *Comunicações...* Rio Claro: UNESP, 1987. p.1-6.

_____. A pesca artesanal nas praias ao Sul do Recife. In: ENCONTRO NACIONAL DE GEOGRAFIA AGRÁRIA, 9, 1988, Florianópolis. *Anais...* Florianópolis: UFSC, 1988. p.328-36.

_____. A região de triunfo, uma área de exceção no semiárido do nordeste brasileiro. In: ENCONTRO NACIONAL DE GEOGRAFIA AGRÁRIA, 10, 1990, Teresópolis. *Anais...* Teresópolis: UFRJ, 1990. v.1, p.405-15.

KATER, M. G. L., BARROS, M. L. O. O processo de transferências dos agricultores situados na área de SUAPE, pertencentes à cooperativa de TIRIRI. In: ENCONTRO NACIONAL DE GEOGRAFIA AGRÁRIA, 6, 1985, Garanhuns. *Comunicações...* Garanhuns: Fundação Joaquim Nabuco, 1985. p.88-93.

KELLER, E. C. S. A zona rural de Nova Friburgo. *Anais da AGB*, v.5, n.2, p.45-79, 1951.

_____. Estado atual dos conhecimentos sobre o *"habitat"* rural no Brasil. *Anais da AGB*, v.10, t.1, p.145-71, 1955-1957.

_____. *Habitat* rural. *Boletim Geográfico*, ano 18, n.49, p.138-42, 1959a.

_____. O *habitat* rural no Brasil. *Boletim Geográfico*, ano 17, n.149, p.143-8, 1959b.

_____. Contribuição à metodologia da pesquisa em utilização da terra. *Anais da AGB*, v.16, p.89-102, 1964.

_____. Mapeamento da utilização da terra. *Revista Brasileira de Geografia*, ano 31, n.4, p.151-60, 1969.

_____. Tipos de agricultura no Paraná, uma análise fatorial. *Revista Brasileira de Geografia*, ano 32, n.4, p.41-86, 1970.

_____. Diretrizes e prioridades das pesquisas agrárias. *Revista Brasileira de Geografia*, ano 35, n.2, p.135-43, 1973.

KERLING, M. T., MIORIN, V. M. F. Determinação da área e atividade hortigranjeira no município de Santa Maria – RS: resultados finais. In: ENCONTRO NACIONAL DE GEOGRAFIA AGRÁRIA, 5, 1984, Santa Maria. *Comunicações...* Santa Maria: UFSM, 1984. p.180-4.

MUNDO RURAL E GEOGRAFIA

KOFFLER, N. F. Técnicas de sensoriamento remoto orbital aplicadas ao mapeamento de vegetação e uso da terra. *Geografia* (*Rio Claro*), v.17, n.2, p.1-26, 1992.

_____. Uso das terras da bacia do Corumbataí, em 1990. *Geografia* (*Rio Claro*), v.18, n.1, p.135-50, 1993.

KOFFLER, N. F., MORETTI, E. Diagnóstico do uso agrícola das terras do município de Rio Claro (SP). *Geografia* (*Rio Claro*), v.16, n.2, p.1-76, 1991.

KOFFLER, N. F., OLIVETTI, G. S., ANTONELLO, S. L. Um software especialista em avaliação de terras para uso agrícola. In: ENCONTRO NACIONAL DE GEOGRAFIA AGRÁRIA, 12, 1994, Águas de São Pedro. *Comunicações...* Águas de São Pedro: UNESP, 1994. p.186-7.

KOLB, J. H. Interdependência da Geografia e Sociologia no estudo da comunidade rural. *Revista Brasileira de Geografia*, ano 15, n.4, p.631-5, 1953.

KRUGEL, E., RAUPP, L. A fumicultura do Sul do Brasil. In: ENCONTRO NACIONAL DE GEOGRAFIA AGRÁRIA, 5, 1984, Santa Maria. *Comunicações...* Santa Maria: UFSM, 1984. p.118-22.

LA BLACHE, P. V. As características próprias da Geografia. In: CHRISTOFOLETTI, A. *Perspectivas da Geografia*. São Paulo: Difel, 1982. p.37-47.

LABELA, R. W., MIORIN, V. M. F. Comportamento da estrutura fundiária na microrregião homogênea Colonial das Missões – MRH – 323 Período de 1960-1980. *Geografia Ensino e Pesquisa*, n.1, p.69-91, 1987.

LACORTE, M. H., MIRANDA, M. Acessibilidade e uso da terra na área da Belém-Brasília. In: ENCONTRO NACIONAL DOS GEÓGRAFOS, 4, 1980, Rio de Janeiro. *Anais...* Rio de Janeiro: AGB, 1980. p.574-9.

_____. Acessibilidade e uso da terra na área da Belém-Brasília. In: ENCONTRO NACIONAL DE GEOGRAFIA AGRÁRIA, 3, 1980, Rio de Janeiro. *Anais...* Rio de Janeiro: UFRJ, 1980. p.16-9.

LAGE, C. S. Os "altos pelados" manchas de desertificação no semiárido baiano: o exemplo do Vaza-Barris. In: ENCONTRO NACIONAL DE GEÓGRAFOS, 7, 1988, Maceió. *Anais...* Maceió: AGB, 1988. p.75.

LAGE, V. N. Os agrossistemas como objeto de estudo da Geografia Agrária. In: ENCONTRO NACIONAL DE GEOGRAFIA AGRÁRIA, 11, 1992, Maringá. *Anais...* Maringá: UEM, 1992. v.1-A, p.268-73.

LAMARCKE, H. (Org.) *A agricultura familiar* . Campinas: Unicamp, 1993.

LAMBERT, J. *Os dois Brasis*. Rio de Janeiro: Centro Brasileiro de Pesquisas Educacionais, 1959. 288p.

LAMOSO, L. P. O mecanismo da colonização particular no estado de Mato Grosso. In: ENCONTRO NACIONAL DE GEÓGRAFOS, 9, 1992, Presidente Prudente. *Anais...* Presidente Prudente: AGB, 1992. p.11.

LAVAREDA, J. H. Abastecimento da cidade do Recife em carne e leite. *Boletim Carioca de Geografia*, ano 24, n.1-2, p.11-26, 1961.

LEÃO, M. A. O problema dos fertilizantes no Brasil. *Boletim Geográfico*, ano 25, n.190, p.103-9, 1966.

LEÃO, S. O. Evolução das formas de uso do solo agrícola no Estado da Bahia. In: ENCONTRO NACIONAL DE GEOGRAFIA AGRÁRIA, 1, 1978, Salgado. *Comunicações...* Salgado: UFS, 1978. p.60.

_____. Uma visão histórico-crítica das abordagens sobre regionalização agrária. In: ENCONTRO NACIONAL DE GEOGRAFIA AGRÁRIA, 8, 1987, Barra dos Coqueiros. *Mesas-Redondas Comunicações...* Barra dos Coqueiros: UFS, 1987. p.57-80.

LEÃO, S. O., SILVA, B. C. N. "Pecuarização" e crescimento demográfico na região comandada por Feira de Santana-Bahia. In: ENCONTRO NACIONAL DE GEOGRAFIA AGRÁRIA, 6, 1985, Garanhuns. *Comunicações...* Garanhuns: Fundação Joaquim Nabuco, 1985. p.40-4.

LECOCQ-MÜLLER, N. L. Paisagens rurais no município de Campinas. *Anais da AGB*, v.2, p.54-66, 1947.

_____. Sítios e sitiantes no Estado de São Paulo. *Geografia (São Paulo)*, n.7, p.10-215, 1951.

_____. Apontamentos sobre o "*habitat*" rural no Vale do Paraíba (Estado de São Paulo). *Anais da AGB*, v.10, t.1, p.183-220, 1955-1957.

LECOQ MÜLLER, N. Bairros rurais do município de Piracicaba. *Boletim Paulista de Geografia, n.*43, p.83-130, 1966.

LEITÃO, M. A. M., SAMPAIO, J. L. F. A questão da terra no Ceará – Mapeamento, interpretação e análise dos conflitos no campo. In: ENCONTRO NACIONAL DE GEÓGRAFOS, 6, 1986, Campo Grande. *Anais...* Campo Grande: AGB, 1986. p.8.

LEITE, E. T. Brasil país tropical, problemas das regiões tropicais, a ocupação dessas áreas. *Revista Brasileira de Geografia*, ano 21, n.1, p.3-27, 1959a.

_____. O problema da terra no Brasil. Latifúndios e Reforma Agrária. Medidas de proteção rurícola. *Revista Brasileira de Geografia*, ano 21, n.2, p.127-46, 1959b.

LEITE, J. F. As reservas florestais da Alta Sorocabana (Resumo). In: ENCONTRO NACIONAL DOS GEÓGRAFOS, 2, 1976, Salvador. *Resumo de Comunicações...* Salvador: AGB 1976, p.365-70.

MUNDO RURAL E GEOGRAFIA

401

LENCIONI, S. Agricultura e urbanização - a intensificação do capital no campo e a nova relação rural urbano no Estado de São Paulo. *Revista do Departamento de Geografia*, São Paulo, n.4, p.41-51, 1985.

LÉO, I. R. Contribuição para a identificação dos principais padrões diferenciados do uso da terra com rebanhos e lavouras no Sudeste do Brasil. *Boletim Geográfico*, ano 36, n.258-259, p.17-34, 1978.

LESSA, M. L. da S. Comentário do mapa de produção de feijão no sudeste do Planalto central Brasileiro. *Boletim Geográfico*, ano 10, n.107, p.226-31, 1952a.

_____. Comentário do mapa de produção de milho no Sudeste do Planalto Central. *Boletim Geográfico*, ano 10, n.108, p.317-23, 1952b.

LIMA SOBRINHO, B. Colonos e lavradores. *Boletim Geográfico*, ano 2, n.17, p.647-8, 1944.

LIMA, D. A. A subordinação real do camponês ao capital. In: ENCONTRO NACIONAL DE GEOGRAFIA AGRÁRIA, 11, 1992, Maringá. *Anais...* Maringá: UEM, 1992. v.1-A, p.136-52.

LIMA, D. M. A. Abastecimento do Recife em produtos hortícolas. In: ENCONTRO NACIONAL DE GEOGRAFIA AGRÁRIA, 6, 1985, Garanhuns. *Comunicações...* Garanhuns: Fundação Joaquim Nabuco, 1985. p.222-7.

LIMA, H. F. Evolução da produção cafeeira no Brasil. *Boletim Geográfico*, ano 12, n.123, p.384-408, 1954.

LIMA, J. E. F. O fenômeno da pecuarização no município de Águas Belas. In: ENCONTRO NACIONAL DE GEOGRAFIA AGRÁRIA, 12, 1994, Águas de São Pedro. *Comunicações...* Águas de São Pedro: UNESP, 1994. p.42-3.

LIMA, M. A. Cruz das Almas e Arapiraca duas Zonas Produtoras de Fumo (Estudos Preliminares). *Anais da AGB*, v.7, t.1, p.207-42, 1953.

LIMA, M. das G. Transformações econômicas e espaciais ocorridas no município de Moreira Sales: 1975-1985. In: ENCONTRO NACIONAL DE GEÓGRAFOS, 6, 1986, Campo Grande. *Anais...* Campo Grande: AGB, 1986. p.23.

LIMA, W. A nova estratégia do desenvolvimento rural no Brasil – o PROINE e a barragem do Castanhão – CE. In: ENCONTRO NACIONAL DE GEÓGRAFOS, 6, 1986, Campo Grande. *Anais...* Campo Grande: AGB, 1986. p.6.

LINHARES, M. Y., SILVA, F. C. T. da. A pesquisa em História no Brasil: questões de método e de fontes. In: ___. *História da agricultura brasileira – Combates e controversas*. São Paulo: Brasiliense, 1981. cap.2, p.73-105.

LINS, C. J. C. Técnica de regionalização agrária. In: ENCONTRO NA-
CIONAL DE GEOGRAFIA AGRÁRIA, 8, 1987, Barra dos Coqueiros.
Mesas-Redondas Comunicações... Barra dos Coqueiros: UFS, 1987.
p.81-9.

_____. Metodologia para uma abordagem espacial no Plano Trienal
de Desenvolvimento do Nordeste In: ENCONTRO NACIONAL DE
GEOGRAFIA AGRÁRIA, 8, 1987, Barra dos Coqueiros. *Mesas-Redondas Comunicações...* Barra dos Coqueiros: UFS, 1987. p.97-106.

_____. Estrutura fundiária da área de atuação do PLANVASE. In:
ENCONTRO NACIONAL DE GEOGRAFIA AGRÁRIA, 8, 1987,
Barra dos Coqueiros. *Mesas-Redondas Comunicações...* Barra dos
Coqueiros: UFS, 1987. p.126-35.

_____. Zoneamento do uso do solo nas Áreas – Programa do PLAN-
VASE. In: ENCONTRO NACIONAL DE GEOGRAFIA AGRÁRIA,
8, 1987, Barra dos Coqueiros. *Mesas-Redondas Comunicações...* Barra
dos Coqueiros: UFS, 1987. p.178-83.

LINS, C. J. C., BURGOS, I. S. Tipos de espaços rurais no Nordeste. In:
ENCONTRO NACIONAL DE GEOGRAFIA AGRÁRIA, 6, 1985,
Garanhuns. *Comunicações...* Garanhuns: Fundação Joaquim Nabuco,
1985. p.127-35.

LINS, J. C., ALBUQUERQUE, M. J. C. Áreas do Nordeste com especial
vocação para reestruturação fundiária. In: ENCONTRO NACIONAL
DE GEOGRAFIA AGRÁRIA, 7, 1986, Belo Horizonte. *Conferências e
Comunicações...* Belo Horizonte: UFMG, 1986. v.1, p.81-3.

LINS, C. J. C., ALBUQUERQUE, M. J. C. Áreas hortigrangeiras de Pernambuco. In: ENCONTRO NACIONAL DE GEOGRAFIA AGRÁRIA,
12, 1994, Águas de São Pedro. *Comunicações...* Águas de São Pedro:
UNESP, 1994. p.44-6.

LINS, J. F. As ligas camponesas e a organização do espaço canavieiro em
Pernambuco: 1955-1964. In: ENCONTRO NACIONAL DE GEO-
GRAFIA AGRÁRIA, 6, 1985, Garanhuns. *Comunicações...* Garanhuns:
Fundação Joaquim Nabuco, 1985. p.81-4.

_____. Abordagem Geográfica dos Movimentos Sociais Agrários: As
ligas camponesas em Pernambuco (1955-1964). In: ENCONTRO
NACIONAL DE GEÓGRAFOS, 6, 1986, Campo Grande. *Anais...*
Campo Grande: AGB, 1986. p.14.

_____. Reforma Agrária e modo de produção capitalista: o caso da
fazenda Serrotão em Campina Grande – PB. In: ENCONTRO NACIO-
NAL DE GEOGRAFIA AGRÁRIA, 7, 1986, Belo Horizonte. *Conferências e Comunicações...* Belo Horizonte: UFMG, 1986. v.1, p.84-5.

LINS, R. C. Projeto Pirapama. In: ENCONTRO NACIONAL DOS GEÓGRAFOS, 2, 1976, Salvador. *Resumo de Comunicações...* Salvador: AGB, 1976, p.360-4.

LINS, R. C., ANDRADE, G. O. Projeto de pesquisa: os Sertões do Araripe – um estudo geográfico. In: ENCONTRO NACIONAL DE GEOGRAFIA AGRÁRIA, 6, 1985, Garanhuns. *Comunicações...* Garanhuns: Fundação Joaquim Nabuco, 1985. p.235-44.

LISITA, C. Sistema de produção e especulação agrícola: o caso do cerrado. In: ENCONTRO NACIONAL DE GEOGRAFIA AGRÁRIA, 12, 1994, Águas de São Pedro. *Comunicações...* Águas de São Pedro: UNESP, 1994. p.47-8.

LOCH, C. A Importância da estrutura fundiária no planejamento municipal. *Geosul,* ano 3, n.5, p.75-84, 1988.

LOCH, R. E. N. Desenvolvimento agrícola da "capital brasileira do carvão" – Criciúma – SC. In: ENCONTRO NACIONAL DE GEOGRAFIA AGRÁRIA, 11, 1992, Maringá. *Anais...* Maringá: UEM, 1992. v.1-A, p.153-68.

LOMBARDO, M. A. As relações de trabalho nas grandes propriedades rurais do Município de Cordeirópolis - São Paulo. In: ENCONTRO NACIONAL DE GEOGRAFIA AGRÁRIA, 1, 1978, Salgado. *Comunicações...* Salgado: UFS, 1978. p.6-11.

LONGO, E. M. Algumas reflexões em torno da Geografia Agrária. *Boletim Gaúcho de Geografia*, n.13, p.45-8, 1983.

LOPES, A. M. T. Exemplo de colonização no INCRA. *Anais da AGB,* v.18, p.83-91, 1973.

LOPES, V. Inquéritos rurais. *Boletim Geográfico*, ano 2, n.15, p.311-3, 1944.

LORENZO, H. C. Produção, consumo e consumo rural de energia elétrica no Estado de São Paulo (1966/1984). In: ENCONTRO NACIONAL DE GEOGRAFIA AGRÁRIA, 11, 1992, Maringá. *Anais...* Maringá: UEM, 1992. v.1-A, p.169-84.

LORENZON FILHO, A. Na estrutura atual do país seria possível uma reforma agrária? In: ENCONTRO NACIONAL DE GEOGRAFIA AGRÁRIA, 5, 1984, Santa Maria. *Comunicações...* Santa Maria: UFSM, 1984. p.211-3.

LOURENÇÃO, M. C. Terra e trabalho nas associações de produção comunitária: a experiência do assentamento de Promissão. In: ENCONTRO NACIONAL DE GEÓGRAFOS, 9, 1992, Presidente Prudente. *Anais...* Presidente Prudente: AGB, 1992. p.76.

LOURENÇO, C. A questão agrária brasileira no livro didático de Geografia do 2° Grau. In: ENCONTRO NACIONAL DE GEÓGRAFOS, 8, 1990, Salvador. *Anais...* Salvador: AGB, 1990. v.1, p.363-70.

LOURENÇO, L. Agricultura e cooperativismo. In: ENCONTRO NACIONAL DE GEOGRAFIA AGRÁRIA, 11, 1992, Maringá. *Anais...* Maringá: UEM, 1992. v.2, p.27-43.

LOZANI, M. C. B. et al. Tendências da citricultura no Brasil. In: ENCONTRO NACIONAL DE GEOGRAFIA AGRÁRIA, 13, 1996, Diamantina. *Comunicações...* Diamantina: UFMG, v.2, 1996. p.163-4.

MAACK, R. Devastação das matas no Estado do Paraná, suas consequências e problemas de reflorestamento. *Boletim Geográfico*, ano 22, n.178, p.40-8, 1964.

MACEDO, N. G., ERDENS, A. D. A vida rural dentro da cidade de Salvador. *Boletim Baiano de Geografia*, ano 10, n.15-17, p.67-77, 1970.

MACHADO, E. V. A produção do espaço em áreas do Baixo São Francisco Sergipano. In: ENCONTRO NACIONAL DE GEÓGRAFOS, 6, 1986, Campo Grande. *Anais...* Campo Grande: AGB, 1986. p.21.

MACHADO, L. O. Divisão territorial e propriedade da terra. In: ENCONTRO NACIONAL DE GEOGRAFIA AGRÁRIA, 10, 1990, Teresópolis. *Anais...* Teresópolis: UFRJ, 1990. v.1, p.365-87.

_____. Urbanização do campo: o exemplo do Norte de Goiás. In: ENCONTRO NACIONAL DE GEOGRAFIA AGRÁRIA, 3, 1980, Rio de Janeiro. *Anais...* Rio de Janeiro: UFRJ, 1980. p.40-4.

MACHADO, P. A. L. Agricultura e legislação ambiental brasileira. *Geografia (Rio Claro)*, v.10, n.19, p.173-82, 1985.

MACIEL, M. M. F. A agroindústria da cana-de-açúcar e o processo de modernização agrícola em Santa Helena de Goiás. In: ENCONTRO NACIONAL DE GEOGRAFIA AGRÁRIA, 11, 1992, Maringá. *Anais...* Maringá: UEM, 1992. v.1-A, p.185-94.

MAFRA, N. M. C., MENDES FILHO, L. Análise das vocações agrárias no município de Bom Jesus de Itabapoana (Distrito de Carabuçu) RJ. In: ENCONTRO NACIONAL DE GEÓGRAFOS, 7, 1988, Maceió. *Anais...* Maceió: AGB, 1988. p.62.

MAGALDI, S. B. Projetos incentivados de produção florestal e o fortalecimento do capital agroindustrial. In: ENCONTRO NACIONAL DE GEÓGRAFOS, 7, 1988, Maceió. *Anais...* Maceió: AGB, 1988. p.63.

MAGALHÃES, C. M. F. Conflitos de terra no Estado do Ceará, o caso da Fazenda Monte Castelo no município de Quixada. In: ENCONTRO NACIONAL DE GEOGRAFIA AGRÁRIA, 7, 1986, Belo Horizonte. *Conferências e Comunicações...* Belo Horizonte: UFMG, 1986. v.1, p.87-90.

MUNDO RURAL E GEOGRAFIA 405

MAGALHÃES, D. C., FERRARI, O. F. Níveis técnicos e econômicos dos estabelecimentos rurais em uma área da Amazônia: o caso de Rondônia. In: ENCONTRO NACIONAL DOS GEÓGRAFOS, 2, 1976, Salvador. *Resumo de Comunicações...* Salvador: AGB, 1976. p.402-11.

MAGINA, M. A. Espaço agrário e investimentos públicos – o caso do Vale do Rio São João (RJ). In: ENCONTRO NACIONAL DE GEOGRAFIA AGRÁRIA, 12, 1994, Águas de São Pedro. *Comunicações...* Águas de São Pedro: UNESP, 1994. p.136-8.

MANTELLI, J. Transformações agrárias na MRH – Colonial de Santa Rosa/RS a partir de 1960. In: ENCONTRO NACIONAL DE GEO-GRAFIA AGRÁRIA, 11, 1992, Maringá. *Anais...* Maringá: UEM, 1992. v.1-A, p.195-207.

MANTELLI, J., SANCHEZ, M. C. Transformações agrícolas no espaço gaúcho: a situação da microrregião homogênea Colonial de Santa Rosa. In: ENCONTRO NACIONAL DE GEOGRAFIA AGRÁRIA, 10, 1990, Teresópolis. *Anais...* Teresópolis: UFRJ, 1990. v.1, p.353-64.

MARACCI, M. T. Dificuldades para a organização do trabalhador rural. *Caderno Prudentino de Geografia*, n.15, p.115-25, 1993.

MARANHÃO, C. A. de A. A base cartográfica para a colonização. *Anais da AGB*, p.61-4, 1973.

MARCONI, S. R., BRAY, S. C. Os fatores condicionantes ao projeto de revisão agrária no Estado de São Paulo. In: ENCONTRO NACIONAL DE GEOGRAFIA AGRÁRIA, 11, 1992, Maringá. *Anais...* Maringá: UEM, 1992. v.1-B, p.637-51.

MARCOS, V. De peões a camponeses: a luta dos seringueiros no Acre e a conquista de sua cidadania. In: ENCONTRO NACIONAL DE GEO-GRAFIA AGRÁRIA, 12, 1994, Águas de São Pedro. *Comunicações...* Águas de São Pedro: UNESP, 1994. p.49-50.

MARCOS, V. de. "Tegumi": a construção da identidade na comunidade sinsei. In: ENCONTRO NACIONAL DE GEÓGRAFOS, 9, 1992, Presidente Prudente. *Anais...* Presidente Prudente: AGB, 1992. p.71.

MARIANI, A. Baixo São Francisco: uma das regiões mais férteis do Nordeste brasileiro. *Boletim Geográfico*, ano 22, n.176, p.612-5, 1963.

MARJOTTA, M. C., COSTA, V. M. H. M. A reestruturação do CAI trití-cola no contexto das transformações recentes do setor agroindustrial brasileiro. In: ENCONTRO NACIONAL DE GEOGRAFIA AGRÁRIA, 12, 1994, Águas de São Pedro. *Comunicações...* Águas de São Pedro: UNESP, 1994. p.171-2.

MARQUES, F. V. A horticultura no Vale do Barreiro, Minas Gerais. *Boletim Mineiro de Geografia*, ano 5, n.8-9, p.3-16, 1964.

MARQUES, J. S. Estrutura agrária do Estado de Pernambuco. *Revista Brasileira de Geografia*, ano 33, n.2, p.137-47, 1971.

MARQUES, M. A divisão da terra no Brasil – o que nos mostram os censos de 1950 e 1960. *Orientação*, n.4, p.41-7, 1969.

_____. Alguns pressupostos para a construção da Geografia Agrária. *Revista do Departamento de Geografia (São Paulo)*, n.6, p.61-9, 1992.

MARTIN, E. S. Agrotóxicos: intoxicações humanas e contaminação ambiental no Projeto Rebojo. *Revista de Geografia*, v.12, p.7-25, 1993.

MARTINS, A. V. O capital nas destilarias de álcool na Alta Sorocabana. In: ENCONTRO NACIONAL DE GEÓGRAFOS, 6, 1986, Campo Grande. *Anais...* Campo Grande: AGB, 1986. p.163.

_____. O papel das destilarias de álcool na Alta Sorocabana. *Caderno Prudentino de Geografia*, n.9, p.69-101, 1987.

_____. O Proálcool e a mão de obra volante na Alta Sorocabana. In: ENCONTRO NACIONAL DE GEÓGRAFOS, 7, 1988, Maceió. *Anais...* Maceió: AGB, 1988. p.65.

MARTINS, C. M. P. Distribuição espacial da intensidade de aplicação de força humana e mecânica na agricultura sergipana – 1970 In: ENCONTRO NACIONAL DE GEOGRAFIA AGRÁRIA, 1, 1978, Salgado. *Comunicações...* Salgado: UFS, 1978. p.30-4.

_____. *Transformações da agricultura em Maruim*: contribuição à Geografia Agrária do Estado de Sergipe. Rio Claro, 1982, 142p. Dissertação (Mestrado em Geografia – Organização do Espaço) Instituto de Geociências e Ciências Exatas, Universidade Estadual Paulista.

MARTINS, J. de S. A sujeição da renda da terra ao capital e o novo sentido da luta pela reforma agrária. In: ENCONTRO NACIONAL DE GEOGRAFIA AGRÁRIA, 2, 1979, Rio Claro. Rio Claro: AGETEO, UNESP, 1979. p.1-29. (Mimeogr.)

MASSUKADO, T. A Confôra: uma nova cultura introduzida no litoral Sul do Estado de São Paulo. *Boletim Paulista de Geografia*, n.41, p.95-108, 1964.

MATOS, O. N. O desenvolvimento da rede ferroviária e a expansão da cultura do café em São Paulo. *Boletim Geográfico*, ano 14, n.133, p.371-81, 1956.

MATSUMOTO, S. Y., SANCHES, S. B. Modernização na agropecuária do Distrito de Tamarena – Londrina – PR. In: ENCONTRO NACIONAL DE GEÓGRAFOS, 6, 1986, Campo Grande. *Anais...* Campo Grande: AGB, 1986. p.17.

MUNDO RURAL E GEOGRAFIA   407

MATTA, J. M. B. Laranja: da estratégia à aspiração camponesa. In: EN-
CONTRO NACIONAL DE GEOGRAFIA AGRÁRIA, 12, 1994, Águas
de São Pedro. *Comunicações...* Águas de São Pedro: UNESP, 1994.
p.51.

MATTOS, D. L. Contribuição ao estudo da vinha em São Paulo – a região
de São Roque. *Anais da AGB*, v.3, n.1, p.117-33, 1948.

_____. Contribuição ao estudo da vinha em São Paulo. A Região de
São Roque. *Boletim Paulista de Geografia*, n.4, p.27-47, 1950.

_____. Contribuição ao estudo da vinha no Estado de São Paulo. A
região de Jundiaí. *Boletim Paulista de Geografia*, n.11, p.33-52, 1952.

MATTOS, S., AGUIAR, T. C. A modernização da agricultura no entorno
do Distrito Federal e a questão ambiental. In: ENCONTRO NACIO-
NAL DE GEOGRAFIA AGRÁRIA, 12, 1994, Águas de São Pedro.
Comunicações... Águas de São Pedro: UNESP, 1994. p.139.

MAURO, C. A., SANCHEZ, M. C., CARVALHO, P. F. A questão ambien-
tal e as novas relações técnicas na produção rural. In: ENCONTRO
NACIONAL DE GEOGRAFIA AGRÁRIA, 12, 1994, Águas de São
Pedro. *Comunicações...* Águas de São Pedro: UNESP, 1994. p.140-2.

MAY, M. A. C., SILVA, A. B. Uso da terra no município de Santiago – RS,
analisado por aerofotogramas de 1975. *Geografia Ensino e Pesquisa*,
n.5, p.201-42, 1991.

MAY, M. A., MIORIN, V. M. F. Características da olericultura caseira
no perímetro urbano da cidade de Santiago – RS. *Geografia Ensino e
Pesquisa*, n.3, p.104-36, 1989.

MAYOR, A. S. S. Comentário do mapa da produção de fumo na Bahia.
Boletim Geográfico, ano 11, n.112, p.87-90, 1953.

_____. Comentário do mapa da produção de mamona da Bahia. *Boletim
Geográfico*, ano 12, n.123, p.438-40, 1953.

_____. Comentário do mapa da produção do café no Estado da Bahia.
Boletim Geográfico, ano 12, n.122, p.291-3, 1953.

MEDEIROS, C. M. S. O moderno e o tradicional na atividade pecuária em
Presidente Prudente. In: ENCONTRO NACIONAL DE GEOGRAFIA
AGRÁRIA, 12, 1994, Águas de São Pedro. *Comunicações...* Águas de
São Pedro: UNESP, 1994. p.52-3.

MEDEIROS, M. F. A. A pequena produção agrícola e os projetos de
colonização do RN condições socioeconômicas da população envol-
vida. In: ENCONTRO NACIONAL DE GEOGRAFIA AGRÁRIA,
7, 1986, Belo Horizonte. *Conferências e Comunicações...* Belo Horizonte: UFMG, 1986. v.1, p.119-22.

MEDEIROS, M. F. A. Relações de produção de uso da terra na Zona da Mata Norte Riograndense. In: ENCONTRO NACIONAL DE GEOGRAFIA AGRÁRIA, 8, 1987, Barra dos Coqueiros. *Mesas-Redondas Comunicações...* Barra dos Coqueiros: UFS, 1987. p.161-2.

MEDEIROS, M. F. A., MACEDO, G. A barragem Armando Ribeiro Gonçalvez e suas consequências sociais e econômicas para a população rural do Baixo Açu/RN. In: ENCONTRO NACIONAL DE GEOGRAFIA AGRÁRIA, 5, 1984, Santa Maria. *Comunicações...* Santa Maria: UFSM, 1984. p.80-1.

MEDEIROS, R. M. V. A emigração rural na pequena produção no RS. In: ENCONTRO NACIONAL DE GEOGRAFIA AGRÁRIA, 10, 1990, Teresópolis. *Anais...* Teresópolis: UFRJ, 1990. v.1, p.477-87.

MEGALE, J. F. Geografia Agrária: objeto e método. *Boletim Geográfico*, ano 34, n.247, p.63-72, 1975.

_____. Geografia Agrária – objeto e método. *Métodos em questão*, n.12, p.1-30, 1976.

MELLO, B. C. C. Interpretação do mapa de produção de café no sudeste do Planalto Central do Brasil. *Revista Brasileira de Geografia*, ano 12, n.1, p.73-88, 1950.

_____. Comentário do mapa de densidade de produção da mandioca no sudeste do Planalto Central do Brasil. *Boletim Geográfico*, ano 10, n.109, p.433-9, 1952.

_____. Produção agrícola – 1951. *Boletim Geográfico*, ano 15, n.139, p.474-5, 1957.

MELO, E. M. Importância da matéria orgânica na conservação do solo. *Boletim Geográfico*, ano 18, n.155, p.224, 1960.

MELLO, E. P. A problemática da tomaticultura na Microrregião dos Cariris Velhos – PB. In: ENCONTRO NACIONAL DE GEOGRAFIA AGRÁRIA, 9, 1988, Florianópolis. *Anais...* Florianópolis: UFSC, 1988. p.337-59.

_____. A produção do tomate na microrregião dos Cariris Velhos – PB. In: ENCONTRO NACIONAL DE GEOGRAFIA AGRÁRIA, 7, 1986, Belo Horizonte. *Conferências e Comunicações...* Belo Horizonte: UFMG, 1986. v.1, p.166-8.

_____. A produção do Tomate na microrregião dos Cariris Velhos – PB. In: ENCONTRO NACIONAL DE GEÓGRAFOS, 6, 1986, Campo Grande. *Anais...* Campo Grande: AGB, 1986. p.32.

_____. A problemática enfrentada pela tomaticultura na microrregião dos Cariris Velhos – PB. In: ENCONTRO NACIONAL DE GEÓGRAFOS, 7, 1988, Maceió. *Anais...* Maceió: AGB, 1988. p.63.

MELO, E. P. A problemática da tomaticultura na microrregião dos Cariris Velhos – PB. In: ENCONTRO NACIONAL DE GEOGRAFIA AGRÁRIA, 9, 1988, Florianópolis. *Anais...* Florianópolis: UFSC, 1988. p.337-59.

_____. Projeto de pesquisa a horticultura paraibana e sua problemática: a produção do espaço tomaticultor em Boqueirão. In: ENCONTRO NACIONAL DE GEOGRAFIA AGRÁRIA, 10, 1990, Teresópolis. *Anais...* Teresópolis: UFRJ, 1990. v.1, p.210-6.

MELO, M. L. de. O fator geográfico na economia açucareira. *Boletim Geográfico*, ano 6, n.67, p.684-715, 1948.

_____. Aspectos da Geografia Agrária do Brejo Paraibano. *Anais da AGB*, v.6, n.2, p.71-98, 1951-52.

_____. Aspectos da Geografia do açúcar no Brasil. *Revista Brasileira de Geografia*, ano 16, n.4, p.467-92, 1954.

_____. A região ribeirinha do Médio Cuiabá estudo de Geografia Humana. *Anais da AGB*, v.7, n.2, p.161-256, 1957.

_____. Aspectos do *"habitat"* rural no Nordeste do Brasil. *Anais da AGB*, v.10, n.1, p.221-66, 1955-1957a.

_____. Fisionomia do *"habitat"* rural no Baixo Ceará-Mirim. *Anais da AGB*, v.10, n.1, p.267-85, 1955-1957b.

_____. O Estado do Amazonas: bases para uma política de colonização. *Anais da AGB*, v.18, p.99-121, 1973.

_____. Proletarização e emigração nas regiões canavieiras e agrestina de Pernambuco. *Boletim Gaúcho de Geografia*, n.5, p.60-71, 1976.

_____. A Universidade e a formação do geógrafo agrário no Brasil In: ENCONTRO NACIONAL DE GEOGRAFIA AGRÁRIA, 1, 1978, Salgado. *Textos Básicos para Discussão...* Salgado: UFS, 1978. p.36-44.

_____. A Universidade e a formação do geógrafo agrário no Brasil. *Boletim de Geografia Teorética*, v.9, n.17-18, p.69-73, 1979.

MELLO e SILVA, S. B. Teorias de localização e de desenvolvimento regional. *Geografia* (Rio Claro), v.1, n.2, p.1-23, 1976.

MELLO NETTO, A. V. Contribuição do potencial agrícola das terras para a Geografia Agrária. In: ENCONTRO NACIONAL DE GEOGRAFIA AGRÁRIA, 7, 1986, Belo Horizonte. *Conferências e Comunicações...* Belo Horizonte: UFMG, 1986. v.1, p.174-80.

_____. Consequências da açudagem pública agropecuária de São Rafael – Rio Grande do Norte. In: ENCONTRO NACIONAL DE GEOGRAFIA AGRÁRIA, 10, 1990, Teresópolis. *Anais...* Teresópolis: UFRJ, 1990. v.1, p.55-67.

MELLO NETTO, A. V. Áreas de exceção úmidas e subúmidas do semiárido nordestino – potencialidades agroecológicas. In: ENCONTRO NACIONAL DE GEOGRAFIA AGRÁRIA, 12, 1994, Águas de São Pedro. *Comunicações...* Águas de São Pedro: UNESP, 1994. p.143-4.

MELLO NETTO, A. V., LINS, R. C., COUTINHO, S. F. S. Áreas de exceção do Rio Grande do Norte – considerações preliminares In: ENCONTRO NACIONAL DE GEOGRAFIA AGRÁRIA, 9, 1988, Florianópolis. *Anais...* Florianópolis: UFSC, 1988. p.171-82.

_____. Áreas de exceção do nordeste semiárido revisão analítica do conhecimento atual. In: ENCONTRO NACIONAL DE GEOGRAFIA AGRÁRIA, 11, 1992, Maringá. *Anais...* Maringá: UEM, 1992. v.1-A, p.274-85.

MENDES, C. M. A relação cidade-campo e a produção do território palmense. In: ENCONTRO NACIONAL DE GEOGRAFIA AGRÁRIA, 10, 1990, Teresópolis. *Anais...* Teresópolis: UFRJ, 1990. v.1, p.120-32.

_____. Algumas considerações sobre a regionalização do território Paranaense In: ENCONTRO NACIONAL DE GEOGRAFIA AGRÁRIA, 11, 1992, Maringá. *Anais...* Maringá: UEM, 1992. v.1-A, p.22-41.

_____. Algumas relações entre o urbano rural do Norte do Paraná. In: ENCONTRO NACIONAL DE GEOGRAFIA AGRÁRIA, 12, 1994, Águas de São Pedro. *Comunicações...* Águas de São Pedro: UNESP, 1994. p.54-5.

MENDES, I. A. Proposta para a obtenção do fator topográfico (LS) da equação universal de perdas de solo por erosão. In: ENCONTRO NACIONAL DE GEOGRAFIA AGRÁRIA, 12, 1994, Águas de São Pedro. *Comunicações...* Águas de São Pedro: UNESP, 1994. p.145-6.

MENDES, R. S. Cultura e comércio da laranja, na região da Guanabara. *Boletim Paulista de Geografia*, n.1, p.31-9, 1949.

_____. Paisagens culturais da Baixada Fluminense. *Geografia (São Paulo)*, n.4, p.9-171, 1950.

MENDES, W. Levantamento de reconhecimento detalhado dos solos do município de Saquarema, RJ, para fins de planejamento do uso dos solos dos mesmos. *Revista Brasileira de Geografia*, ano 42, n.1, p.79-134, 1980.

MENEGHINI, A. J., MIORIM, V. L. F. Refletindo a produção familiar. *Geografia Ensino e Pesquisa*, n.8-9, 1995, p.25-41.

MENDONÇA, F. O ambientalismo geográfico de cunho naturalista (primeiro momento). In: ___. *Geografia e Meio Ambiente*. São Paulo: Contexto, 1994. cap.2, p.21-32.

MUNDO RURAL E GEOGRAFIA 411

MENDONÇA, N. D. Chapadão dos Gaúchos, MS - núcleo de uma franja pioneira. *Boletim Paulista de Geografia*, n.67, p.51-68, 1992.

MENDRAS, H. Sociologia do meio rural. Trad. D. da Silva. In. QUEIROZ, M. I. P. *Sociologia Rural*. Rio de Janeiro: Zahar, 1969, cap.2, p.41-63.

MENECOZI, A. R. Considerações sobre a pecuária leiteira na Alta Sorocabana. In: ENCONTRO NACIONAL DOS GEÓGRAFOS, 5, 1982, Porto Alegre. *Anais*... Porto Alegre: AGB, 1982. v.2, p.435-6.

MENESES, N. S. O futuro camponês. In: ENCONTRO NACIONAL DE GEOGRAFIA AGRÁRIA, 12, 1994, Águas de São Pedro. *Comunicações*... Águas de São Pedro: UNESP, 1994. p.56.

MENEZES, A. V. C. Considerações sobre as relações de produção na agricultura cacaueira da Bahia. *Geonordeste*, ano 1, n.1, p.29-35, 1984.

_____. Relação de trabalho – uma análise de conflito num município de Sertão sergipano. In: ENCONTRO NACIONAL DE GEOGRAFIA AGRÁRIA, 8, 1987, Barra dos Coqueiros. *Mesas-Redondas Comunicações*... Barra dos Coqueiros: UFS, 1987. p.163-4.

_____. Estrutura agrária do Sertão do Rio Real – Sergipe In: ENCONTRO NACIONAL DE GEOGRAFIA AGRÁRIA, 8, 1987, Barra dos Coqueiros. *Mesas-Redondas Comunicações*... Barra dos Coqueiros: UFS, 1987. p.136-7.

MESQUITA, H. A. Espacialidade/oralidade. Uma leitura do espaço modernizado feita a partir dos recursos da história oral. In: ENCONTRO NACIONAL DE GEOGRAFIA AGRÁRIA, 12, 1994, Águas de São Pedro. *Comunicações*... Águas de São Pedro: UNESP, 1994. p.147.

MESQUITA, M. G. C. Interpretação do mapa da produção de algodão no Sudeste do Planalto Central. *Boletim Geográfico*, ano 10, n.10, p.84-8, 1952.

_____. Distribuição do gado bovino no Sudeste do Planalto Central. *Revista Brasileira de Geografia*, ano 14, n.1, p.113-9, 1952.

MESQUITA, O. V. Modernização da agricultura brasileira. *Revista Brasileira de Geografia*, ano 39, n.4, p.3-65, 1977.

_____. Intensidade da agricultura na temática do desenvolvimento rural. In: ENCONTRO NACIONAL DE GEÓGRAFOS, 3, 1978, Fortaleza. *Anais*... Fortaleza: UFC, 1978. p.1-28.

_____. A intensidade da agricultura na temática do desenvolvimento rural. *Geografia (Rio Claro)*, v.4, n.7, p.26-44, 1979.

MESQUITA, O. V., GUSMÃO, R. P. As dimensões diferenciadoras e os padrões espaciais de lavouras e rebanhos do Sul do Brasil. *Boletim Geográfico*, ano 34, n.246, p.23-35, 1975.

MESQUITA, O. V., SILVA, S. T. Regiões agrícolas do Estado do Paraná: uma definição estatística. *Revista Brasileira de Geografia*, ano 32, n.1, p.3-42, 1970.

_____. A inserção da pequena produção na mudança tecnológica da agricultura na região Sul. *Revista Brasileira de Geografia*, ano 48, n.4, p.503-33, 1986.

_____. Agricultura na Região Sul: mudança tecnológica e a pequena produção. In: ENCONTRO NACIONAL DE GEOGRAFIA AGRÁRIA, 7, 1986, Belo Horizonte. *Conferências e Comunicações...* Belo Horizonte: UFMG, 1986. v.1, p.54-61.

_____. A evolução da agricultura brasileira na década de 70. *Revista Brasileira de Geografia*, ano 49, n.1, p.3-10, 1987.

_____. A evolução da agricultura na região sul na década de 70. *Revista Brasileira de Geografia*, ano 49, n.1, p.159-95, 1987a.

MIGLIORINI, E. A Geografia Agrária no quadro da ciência geográfica. *Boletim Geográfico*, ano 8, n.93, p.1072-91, 1950.

MIKESELL, M. W. As fronteiras da Geografia como Ciência Social. *Boletim Carioca de Geografia*, ano 27, p.143-78, 1976.

MILLIET, S. Roteiro do café I. *Boletim Geográfico*, ano 8, n.95, p.1277-93, 1951.

_____. Roteiro do café II. *Boletim Geográfico*, ano 8, n.96, p.1395-413, 1951.

_____. O desenvolvimento da pequena propriedade no Estado de São Paulo. *Boletim Geográfico*, ano 9, n.97, p.11-29, 1951.

MIORIN, V. M. F. O comportamento da estrutura fundiária na microrregião homogênea – período de 1940-1980. In: ENCONTRO NACIONAL DE GEOGRAFIA AGRÁRIA, 5, 1984, Santa Maria. *Comunicações...* Santa Maria: UFSM, 1984. p.164-73.

_____. Consequências da modernização agrícola na Região Centro-Nordeste do Planalto gaúcho. In: ENCONTRO NACIONAL DE GEOGRAFIA AGRÁRIA, 6, 1985, Garanhuns. *Comunicações...* Garanhuns: Fundação Joaquim Nabuco, 1985. p.7-13.

_____. A concepção dialética e organização do espaço In: ENCONTRO NACIONAL DE GEOGRAFIA AGRÁRIA, 8, 1987, Barra dos Coqueiros. *Mesas-Redondas Comunicações...* Barra dos Coqueiros: UFS, 1987. p.13-30.

_____. A reprodução das relações de produção na evolução do espaço no Rio Grande do Sul. In: ENCONTRO NACIONAL DE GEOGRAFIA AGRÁRIA, 8, 1987, Barra dos Coqueiros. *Mesas-Redondas Comunicações...* Barra dos Coqueiros: UFS, 1987. p.165-6.

MUNDO RURAL E GEOGRAFIA   413

MIORIN, V. M. F. A questão da reforma agrária no Estado brasileiro. In:
    ENCONTRO NACIONAL DE GEOGRAFIA AGRÁRIA, 9, 1988,
    Florianópolis. *Anais...* Florianópolis: UFSC, 1988. p.544-58.
_____. A questão agrária na perspectiva geográfica. *Geografia Ensino*
    e Pesquisa, n.5, p.185-200, 1991.
MIORIN, V. M. F., BEZZI, M. L. A dialética da Reforma Agrária no Rio
    Grande do Sul. In: ENCONTRO NACIONAL DE GEOGRAFIA
    AGRÁRIA, 7, 1986, Belo Horizonte. *Conferências e Comunicações...*
    Belo Horizonte: UFMG, 1986. v.1, p.96-100.
MIORIN, V. M. F., BEZZI, M. L., ZIBORDI, A. F. G. A reprodução das
    relações de produção na evolução do espaço no Rio Grande do Sul.
    Geografia, Rio Claro, v.13 n.26, p.67-92, 1988.
_____. A reprodução das relações de produção na evolução do Estado
    do Rio Grande do Sul. In: ENCONTRO NACIONAL DE GEOGRA-
    FIA AGRÁRIA, 8, 1987, Barra dos Coqueiros. *Anais...* Barra dos
    Coqueiros: UFS, 1987. p.165-6.
MIRANDA, E. A. A história da espacialização e diversificação do CVRD na
    Amazônia Oriental. In: ENCONTRO NACIONAL DE GEOGRAFIA
    AGRÁRIA, 12, 1994, Águas de São Pedro. *Comunicações...* Águas de
    São Pedro: UNESP, 1994. p.57-8.
MIRANDA, M. A colonização oficial e expansão da fronteira agrícola: o
    caso de Altamira. In: ENCONTRO NACIONAL DOS GEÓGRAFOS,
    5, 1982, Porto Alegre. *Anais...* Porto Alegre: AGB, 1982. v.2, p.437-8.
_____. Os novos espaços de colonização em Rondônia: uma avalia-
    ção preliminar de suas perspectivas. In: ENCONTRO NACIONAL
    DE GEOGRAFIA AGRÁRIA, 6, 1985, Garanhuns. *Comunicações...*
    Garanhuns: Fundação Joaquim Nabuco, 1985. p.176-82.
_____. Colonização e reforma agrária. In: ENCONTRO NACIONAL
    DE GEOGRAFIA AGRÁRIA, 7, 1986, Belo Horizonte. *Conferências e*
    Comunicações... Belo Horizonte: UFMG, 1986. v.2, p.8-32.
_____. A ação federal/estadual na apropriação da terra: a colonização
    no corredor da E.F. Carajás. In: ENCONTRO NACIONAL DE GEO-
    GRAFIA AGRÁRIA, 8, 1987, Barra dos Coqueiros. *Mesas-Redondas*
    Comunicações... Barra dos Coqueiros: UFS, 1987. p.111-2.
_____. Censos Agropecuários: uma contribuição para sua solução In:
    ENCONTRO NACIONAL DE GEOGRAFIA AGRÁRIA, 9, 1988,
    Florianópolis. *Anais...* Florianópolis: UFSC, 1988. p.588-97.
_____. Estratégias e práticas de apropriação da terra na Amazônia. In:
    ENCONTRO NACIONAL DE GEOGRAFIA AGRÁRIA, 11, 1992,
    Maringá. *Anais...* Maringá: UEM, 1992. v.1-B, p.772-92.

MIZUSAKI, M. Y. A indústria de frangos no contexto da produção flexível. *Revista de Geografia*, Dourado (MS), n.01, p.14-9, 1995.

MONBEIG, P. Notas relativas à evolução das paisagens rurais no Estado de São Paulo. *Boletim Geográfico*, ano 2, n.16, p.428-30, 1944.

_____. Problemas geográficos do cacau no Sul do Estado da Bahia. *Boletim Geográfico*, ano 2, n.24, p.1878-83, 1945a.

_____. A zona pioneira do Norte do Paraná. *Boletim Geográfico*, ano 2, n.25, p.11-7, 1945b.

_____. Problemas geográficos do cacau no sul do estado da Bahia. *Boletim Geográfico*, ano 2, n.29, p.1878-83, 1945c.

_____. Notas sobre a Geografia Humana do Nordeste do Brasil. *Boletim Geográfico*, ano 6, n.65, p.467-73, 1948.

_____. Evolução de gêneros de vida rurais tradicionais no Sudeste do Brasil. *Boletim Geográfico*, ano 7, n.81, p.980-7, 1949.

_____. As Estruturas agrárias da faixa pioneira paulista. *Boletim Geográfico*, ano 11, n.116, p.455-65, 1953.

_____. Resumo da Geografia Econômica do café. *Boletim Geográfico*, ano 12, n.122, p.276-85, 1954.

_____. As tendências atuais da agricultura no Estado de São Paulo. *Boletim Geográfico*, ano 15, n.141, p.721-6, 1957.

_____. Possibilidades de desenvolvimento das culturas alimentares ao Norte do município de Salvador. *Boletim Baiano de Geografia*, ano 8, n.9-11, p.21-5, 1965.

_____. *Pioneiros e Fazendeiros de São Paulo*. São Paulo: Difel. 1984. 345p.

MONTEIRO, A. A. A. A pequena produção agrícola de pimenta do reino: o caso de Tomé-Açu no Pará. In: ENCONTRO NACIONAL DE GEOGRAFIA AGRÁRIA, 8, 1987, Barra dos Coqueiros. *Mesas-Redondas Comunicações...* Barra dos Coqueiros: UFS, 1987. p.140-2.

MONTEIRO, A. V. M., GEBARA, J. J. O PROÁLCOOL e o rearranjo do espaço agrário da Alta Sorocabana de Presidente Prudente. In: ENCONTRO NACIONAL DE GEOGRAFIA AGRÁRIA, 11, 1992, Maringá. *Anais...* Maringá: UEM, 1992. v.1-A, p.42-55.

MONTEIRO, A. V. M., SILVA, J. R. A liberação do mercado de trigo e o MERCOSUL: triticultura paulista. In: ENCONTRO NACIONAL DE GEOGRAFIA AGRÁRIA, 12, 1994, Águas de São Pedro. *Comunicações...* Águas de São Pedro: UNESP, 1994. p.173-4.

MUNDO RURAL E GEOGRAFIA   415

MONTEIRO, A. V. V. M., AGUIAR, A. R. C. BAPTISTELLA, C. S. L. Sindicalismo de trabalhadores rurais na nova Alta Paulista. Um projeto. In: ENCONTRO NACIONAL DE GEOGRAFIA AGRÁRIA, 12, 1994, Águas de São Pedro. *Comunicações...* Águas de São Pedro: UNESP, 1994. p.59.

MONTEIRO, C. A. F. A Geografia no Brasil (1934-1977): Avaliação e Tendências. São Paulo: IGEO-USP. *Série Teses e Monografias*, n.37, 1980, 155p.

_____. *A Geografia no Brasil (1934-1977) Avaliação e Tendências*. São Paulo: USP, 1980. 155p.

MONTEIRO, R. A. Os inimigos do algodoeiro. In: CONGRESSO BRASILEIRO DE GEOGRAFIA, 9, 1944, Rio de Janeiro. *Anais...* Rio de Janeiro: CNG, 1944. p.448-56.

MONTEIRO, V. F. Percepção no meio rural: estudo de caso In: ENCONTRO NACIONAL DE GEOGRAFIA AGRÁRIA, 7, 1986, Belo Horizonte. *Conferências e Comunicações...* Belo Horizonte: UFMG, 1986. v.2, p.59-64.

MONTILHA, L. A., SERRA, E. Estudos de um processo interativo: produtor rural – CEASA – sacolões - feiras livres – quitandeiros – consumidor final. In: ENCONTRO NACIONAL DE GEOGRAFIA AGRÁRIA, 12, 1994, Águas de São Pedro. *Comunicações...* Águas de São Pedro: UNESP, 1994. p.60.

MORAES, A. C. R. As condições naturais e a estruturação do espaço agrário. *Revista do Departamento da Geografia (São Paulo)*, n.1, p.99-104, 1982.

_____. A Geografia Crítica. In: ___. *Geografia Pequena História Crítica*. 10ed. São Paulo: Hucitec, 1991. p.112-27.

MORAES, R. L. Contribuição à identificação de tipos de utilização da terra através de fotografias aéreas. *Boletim Geográfico*, ano 27, n.204, p.75-9, 1968.

MORAIS, N. A. Subsídios para a ocupação e uso agrícola adequado das Bacias Hidrográficas dos Rios Pinto e Marumbi. In: ENCONTRO NACIONAL DOS GEÓGRAFOS, 5, 1982, Porto Alegre. *Anais...* Porto Alegre: AGB, 1982. v.1, p.305-6.

MOREIRA, E. et al. Os cara pintadas de suor e fuligem dos canaviais (um estudo das condições de vida e trabalho dos boias-frias mirins da cana). In: ENCONTRO NACIONAL DE GEOGRAFIA AGRÁRIA, 12, 1994, Águas de São Pedro. *Comunicações...* Águas de São Pedro: UNESP, 1994. p.61-2.

MOREIRA, E. R. F. Transformações recentes nas formas de uso do solo no município de Pitimbu. In: ENCONTRO NACIONAL DE GEOGRAFIA AGRÁRIA, 6, 1985, Garanhuns. *Comunicações...* Garanhuns: Fundação Joaquim Nabuco, 1985. p.212-7.

_____. A dominação da usina sobre a organização do espaço no Brejo Paraibano. In: ENCONTRO NACIONAL DE GEOGRAFIA AGRÁRIA, 7, 1986, Belo Horizonte. *Conferências e Comunicações...* Belo Horizonte: UFMG, 1986. v.1, p.169-73.

_____. Retrospectiva geral dos trabalhos de regionalização para a Paraíba. In: ENCONTRO NACIONAL DE GEOGRAFIA AGRÁRIA, 9, 1988, Florianópolis. *Anais...* Florianópolis: UFSC, 1988. p.68-86.

_____. Modernização e progresso técnico na agricultura paraibana. In: ENCONTRO NACIONAL DE GEOGRAFIA AGRÁRIA, 11, 1992, Maringá. *Anais...* Maringá: UEM, 1992. v.1-A, p.208-23.

MOREIRA, E. R. F., GODOY, R. M., PIMENTEL, G. Movimentos Sociais no campo e ação do Estado. In: ENCONTRO NACIONAL DE GEOGRAFIA AGRÁRIA, 11, 1992, Maringá. *Anais...* Maringá: UEM, 1992. v.1-B, p.652-67.

MOREIRA, E. R. F., MOREIRA, I. T. Transformações no espaço agrário paraibano e conflitos de terra. In: ENCONTRO NACIONAL DE GEOGRAFIA AGRÁRIA, 7, 1986, Belo Horizonte. *Conferências e Comunicações...* Belo Horizonte: UFMG, 1986. v.1, p.101-5.

_____. A produção do espaço agrário de Sapé. In: ENCONTRO NACIONAL DE GEOGRAFIA AGRÁRIA, 10, 1990, Teresópolis. *Anais...* Teresópolis: UFRJ, 1990. v.1, p.197-209.

_____. Agroindústria canavieira: expansão de crise. In: ENCONTRO NACIONAL DE GEOGRAFIA AGRÁRIA, 11, 1992, Maringá. *Anais...* Maringá: UEM, 1992. v.1-B, p.559-79.

_____. Geografia Agrária e formação sindical: discutindo a evolução do processo de negociação coletiva no campo nordestino. In: ENCONTRO NACIONAL DE GEOGRAFIA AGRÁRIA, 12, 1994, Águas de São Pedro. *Comunicações...* Águas de São Pedro: UNESP, 1994. p.65-6.

MOREIRA, E. R. F., MOREIRA, I. T., FIGUEIREDO, A. C. A pequena produção no Estado da Paraíba. In: ENCONTRO NACIONAL DE GEOGRAFIA AGRÁRIA, 12, 1994, Águas de São Pedro. *Comunicações...* Águas de São Pedro: UNESP, 1994. p.63-4.

MOREIRA, R. A marcha do capitalismo e a essência econômica da questão agrária no Brasil. *Terra Livre*, n.6, p.19-63, 1988.

_____. O debate da questão agrária no marxismo e no Brasil. In: ENCONTRO NACIONAL DE GEÓGRAFOS, 6, 1986, Campo Grande. *Anais...* Campo Grande: AGB, 1986. p.3.

MORENO, J. A. Uso da terra vegetação original e atual do Rio Grande do Sul. *Boletim Geográfico do RGS*, ano 17, n.15, p.45-51, 1972.

MORO, D. A. A organização do espaço. Uma das formas de aplicação da Geografia Humana. *Boletim de Geografia*, ano 1, n.1, p.19-23, 1983.

_____. Dependência econômica e estrutura fundiária: o caso do Norte do Paraná. *Geografia* (Rio Claro), v.13, n.25, p.143-51, 1988.

_____. O êxodo rural e o crescimento populacional da cidade de Maringá no período de 1970 a 1980. *Boletim de Geografia*, ano 6, n.1, p.19-31, 1988.

_____. A organização do espaço como objeto da Geografia. *Geografia* (Rio Claro), v.15, n.1, p.1-19, 1990.

_____. Aspectos da dinâmica espacial da população Norte-Paranaense, durante o processo de modernização da agricultura regional. In: ENCONTRO NACIONAL DE GEOGRAFIA AGRÁRIA, 11, 1992, Maringá. *Anais...* Maringá: UEM, 1992. v.1-A, p.56-76.

_____. Modernização agrícola, concentração fundiária e êxodo rural no norte do Paraná. In: ENCONTRO NACIONAL DE GEÓGRAFOS, 9, 1992, Presidente Prudente. *Anais...* Presidente Prudente: AGB, 1992. p.74.

_____. Substituição de culturas, concentração fundiária e êxodo rural na Microrregião Homogênea do Norte Novo de Maringá. In: ENCONTRO NACIONAL DE GEOGRAFIA AGRÁRIA, 11, 1992, Maringá. *Anais...* Maringá: UEM, 1992. v.1-A, p.151-72.

_____. Especificidades da ação do Estado e do capital na organização do espaço rural paranaense. In: ENCONTRO NACIONAL DE GEO-GRAFIA AGRÁRIA, 12, 1994, Águas de São Pedro. *Comunicações...* Águas de São Pedro: UNESP, 1994. p.148-9.

MORO, D. A., DIAS, R. P. Modernização agrícola e êxodo rural no oeste paranaense. In: ENCONTRO NACIONAL DE GEOGRAFIA AGRÁ-RIA, 12, 1994, Águas de São Pedro. *Comunicações...* Águas de São Pedro: UNESP, 1994. p.150.

MORO, D. A., TEIXEIRA, W. A. Diagnóstico técnico do impacto ambiental do projeto de irrigação e drenagem no Baixo Ivaí. In: ENCONTRO NACIONAL DE GEOGRAFIA AGRÁRIA, 9, 1988, Florianópolis. *Anais...* Florianópolis: UFSC, 1988. p.414-29.

_____. Diagnóstico técnico do impacto ambiental no meio antrópico para o projeto de irrigação e drenagem no Baixo Ivaí. *Boletim de Geografia*, Maringá, ano 7, n.1, p.5-16A, 1989.

MORTARA, G. Informações básicas sobre o Brasil – A produção agrícola do Brasil no ano de 1949. *Boletim Geográfico*, ano 8, n.85, p.84-93, 1950.

MORTARA, G. Informações básicas sobre o Brasil: produção agrícola. *Boletim Geográfico*, ano 7, n.84, p.1508-17, 1950.

_____. Número médio dos componentes da família nas zonas rurais. *Boletim Geográfico*, ano 4, n.38, p.151, 1946.

MOTA, F. S. As chuvas, a evaporação e a exploração agropecuária no Rio Grande do Sul. *Boletim Geográfico*, ano 22, n.175, p.389-400, 1963.

MOURA, H. A. A dinâmica demográfica recente do Estado de Pernambuco In: ENCONTRO NACIONAL DE GEOGRAFIA AGRÁRIA, 6, 1985, Garanhuns. *Comunicações*... Garanhuns: Fundação Joaquim Nabuco, 1985. p.256-71.

MOURA, M. M. Estudo da pequena propriedade numa área de Minas Gerais: um exercício de Antropologia econômica. *Boletim Paulista de Geografia*, n.71, p.31-42, 1993.

MÜLLER, G. O agrário no complexo agroindustrial. In: ENCONTRO NACIONAL DE GEOGRAFIA AGRÁRIA, 10, 1990, Teresópolis. *Anais*... Teresópolis: UFRJ, 1990. v.2, p.1-21.

_____. Multilateralismo e integração regional : o futuro da agricultura brasileira no futuro Mercosul. In: ENCONTRO NACIONAL DE GEOGRAFIA AGRÁRIA, 12, 1994, Águas de São Pedro. *Mesas-Redondas*... Águas de São Pedro: UNESP, 1994. p.3-23.

MULLER, K. D. Colonização pioneira no sul do Brasil: o caso de Toledo - Paraná. *Revista Brasileira de Geografia*, ano 48, n.1, p.83-139, 1986.

_____. Os padrões de estabelecimentos emergentes nas áreas do Lote Longo no Oeste do Paraná. In: ENCONTRO NACIONAL DE GEOGRAFIA AGRÁRIA, 8, 1987, Barra dos Coqueiros. *Mesas-Redondas Comunicações*... Barra dos Coqueiros: UFS, 1987. p.143-4.

MULLER FILHO, I. L., BERNARDES, S. A. C. O contexto regional do município de Santa Maria – RS: painel. In: ENCONTRO NACIONAL DE GEOGRAFIA AGRÁRIA, 5, 1984, Santa Maria. *Comunicações*... Santa Maria: UFSM, 1984. p.1-4.

MURATORI, A. M. Comunidades rurbanas: uma proposta viável? In: ENCONTRO NACIONAL DE GEOGRAFIA AGRÁRIA, 9, 1988, Florianópolis. *Anais*... Florianópolis: UFSC, 1988. p.559-70.

MUSSO, A. J. M. Os ciclos econômicos do Brasil. *Boletim Geográfico*, ano 13 n.129, p.635-42, 1955.

_____. Ciclos econômicos do Brasil. *Boletim Geográfico*, ano 14, n.130, p.41-56, 1956

_____. Ciclos econômicos do Brasil. *Boletim Geográfico*, ano 14, n.131, p.170-6, 1956.

_____. Os ciclos econômicos do Brasil (II Parte). *Boletim Geográfico*, ano 27, n.207, p.67-83, 1968.

NAKAGAWARA, Y. Transformações agrárias e a interinidade do sistema urbano norte-paranaense. In: ENCONTRO NACIONAL DOS GEÓGRAFOS, 4, 1980, Rio de Janeiro. *Anais...* Rio de Janeiro: AGB, 1980, p.386-90.

_____. Transformações agrárias e a interinidade do sistema urbano norte-paranaense. In: ENCONTRO NACIONAL DE GEOGRAFIA AGRÁRIA, 3, 1980, Rio de Janeiro. *Anais...* Rio de Janeiro: UFRJ, 1980. p.40-4.

NAKAGAWARA, Y., SANTANA, M. Estrutura fundiária norte-paranaense: concentração e "capitalização" – situação 70-80. *Boletim de Geografia*, ano 2, n.2, p.31-3, 1984.

NAKAGAWARA, Y., SANTANA, M. SANTOS, M. F. Estrutura fundiária norte-paranaense: concentração e "capitalização" – situação 70-80. In: ENCONTRO NACIONAL DOS GEÓGRAFOS, 5, 1982, Porto Alegre. *Anais...* Porto Alegre: AGB, 1982. livro 2, v.2, p.433-4.

NASCIMENTO, O. J. A cooperativa de Canindé e a produção do espaço agrário. In: ENCONTRO NACIONAL DE GEOGRAFIA AGRÁRIA, 8, 1987, Barra dos Coqueiros. *Mesas-Redondas Comunicações...* Barra dos Coqueiros: UFS, 1987. p.145-6.

NASH, D. R. Habitações do Brasil rural. *Boletim Geográfico*, ano 19, n.163, p.460-8, 1961.

NAVARRA, W. S. O uso da terra em Itatiba e Morungaba. *Série Teses e Monografia*, n.29, p.5-216, 1977.

NEGRI, S. S. Capital monopolista e agricultura camponesa: a cultura do fumo em Prudentópolis – PR. In: ENCONTRO NACIONAL DE GEOGRAFIA AGRÁRIA, 11, 1992, Maringá. *Anais...* Maringá: UEM, 1992. v.1-B, p.793-805.

NEVES, G. R. O modelo no modelo: a agricultura de crianças. In: ENCONTRO NACIONAL DOS GEÓGRAFOS, 4, 1980, Rio de Janeiro. *Anais...* Rio de Janeiro: AGB, 1980. p.368-71.

_____. Censos agropecuários: dados básicos para pesquisas em Geografia Agrária (notas). In: ENCONTRO NACIONAL DE GEOGRAFIA AGRÁRIA, 9, 1988, Florianópolis. Florianópolis, UFSC, 1988. p.1-15. (Mimeogr.)

NIMER, E., BINSZIOK, J. Castelo e suas relações com o meio rural - área de colonização italiana. *Revista Brasileira de Geografia*, ano 29, n.4, p.44-77, 1967.

NOBRE, C. D. Agrotóxicos, sociedade e natureza: uma abordagem geográfica. In: ENCONTRO NACIONAL DE GEOGRAFIA AGRÁRIA, 9, 1988, Florianópolis. *Anais...* Florianópolis: UFSC, 1988. p.430-41.

NOBRE, C. D. Agrotóxicos, sociedade e natureza: uma abordagem geográfica. In: ENCONTRO NACIONAL DE GEÓGRAFOS, 7, 1988, Maceió. *Anais...* Maceió: AGB, 1988. p.64.

NOGUEIRA, E. C. NUNES, F. M. Propriedades de japoneses na região de Cotia. *Anais da AGB*, v.5, n.1, p.59-78, 1951.

_____. Propriedades de japoneses na região de Cotia. *Boletim Paulista de Geografia*, n.9, p.38-59, 1951.

O'CALLAGHAN, S. Recuperação de terras esgotadas. *Boletim Geográfico*, ano 18, n.155, p.222-3, 1960.

OKUDA, M. Pequena produção agrícola – município de Guaraçai – SP – estudo de caso. In: ENCONTRO NACIONAL DE GEOGRAFIA AGRÁRIA, 5, 1984, Santa Maria. *Comunicações...* Santa Maria: UFSM, 1984. p.27-9.

_____. O papel da agroindústria no município de Guaraçaí. In: ENCONTRO NACIONAL DE GEÓGRAFOS, 7, 1988, Maceió. *Anais...* Maceió: AGB, 1988. p.64.

OLIVEIRA, A. B. Considerações sobre a exploração da castanha no Baixo e Médio Tocantins. *Revista Brasileira de Geografia*, ano 2, n.1, p.3-15, 1940.

OLIVEIRA, A. G. Uma experiência de colonização na Continguiba sergipana: as fazendas Prhocasianas. In: ENCONTRO NACIONAL DE GEOGRAFIA AGRÁRIA, 7, 1986, Belo Horizonte. *Conferências e Comunicações...* Belo Horizonte: UFMG, 1986. v.1, p.106-09.

_____. A fazenda comunitária de General Maynard propriedade particular em condomínio. In: ENCONTRO NACIONAL DE GEOGRAFIA AGRÁRIA, 8, 1987, Barra dos Coqueiros. *Mesas-Redondas Comunicações...* Barra dos Coqueiros: UFS, 1987. p.147-8.

_____. O espírito tradicional da expansão econômica brasileira. *Boletim Geográfico*, ano 4, n.47, p.1470-3, 1947a.

_____. Problemas da Produção no Brasil. *Boletim Geográfico*, ano 5, n.55, p.802-14, 1947b.

_____. Deficiência da economia rural brasileira. *Boletim Geográfico*, ano 4, n.46, p.1317-20, 1947c.

OLIVEIRA, A. U. A questão agrária. In: ENCONTRO NACIONAL DOS GEÓGRAFOS, 4, 1980, Rio de Janeiro. *Anais...* Rio de Janeiro: AGB, 1980a. p.40-8.

_____. Agricultura e indústria no Brasil. In: ENCONTRO NACIONAL DE GEOGRAFIA AGRÁRIA, 3, 1980, Rio de Janeiro. *Anais...* Rio de Janeiro: UFRJ, 1980b. p.1-69.

_____. Agricultura e indústria no Brasil. *Boletim Paulista de Geografia*, n.58, p.5-64, 1981.

MUNDO RURAL E GEOGRAFIA

421

OLIVEIRA, A. U. A pequena produção mercantil no Brasil. In: ENCON-
TRO NACIONAL DOS GEÓGRAFOS, 5, 1982, Porto Alegre. *Anais...*
Porto Alegre: AGB, 1982a. livro 2, v.2, p.179-211.

_____. A pequena produção agrícola mercantil do Brasil. *Boletim
Goiano de Geografia*, v.2, n.2, p.165-95, 1982b.

_____. Os posseiros e a luta contra o capital: "...A terra é de ninguém".
Caderno Prudentino de Geografia, n.3, p.78-92, 1982c.

_____. Aos Trabalhadores nem o Bagaço ou a Revolta dos Trabalha-
dores dos Canaviais e dos Laranjais. *Boletim Paulista de Geografia*,
n.60, p.153-226, 1984.

_____. A fronteira amazônica mato-grossense: grilagem, corrupção e
violência. In: ENCONTRO NACIONAL DE GEÓGRAFOS, 6, 1986,
Campo Grande. *Anais...* Campo Grande: AGB, 1986. p.7.

_____. O campo brasileiro no final dos anos 80. *Boletim Paulista de
Geografia*. n.66, p.5-22, 1988.

_____. *A geografia das lutas no campo*. São Paulo: s. n., 1988. 101p.

_____. Agroindústria. *Revista do Departamento de Geografia (São
Paulo)*, n.8, p.104-5, 1990.

_____. Geografia e território: desenvolvimento e contradições na agri-
cultura. In: ENCONTRO NACIONAL DE GEOGRAFIA AGRÁRIA,
12, 1994, Águas de São Pedro. *Mesas-Redondas...* Águas de São Pedro:
UNESP, 1994. p.24-51.

_____. O desenvolvimento do capitalismo no Brasil: a apropriação da
renda da terra pelo capital na citricultura paulista. In: CONGRESSO
BRASILEIRO DE GEÓGRAFOS, 4, 1984, São Paulo. *Anais...* São
Paulo: AGB, 1984. p.330-59.

OLIVEIRA, B. A destruição do cerrado e o reflorestamento como meio
de valorização regional. *Revista Brasileira de Geografia*, ano 32, n.1,
p.43-66, 1970.

OLIVEIRA, B. A. C. C. Camponês. *Revista do Departamento de Geografia
(São Paulo)*, n.8, p.102-4, 1990.

OLIVEIRA, B. C. Reforma agrária para quem ? discutindo o campo no
Estado de São Paulo. *Terra Livre*, n.6, p.105-14, 1988.

_____. Problemas de Geografia Agrária. *Boletim Geográfico*, ano 8,
n.88, p.487-8, 1950.

OLIVEIRA, D. A. O pequeno produtor familiar e suas relações com o
complexo agroindustrial. In: ENCONTRO NACIONAL DE GEO-
GRAFIA AGRÁRIA, 10, 1990, Teresópolis. *Anais...* Teresópolis: UFRJ,
1990. v.1, p.173-89.

OLIVEIRA, D. A. O pequeno produtor familiar e suas relações com o complexo agroindustrial. *Boletim de Geografia*, Maringá, ano 8, n.1, p.27-40, 1990.

OLIVEIRA, D. A., GERARDI, L. H. O. A persistência da unidade familiar de produção: a sericicultura em Charqueada. *Geografia (Rio Claro)*, v.14, n.27, p.1-45, 1989.

OLIVEIRA, D. A., CAMARGO, E., GERARDI, L. H. O. A sericicultura e a indústria da seda na região de Charqueada (SP): uma proposta. In: ENCONTRO NACIONAL DE GEOGRAFIA AGRÁRIA, 5, 1984, Santa Maria. *Comunicações...* Santa Maria: UFSM, 1984. p.25-6.

OLIVEIRA, D. A., GERARDI, L. H. O., CAMARGO, E. A sericicultura e a indústria da seda na região de Charqueada (SP). In: ENCONTRO NACIONAL DE GEOGRAFIA AGRÁRIA, 7, 1986, Belo Horizonte. *Conferências e Comunicações...* Belo Horizonte: UFMG, 1986. v.1, p.29-53.

OLIVEIRA, L. Aspectos geográficos da zona agrícola do Rio da Prata. *Revista Brasileira de Geografia*, ano 22, n.1, p.47-80, 1960.

_____. Uma fazenda no cinturão do milho – Estado de IOWA, EUA. *Cadernos Rioclarenses de Geografia*, n.2, p.59-62, 1969.

OLIVEIRA, M. L. P. O projeto de colonização particular da gleba Celeste, na fronteira agrícola. *Geosul*, ano 3, n.6, p.21-38, 1988.

OLIVEIRA, M. S. C. A eletrificação rural e a modernização da agricultura no município de Campo Mourão – Estado do Paraná. In: ENCONTRO NACIONAL DE GEOGRAFIA AGRÁRIA, 11, 1992, Maringá. *Anais...* Maringá: UEM, 1992. v.1-A, p.224-37.

ORSELLI, L. Divisão agroclimática do Estado de Santa Catarina através da classificação de Thointhwaite. In: ENCONTRO NACIONAL DE GEOGRAFIA AGRÁRIA, 9, 1988, Florianópolis. *Anais...* Florianópolis: UFSC, 1988. p.442-54.

ORSELLI, L., SILVA, J. T. N. Contribuição ao estudo do balanço hídrico em Santa Catarina. In: ENCONTRO NACIONAL DE GEOGRAFIA AGRÁRIA, 9, 1988, Florianópolis. *Anais...* Florianópolis: UFSC, 1988. p.455-67.

OTREMBA, E. Geografia Agrária. In: LUTGENS, R. *La Terra y la Economia Mundial*. Barcelona: Omega, 1955. v.3, pt.1, p.5-28.

PACHECO, C. B., AZEVEDO, D. B., RODRIGUES, M. L. O projeto de colonização da Serra do Mel. In: ENCONTRO NACIONAL DOS GEÓGRAFOS, 5, 1982, Porto Alegre. *Anais...* Porto Alegre: AGB, 1982. v.1, p.322-3.

PAIVA, R. M. Modernização e dualismo tecnológico na agricultura. *Pesquisa e planejamento econômico*, v.1, n.2, p.171-234, 1971.

PALHETA, I. G. V. As políticas de irrigação no nordeste: uma análise crítica. *Revista do Departamento de Geografia*, São Paulo, n.5, p.39-46, 1991.

PAPY, L. Os sistemas de culturas e suas modalidades. *Boletim Paulista de Geografia*, n.6, p.23-51, 1950.

_____. À margem do império do café - a fachada atlântica de São Paulo. *Boletim Geográfico*, ano 15, n.137, p.139-65, 1957.

PASSOS, M. M., MARTINS, O. B. Vale do Guaporé: conflitos pelo espaço. In: ENCONTRO NACIONAL DE GEÓGRAFOS, 7, 1988, Maceió. *Anais...* Maceió: AGB, 1988. p.63.

PAULINO, E. T. O município de Presidente Prudente: algumas considerações sobre a estrutura fundiária e suas implicações. In: ENCONTRO NACIONAL DE GEOGRAFIA AGRÁRIA, 12, 1994, Águas de São Pedro. *Comunicações...* Águas de São Pedro: UNESP, 1994. p.67-8.

PAVIANI, A. "Geografia do desperdício" – relações com o ambiente rural. In: ENCONTRO NACIONAL DE GEOGRAFIA AGRÁRIA, 8, 1987, Barra dos Coqueiros. *Mesas-Redondas Comunicações...* Barra dos Coqueiros: UFS, 1987. p.107.

PAYES, M. A. M. Apropriação da renda fundiária – o caso Norte Paranaense. *Geografia (Maringá)*, n.3, p.63-83, 1986.

PAZERA JR., E. Cadastro fundiário de Salgado de São Félix (PB). Uma abordagem de geografia quantitativa. *Geonordeste*, ano 2, n.2, p.69-74, 1985.

PAZERA JUNIOR, E., BERNARDES, L.R.M. Antigas capitais do café do Espírito Santo, Rio de Janeiro e São Paulo. *Boletim Geográfico*, ano 33, n.242, p.88-102, 1974.

PÉBAYLE, R. A vida rural na Campanha Rio-Grandense. *Boletim Geográfico*, ano 27, n.207, p.18-32, 1968.

_____. A rizicultura irrigada no Rio Grande do Sul. *Boletim Geográfico do RGS*, ano 16, n.14, p.4-11, 1971.

_____. A área do Distrito Federal Brasileiro. *Revista Brasileira de Geografia*, ano 33, n.1, p.39-83, 1971.

_____. A vida rural na "Campanha" Rio Grandense. *Boletim Geográfico do RGS*, ano 16, n.14, p.36-43, 1971.

_____. Geografia rural das novas colônias do Alto Uruguai (RGS – Brasil). *Boletim Geográfico do RGS*, ano 16, n.14, p.12-9, 1971.

_____. O Centro do Planalto Rio-Grandense: uma região rural em mutação. *Boletim Geográfico do RGS*, ano 16, n.14, p.44-55, 1971.

_____. Uma tipologia da inovação rural no Brasil. *Boletim Geográfico*, ano 35, n.253, p.53-67, 1977.

PÉBAYLE, R. As frentes pioneiras de Mato Grosso do Sul: abordagem geográfica e ecológica. *Espaço e Conjuntura*, n.4, 42p., 1981.

PEDERZOLI, P. M., FIGUEIREDO, J. Possui concorrentes o algodão paulista? In: CONGRESSO BRASILEIRO DE GEOGRAFIA, 9, 1944, Rio de Janeiro. *Anais...* Rio de Janeiro: CNG, 1944. p.468-74.

PELLERINI, J. et al. Metodologia de utilização de dados espaciais Landsat MSS e TM no estudo de uso dos solos: região de Marília – São Paulo. *Geosul*, ano 8, n.16, p.79-89, 1993.

PELTRE, J. Permanence, changement et nécessité de la géographie agraire historique. *Hérodote* (Paris), n.74-75, p.87-94, 1994.

PELUSO JUNIOR, V.A. Fazenda do Cedro: Planalto de São Joaquim. *Boletim Geográfico*, ano 6, n.72, p.1379-91, 1949.

_____. Paisagens catarinenses. *Boletim Geográfico* (DEGC), ano 1, n.1, p.1-62, 1947.

_____. Paisagens catarinenses. *Boletim Geográfico* (DEGC), ano 1, n.2, p.75-127, 1947.

_____. Paisagens catarinenses. *Boletim Geográfico* (DEGC), ano 2, n.3, p.87-9, 1948.

_____. Paisagens catarinenses. *Boletim Geográfico* (DEGC), ano 2, n.4, p.39-46, 1948.

PENHA, E. A. *Criação do IBGE no contexto da centralização política do Estado Novo*. Rio de Janeiro: IBGE, 1993. 124p. (Documentos para disseminação da memória nacional, v.4)

PENTEADO, A. R. Problemas da zona rural na região de Caraparú e Inhangapé (Baixo Amazonas). *Boletim Paulista de Geografia*, n.12, p.30-40, 1952.

_____. A agricultura itinerante e o problema da fixação do homem ao Congo Belga. *Boletim Paulista de Geografia*, n.33, p.41-77, 1959.

PEREIRA, B. A. S. Plantas nativas do cerrado pastadas por bovinos na região geoeconômica do Distrito Federal. *Revista Brasileira de Geografia*, ano 46, n.2, p.381-8, 1984.

PEREIRA, J. E. A. O café e a vinha: o projeto de um senador do império para a reversão da decadência do Vale do Paraíba Paulista. In: ENCONTRO NACIONAL DE GEOGRAFIA AGRÁRIA, 11, 1992, Maringá. *Anais...* Maringá: UEM, 1992. v.1-B, p.806-17.

PEREIRA, J. V. C. Evolução do problema canavieiro fluminense. *Revista Brasileira de Geografia*, ano 5, n.2, p.255-66, 1943.

_____. Agregado. *Revista Brasileira de Geografia*, ano 9, n.3, p.460-1, 1947.

PEREIRA, J. V. C. A geografia no Brasil. In: AZEVEDO, F. *As ciências no Brasil*. São Paulo: Melhoramentos, 1955. v.1, p.316-412.

PEREIRA, R. S. Contribuição ao planejamento físico rural de propriedades rurais. In: ENCONTRO NACIONAL DE GEOGRAFIA AGRÁRIA, 5, 1984, Santa Maria. *Comunicações...* Santa Maria: UFSM, 1984. p.46-9.

PEREIRA, V. P., AQUINO, D.T. A agricultura de subsistência em Paranatama – PE e o êxodo rural. In: ENCONTRO NACIONAL DE GEOGRAFIA AGRÁRIA, 12, 1994, Águas de São Pedro. *Comunicações...* Águas de São Pedro: UNESP, 1994. p.69-70.

PERINI, J. M. L. A penetração do capital urbano em áreas rurais de Lageado Grande. In: ENCONTRO NACIONAL DOS GEÓGRAFOS, 5, 1982, Porto Alegre. *Anais...* Porto Alegre: AGB, 1982. v.1, p.326-7.

PESSOA, J. O comércio do café. In: CONGRESSO BRASILEIRO DE GEOGRAFIA, 9, 1944, Rio de Janeiro. *Anais...* Rio de Janeiro: CNG, 1944. p.365-410.

PESSÔA, V. L. S., SANCHEZ, M. C. Características da modernização da agricultura e do desenvolvimento rural em Uberlândia. *Geografia*, Rio Claro, v.8, n.15-16, p.151-7, 1983.

_____. A ação do Estado e as transformações agrárias no cerrado das zonas de Paracatu e Alto Paranaíba (MG). *Boletim de Geografia Teorética*, v.19, n.37-38, p.67-79, 1992.

PETRONE, P. A zona rural de Cuiabá. *Anais da AGB*, v.7, n.2, p.66-160, 1953.

_____. Aspectos da Geografia Agrária da zona rural de Garanhuns. *Anais da AGB*, v.9, t. 2, p.55-125, 1954-1955.

_____. Notas sobre os sistemas de cultura na Baixada do Ribeira, SP. *Boletim Paulista de Geografia*, n.39, p.47-63, 1961.

_____. Experiência de colonização numa área tropical: a baixada do Ribeira. *Anais da AGB*, v.14, p.265-8, 1962.

_____. Perspectivas da colonização no Brasil. *Anais da AGB*, v.18, p.49-59, 1973.

PETTEI, B. C. C. M. Produção de milho e suínos no Brasil Meridional. *Revista Brasileira de Geografia*, ano 16, n.3, p.329-66, 1954.

PIAZZA, W. F. O italiano e a sua contribuição à agricultura em Santa Catarina. *Boletim Paranaense de Geografia*, n.8-9, p.23-49, 1963.

PIMENTA, M. S. et al. Cafeicultura em Calheiros: revitalização e viabilidade econômica (B.J.I. – RJ). In: ENCONTRO NACIONAL DE GEÓGRAFOS, 7, 1988, Maceió. *Anais...* Maceió: AGB, 1988. p.67.

PINHO, M. L. P. R. Monografia de fazenda. A Fazenda Engenho D'Água, em Guaratinguetá, *Boletim da FFCL – Geografia*, São Paulo, n.1, p.7-33, 1944.

PINTO, M. N. Contribuição ao estudo da influência da lavoura especulativa do sisal no Estado da Bahia. *Revista Brasileira de Geografia*, ano 31, p.3-102, 1969.

PIRAN, N. Desenvolvimento rural. In: ENCONTRO NACIONAL DE GEOGRAFIA AGRÁRIA, 1, 1978, Salgado. *Comunicações...* Salgado: UFS, 1978. p.14-7.

_____. Desenvolvimento rural de Erexim: um estudo de caso In: ENCONTRO NACIONAL DE GEOGRAFIA AGRÁRIA, 2, 1979, Rio Claro. *Anais...* Rio Claro: UNESP, AGETEO, 1979. não pag.

_____. A pequena produção rural. In: ENCONTRO NACIONAL DE GEOGRAFIA AGRÁRIA, 6, 1985, Garanhuns. *Comunicações...* Garanhuns: Fundação Joaquim Nabuco, 1985. p.94-6.

_____. A pequena produção rural: o caso de Erexim (RS). In: ENCONTRO NACIONAL DE GEOGRAFIA AGRÁRIA, 7, 1986, Belo Horizonte. *Conferências e Comunicações...* Belo Horizonte: UFMG, 1986. v.1, p.9-28.

PIRAN, N., GERARDI, L. H. O. A pequena produção em Erexim: um estudo de caso. *Geografia (Rio Claro)*, v.7, n.13-14, p.123-36, 1982.

POLTRONIÉRI, L. C. A produção agrícola e a força de trabalho no sistema espacial agricultura paulista. *Boletim de Geografia Teorética*, v.3, n.5, p.59-65, 1973.

_____. Aspectos da economia agrícola na porção Centro-Norte do Estado de São Paulo. *Boletim Paulista de Geografia*, n.48, p.65-92, 1973.

_____. Utilização de estruturas econômicas para definição de espaços agrícolas uniformes no Estado de São Paulo. *Boletim de Geografia Teorética*, v.4, n.7-8, p.5-28, 1974.

_____. Difusão espacial da citricultura no Estado de São Paulo analisada através do modelo de superfície de tendência. *Boletim de Geografia Teorética*, v.6, n.11-12, p.5-28, 1976.

_____. Difusão espacial da citricultura no Estado de São Paulo. *Série Teses e Monografias*, n.27, p.1-105, 1976.

_____. Concentração espacial dos produtos hortícolas no Estado de São Paulo. *Geografia (Rio Claro)*, v.4, n.7, p.88-94, 1979.

_____. Aspectos sociais, fundiários e de modernização da agricultura paulista entre 1940 e 1970. *Revista Brasileira de Geografia*, ano 42, n.4, p.885-96, 1980.

MUNDO RURAL E GEOGRAFIA

427

POLTRONIÉRI, L. C. A expansão da cultura canavieira nos pequenos médios e grandes estabelecimentos de Rio Claro como reflexo da política agrícola vigente. In: ENCONTRO NACIONAL DE GEOGRAFIA AGRÁRIA, 5, 1984, Santa Maria. *Comunicações...* Santa Maria: UFSM, 1984. p.112-7.

_____. Crédito rural e modernização da agricultura: o exemplo do município de Rio Claro (SP) no período de 1940/1983. In: ENCONTRO NACIONAL DE GEOGRAFIA AGRÁRIA, 7, 1986, Belo Horizonte. *Conferências e Comunicações...* Belo Horizonte: UFMG, 1986. v.1, p.181-89.

_____. O processo de modernização da agricultura em Rio Claro (SP) e suas principais consequências. In: ENCONTRO NACIONAL DE GEOGRAFIA AGRÁRIA, 7, 1986, Belo Horizonte. *Conferências e Comunicações...* Belo Horizonte: UFMG, 1986. v.1, p.190-95.

_____. Consequências da modernização da agricultura: o uso indiscriminado de praguicidas no município de Rio Claro. *Revista de Geografia*, n.7, p.35-50, 1988.

_____.Uma avaliação sobre o uso do crédito rural em Rio Claro no período de 1940/1983 e suas implicações na modernização da agricultura. *Boletim de Geografia*, ano 6, n.1, p.63-9, 1988.

_____. Uso de praguicidas nos pequenos e médios estabelecimentos agrícolas de Rio Claro (SP): quem fiscaliza. *Revista de Geografia*, ano 8, n.1, p.53-65, 1990.

_____. Atividade agrícola, impactos e riscos ambientais. In: ENCONTRO NACIONAL DE GEOGRAFIA AGRÁRIA, 11, 1992, Maringá. *Anais...* Maringá: UEM, 1992. v.2, p.176-92.

_____. Intoxicações por praguicidas no estado de São Paulo: riscos ambientais e custos sociais. In: ENCONTRO NACIONAL DE GEOGRAFIA AGRÁRIA, 12, 1994, Águas de São Pedro. *Comunicações...* Águas de São Pedro: UNESP, 1994. p.151-2.

POLTRONIÉRI, L. C., SOUZA, R. C. M. Praguicidas na agricultura: abordagem geográfica das atitudes do agricultor rioclarense. *Geografia*, Rio Claro, v.14, n.27, p.47-66, 1989.

PONTES, B. M. S. O Polonordeste: uma estratégia de desenvolvimento regional?. In: ENCONTRO NACIONAL DE GEOGRAFIA AGRÁRIA, 5, 1984, Santa Maria. *Comunicações...* Santa Maria: UFSM, 1984. p.98-103.

_____. O Plano Nacional de Reforma Agrária e a sociedade brasileira. In: ENCONTRO NACIONAL DE GEOGRAFIA AGRÁRIA, 6, 1985, Garanhuns. *Comunicações...* Garanhuns: Fundação Joaquim Nabuco, 1985. p.202-11.

PONTES, B. M. S. Projeto Nordeste – Programa do pequeno produtor rural no Estado da Paraíba. In: ENCONTRO NACIONAL DE GEO-GRAFIA AGRÁRIA, 7, 1986, Belo Horizonte. *Conferências e Comunicações...* Belo Horizonte: UFMG, 1986. v.1, p.123-32.

_____. A política socialista de rendas. In: ENCONTRO NACIONAL DE GEOGRAFIA AGRÁRIA, 8, 1987, Barra dos Coqueiros. *Mesas--Redondas Comunicações...* Barra dos Coqueiros: UFS, 1987. p.113-4.

_____. Socialismo e agricultura coletivista. In: ENCONTRO NACIONAL DE GEOGRAFIA AGRÁRIA, 8, 1987, Barra dos Coqueiros. *Mesas--Redondas Comunicações...* Barra dos Coqueiros: UFS, 1987. p.115-6.

PORTO, A. Antecedentes econômico – políticos da Fundação dos Povos. *Boletim Geográfico*, ano 14, n.135, p.445-72, 1956.

_____. Antecedentes econômico – políticos da Fundação dos Povos. *Boletim Geográfico,* ano 15, n.136, p.15-44, 1957.

PRADO, G. M. O impacto das mudanças tecnológicas na agricultura sobre a produção do espaço semiárido do Nordeste. *Geonordeste*, ano 1, n.1, p.43-6, 1984.

PRADO, J. F. A. Aspectos sociais da cultura do café. *Boletim Geográfico*, ano 13, n.126, p.318-24, 1955.

PRADO JUNIOR, C. Distribuição da propriedade fundiária rural no Estado de São Paulo. *Boletim Geográfico*, ano 3, n.29, p.692-700, 1945.

_____. *Questão agrária.* São Paulo: Brasiliense, 1981. 188p.

PRAT, H. Conquista dos solos das regiões tropicais. *Boletim Geográfico*, ano 8, n.89, p.576-82, 1950.

PRATES, A. M. M. Atuação estatal no cooperativismo agrícola catarinense. O caso da Cooperativa Regional Alfa (1957-1980). In: ENCONTRO NACIONAL DE GEOGRAFIA AGRÁRIA, 7, 1986, Belo Horizonte. *Conferências e Comunicações...* Belo Horizonte: UFMG, 1986. v.1, p.196-200.

PRATES, A. M. M., CORRÊA, W. K. Produção e comercialização de hortaliças no município de Antônio Carlos-SC: alguns resultados preliminares. *Geosul*, ano 2, n.4, p.65-72, 1987.

_____. Produção e comercialização de hortaliças no município de Antônio Carlos – SC: alguns resultados preliminares. In: ENCON-TRO NACIONAL DE GEOGRAFIA AGRÁRIA, 8, 1987, Barra dos Coqueiros. *Mesas-Redondas Comunicações...* Barra dos Coqueiros: UFS, 1987. p.149-50.

PRATES, A. M. M., CORRÊA, W. K. Extensão rural, estrutura agrária e uso da terra no município de Antônio Carlos – SC. *Geosul*, ano 4, n.8, p.30-47, 1989.

MUNDO RURAL E GEOGRAFIA   429

PRATES, A. M. M., CORRÊA, W. K. Extensão rural, estrutura agrária e
uso da terra no Município de Antônio Carlos – SC. In: ENCONTRO
NACIONAL DE GEOGRAFIA AGRÁRIA, 10, 1990, Teresópolis.
Anais... Teresópolis: UFRJ, 1990. v.1, p.68-88.

_____. Modernização – uso de insumos químicos na horticultura, cui-
dados e preocupações do agricultor: o caso de Antônio Carlos – SC.
In: ENCONTRO NACIONAL DE GEOGRAFIA AGRÁRIA, 11, 1992,
Maringá. *Anais...* Maringá: UEM, 1992. v.1-A, p.286-302.

PROST, G. O Cariri semiárido transformado pela agave. *Revista Brasileira
de Geografia*, ano 30, n.2, p.21-55, 1968.

PUGA, D., OLIVEIRA, L. A percepção do controle das plantas daninhas
no algodão. In: ENCONTRO NACIONAL DE GEOGRAFIA AGRÁ-
RIA, 4, 1983, Uberlândia. *Comunicações...* Uberlândia: UFU, 1983.
p.94-103.

QUEDA, O. Conflitos e movimentos sociais no campo. In: ENCONTRO
NACIONAL DE GEOGRAFIA AGRÁRIA, 4, 1983, Uberlândia. Uberlândia: UFU, 1983. p.1-8. (Mimeogr.)

_____. Algumas observações sobre as relações entre agroindústria e
produtores agrícolas. In: ENCONTRO NACIONAL DE GEOGRAFIA
AGRÁRIA, 10, 1990, Teresópolis. *Anais...* Teresópolis: UFRJ, 1990.
v.2, p.22-39.

QUEIROZ, M. I. P. de. Bairros rurais paulistas. *Revista do Museu Paulista*,
v.17, 1967.

_____. Do rural e do urbano no Brasil. In: SZMRECSÁNYI, T.,
QUEDA, O. *Vida rural e mudança social.* 3.ed. São Paulo: Nacional,
1979. cap.13, p.160-76.

QUINTAS, F. Pobreza: ideologia e migração feminina. In: ENCONTRO
NACIONAL DE GEOGRAFIA AGRÁRIA, 6, 1985, Garanhuns. *Comunicações...* Garanhuns: Fundação Joaquim Nabuco, 1985. p.272-5.

RACINE, J. B. Nova fronteira para a pesquisa geográfica. *Boletim Geográfico*, ano 30, n.221. p.3-34, 1971.

RANGEL, D. de C. Velhas fazendas de café. In: CONGRESSO BRASI-
LEIRO DE GEOGRAFIA, 9, 1944, Rio de Janeiro. *Anais...* Rio de
Janeiro: CNG, 1944. p.411-5.

RANGEL, I. Dualidade básica da economia brasileira. Rio de Janeiro:
ISEB, 1957. 109p.

RANGEL, I. A questão agrária e o ciclo longo. *Boletim Campograndense
de Geografia*, n.1, p.11-30, 1986.

RANZANI, J. Cultura e colheita. In: CONGRESSO BRASILEIRO DE
GEOGRAFIA, 9, 1944, Rio de Janeiro. *Anais...* Rio de Janeiro: CNG,
1944. p.432-43.

RAO, N. J., SIMONIC, J. Influência da pluviosidade para a irrigação das culturas de algodão e amendoim na região de Presidente Prudente. *Caderno Prudentino de Geografia*, n.6, p.155-8, 1983.

RAPCHAN, E. S. O mito no corpo, na terra, na planta: reflexões acerca dos posseiros do Vale do Pindaré-Mirim. *Boletim Paulista de Geografia*, n.67, p.69-74, 1989.

RAWITSCHER, F. A degradação dos solos tropicais como consequência do emprego de métodos agriculturais de climas temperados. *Boletim Geográfico*, ano 20, n.168, p.290-1, 1962.

REGO, J. F. O babaçu. *Boletim Geográfico*, ano 10, n.110, p.540-6, 1952.

REGUEIRA, M. F. S. D. Alguns aspectos da questão agrária no Brasil e no Nordeste. In: ENCONTRO NACIONAL DE GEOGRAFIA AGRÁRIA, 6, 1985, Garanhuns. *Comunicações...* Garanhuns: Fundação Joaquim Nabuco, 1985. p.194-201.

_____. Bacia leiteira. In: ENCONTRO NACIONAL DE GEOGRAFIA AGRÁRIA, 7, 1986, Belo Horizonte. *Conferências e Comunicações...* Belo Horizonte: UFMG, 1986. v.1, p.201-3.

_____. O recuo das culturas na microrregião do Recife. In: ENCONTRO NACIONAL DE GEOGRAFIA AGRÁRIA, 9, 1988, Florianópolis. *Anais...* Florianópolis: UFSC, 1988. p.87-100.

REIS, V.M.O. O meio rural português Conselho de Alcobaça. *Boletim Geográfico do RGS*, ano 17, n.15, p.27-34, 1972.

RIBEIRO, I. O. Prioridade à agricultura, pacote(s) agrícola(s) e inflação. In: ENCONTRO NACIONAL DE GEOGRAFIA AGRÁRIA, 2, 1979, Rio Claro. Rio Claro: AGETEO, UNESP, 1979. p.1-13. (Mimeogr.)

RIBEIRO, A. G., SILVEIRA, L. M. As condicionantes ambientais e a homogeneização da paisagem agrícola no município de Apucarana – PR. In: ENCONTRO NACIONAL DE GEOGRAFIA AGRÁRIA, 8, 1987, Barra dos Coqueiros. *Mesas-Redondas Comunicações...* Barra dos Coqueiros: UFS, 1987. p.194-5.

RIBEIRO, M. A. C., ALMEIDA, R. S. Os pequenos e médios estabelecimentos industriais nordestinos e suas vinculações com o mundo rural. In: ENCONTRO NACIONAL DE GEOGRAFIA AGRÁRIA, 10, 1990, Teresópolis. *Anais...* Teresópolis: UFRJ, 1990. v.1, p.449-58.

RIBEIRO, M. R. M. Pequeno glossário de Geografia Agrária. *Revista Geografia e Ensino*, ano 1, n.1, p.47-59, 1982.

_____. Curso de aperfeiçoamento em Reforma Agrária: uma proposta. In: ENCONTRO NACIONAL DE GEOGRAFIA AGRÁRIA, 7, 1986, Belo Horizonte. *Conferências e Comunicações...* Belo Horizonte: UFMG, 1986. v.2, p.70-3.

MUNDO RURAL E GEOGRAFIA 431

RIBEIRO, M. R. M. Ordenação do espaço agrário: uma metodologia. In: ENCONTRO NACIONAL DE GEOGRAFIA AGRÁRIA, 8, 1987, Barra dos Coqueiros. *Mesas-Redondas Comunicações...* Barra dos Coqueiros: UFS, 1987. p.31-54.

RIBEIRO, M. R. M., PALHARES, V. L. A irrigação na transformação do espaço agrário. In: ENCONTRO NACIONAL DE GEOGRAFIA AGRÁRIA, 12, 1994, Águas de São Pedro. *Comunicações...* Águas de São Pedro: UNESP, 1994. p.153-5.

RICHARDSON, H. W. *Economia Regional. Teoria da localização, estrutura urbana e crescimento regional.* Rio de Janeiro: Zahar, 1975. 415p.

RIO, G. A. P. PROÁLCOOL - Avaliação de impactos socioambientais. In: ENCONTRO NACIONAL DE GEÓGRAFOS, 6, 1986, Campo Grande. *Anais...* Campo Grande: AGB, 1986. p.62.

RIOS, J. A. O imigrante e o problema da terra. *Boletim Geográfico*, ano 7, n.76, p.402-8, 1949.

_____. O imigrante e o problema da terra. *Boletim Geográfico*, ano 9, n.97, p.5-10, 1951.

_____. Rumos da reforma agrária. *Boletim Geográfico*, ano 12, n.121, p.169-76, 1954.

ROCHA, A., LEITÃO, G. Uma proposta de habitação para os assentamentos rurais implementados pelo governo do Estado do Rio de Janeiro. In: ENCONTRO NACIONAL DE GEOGRAFIA AGRÁRIA, 11, 1992, Maringá. *Anais...* Maringá: UEM, 1992. v.1-B, p.668-90.

ROCHA, J. A. et al. Área de tensão do ambiente rural dos municípios de Serra Talhada e Triunfo. In: ENCONTRO NACIONAL DE GEÓGRAFOS, 8, 1990, Salvador. *Anais...* Salvador: AGB, 1990. v.1, p.311-6.

ROCHA, J. S. M. Traçado semigráfico do perfil topográfico – método UFSM. In: ENCONTRO NACIONAL DE GEOGRAFIA AGRÁRIA, 5, 1984, Santa Maria. *Comunicações...* Santa Maria: UFSM, 1984. p.177-9.

ROCHA, L. H. M., MIORIN, V. M. F. O comportamento da estrutura fundiária da microrregião homogênea da Lagoa Mirim – MRH 319 – período 1940-1980. *Geografia Ensino e Pesquisa*, n.2, p.42-76, 1988.

ROCHA, L. H. M., MIORIN, V. M. F. A importância da terra na organização espacial: a formação econômica – social do espaço sul – rio grandense. *Geografia Ensino e Pesquisa*, n.3, p.7-36, 1989.

_____. A importância da terra na organização espacial: a formação econômica – social do espaço sul-rio-grandense. *Geografia Ensino e Pesquisa*, n.4, p.148-66, 1990.

432 DARLENE APARECIDA DE OLIVEIRA FERREIRA

ROCHA, S. Expansão da produção agrícola e demanda de armazenagem a seco. In: ENCONTRO NACIONAL DOS GEÓGRAFOS, 4, 1980, Rio de Janeiro. *Anais...* Rio de Janeiro: AGB, 1980. p.392-5.

ROCHE, J. A contribuição da colonização alemã à valorização do Rio Grande do Sul. *Anais da AGB*, v.14, p.227-36, 1962.

_____. Alguns aspectos da vida rural nas colônias alemãs do Rio Grande do Sul. *Boletim Geográfico*, ano 18, n.156, p.378-94, 1960.

RODRIGUES, A. M. P. Estado e produção do leite - o caso de São Luís do Paraitinga. In: ENCONTRO NACIONAL DOS GEÓGRAFOS, 5, 1982, Porto Alegre. *Anais...* Porto Alegre: AGB, 1982. Livro 2, v.2, p.426-32.

RODRIGUES, A. J., PINTO, M. F., SOUTO, P. H. Quando a laranja "salva" a lavoura. In: ENCONTRO NACIONAL DE GEOGRAFIA AGRÁRIA, 12, 1994, Águas de São Pedro. *Comunicações...* Águas de São Pedro: UNESP, 1994. p.71.

RODRIGUES, A. M. P. Renda da Terra, Trabalho, Espaço e Capital – Os tiradores de leite de Catuçaba – São Paulo. *Boletim Paulista de Geografia*, n.62, p.5-46, 1985.

RODRIGUES, J. H. História da concessão de terras no Brasil. *Boletim Geográfico*, ano 19, n.162, p.366-70, 1961.

RODRIGUES, M. F. P. Camponeses ainda existem? In: ENCONTRO NACIONAL DE GEÓGRAFOS, 9, 1992, Presidente Prudente. *Anais...* Presidente Prudente: AGB, 1992. p.73.

RODRIGUES, M. L. Organização do espaço e intervenção do Estado no Norte da Belém-Brasília Trecho Castanhal/Imperatriz. In: ENCONTRO NACIONAL DE GEOGRAFIA AGRÁRIA, 2, 1979, Rio Claro. *Anais...* Rio Claro: UNESP,AGETEO, 1979. não pag.

ROHWEDDER, J. A atual expansão do algodão paulista. In: CONGRESSO BRASILEIRO DE GEOGRAFIA, 9, 1944, Rio de Janeiro. *Anais...* Rio de Janeiro: CNG, 1944. p.422-31.

ROMARIZ, D. A. O gado na expansão geográfica do Brasil. *Boletim Geográfico*, ano 5, n.60, p.1471-5, 1948.

ROMEIRO, A. R. Agricultura e agroindústria: perspectivas de novas configurações. In: ENCONTRO NACIONAL DE GEOGRAFIA AGRÁRIA, 11, 1992, Maringá. *Anais...* Maringá: UEM, 1992. v.2, p.44-61.

RONDON, F. Novas perspectivas da valorização rural. *Boletim Geográfico*, ano 17, n.148, p.45-7, 1959.

ROSA, R. Estudo do comportamento espectral da cultura da cana-de-açúcar em função das variações das condições de iluminação da cerra. *Sociedade e Natureza* (Uberlândia), v.2, p.5-43, 1989.

MUNDO RURAL E GEOGRAFIA   433

ROSA, S. S. O. Mapeamento, quantificação e análise do uso da terra por classe de declividade, nas microbacias do Arroio Catanduva e Sanga da Taquara. *Geografia Ensino e Pesquisa*, n.2, p.5-41, 1988.

ROSS, J. L. S. A deterioração das águas subterrâneas. In: ENCONTRO NACIONAL DE GEÓGRAFOS, 6, 1986, Campo Grande. *Anais...* Campo Grande: AGB, 1986. p.107A.

ROSSINI, R. E. A alface em São Paulo: aspectos de seu abastecimento na capital. *Geografia Econômica*, n.8, p.1-29, 1971.

_____. O volante como força de trabalho e o emprego de tecnologia na agricultura – o exemplo paulista. In: ENCONTRO NACIONAL DOS GEÓGRAFOS, 3, 1978, Fortaleza. *Anais...* Fortaleza: AGB, 1978. p.75-87.

_____. Considerações a respeito das tendências da mão de obra volante na agricultura paulista. In: ENCONTRO NACIONAL DE GEOGRAFIA AGRÁRIA, 1, 1978, Salgado. *Comunicações...* Salgado: UFS, 1978. p.18-23.

_____. Pressupostos gerais para a compreensão dos conflitos sociais no campo. In: ENCONTRO NACIONAL DE GEOGRAFIA AGRÁRIA, 4, 1983, Uberlândia. *Anais...* Uberlândia: UFU, 1983. p.1-32.

_____. A mulher como força de trabalho na agricultura paulista. In: ENCONTRO NACIONAL DE GEOGRAFIA AGRÁRIA, 5, 1984, Santa Maria. *Comunicações...* Santa Maria: UFSM, 1984. p.75-9.

_____. A intensificação das relações capitalistas de produção e o trabalho da mulher na agricultura canavieira – São Paulo – Brasil. In: ENCONTRO NACIONAL DE GEOGRAFIA AGRÁRIA, 6, 1985, Garanhuns. *Comunicações...* Garanhuns: Fundação Joaquim Nabuco, 1985. p.85-7.

_____. Mulher e trabalho. In: ENCONTRO NACIONAL DE GEOGRAFIA AGRÁRIA, 8, 1987, Barra dos Coqueiros. *Mesas-Redondas Comunicações...* Barra dos Coqueiros: UFS, 1987. p.167-8.

ROSSINI, R. E. A. mulher na lavoura canavieira paulista. In: ENCONTRO NACIONAL DE GEOGRAFIA AGRÁRIA, 9, 1988, Florianópolis. Florianópolis: UFSC, 1988. p.1-16. (Mimeogr.)

_____. Mulher e família: dinâmica do mercado de trabalho In: ENCONTRO NACIONAL DE GEOGRAFIA AGRÁRIA, 10, 1990, Teresópolis. *Anais...* Teresópolis: UFRJ, 1990. v.2, p.116-32.

_____. A mulher como força de trabalho na agricultura da cana (Estado de São Paulo). *Boletim de Geografia Teorética*, ano 22, n.43-44, p.295-305, 1992.

_____. À procura das origens : a migração temporária de trabalhadores do Brasil para o Japão. In: ENCONTRO NACIONAL DE GEOGRAFIA AGRÁRIA, 11, 1992, Maringá. *Anais...* Maringá: UEM, 1992. v.1-B, p.379-88.

434   DARLENE APARECIDA DE OLIVEIRA FERREIRA

ROSSINI, R. E. A. As mulheres como força de trabalho na agricultura da cana (Estado de São Paulo). *Boletim de Geografia Teorética*, v.22, n.43-44, p.295-306, 1992.

ROSSKOF, J.L.C. AGUIRRE, A.J. Precisão do processo gráfico de restituição denominado intersecção de retas. In: ENCONTRO NACIONAL DE GEOGRAFIA AGRÁRIA, 5, 1984, Santa Maria. *Comunicações...* Santa Maria: UFSM, 1984. p.50-1.

RUAS, D. G. G., LOZANI, M. C. B., BRAY, S. C. Os 10 anos de atividades dos assentamentos rurais de Araras I e II no município de Araras – São Paulo. In: ENCONTRO NACIONAL DE GEOGRAFIA AGRÁRIA, 12, 1994, Águas de São Pedro. *Comunicações...* Águas de São Pedro: UNESP, 1994. p.72.

_____. A citricultura paulista – tendência atual. In: ENCONTRO NACIONAL DE GEOGRAFIA AGRÁRIA, 13, 1996, Diamantina. *Comunicações...* Diamantina: UFMG, v.2, 1996. p.153-6.

RUAS, D. G. G., LOZANI, M. C. B. O MERCOSUL e a citricultura. In: ENCONTRO NACIONAL DE GEOGRAFIA AGRÁRIA, 12, 1994, Águas de São Pedro. *Comunicações...* Águas de São Pedro: UNESP, 1994. p.170.

RUTHENBERG, H. O problema da alimentação no mundo. *Boletim Geográfico*, ano 33, n.239, p.23-37, 1974.

SÁ, A. J. Perímetros irrigados do capitalismo. In: ENCONTRO NACIONAL DE GEÓGRAFOS, 7, 1988, Maceió. *Anais...* Maceió: AGB, 1988. p.66.

_____. Espaço e processo de comercialização: o caso de um perímetro irrigado submédio São Francisco. In: ENCONTRO NACIONAL DE GEOGRAFIA AGRÁRIA, 10, 1990, Teresópolis. *Anais...* Teresópolis: UFRJ, 1990. v.1, p.31-41.

SÁ, A. J. Espaço, agricultura e tecnologia: uma pequena abordagem empírica. In: ENCONTRO NACIONAL DE GEOGRAFIA AGRÁRIA, 11, 1992, Maringá. *Anais...* Maringá: UEM, 1992. v.1-A, p.77-93.

SÁ, M. E.P. C. Região geoeconômica de Brasília: a produção de bens alimentares básicos e hortícolas e o mercado da capital. *Revista Brasileira de Geografia*, ano 46, n.1, p.79-196, 1984.

SADER, M. R. A questão da terra. In: ENCONTRO NACIONAL DE GEÓGRAFOS, 6, 1986, Campo Grande. *Anais...* Campo Grande: AGB, 1986. p.9.

SADER, R. Espaço e luta no Bico do Papagaio. In: ENCONTRO NACIONAL DE GEÓGRAFOS, 7, 1988, Maceió. *Anais...* Maceió: AGB, 1988. p.66.

MUNDO RURAL E GEOGRAFIA   435

SADER, R. O "massacre" do Pindaré: formas de luta camponesa contra a
    expropriação. In: ENCONTRO NACIONAL DE GEÓGRAFOS, 7,
    1988, Maceió. *Anais...* Maceió: AGB, 1988. p.66.
_____. Indígenas e camponeses: uma relação de conflitos. *Boletim de*
    Geografia Teorética, v.22, n.43-44, p.79-84, 1992.
SAINT-HILARE, A. Descrição dos campos gerais. *Boletim Geográfico*,
    ano 7, n.76, p.371-82, 1949.
SALAMONI, G. A organização da produção familiar de pêssego no muni-
    cípio de Pelotas, RS. In: ENCONTRO NACIONAL DE GEOGRAFIA
    AGRÁRIA, 11, 1992, Maringá. *Anais...* Maringá: UEM, 1992. v.1-B,
    p.389-405.
SALAMONI, G., GERARDI, L. H. O. comportamento dos principais
    indicadores da modernização agrícola no período 1975-1980. In:
    ENCONTRO NACIONAL DE GEOGRAFIA AGRÁRIA, 10, 1990,
    Teresópolis. *Anais...* Teresópolis: UFRJ, 1990. v.1, p.240-63.
_____. Evolução do setor agrário no Rio Grande do Sul – 1975-1980.
    Geografia Ensino e Pesquisa, n.4, p.167-214, 1990.
_____. Produção familiar integrada ao CAI brasileiro: a produção no
    município de Pelotas - RS. In: ENCONTRO NACIONAL DE GEO-
    GRAFIA AGRÁRIA, 10, 1990, Teresópolis. *Anais...* Teresópolis: UFRJ,
    1990. v.1, p.264-82.
_____. A produção familiar de pêssego no município de Pelotas (RS).
    Geografia (Rio Claro), v.17, n.2, p.45-64, 1992.
SALGADO, F. C. F. Aspectos da colonização no Oeste Paulista. *Anais da*
    AGB, v.18, p.189-93, 1973.
_____. A sericicultura no Estado de São Paulo. *Boletim do Departa-*
    mento de Geografia, Presidente Prudente, n.4-6, p.43-55, 1972/1974.
SALGADO, F. C. F. Colônia Pedrinhas. In: ENCONTRO NACIONAL
    DOS GEÓGRAFOS, 2, 1976, Salvador. *Resumo de Comunicações...*
    Salvador: AGB, 1976. p.379-82.
_____. A colônia Entre-Rios (primeiras notas). *Caderno Prudentino de*
    Geografia, *n*.1, p.54-81, 1981.
_____. Colonização nos Campos Gerais do Paraná. *Caderno Prudentino*
    de Geografia, n.3, p.93-100, 1982.
_____. Notas sobre a Fazenda Rebôjo do INCRA (município de Estrela
    do Norte – SP). *Caderno Prudentino de Geografia*, *n*.8, p.75-8, 1983.
_____. O espaço agrário brasileiro. *Caderno Prudentino de Geografia*,
    n.6, p.101-2, 1983.
SALVIA, F., HANDSCHUNCH, N.S.B. Contribuição à metodologia do
    estudo do *habitat* rural – Bagé. *Boletim Geográfico do RGS*, ano 16,
    n.14, p.20-33, 1971.

SAMPAIO, A. J. Moldura florística às obras de engenharia rural. *Revista Brasileira de Geografia*, ano 3, n.2, p.415-21, 1941.

_____. A contribuição do geógrafo no processo de organização do espaço agrário: o exemplo da comunidade de Bom Jesus, no município de Camindé – CE. In: ENCONTRO NACIONAL DE GEOGRAFIA AGRÁRIA, 8, 1987, Barra dos Coqueiros. *Mesas-Redondas Comunicações...* Barra dos Coqueiros: UFS, 1987. p.185-6.

SAMPAIO, J. L. F. O processo de produção do espaço agrário em Abaiara – CE. In: ENCONTRO NACIONAL DE GEOGRAFIA AGRÁRIA, 8, 1987, Barra dos Coqueiros. *Mesas-Redondas Comunicações...* Barra dos Coqueiros: UFS, 1987. p.187-8.

_____. As ações do estado e sindicatos rurais no Ceará. In: ENCONTRO NACIONAL DE GEÓGRAFOS, 9, 1992, Presidente Prudente. *Anais...* Presidente Prudente: AGB, 1992. p.74.

SAMPAIO, R. R., BRAY, S. C. A formação do setor canavieiro de Porto Feliz. In: ENCONTRO NACIONAL DE GEOGRAFIA AGRÁRIA, 5, 1984, Santa Maria. *Comunicações...* Santa Maria: UFSM, 1984. p.123-7.

_____. O planejamento estatal no processo de modernização do setor canavieiro de Porto Feliz. *Revista de Geografia*, n.4, p.57-67, 1985.

SANCHEZ, M. C. A utilização da terra em um trecho da Média Depressão Periférica Paulista. *Geografia Econômica*, n.10, p.1-50, 1972.

_____. O comportamento espacial da lavoura canavieira no Estado de São Paulo no Período de 1920-1970. In: ENCONTRO NACIONAL DE GEOGRAFIA AGRÁRIA, 1, 1978, Salgado. *Comunicações...* Salgado: UFS, 1978. p.12-3.

SANCHEZ, M. C. Características do comportamento espacial da lavoura canavieira no Estado de São Paulo entre 1920-1970. *Boletim de Geografia Teorética*, v.10, n.19, p.48-60, 1980.

_____. Expansão das lavouras de soja e trigo no Estado de São Paulo. *Geografia*, v.6, n.11-12, p.161-77, 1981.

_____. Condições de acesso ao uso da terra na microrregião de Campinas, Rio Claro e açucareira de Piracicaba – 1960/80. In: ENCONTRO NACIONAL DE GEOGRAFIA AGRÁRIA, 11, 1992, Maringá. *Anais...* Maringá: UEM, 1992. v.1-B, p.580-8.

SANCHEZ, M. C., BRAY, S. C. O impacto do PROÁLCOOL nos pequenos municípios em esvaziamento populacional. In: ENCONTRO NACIONAL DE GEOGRAFIA AGRÁRIA, 12, 1994, Águas de São Pedro. *Comunicações...* Águas de São Pedro: UNESP, 1994. p.156-7.

SANCHES, M. C., CERON, A. O. A atividade pecuária na região de Araçatuba. *Boletim de Geografia Teorética*, v.19, n.37-38, p.53-66, 1989.

SANCHEZ, M. C., GERARDI, L. H. O. Transformações na produção de grãos no Brasil Meridional no período 1950-1979. *Revista de Geografia*, n.2, p.21-55, 1983.

_____. Pequena produção mercantil: o caso do alho em Corumbataí. In: ENCONTRO NACIONAL DE GEOGRAFIA AGRÁRIA, 5, 1984, Santa Maria. *Comunicações...* Santa Maria: UFSM, 1984. p.5-8.

SANCHES, M. C., PESSOA, V. L. S. Projeto Cerrado: a "reforma agrária" no cerrado? (o caso de Iraí de Minas). In: ENCONTRO DE GEÓGRAFOS DA AMÉRICA LATINA, 1, 1987, Rio Claro. *Comunicações...* Rio Claro: UNESP, 1987. p.1-8.

SANCHEZ, M. C., UTERMURA, I. Transformações no espaço agrícola das microrregiões homogêneas de Campinas, açucareira de Piracicaba e de Rio Claro. In: ENCONTRO NACIONAL DE GEOGRAFIA AGRÁRIA, 12, 1994, Águas de São Pedro. *Comunicações...* Águas de São Pedro: UNESP, 1994. p.158.

SANCHEZ, M. C., VISACCHERO, N. A. Importância do monitoramento em áreas agrícolas. *Geografia*, Rio Claro, v.12, n.24, p.128-34, 1987.

SANT'ANA, C. M. F. Contribuição à discussão sobre contas de uso da terra. In: ENCONTRO NACIONAL DOS GEÓGRAFOS, 4, 1980, Rio de Janeiro. *Anais...* Rio de Janeiro: AGB, 1980. p.391.

SANTANA, J. F. Pela Transformação dos espaços rurais do Nordeste. In: ENCONTRO NACIONAL DE GEOGRAFIA AGRÁRIA, 6, 1985, Garanhuns. *Comunicações...* Garanhuns: Fundação Joaquim Nabuco, 1985. p.171-5.

SANTANA, M. A. T., ANDRADE, J. A. Caracterização geoeconômica do município de Barra dos Coqueiros. In: ENCONTRO NACIONAL DE GEOGRAFIA AGRÁRIA, 8, 1987, Barra dos Coqueiros. *Mesas-Redondas Comunicações...* Barra dos Coqueiros: UFS, 1987. p.189-93.

SANT'ANNA, E. M. Uso da terra no município de Inconfidentes – Minas Gerais – levantamento e mapeamento (situação em 1979). *Revista Brasileira de Geografia*, ano 50, n.1, p.85-92, 1988.

SANTO, E. A. E. De mendigo a milionário - Assentamentos do INCRA-RJ. In: ENCONTRO NACIONAL DE GEÓGRAFOS, 8, 1990, Salvador. *Anais...* Salvador: AGB, 1990. v.1, p.325-32.

SANTOS, A. L. Produção de riqueza e miséria na cafeicultura: as transformações recentes do espaço rural nos municípios de Vitória da Conquista e Barra do Choça – BA. In: ENCONTRO NACIONAL DE GEÓGRAFOS, 8, 1990, Salvador. *Anais...* Salvador: AGB, 1990. v.1, p.93-100.

SANTOS, A. F. O processo de minifundização do município de Itabaiana. In: ENCONTRO NACIONAL DE GEOGRAFIA AGRÁRIA, 2, 1979, Rio Claro. *Anais...* Rio Claro: UNESP,AGETEO, 1979. não pag.

_____. O homem e a estrutura fundiária no Sertão Sergipano do São Francisco. In: ENCONTRO NACIONAL DE GEOGRAFIA AGRÁRIA, 6, 1985, Garanhuns. *Comunicações...* Garanhuns: Fundação Joaquim Nabuco, 1985. p.190-3.

_____. Transformações recentes na agricultura de Cristinápolis (SE) A expansão da citricultura. In: ENCONTRO NACIONAL DE GEOGRAFIA AGRÁRIA, 8, 1987, Barra dos Coqueiros. *Mesas-Redondas Comunicações...* Barra dos Coqueiros: UFS, 1987. p.121.

_____. Homem, terra e trabalho no Sertão sergipano do São Francisco. *Revista Brasileira de Geografia*, ano 40, n.3, p.117-38, 1987.

_____. Transformações do espaço rural na Microrregião Geográfica de Tobias Barreto. In: ENCONTRO NACIONAL DE GEOGRAFIA AGRÁRIA, 12, 1994, Águas de São Pedro. *Comunicações...* Águas de São Pedro: UNESP, 1994. p.73-4.

SANTOS, A. F., ANDRADE, J. A. A citricultura na modernização da agricultura em Boquim. In: ENCONTRO NACIONAL DE GEOGRAFIA AGRÁRIA, 3, 1980, Rio de Janeiro. *Anais...* Rio de Janeiro: UFRJ, 1980. p.1-5.

_____. O trabalho da mulher na zona canavieira da Cotinguiba. In: ENCONTRO NACIONAL DE GEOGRAFIA AGRÁRIA, 4, 1983, Uberlândia. *Comunicações...* Uberlândia: UFU, 1983. p.68-77.

SANTOS, A. F., ANDRADE, J.A. A zona canavieira da Cotinguiba e o trabalho da mulher. *Geonordeste*, ano 1, n.2, p.52-7, 1984.

_____. Nossa Senhora das Dores (SE): O domínio da pecuária e a expansão da cana de açúcar. In: ENCONTRO NACIONAL DE GEOGRAFIA AGRÁRIA, 9, 1988, Florianópolis. *Anais...* Florianópolis: UFSC, 1988. p.183-98.

_____. Considerações sobre a atividade rural no Agreste Sergipano: o caso de Moita Bonita. In: ENCONTRO NACIONAL DE GEOGRAFIA AGRÁRIA, 11, 1992, Maringá. *Anais...* Maringá: UEM, 1992. v.1-B, p.603-24.

SANTOS, A. F., ANDRADE, J. A., OLIVEIRA, A. G. O Coopegreste (Cooperativa Mista e de Colonização do Agreste Ltda.) e o sistema produtivo no campo. In: ENCONTRO NACIONAL DE GEOGRAFIA AGRÁRIA, 7, 1986, Belo Horizonte. *Conferências e Comunicações...* Belo Horizonte: UFMG, 1986. v.2, p.65-9.

SANTOS, A. F., ANDRADE, J. A., OLIVEIRA, A. G. Tobias Barreto: o domínio da pecuária e sua influência na atividade comercial. In: ENCONTRO NACIONAL DE GEOGRAFIA AGRÁRIA, 10, 1990, Teresópolis. *Anais...* Teresópolis: UFRJ, 1990. v.1, p.1-19.

SANTOS, A. F., BARRETO NETO, F. Orientação da Agricultura no Estado de Sergipe. In: ENCONTRO NACIONAL DE GEÓGRAFOS, 2, 1976, Salvador. *Resumo de Comunicações...* Salvador: AGB, 1976. p.383-92.

SANTOS, C. et al. Rio de Janeiro – problemas no crescimento econômico e disparidades regionais. O quadro neste contexto: limitações e perspectivas. In: ENCONTRO NACIONAL DE GEOGRAFIA AGRÁRIA, 12, 1994, Águas de São Pedro. *Comunicações...* Águas de São Pedro: UNESP, 1994. p.75-6.

SANTOS, C. R. B., OLIVIERA, N. B. Rodovia do coco: vendendo gato por lebre – o deleite das imobiliárias. In: ENCONTRO NACIONAL DE GEOGRAFIA AGRÁRIA, 12, 1994, Águas de São Pedro. *Comunicações...* Águas de São Pedro: UNESP, 1994. p.79.

SANTOS, C. M., SANTOS, A. F. A extensão rural em Sergipe In: ENCONTRO NACIONAL DE GEOGRAFIA AGRÁRIA, 12, 1994, Águas de São Pedro. *Comunicações...* Águas de São Pedro: UNESP, 1994. p.77-8.

SANTOS, F. M., CHAGAS, I. Aspectos da cultura do abacaxi na região de Lagoa Santa, Minas Gerais. *Boletim Mineiro de Geografia*, v.12, p.57-71, 1966.

SANTOS, G. A. O algodão. *Boletim Geográfico*, ano 2, n.24, p.1894-9, 1945.

SANTOS, J. V. T. Crítica da Sociologia Rural e a construção de uma outra Sociologia dos processos sociais agrários. *Ciências Sociais Hoje*. São Paulo: Vértice, p.17-51, 1991.

SANTOS, M. A cultura do cacau na Costa do Marfim. *Boletim Paulista de Geografia*, n.31, p.68-95, 1959.

_____. A Geografia quantitativa. In ___. *Por uma geografia nova*. 3.ed. São Paulo: Hucitec, 1986. p.45-53.

_____. Notas para um estudo do habitat rural na zona cacaueira da Bahia. *Anais da AGB*, v.8, n.1, p.385-94, 1954. (I Congresso Brasileiro de Geógrafos – Julho/1954)

_____. Uma comparação entre as zonas cacaueiras do Estado da Bahia (Brasil) e da Costa do Marfim. *Boletim Baiano de Geografia*, ano 1, n.3, p.21-33, 1960.

SANTOS, M. A. Notas para um estudo do "habitat" rural na zona cacaueira da Bahia. *Anais da AGB*, v.8, t.1, p.385-94, 1953-54.

SANTOS, M. C. Avaliação dos esforços de desenvolvimento num espaço organizado pela pecuária: a atuação do Projeto Sertanejo em S.R.N.(PI). In: ENCONTRO NACIONAL DOS GEÓGRAFOS, 5, 1982, Porto Alegre. *Anais...* Porto Alegre: AGB, 1982. v.1, p.320-1.

SANTOS, M. J. Comportamento espacial da cultura canavieira no Estado de São Paulo: 1980. *Revista de Geografia*, n.8-9, p.31-66, 1989.

SANTOS, M. J. Z. Delimitação da região canavieira de Piracicaba. *Boletim Geográfico*, ano 36, n.257, p.82-90, 1978.

_____. Fatores influenciadores e seus inter-relacionamentos na produção agrícola canavieira. Uma técnica de análise. *Revista de Geografia*, n.1, p.51-63, 1982.

_____. Especificação de variáveis relacionadas com a produção canavieira paulista. *Revista de Geografia*, n.2, p.57-76, 1983.

_____. Análise econométrica da produção canavieira paulista. *Geografia (Rio Claro)*, v.8, n.15-16, p.75-104, 1983.

_____. Estimativa da evapotranspiração potencial para os núcleos canavieiros do Estado de São Paulo. *Revista de Geografia*, n.3, p.17-68, 1984.

_____. Comportamento espacial da cultura canavieira no Estado de São Paulo em 1975. *Boletim de Geografia Teorética*, v.14, n.27-28, p.21-34, 1984.

_____. Caracterização e variação climática das disponibilidades de água nos núcleos canavieiros paulistas. *Revista de Geografia*, n.4, p.1-21, 1985.

SANTOS, N. D. O espaço do social nos assentamentos de trabalhadores rurais. In: ENCONTRO NACIONAL DE GEOGRAFIA AGRÁRIA, 12, 1994, Águas de São Pedro. *Comunicações...* Águas de São Pedro: UNESP, 1994. p.80.

SANTOS, R. L. et al. Discussão de um método de análise sobre a evolução da agricultura com dados tabulares. In: ENCONTRO NACIONAL DE GEOGRAFIA AGRÁRIA, 12, 1994, Águas de São Pedro. *Comunicações...* Águas de São Pedro: UNESP, 1994. p.189.

SANTOS, R. L., SANTO, S. M. Estudo comparativo de 2 métodos de análise climática utilizados na agricultura: a curva ombrométrica e o balanço hídrico. In: ENCONTRO NACIONAL DE GEOGRAFIA AGRÁRIA, 12, 1994, Águas de São Pedro. *Comunicações...* Águas de São Pedro: UNESP, 1994. p.188.

SANTOS, V. L. A pecuarização no Recôncavo fumageiro: o caso de São Gonçalo dos Campos - BA. In: ENCONTRO NACIONAL DE GEOGRAFIA AGRÁRIA, 9, 1988, Florianópolis. *Anais...* Florianópolis: UFSC, 1988. p.360-73.

MUNDO RURAL E GEOGRAFIA   441

SANTOS, V. L. A pecuarização do Recôncavo fumageiro – o caso de São
    Gonçalo dos Campos - BA. In: ENCONTRO NACIONAL DE GEO-
    GRAFIA AGRÁRIA, 10, 1990, Teresópolis. *Anais...* Teresópolis: UFRJ,
    1990. v.1, p.498-512.
_____. Consequências da pecuarização em São Gonçalo dos Cam-
    pos/BA. In: ENCONTRO NACIONAL DE GEOGRAFIA AGRÁRIA,
    11, 1992, Maringá. *Anais...* Maringá: UEM, 1992. v.1 -B, p.589-
    602.
SCHMIDIT, M. Anotações sobre as plantas de cultivo e os métodos da
    agricultura dos indígenas sul-americanos. *Boletim Geográfico*, ano 20,
    n.168, p.258-67, 1962.
SCHMIDT, C. B. A habitação rural na região do Paraitinga. *Boletim
    Paulista de Geografia*, n.3, p.34-50, 1949.
SCHWARTZMAN, J. *Economia Regional – textos escolhidos*. Belo Ho-
    rizonte: CEDEPLAR, 1977.
SEABRA, M. Algumas das grandes cooperativas do Estado de São Paulo.
    Orientação, n.2, p.61-2, 1966.
_____. A cooperativa central agrícola Sul-Brasil e o abastecimento
    da cidade de São Paulo. *Geografia Econômica (São Paulo)*, v.5, 43p.
    1966.
_____. A cooperativa central agrícola Sul-Brasil e o abastecimento da
    cidade de São Paulo. *Boletim Geográfico*, ano 28, n.212, p.79-111,
    1969.
_____. Plano de coleta para a pesquisa sobre o "abastecimento da
    cidade de São Paulo em gêneros alimentícios". *Boletim Geográfico*,
    ano 28, n.209, p.65-78, 1969.
SEABRA, M. As cooperativas mistas do Estado de São Paulo. *Série Teses
    e Monografias*, n.30, 270p., 1977.
SELINGARDI, S. As políticas agrária e agrícola do Brasil (1964-1984).
    Rio Claro: IGCE. 260p.1984
SENRA, N. C. Estrutura do capital da agricultura brasileira. *Boletim
    Geográfico*, ano 33, n.241, p.40-50, 1974.
_____. Contribuição para estudos sobre comercialização de produtos
    agrícolas. *Boletim de Geografia Teorética*, v.7, n.14, p.47-60, 1977.
SERRA, C. A. T. Pequeno glossário de Geografia Agrária. *Boletim Geo-
    gráfico*, ano 27, n.207, p.83-8, 1968.
SERRA, E. Considerações sobre os processo de ocupação do Norte do
    Paraná. In: ENCONTRO NACIONAL DE GEOGRAFIA AGRÁRIA,
    7, 1986, Belo Horizonte. *Conferências e Comunicações...* Belo Hori-
    zonte: UFMG, 1986. v.1, p.204-8.

SERRA, E. *Contribuição ao estudo do cooperativismo na agricultura do Paraná*: o caso da cooperativa de cafeicultores e agropecuária de Maringá. Rio Claro, 1986, 251p. Dissertação (Mestrado em Geografia – Organização do Espaço) Instituto de Geociências e Ciências Exatas, Universidade Estadual Paulista.

_____. Cooperativismo e capitalismo, um casamento que deu certo. In: ENCONTRO NACIONAL DE GEOGRAFIA AGRÁRIA, 8, 1987, Barra dos Coqueiros. *Mesas-Redondas Comunicações...* Barra dos Coqueiros: UFS, 1987. p.151-4.

_____. Origem e desenvolvimento do cooperativismo agrícola no Paraná. In: ENCONTRO NACIONAL DE GEOGRAFIA AGRÁRIA, 9, 1988, Florianópolis. *Anais...* Florianópolis: UFSC, 1988. p.571-84.

_____. *COCAMAR sua história, sua gente.* Maringá: COCAMAR, 1989. 141p.

_____. *Processos de ocupação e a luta pela terra agrícola no Paraná.* Rio Claro, 1991, 361p. Tese (Doutorado em Geografia – Organização do Espaço) Instituto de Geociências e Ciências Exatas, Universidade Estadual Paulista.

_____. A Reforma Agrária e o movimento camponês no Paraná. In: ENCONTRO NACIONAL DE GEOGRAFIA AGRÁRIA, 11, 1992, Maringá. *Anais...* Maringá: UEM, 1992. v.2, p.108-38.

_____. A Geografia dos conflitos pela posse da terra. In: ENCONTRO NACIONAL DE GEOGRAFIA AGRÁRIA, 11, 1992, Maringá. *Anais...* Maringá: UEM, 1992. v.1-B, p.691-702.

_____. A colonização empresarial e a repartição da terra agrícola no Paraná moderno. *Boletim de Geografia*, Maringá, v.11, n.1, p.49-59, 1993.

SERRA, E. A colonização empresarial como estratégia de desenvolvimento rural no Paraná. In: ENCONTRO NACIONAL DE GEOGRAFIA AGRÁRIA, 12, 1994, Águas de São Pedro. *Comunicações...* Águas de São Pedro: UNESP, 1994. p.159-60.

SERRA, E., AMBRIZI, M.A. Análise das correlações agroeconômicas do Noroeste do Paraná (1970/1975/1980). *Boletim de Geografia*, Maringá, ano 2, n.2, p.34-47, 1984.

SERVOLIN, C. A Absorção da agricultura no modo de produção capitalista. *Revista Brasileira de Geografia*, ano 45, n.3-4, p.425-39, 1983.

SETTE, H. Aspectos da atividade pesqueira em Pernambuco. *Anais da AGB*, v.11, n.1, p.235-55, 1958.

SETZER, J. Levantamento agrogeológico do Estado de São Paulo. *Revista Brasileira de Geografia*, ano 3, n.1, p.82-107, 1941.

SETZER, J. O estado atual dos solos do município de Campinas, Estado de São Paulo. *Revista Brasileira de Geografia*, ano 4, n.1, p.39-62, 1942.

_____. Diretrizes modernas para um levantamento agrogeológico. *Boletim Geográfico*, ano 4, n.39, p.269-79, 1946.

_____. Diretrizes modernas para um levantamento agroecológico. *Boletim Geográfico*. Rio de Janeiro, ano IV, n.39, p.269-79, 1946a.

_____. Não culpemos o arado. *Boletim Geográfico*, ano 3, n.36, p.1554-56, 1946b.

_____. O trigo na várzea do Paraíba. *Boletim Geográfico*, ano 8, n.88, p.481-3, 1950.

_____. Conservação do solo. *Boletim Geográfico*, ano 9, n.101, p.552-4, 1951.

_____. O caboclo como formador do solo. *Boletim Geográfico*, ano 8, n.96, p.1441-4, 1951.

_____. A laterização e a fertilidade do solo tropical. *Boletim Geográfico*, ano 14, n.131, p.168-9, 1956.

_____. Possibilidades de recuperação do campo cerrado. *Revista Brasileira de Geografia*, ano 18, n.4, p.471-93, 1956.

_____. Impossibilidade do uso racional do solo no Alto Xingu, Mato Grosso. *Revista Brasileira de Geografia*, ano 29, n.1, p.102-9, 1967.

SEVERINO, P. M., CLEPS JUNIOR., J. O êxodo rural e a consequente urbanização de Marialva – PR. In: ENCONTRO NACIONAL DE GEOGRAFIA AGRÁRIA, 11, 1992, Maringá. *Anais...* Maringá: UEM, 1992. v.1-B, p.406-20.

SHIKI, S. Aspectos da agricultura Paranaense. O papel da soja. *Geografia* (*Londrina*), n.3, p.45-62, 1986.

SILVA, A. S. Considerações a respeito da erosão em terraços do rio Itabapoana – RJ. In: ENCONTRO NACIONAL DE GEÓGRAFOS, 9, 1992, Presidente Prudente. *Anais...* Presidente Prudente: AGB, 1992. p.44.

SILVA, A. L. S. Colonização na área de Carajás. Estudo de caso: CEDEREI, II e III no município de Parauapebas – PA. In: ENCONTRO NACIONAL DE GEOGRAFIA AGRÁRIA, 12, 1994, Águas de São Pedro. *Comunicações...* Águas de São Pedro: UNESP, 1994. p.81-2.

SILVA, A. M. C. Cartório de imóveis como principal fonte de pesquisa para reconstituição histórica fundiária no município de Ribeirão (PE). In: ENCONTRO NACIONAL DE GEOGRAFIA AGRÁRIA, 7, 1986, Belo Horizonte. *Conferências e Comunicações...* Belo Horizonte: UFMG, 1986. v.1, p.209-12.

SILVA, A. M. C. Cidade e campo no Brasil uma alternativa em sala de aula. In: ENCONTRO NACIONAL DE GEOGRAFIA AGRÁRIA, 8, 1987, Barra dos Coqueiros. *Mesas-Redondas Comunicações...* Barra dos Coqueiros: UFS, 1987. p.171-2.

_____. Estratégias de sobrevivência de um pequeno produtor. In: ENCONTRO NACIONAL DE GEOGRAFIA AGRÁRIA, 8, 1987, Barra dos Coqueiros. *Mesas-Redondas Comunicações...* Barra dos Coqueiros: UFS, 1987. p.155.

SILVA, A. M. C., SANTOS, M. R. Estudo comparativo das feiras livres dos municípios da Escada e do Ribeirão – Pernambuco. In: ENCONTRO NACIONAL DE GEOGRAFIA AGRÁRIA, 8, 1987, Barra dos Coqueiros. *Mesas-Redondas Comunicações...* Barra dos Coqueiros: UFS, 1987. p.173-4.

SILVA, C. et al. Vale do Rio do peixe (SC): pequenos espaços de produção integrados à mundialização da economia. In: ENCONTRO NACIONAL DE GEÓGRAFOS, 6, 1986, Campo Grande. *Anais...* Campo Grande: AGB, 1986. p.19.

SILVA, D. A castanha do Pará como fator inicial de desenvolvimento de Marabá: perspectivas atuais. *Geografia Econômica*, n.12, 1973.

_____. Colonização e zona pioneira. *Anais da AGB*, v.18, p.195-206, 1973.

SILVA, E. A. A produção com destino industrial em pequenas propriedades: a sericicultura em Arapuá. In: ENCONTRO NACIONAL DE GEÓGRAFOS, 7, 1988, Maceió. *Anais...* Maceió: AGB, 1988. p.67.

_____. A questão do uso da terra no zoneamento físico-fundiário. In: ENCONTRO NACIONAL DE GEÓGRAFOS, 6, 1986, Campo Grande. *Anais...* Campo Grande: AGB, 1986. p.25.

SILVA, E. A. Aplicações do sensoriamento remoto – o estudo da microrregião açucareira de Campos. In: ENCONTRO NACIONAL DE GEÓGRAFOS, 6, 1986, Campo Grande. *Anais...* Campo Grande: AGB, 1986. p.24.

_____. O sensoriamento remoto na agricultura uma revisão bibliográfica em pesquisa e no mapeamento. In: ENCONTRO NACIONAL DE GEOGRAFIA AGRÁRIA, 8, 1987, Barra dos Coqueiros. *Mesas--Redondas Comunicações...* Barra dos Coqueiros: UFS, 1987. p.108.

SILVA, E. I. Geografia e gênero: a mulher canavieira em Goiás. In: ENCONTRO NACIONAL DE GEOGRAFIA AGRÁRIA, 12, 1994, Águas de São Pedro. *Comunicações...* Águas de São Pedro: UNESP, 1994. p.83.

MUNDO RURAL E GEOGRAFIA 445

SILVA, G., MENDES, C. M. Relações entre o rural e o urbano num contexto habitacional – a verticalização. In: ENCONTRO NACIO-NAL DE GEOGRAFIA AGRÁRIA, 12, 1994, Águas de São Pedro. *Comunicações...* Águas de São Pedro: UNESP, 1994. p.84.

SILVA, G. J. R. Fatores ecológicos, agrícolas e socioeconômicos – correlação influência sobre a alimentação. *Revista Brasileira de Geografia*, ano 26, n.3, p.385-415, 1964.

SILVA, H. Uma zona agrícola do Distrito Federal – o Mendanha. *Revista Brasileira de Geografia*, ano 20, n.4, p.429-61, 1958.

SILVA, J. B. Ceará: Os movimentos migratórios o homem sem terra e a marginalidade urbana. *Geonordeste*, ano 1, n.2, p.46-51, 1984.

SILVA, J. F. G. A adequação da força de trabalho. In: ___. *Progresso técnico e relações de trabalho na agricultura*. São Paulo: Hucitec, 1981, cap.3, p.101-43.

_____. Tecnologia e campesinato: o caso brasileiro. In: ENCONTRO NACIONAL DE GEOGRAFIA AGRÁRIA, 5, 1984, Santa Maria. *Anais...* Santa Maria: UFSM, 1984. p.1-43.

_____. Diferenciação camponesa e mudança tecnológica: o caso dos produtores de feijão em São Paulo. In: ENCONTRO NACIONAL DE GEOGRAFIA AGRÁRIA, 5, 1984, Santa Maria. *Anais...* Santa Maria: UFSM, 1984. p.44-83.

SILVA, J. F. G., KAGEYAMA, A. A propósito da expansão da agricultura paulista. In: ENCONTRO NACIONAL DE GEOGRAFIA AGRÁRIA, 2, 1979, Rio Claro. Rio Claro: AGETEO, UNESP, 1979. p.1-32.

SILVA, J. G. Modernização, trabalhadores rurais e representações sociais no campo. *Boletim de Geografia Teorética*, v.22, n.43-44, p.84-96, 1992.

SILVA, J. M. P. A organização do espaço percorrido pela estrada de ferro Carajás no Pará e no Maranhão. In: ENCONTRO NACIONAL DE GEOGRAFIA AGRÁRIA, 12, 1994, Águas de São Pedro. *Comunicações...* Águas de São Pedro: UNESP, 1994. p.85-6.

SILVA, L. R. A produção do espaço agrário em Marcolino Dantas e Punaú no Município de Maxaranguapé - RN. In: ENCONTRO NACIONAL DE GEOGRAFIA AGRÁRIA, 6, 1985, Garanhuns. *Comunicações...* Garanhuns: Fundação Joaquim Nabuco, 1985. p.156-70.

SILVA, M. *A formação e as transformações da zona canavieira do Rio Grande do Norte*. Rio Claro, 1985. 145p. Dissertação (Mestrado em Geografia – Organização do Espaço) Instituto de Geociências e Ciências Exatas, Universidade Estadual Paulista.

SILVA, M. A. M. As migrações temporárias e o mundo da vida das mulheres. *Boletim de Geografia Teorética*, v.22, n.43-44, p.306-13, 1992.

SILVA, M. A. O impacto da CCB em Valente e Santa Luz – BA. In: ENCONTRO NACIONAL DE GEÓGRAFOS, 7, 1988, Maceió. *Anais...* Maceió: AGB, 1988. p.65.

SILVA, M. C. T. Apropriação do espaço agrário no Vale do Paraná – GO. *Revista do Departamento de Geografia (São Paulo)*, n.4, p.53-68, 1985.

_____. Agroindustrialização e a reprodução da pequena produção familiar no Mato Grosso do Sul meridional. In: ENCONTRO NACIONAL DE GEÓGRAFOS, 9, 1992, Presidente Prudente. *Anais...* Presidente Prudente: AGB, 1992. p.78.

SILVA, M. I. O abastecimento do Mato Grosso do Sul em produtos hortifrutigranjeiros a partir de Presidente Prudente. In: ENCONTRO NACIONAL DOS GEÓGRAFOS, 5, 1982, Porto Alegre. *Anais...* Porto Alegre: AGB, 1982. v.1, p.328-9.

SILVA, M. M. A cultura da mandioca no quadro da pequena produção agrícola do Agreste Pernambucano. In: ENCONTRO NACIONAL DE GEOGRAFIA AGRÁRIA, 9, 1988, Florianópolis. *Anais...* Florianópolis: UFSC, 1988. p.374-93.

_____. A modernização da agricultura e a atividade mandioqueira no Agreste Pernambucano. In: ENCONTRO NACIONAL DE GEOGRAFIA AGRÁRIA, 6, 1985, Garanhuns. *Comunicações...* Garanhuns: Fundação Joaquim Nabuco, 1985. p.14-9.

_____. A produção do espaço no Sertão Norte. In: ENCONTRO NACIONAL DE GEOGRAFIA AGRÁRIA, 6, 1985, Garanhuns. *Comunicações...* Garanhuns: Fundação Joaquim Nabuco, 1985. p.121-6.

SILVA, M. M. O trabalho da mulher no domicílio: mais um passo no cerco do capital ao pequeno produtor agrícola do Agreste Pernambucano. In: ENCONTRO NACIONAL DE GEOGRAFIA AGRÁRIA, 12, 1994, Águas de São Pedro. *Comunicações...* Águas de São Pedro: UNESP, 1994. p.87-8.

SILVA, M. M., SANTOS, J. H. Horticultura e transformação do espaço no Agreste Pernambucano: as "regiões" hortícolas de Camocim de São Félix. In: ENCONTRO NACIONAL DE GEOGRAFIA AGRÁRIA, 9, 1988, Florianópolis. *Anais...* Florianópolis: UFSC, 1988. p.101-10.

SILVA, R. F. Mercados consumidores do algodão. In: CONGRESSO BRASILEIRO DE GEOGRAFIA, 9, 1944, Rio de Janeiro. *Anais...* Rio de Janeiro: CNG, 1944. p.461-7.

MUNDO RURAL E GEOGRAFIA 447

SILVA, R. O. O trabalho da mulher na construção do espaço camponês em Ubá e Araras (Sudeste do Pará). In: ENCONTRO NACIONAL DE GEOGRAFIA AGRÁRIA, 12, 1994, Águas de São Pedro. *Comunicações...* Águas de São Pedro: UNESP, 1994. p.89-90.

SILVA, S. A. O processo de expansão da cafeicultura em Minas Gerais no contexto da evolução da cafeicultura brasileira. In: ENCONTRO NACIONAL DE GEOGRAFIA AGRÁRIA, 12, 1994, Águas de São Pedro. *Comunicações...* Águas de São Pedro: UNESP, 1994. p.161-2.

SILVA, S. B. M. Cultura do dendezeiro no Estado da Bahia – tradição e mudança. In: ENCONTRO NACIONAL DE GEOGRAFIA AGRÁRIA, 2, 1979, Rio Claro. *Anais...* Rio Claro: UNESP, AGETEO, 1979. não pag.

SILVA, S. G. D. A ocupação do solo na região serrana de Taquaritinga do Norte – PE. In: ENCONTRO DE GEÓGRAFOS DA AMÉRICA LATINA, 1, 1987, Rio Claro. *Comunicações...* Rio Claro: UNESP, 1987. p.1-8.

_____. O café no espaço agrário da região serrana de Taquaritinga do Norte – PE. In: ENCONTRO NACIONAL DE GEOGRAFIA AGRÁRIA, 7, 1986, Belo Horizonte. *Conferências e Comunicações...* Belo Horizonte: UFMG, 1986. v.1, p.213-7.

SILVA, S. G. D., CAVALCANTI, E. Características edáficas do Brejo da Serra dos Cavalos – Caruaru. In: ENCONTRO NACIONAL DE GEOGRAFIA AGRÁRIA, 9, 1988, Florianópolis. *Anais...* Florianópolis: UFSC, 1988. p.468-78.

SILVA, S. G. D., MACIEL, C. A. A. Geografia Agrária e ecologia: interação e metodologia de trabalho. In: ENCONTRO NACIONAL DE GEOGRAFIA AGRÁRIA, 8, 1987, Barra dos Coqueiros. *Mesas-Redondas Comunicações...* Barra dos Coqueiros: UFS, 1987. p.109-10.

SILVA, S. T. Os estudos de classificação na agricultura: uma revisão. *Revista Brasileira de Geografia*, ano 42, n.1, p.3-30, 1980.

SILVA, S. T., BRITO, M. S. O papel da pequena unidade de produção na agricultura brasileira – uma proposta de pesquisa. In: ENCONTRO NACIONAL DE GEOGRAFIA AGRÁRIA, 2, 1979, Rio Claro. *Anais...* Rio Claro: UNESP-AGETEO, 1979. não pag.

SILVA, S. T., MESQUITA, O. V. Uma abordagem à questão agrária no Brasil. In: ENCONTRO NACIONAL DE GEOGRAFIA AGRÁRIA, 1, 1978, Salgado. *Textos Básicos para Discussão...* Salgado: UFS, 1978. p.2-19.

_____. Uma abordagem à questão agrária no Brasil. *Boletim de Geografia Teorética*, v.9, n.17-18, p.46-58, 1979.

SILVEIRA, F. R. *Poeira e sumo nos olhos dos que produzem*. São Paulo, 1982, 145p. Dissertação (Mestrado em Geografia Humana) – Faculdade de Filosofia, Letras e Ciências Humanas, Universidade de São Paulo.

_____. A coexistência da pequena e grande exploração agrícola no Brasil. *Caderno Prudentino de Geografia*, n.8, p.5-14, 1983.

_____. A pequena exploração familiar na Alta Sorocabana. In: ENCONTRO NACIONAL DE GEOGRAFIA AGRÁRIA, 7, 1986, Belo Horizonte. *Conferências e Comunicações*... Belo Horizonte: UFMG, 1986. v.1, p.133.

_____. Estrutura agrária da região de Presidente Prudente (1940-1980). *Geografia (Rio Claro)*, v.16, n.1, p.113-26, 1991.

SILVEIRA, F. R. et al. Projeto de reassentamento Rosana (uma análise preliminar). In: ENCONTRO NACIONAL DE GEÓGRAFOS, 9, 1992, Presidente Prudente. *Anais*... Presidente Prudente: AGB, 1992. p.79.

SILVEIRA, F. R., SPOSITO, E. S. A modernização da agricultura brasileira. *Caderno Prudentino de Geografia*, n.9, p.136-48, 1987.

SILVEIRA, J. S. Relações de trabalho na área rural de Milagres In: ENCONTRO NACIONAL DE GEOGRAFIA AGRÁRIA, 2, 1979, Rio Claro. *Anais*... Rio Claro: UNESP, AGETEO, 1979. não pag.

SILVEIRA, M. C. B. Um estudo de regionalização agrária do Estado do Espírito Santo. In: ENCONTRO NACIONAL DE GEOGRAFIA AGRÁRIA, 9, 1988, Florianópolis. *Anais*... Florianópolis: UFSC, 1988. p.111-27.

SIMM, E. I. Introdução ao planejamento agrícola do Estado. *Boletim Geográfico do RGS*, ano 17, n.15, p.3-8, 1972.

SIMÕES, R. M. A. Distribuição do arroz no sudoeste do Planalto Central. *Revista Brasileira de Geografia*, ano 12, n.2, p.269-84, 1950.

_____. Interpretação do mapa da produção de cana-de-açúcar no Sudeste do Planalto Central. *Revista Brasileira de Geografia*, ano 12, n.3, p.371-82, 1950.

_____. A cultura da agave no Brasil. *Boletim Carioca de Geografia*, ano 5, n.1-2, p.34-43, 1952.

_____. Comentário do mapa da produção de mandioca no Estado da Bahia. *Boletim Geográfico*, ano 11, n.112, p.84-6, 1953.

_____. Comentário do mapa da produção de cana-de-açúcar no Estado da Bahia. *Boletim Geográfico*, ano 11, n.113, p.171-3, 1953.

_____. Comentário do mapa de produção de coco-da-baía no Estado da Bahia. *Boletim Geográfico*, ano 12, n.123, p.435-37, 1954.

SIMÕES, R. M. A. Comentário do mapa de produção de arroz no Estado da Bahia. *Boletim Geográfico*, ano 13, n.125, p.180-82, 1955.

SIMONETTI, M. C. A luta pela terra como luta socioambiental. In: ENCONTRO NACIONAL DE GEOGRAFIA AGRÁRIA, 12, 1994, Águas de São Pedro. *Comunicações...* Águas de São Pedro: UNESP, 1994. p.163-6.

SIMONIC, J. Rotações dos solos e suas aplicações na agricultura. *Caderno Prudentino de Geografia*, n.3, p.153-7, 1982.

SITER, K.K., FERNANDES, M. O. Estudo preliminar da bacia leiteira de Londrina. In: ENCONTRO NACIONAL DE GEOGRAFIA AGRÁRIA, 7, 1986, Belo Horizonte. *Conferências e Comunicações...* Belo Horizonte: UFMG, 1986. v.1, p.218-20.

SMITH, T. L. Sistemas agrícolas. *Revista Brasileira de Geografia*, ano 9, n.2, p.159-84, 1947a.

_____. O tamanho das propriedades rurais no Brasil I. *Boletim Geográfico*, ano 5, n.56, p.885-93, 1947b.

_____. O tamanho das propriedades rurais no Brasil II. *Boletim Geográfico*, ano 5, n.57, p.984-1002, 1947c.

_____. Alguns princípios fundamentais de reforma agrária. *Boletim Geográfico*, ano 15, n.139, p.476-7, 1957.

SOARES, D., FONSECA, J. C. Considerações sobre a zona tradicional do sisal Valente e Santa Luz – BA. In: ENCONTRO NACIONAL DE GEÓGRAFOS, 7, 1988, Maceió. *Anais...* Maceió: AGB, 1988. p.68.

SOARES, F. M. *Levantamento do uso da terra e perspectivas agrícolas no município de Ceara-Mirim – RN através de sensoriamento remoto*. Rio Claro, 1985, 111p. Dissertação (Mestrado em Geografia – Organização do Espaço) – Instituto de Geociências e Ciências Exatas, Universidade Estadual Paulista.

SOARES, J. C. M. Apresentação. *Revista Brasileira de Geografia*, v.1, p.3-6, 1939.

_____. Apresentação. *Boletim do Conselho Nacional de Geografia*, v.1, n.1, 1943.

SOARES, L. C. Um tipo de *"habitat"* rural no litoral paraense. *Anais da AGB*, v.10, t.1, p.287-96, 1955-1957.

SOARES, M. T. S. Alguns aspectos da evolução econômica do Maranhão século XX. *Boletim Geográfico*, ano 15, n.139, p.444-58, 1957.

SOARES, S. F. Notas estatísticas sobre a produção agrícola e carestia dos gêneros alimentícios no império do Brasil. *Boletim Geográfico*, ano 9, n.105, p.927-39, 1951.

SOARES, S. F. Notas estatísticas sobre a produção agrícola e carestia dos gêneros alimentícios no império do Brasil. *Boletim Geográfico*, ano 10, n.106, p.5-22, 1952.

_____. Notas estatísticas sobre a produção agrícola e carestia dos gêneros alimentícios no império do Brasil. *Boletim Geográfico*, ano 10, n.107, p.143-60, 1952.

_____. Notas estatísticas sobre a produção agrícola e carestia dos gêneros alimentícios no império do Brasil. *Boletim Geográfico*, ano 10, n.108, p.263-70, 1952.

_____. Notas estatísticas sobre a produção agrícola e carestia dos gêneros alimentícios no império do Brasil. *Boletim Geográfico*, ano 10, n.109, p.363-85, 1952.

_____. Notas estatísticas sobre a produção agrícola e carestia dos gêneros alimentícios no império do Brasil. *Boletim Geográfico*, ano 10, n.110, p.481-506, 1952.

_____. Notas estatísticas sobre a produção agrícola e carestia dos gêneros alimentícios no império do Brasil. *Boletim Geográfico*, ano 10, n.111, p.635-54, 1952.

_____. Notas estatísticas sobre a produção agrícola e carestia dos gêneros alimentícios no império do Brasil. *Boletim Geográfico*, ano 11, n.112, p.5-18, 1953.

_____. Notas estatísticas sobre a produção agrícola e carestia dos gêneros alimentícios no império do Brasil. *Boletim Geográfico*, ano 11, n.113, p.134-47, 1953.

SOARES, W. G. Tipologia agrícola dos municípios fluminenses. In: ENCONTRO NACIONAL DE GEOGRAFIA AGRÁRIA, 1, 1978, Salgado. *Comunicações...* Salgado: UFS, 1978. p.53-9.

SOARES, W. G. Especialização da agropecuária fluminense – identificação de padrões espaciais. In: ENCONTRO NACIONAL DE GEOGRAFIA AGRÁRIA, 3, 1980, Rio de Janeiro. *Anais...* Rio de Janeiro: UFRJ, 1980. não pag.

SOBRAL, H. R. W. Em busca da produtividade no município de São Simão – São Paulo. In: ENCONTRO NACIONAL DE GEOGRAFIA AGRÁRIA, 5, 1984, Santa Maria. *Comunicações...* Santa Maria: UFSM, 1984. p.133-7.

SODRÉ, N. W. Geografia e História. In ___. *Introdução à Geografia (Geografia e Ideologia)*. 7.ed. Petrópolis: Vozes, 1989. p.107-18.

SORO, Y. O café em São Paulo e na Costa do Marfim: Um estudo comparativo. *Série Teses e Monografias*, n.33, p.6-152, 1978.

MUNDO RURAL E GEOGRAFIA

SOUSA, J. G. Custos de produção e preços de venda dos produtos agrícolas do Distrito Federal. *Boletim Carioca de Geografia*, ano 4, n.1, p.15-43, 1951.

SOUZA, A. C. Os camponeses da Colônia Boa Hora: estratégias de reprodução. In: ENCONTRO NACIONAL DE GEOGRAFIA AGRÁRIA, 12, 1994, Águas de São Pedro. *Comunicações...* Águas de São Pedro: UNESP, 1994. p.91-2.

SOUZA, A. J. A saga dos oprimidos uma proposta para uma Geografia da colonização. In: ENCONTRO NACIONAL DE GEÓGRAFOS, 9, 1992, Presidente Prudente. *Anais...* Presidente Prudente: AGB, 1992. p.60.

SOUZA, A. P. Expansão da propriedade rural paulista. In: CONGRESSO BRASILEIRO DE GEOGRAFIA, 9, 1944, Rio de Janeiro. *Anais...* Rio de Janeiro: CNG, 1944. p.710-4.

SOUZA, A. M. Levantamento do uso do solo no Município de São Bento Abade (MG). *Boletim Goiano de Geografia*, ano 2, n.2, p.203-20, 1982.

SOUZA, C. H. L. O processo de territorialização camponesa no sul/sudeste do Pará: meio ambiente e sociedade. In: ENCONTRO NACIONAL DE GEOGRAFIA AGRÁRIA, 11, 1992, Maringá. *Anais...* Maringá: UEM, 1992. v.1-A, p.303-24.

SOUZA, E. C. Cafezal. *Revista Brasileira de Geografia*, ano 7, n.3, p.495-501, 1945a.

_____. Colheita de café. *Revista Brasileira de Geografia*, ano 7, n.3, p.503-4, 1945b.

_____. Canavial. *Revista Brasileira de Geografia*, ano 8, n.1, p.149-53, 1946.

_____. Engenhos e usinas. *Revista Brasileira de Geografia*, ano 8, n.1, p.154-8, 1946.

SOUZA, E. C. Distribuição das propriedades rurais no Estado de Minas Gerais. *Revista Brasileira de Geografia*, ano 13, n.1, p.47-70, 1951.

_____. Distribuição das propriedades rurais no Sudeste do Planalto Central. *Revista Brasileira de Geografia*, ano 14, n.2, p.209-12, 1952.

SOUZA, J. C. et al. Combinações agrícolas no Estado da Bahia – 1970/1980: uma combinação metodológica. In: ENCONTRO NACIONAL DE GEÓGRAFOS, 8, 1990, Salvador. *Anais...* Salvador: AGB, 1990. v.1, p.119-24.

SOUZA, J. G. Custos de produção e preços de venda dos produtos agrícolas do Distrito Federal. *Boletim Carioca de Geografia*, ano 5, n.1, p.15-43, 1951.

SOUZA, M. A. A., SADER, M. R. T. Políticas de planejamento rural no Brasil. In: ENCONTRO NACIONAL DE GEOGRAFIA AGRÁRIA, 2, 1979, Rio Claro. *Anais...* Rio Claro: UNESP-AGETEO, 1979. p.1-21.

SOUZA, M. H. N. A valorização do solo rural pela população dos mini-produtores de Areia Branca em Santa Izabel – PA. In: ENCONTRO NACIONAL DE GEOGRAFIA AGRÁRIA, 12, 1994, Águas de São Pedro. *Comunicações...* Águas de São Pedro: UNESP, 1994. p.93.

SOUZA, R. C. M. *A organização da terra agrícola no município de Conchas (SP) no período de 1940/1986.* Rio Claro, 1986. 72p. Dissertação (Mestrado em Geografia – Organização do Espaço) – Instituto de Geociências e Ciências Exatas, Universidade Estadual Paulista.

_____. A distribuição geográfica da produção queijeira no Brasil e no Estado de Minas Gerais. In: ENCONTRO NACIONAL DE GEÓGRAFOS, 6, 1986, Campo Grande. *Anais...* Campo Grande: AGB, 1986. p.30.

_____. A visão conservadora de Oliveira Vianna e a organização do espaço agrário nacional. In: ENCONTRO NACIONAL DE GEOGRAFIA AGRÁRIA, 12, 1994, Águas de São Pedro. *Comunicações...* Águas de São Pedro: UNESP, 1994. p.190.

SOUZA, R. C., BRAY, S. C. Algumas considerações sobre o uso de agrotóxicos nos assentamentos rurais de Casa Branca e Araras – São Paulo. In: ENCONTRO NACIONAL DE GEOGRAFIA AGRÁRIA, 11, 1992, Maringá. *Anais...* Maringá: UEM, 1992. v.1-A, p.325-34.

STEFAN, E. R., BRITO, M. S. Aplicação de uma análise fatorial para estudo de organização agrária na Paraíba e Pernambuco. *Boletim Geográfico,* ano 35, n.254, p.22-39, 1977.

STEIN, L. M., SILVA, L. A. Perfil do dirigente rural paulista: personagens, democracia e construção de direitos. In: ENCONTRO NACIONAL DE GEOGRAFIA AGRÁRIA, 12, 1994, Águas de São Pedro. *Comunicações...* Águas de São Pedro: UNESP, 1994. p.94.

STERNBERG, H. O. R. A propósito da colonização em terras de mata da América do Sul. *Revista Brasileira de Geografia,* ano 11, n.4, p.591-612, 1949.

_____. Aspectos da seca de 1951, no Ceará. *Revista Brasileira de Geografia,* ano 13, n.3, p.327-69, 1951a.

_____. Brasil devastado. *Boletim Geográfico,* ano 10, n.100, p.333-9, 1951b.

_____. Manual de conservação do solo. *Boletim Geográfico,* ano 9, n.103, p.673-700, 1951c.

_____. Manual de conservação do solo. *Boletim Geográfico,* ano 9, n.104, p.777-809, 1951d.

MUNDO RURAL E GEOGRAFIA 453

STERNBERG, H. O. R. Manual de conservação do solo. *Boletim Geográfico*, ano 9, n.105, p.894-926, 1951e.
_____. Manual de conservação do solo. *Boletim Geográfico*, ano 10, n.106, p.23-41, 1952a.
_____. Manual de conservação do solo. *Boletim Geográfico*, ano 10, n.107, p.161-207, 1952b.
_____. Manual de conservação do solo. *Boletim Geográfico*, ano 10, n.108, p.271-90, 1952c.
_____. Manual de conservação do solo. *Boletim Geográfico*, ano 10, n.109, p.386-401, 1952d.
_____. Manual de conservação do solo. *Boletim Geográfico*, ano 10, n.110, p.507-33, 1952e.
_____. Manual de conservação do solo. *Boletim Geográfico*, ano 10, n.111, p.655-78, 1952f.
_____. Frentes pioneiras contemporâneas na Amazônia brasileira: alguns aspectos ecológicos. *Espaço e Conjuntura*, n.6, 38p., 1981.
STIER, K. K. Contribuição ao estudo de transformações agrárias ocorridas na ocupação do espaço em Jataizinho. In: ENCONTRO NACIONAL DOS GEÓGRAFOS, 5, 1982, Porto Alegre. *Anais...* Porto Alegre: AGB, 1982. v.1, p.310-1.
STIPP, N.A.F. As consequências do manejo inadequado do solo. *Caderno Prudentino de Geografia*, n.3, p.36-43, 1982.
STRAUCH, N. Contribuição ao estudo das feiras de gado – Feira de Santana e Arcoverde. *Anais da AGB*, v.4, t.1, p.105-18, 1949-50.
_____. Distribuição da população rural de uma parte do Sertão nordestino. *Revista Brasileira de Geografia*, ano 13, n.3, p.480-9, 1951.
_____. Distribuição da população rural de uma parte do Sertão Nordestino. *Revista Brasileira de Geografia*, Rio de Janeiro, ano XIII, n.3, p.480-89, 1951a.
STRAUCH, N. Contribuição ao estudo das feiras de gado. *Revista Brasileira de Geografia*, ano 14, n.1, p.101-10, 1952.
_____. Contribuição ao estudo geográfico da erva-mate. *Revista Brasileira de Geografia*, ano 17, n.1, p.94-106, 1955.
STRAUCH, L. M. M. Atividades econômicas da região Sul. *Boletim Geográfico*, ano 16, n . 145, p.507-15, 1958.
SUERTEGARAY, D. M. A natureza e a organização do espaço agrário: trajetória para o entendimento do processo de "desertificação" no sul do RS. In: ENCONTRO NACIONAL DE GEOGRAFIA AGRÁRIA, 11, 1992, Maringá. *Anais...* Maringá: UEM, 1992. v.2, p.193-202.

TABUTEAU, M. Considerações sobre o estudo do "*habitat*" rural no Brasil. *Anais da AGB*, v.10, t.1, p.173-81, 1955-1957.

TANAAMI, T. Os japoneses e a cultura do algodão. In: CONGRESSO BRASILEIRO DE GEOGRAFIA, 9, 1944, Rio de Janeiro. *Anais...* Rio de Janeiro: CNG, 1944. p.444-7.

TARELHO, L.C. O movimento sem terra de Sumaré espaço de conscientização e de luta pela posse de terra. *Terra Livre*, n.6, p.93-104, 1988.

TARGINO, I. T. Efeitos da modernização agrícola sobre a população e o emprego rural na Paraíba. In: ENCONTRO NACIONAL DE GEOGRAFIA AGRÁRIA, 11, 1992, Maringá. *Anais...* Maringá: UEM, 1992. v.1-A, p.238-50.

_____. Evasão de agricultores em áreas de reforma agrária: o projeto integrado de colonização de Rio Tinto – PB. In: ENCONTRO NACIONAL DE GEOGRAFIA AGRÁRIA, 11, 1992, Maringá. *Anais...* Maringá: UEM, 1992. v.1-B, p.703-22.

TARIFA, J. R. Estudo preliminar das potencialidades agrícolas da região de Presidente Prudente, segundo balanço hídrico de Thornthwaite. *Boletim Geográfico*, ano 29, n.217, p.34-54, 1970.

_____. Alterações climáticas resultantes da ocupação agrícola no Brasil. *Revista do Departamento de Geografia*, São Paulo, n.8, p.15-27, 1994.

TAUNAY, A. E. O café e a economia brasileira. *Boletim Geográfico*, ano 19, n.163, p.447-59, 1961.

TAVARES, A. C. As perspectivas ideográfica e nomotética em Geografia. *Boletim de Geografia Teorética*, v.5, n.9-10, p.5-15, 1975.

TAVARES, N. L., GEBARA, J. J. A intensificação do uso de capital na agricultura de Itapetininga (SP). In: ENCONTRO NACIONAL DE GEOGRAFIA AGRÁRIA, 10, 1990, Teresópolis. *Anais...* Teresópolis: UFRJ, 1990. v.1, p.459-76.

TAVARES, N. L., GEBARA, J. J. A valorização do espaço no município de Itapetininga (SP) – 1970 a 1990. In: ENCONTRO NACIONAL DE GEOGRAFIA AGRÁRIA, 11, 1992, Maringá. *Anais...* Maringá: UEM, 1992. v.1-A, p.94-107.

_____. A transferência da renda fundiária e sua importância para a acumulação capitalista. In: ENCONTRO NACIONAL DE GEOGRAFIA AGRÁRIA, 12, 1994, Águas de São Pedro. *Comunicações...* Águas de São Pedro: UNESP, 1994. p.95-6.

TAYLOR, H. Uma região produtora de sorgo nos Estados Unidos. *Boletim Paulista de Geografia*, *n*.29, p.57-64, 1958.

MUNDO RURAL E GEOGRAFIA   455

TEIXEIRA, M. A. A Geografia Rural no Brasil: contribuição aos estudos de revisão e tendências. *Caderno Prudentino de Geografia*, n.1, p.82-9, 1981.

_____. "Modernização" agrícola do Mato Grosso do Sul: o exemplo da "Grande Dourados". In: ENCONTRO NACIONAL DE GEÓGRAFOS, 6, 1986, Campo Grande. *Anais...* Campo Grande: AGB, 1986. p.15.

TELES, E.S.R. A propósito da distribuição espacial do algodão e do sisal no Borborema. *Geonordeste*, ano 1, n.2, p.77-81, 1984.

TERUZ, I. J. A área de Cachoeira: contribuição do Vale Médio de Cabuçu de Cima ao abastecimento da cidade de São Paulo. *Geografia Econômica*, n.6, p.1-24, 1969.

TESTA, D. A. Luta e resistência – os trabalhadores rurais da região de Campinas e o MST. In: ENCONTRO NACIONAL DE GEÓGRAFOS, 7, 1988, Maceió. *Anais...* Maceió: AGB, 1988. p.67.

_____. Organização e trabalho – trabalhadores rurais do município de Fernandópolis – São Paulo. In: ENCONTRO NACIONAL DE GEOGRAFIA AGRÁRIA, 12, 1994, Águas de São Pedro. *Comunicações...* Águas de São Pedro: UNESP, 1994. p.97.

TESTA, D. A., MORETTI, E. C. *A transformação do trabalhador rural em proletário*: o volante ou boia-fria. Rio Claro, 1984, 86p. (monografia)

THOMAZ JUNIOR, A. As agroindústrias e as propriedades fornecedoras de cana-de-açúcar no município de Jaboticabal. In: ENCONTRO NACIONAL DOS GEÓGRAFOS, 5, 1982, Porto Alegre. *Anais...* Porto Alegre: AGB, 1982. livro 2, v.2, p.439-40.

_____. "Barracão", forma de controle da mão de obra recriada pelo capital: os mineiros na região de Jaboticabal. *Boletim Paulista de Geografia*, n.60, p.141-51, 1984.

THOMAZ JUNIOR, A. O processo de territorialização do monopólio na canavicultura paulista. In: ENCONTRO NACIONAL DE GEÓGRAFOS, 6, 1986, Campo Grande. *Anais...* Campo Grande: AGB, 1986. p.16.

THOMAZ JUNIOR, A., BRAY, S. C. As transformações no setor aguardenteiro paulista a partir da década de 70: a criação da COPACESP. In: ENCONTRO NACIONAL DE GEOGRAFIA AGRÁRIA, 5, 1984, Santa Maria. *Comunicações...* Santa Maria: UFSM, 1984. p.155-8.

THOMAZ JUNIOR, A., OLIVEIRA, A. U. A territorialização do monopólio: as agroindústrias canavieiras de Jaboticabal – uma proposta de trabalho. In: ENCONTRO NACIONAL DE GEOGRAFIA AGRÁRIA, 4, 1983, Uberlândia. *Comunicações...* Uberlândia: UFU, 1983. p.53-67.

TÔRRES FILHO, A. Conservação da fertilidade do solo como medida básica de defesa da agricultura nacional. *Boletim Geográfico*, ano 7, n.76, p.395-402, 1949.

TRICART, J. O café na Costa do Marfim. *Boletim Paulista de Geografia*, *n.*26, p.51-79, 1957.

TROVÃO, J.R. *Expansão da fronteira agrícola no médio Vale do Pindaré*: o caso de Santa Inês. Rio Claro, 1983, 156p. Dissertação (Mestrado em Geografia – Organização do Espaço) – Instituto de Geociências e Ciências Exatas, Universidade Estadual Paulista.

_____. A grilagem no Maranhão. In: ENCONTRO NACIONAL DE GEÓGRAFOS, 7, 1988, Maceió. *Anais...* Maceió: AGB, 1988. p.68.

_____. "Ilha" latifundiária na Amazônia Maranhense. São Luíz: UFM, 1989. 210p.

TSUKAMOTO, R. Y. As relações de trabalho na cultura do chá em Tapiraí – Estado de São Paulo. In: ENCONTRO NACIONAL DE GEOGRAFIA AGRÁRIA, 7, 1986, Belo Horizonte. *Conferências e Comunicações...* Belo Horizonte: UFMG, 1986. v.1, p.221-5.

_____. O arrendamento na teicultura do Vale do Ribeira. In: ENCONTRO NACIONAL DE GEOGRAFIA AGRÁRIA, 12, 1994, Águas de São Pedro. *Comunicações...* Águas de São Pedro: UNESP, 1994. p.98-9.

TUBALDINI, M. A. S. A organização da cafeicultura em São Sebastião do Paraíso. In: ENCONTRO NACIONAL DE GEOGRAFIA AGRÁRIA, 4, 1983, Uberlândia. *Comunicações...* Uberlândia: UFU, 1983. p.30-6.

_____. Urbanização e modernização da agricultura no Estado de Minas Gerais – 1970. In: ENCONTRO NACIONAL DE GEOGRAFIA AGRÁRIA, 5, 1984, Santa Maria. *Comunicações...* Santa Maria: UFSM, 1984. p.20-4.

TUBALDINI, M. A. S. Avaliação do uso do solo por métodos de amostragem espacial: uma comparação. *Geografia (Rio Claro)*, v.13, n.25, p.49-66, 1988.

_____. Organização espacial da agricultura mineira e as transformações tecnológicas – um estudo básico e exploratório para Minas Gerais 1970/80. In: ENCONTRO NACIONAL DE GEOGRAFIA AGRÁRIA, 10, 1990, Teresópolis. *Anais...* Teresópolis: UFRJ, 1990. v.1, p.388-404.

_____. *Modernização e os grandes usos da terra em Minas Gerais – 1970/1980*. Rio Claro, 1991. 80p. Tese (Doutorado em Geografia – Organização do Espaço) – Instituto de Geociências e Ciências Exatas, Universidade Estadual Paulista.

MUNDO RURAL E GEOGRAFIA   457

TUBALDINI, M. A. S., ALVIM, P. R. J. Alternativas para a pequena pro-
dução de Rio Casca – MG. In: ENCONTRO NACIONAL DE GEO-
GRAFIA AGRÁRIA, 6, 1985, Garanhuns. *Comunicações...* Garanhuns:
Fundação Joaquim Nabuco, 1985. p.102-9.

TUBALDINI, M. A. S., GERARDI, L. H. O. A organização da cafeicultura
em São Sebastião do Paraíso – MG. *Geografia (Rio Claro)*, v.8, n.15-
16, p.105-27, 1983.

TUBALDINI, M. A. S., JUNQUEIRA, U. P. M. Estrutura fundiária e relação de trabalhos na horticultura em Ibarité – MG – um estudo de
pequena produção. In: ENCONTRO NACIONAL DE GEOGRAFIA
AGRÁRIA, 5, 1984, Santa Maria. *Comunicações...* Santa Maria:
UFSM, 1984. p.197-201.

TURNOWSKI, S. A ocupação agrícola do médio São Francisco – A área
de Cabrobó. *Boletim Carioca de Geografia*, n.27, p.1-29, 1966.

UNE, M.Y. Adoção de práticas conservacionistas de solo na Região Centro-
-Sul. In: ENCONTRO NACIONAL DE GEOGRAFIA AGRÁRIA, 3,
1980, Rio de Janeiro. *Anais...* Rio de Janeiro: UFRJ, 1980. p.9-11.

_____. Algumas considerações sobre abordagens aos estudos do solo e
do clima na agricultura. *Revista Brasileira de Geografia*, ano 42, n.3,
p.570-84, 1980.

_____. Interferências das chuvas na produtividade do arroz no trecho
centro-meridional do antigo estado de Mato Grosso em 1975. In:
ENCONTRO NACIONAL DOS GEÓGRAFOS, 5, 1982, Porto Alegre.
Anais... Porto Alegre: AGB, 1982. v.1, p.312-5.

_____. Pimenta-do-reino no estado do Pará: uma avaliação dos efeitos
da tecnologia sobre a produtividade. *Revista Brasileira de Geografia*,
ano 50, n.2, p.75-98, 1988.

_____. Pimenta-do-reino no Estado do Pará: uma avaliação dos efeitos
da tecnologia sobre a produtividade. *Revista Brasileira de Geografia*,
ano 50, n.2, p.75-98, 1988.

UNIÃO PAULISTA DOS ESTUDANTES DE GEOGRAFIA. Panorama da
pesca na Baixada Santista. *Boletim da UPEGE*, ano 2, n.2, p.1-58, 1970.

VALE, A. R. *A evolução da agroindústria cítricola na região de Araraquara
(SP).* Rio Claro, 1990, 71p. Dissertação (Mestrado em Geografia –
Organização do Espaço) – Instituto de Geociências e Ciências Exatas,
Universidade Estadual Paulista.

VALE, A. R. Citricultura no município de Tabatinga (SP): transformações
na estrutura fundiária e no processo produtivo. In: ENCONTRO
NACIONAL DE GEOGRAFIA AGRÁRIA, 12, 1994, Águas de São
Pedro. *Comunicações...* Águas de São Pedro: UNESP, 1994. p.100-1.

VALPASSOS, O. Calamidades provocadas pela erosão acelerada do solo. *Boletim Geográfico*, ano 8, n.86, p.213-5, 1950.

_____. Aspectos políticos da reforma agrária. *Boletim Geográfico*, ano 17, n.153, p.649-51, 1959.

VALVERDE, O. Geografia Agrária. *Boletim Geográfico*, v.5, n.56, p.896-900, 1947.

_____. Excursão à região colonial antiga do Rio Grande do Sul. *Revista Brasileira de Geografia*, ano 10, n.4, p.477-534, 1948.

_____. O sertão e as serras – O Centro-Oeste do Ceará – estudo geográfico para a localização de uma missão rural. *Boletim Carioca de Geografia*, ano 5, n.3-4, p.32-55, 1952.

_____. O sistema de roças e a conservação dos solos na Baixada Fluminense. *Boletim Carioca de Geografia*, ano 5, n.3-4, p.5-12, 1952.

_____. O uso da terra no Leste da Paraíba. *Anais da AGB*, v.8, n.1, p.181-232, 1954. (I Congresso Brasileiro de Geógrafos – Julho/1954)

_____. O uso da terra no leste da Paraíba. *Revista Brasileira de Geografia*, ano 17, n.1, p.49-90, 1955.

_____. Geografia econômica e social do babaçu no meio Norte. *Revista Brasileira de Geografia*, ano 19, n.4, p.281-420, 1957.

_____. Geografia Econômica do Estado do Rio de Janeiro. *Boletim Geográfico*, ano 16, n.145, p.520-8, 1958.

_____. A Geografia Agrária como ramo da Geografia Econômica. *Revista Brasileira de Geografia*, ano 23, n.2, p.430-2, 1961a.

_____. Conceito de sistema agrícola intensivo e extensivo. *Revista Brasileira de Geografia*, ano 23, n.4, p.718-20, 1961b.

_____. A velha imigração italiana e sua influência na agricultura e na economia do Brasil. *Boletim Geográfico*, ano 19, n.161, p.145-67, 1961c.

VALVERDE, O. Contribuição da colonização italiana para o desenvolvimento agrícola do Brasil. *Anais da AGB*, n.14, p.237-41, 1962.

_____. Metodologia da Geografia Agrária. In: ___. *Geografia Agrária do Brasil*. Rio de Janeiro: Centro de Estudos de Pesquisas Educacionais, 1964a. v.1, p.11-37.

_____. Reconhecimento da bacia leiteira do Rio de Janeiro. *Revista Brasileira de Geografia*, ano 26, n.4, p.609-15, 1964b.

_____. Regionalização da reforma agrária. *Boletim Geográfico*, ano 24, n.187, p.616-9, 1965.

_____. A fazenda de café escravocrata no Brasil. *Revista Brasileira de Geografia*, ano 29, n.1, p.37-81, 1967.

_____. Geografia Agrária. *Boletim Geográfico*, ano 28, n.209, p.126-30, 1969.

MUNDO RURAL E GEOGRAFIA 459

VALVERDE, O. Fundamentos geográficos do planejamento rural do
município de Corumbá. *Revista Brasileira de Geografia*, ano 34, n.1,
p.49-144, 1972.

_____. *Estudos de Geografia Agrária Brasileira*. Petrópolis: Rio de
Janeiro, 1985, 266p.

VALVERDE, O., MESQUITA, M. G. C. Geografia Agrária do Baixo Açu.
Revista Brasileira de Geografia, ano 23, n.3, p.455-93, 1961.

VARGAS, M. A. M. O meio ambiente, as forças sociais e o Estado no
Sertão Sergipano. In: ENCONTRO NACIONAL DE GEOGRAFIA
AGRÁRIA, 8, 1987, Barra dos Coqueiros. *Mesas-Redondas Comuni-
cações...* Barra do Coqueiros: UFS, 1987. p.196-7.

VARZEA, A. Melancolia agrícola na microgeografia carioca. *Boletim
Geográfico*, ano 10, n.107, p.223-5, 1952.

VASCONCELOS, M. R., LIMA, M. F., CHEN, A. R. M. N. O cultivo
do coco-da-baía e a pesca artesanal no litoral pernambucano. In:
ENCONTRO NACIONAL DE GEOGRAFIA AGRÁRIA, 12, 1994,
Águas de São Pedro. *Comunicações...* Águas de São Pedro: UNESP,
1994. p.102-3.

VASIULIS, H. S. Opção para o pequeno agricultor: a sericicultura na Alta
Sorocabana. In: ENCONTRO NACIONAL DE GEÓGRAFOS, 9, 1992,
Presidente Prudente. *Anais...* Presidente Prudente: AGB, 1992. p.75.

VECCHIATO, A. B., BORGES, C. A. Ação garimpeira e a degradação
ambiental na cidade de Cuiabá. In: ENCONTRO NACIONAL DE
GEÓGRAFOS, 9, 1992, Presidente Prudente. *Anais...* Presidente
Prudente: AGB, 1992. p.79.

VELOSO, M. G. A explotação da borracha na região dos formadores dos
rios Arinos e Teles Pires (Norte do Mato Grosso). *Revista Brasileira
de Geografia*, ano 14, n.4, p.377-406, 1952.

VEYRET, P. A pecuária na zona tropical. *Boletim Geográfico*, ano 14,
n.130, p.5-13, 1956.

VIANNA, P. C. G. Bacia hidrográfica – Unidade de planejamento ambiental. In: ENCONTRO NACIONAL DE GEÓGRAFOS, 6, 1986, Campo
Grande. *Anais...* Campo Grande: AGB, 1986. p.107B.

VIDIGAL, C. F. Um projeto privado de colonização. In: ENCONTRO
NACIONAL DE GEÓGRAFOS, 7, 1988, Maceió. *Anais...* Maceió:
AGB, 1988. p.65.

VIEIRA, A. C., COSTA, V. M. H. M. Citricultura: transformações recentes e perspectivas para o setor. In: ENCONTRO NACIONAL DE
GEOGRAFIA AGRÁRIA, 12, 1994, Águas de São Pedro. *Comunicações...* Águas de São Pedro: UNESP, 1994. p.167.

VIEIRA, M. C., AZEVEDO, L. G. Aspectos da fazenda Amália e da organização agroindustrial Amália. *Revista Brasileira de Geografia*, ano 21, n.3, p.394-8, 1959.

VIEIRA, M. G. Relações de trabalho no cinturão verde da cidade de São Paulo – área de Cachoeira - na pré Serra da Cantareira. São Paulo, 1988, 252p.

VIEIRA, M. L. F. Estudo de comercialização do tomate no Estado do Rio de Janeiro para adequação da oferta. In: ENCONTRO NACIONAL DOS GEÓGRAFOS, 2, 1976, Salvador. *Resumo de Comunicações...* Salvador: AGB, 1976, p.431-3.

VILELA, R. A. Mobilidade ocupacional e espacial dos pequenos produtores camponeses na fronteira agrícola amazônica. In: ENCONTRO NACIONAL DE GEOGRAFIA AGRÁRIA, 3, 1980, Rio de Janeiro. *Anais...* Rio de Janeiro: UFRJ, 1980. p.29-34.

VIERS, G. O cacau no mundo. *Boletim Geográfico*, ano 13, n.124, p.5-43, 1955.

VILARINHO, J. Condições gerais de produção de café. In: CONGRESSO BRASILEIRO DE GEOGRAFIA, 9, 1944, Rio de Janeiro. *Anais...* Rio de Janeiro: CNG, 1944. p.312-30.

VILLALOBOS, J. V. G. Olarias nas pequenas propriedades de Rio Claro (SP). In: ENCONTRO NACIONAL DE GEOGRAFIA AGRÁRIA, 10, 1990, Teresópolis. *Anais...* Teresópolis: UFRJ, 1990. v.1, p.334-52.

VILLALOBOS, J. V., GERARDI, L. H. O. As olarias no município de Rio Claro SP (Uma alternativa de sobrevivência de pequenos proprietários rurais. *Geografia (Rio Claro)*, v.16, n.1, p.166-72, 1991.

VIZINTIN, M. Norte do Paraná situação agrária e suas relações com a mão de obra. *Caderno Prudentino de Geografia*, n.3, p.171-5, 1982.

VOLPI, J. C., NIELSEN, S. D. A questão vocacional e a produção agrícola hortigranjeira na região metropolitana de Porto Alegre. In: ENCONTRO NACIONAL DE GEOGRAFIA AGRÁRIA, 5, 1984, Santa Maria. *Comunicações...* Santa Maria: UFSM, 1984. p.30-6.

WAGEMANN, E. A colonização alemã no Espírito Santo. *Boletim Geográfico*, ano 6, n.68, p.905-40, 1948.

WAIBEL, L. H. O sistema das plantações tropicais. *Boletim Geográfico*, ano 5, n.56, p.896-900, 1947.

_____. A Teoria de Von Thünen sobre a influência da distância do mercado relativamente à utilização da terra. *Revista Brasileira de Geografia*, ano 10, n.1, p.3-40, 1948.

_____. A vegetação e o uso da terra no Planalto Central. *Revista Brasileira de Geografia*, ano 10, n.3, p.335-80, 1948.

MUNDO RURAL E GEOGRAFIA   461

WAIBEL, L. H. Princípios de colonização europeia no sul do Brasil. *Revista Brasileira de Geografia*, ano 11, n.2, p.159-222, 1949.

_____. A forma econômica da "plantage" tropical. *Boletim Geográfico*, ano 12, n.123, p.369-83, 1954.

_____. A lei de Thünen e a sua significação para a Geografia Agrária. *Boletim Geográfico*, ano 13, n.126, p.273-94, 1955a.

_____. As zonas pioneiras do Brasil. *Revista Brasileira de Geografia*, ano 17, n.4, p.389-422, 1955b.

_____. O abastecimento da Zona Temperada com produtos agrícolas tropicais. *Boletim Geográfico*, ano 13, n.125, p.143-54, 1955c.

_____. O sistema da Geografia Agrária. In: ___. *Capítulos de Geografia Tropical e do Brasil*. 2.ed. Rio de Janeiro: SUPREN, 1979. p.29-35.

WANDERLEY, L. L. Mudança na distribuição e na utilização da terra decorrente da expansão da citricultura em Sergipe. In: ENCONTRO NACIONAL DE GEOGRAFIA AGRÁRIA, 8, 1987, Barra dos Coqueiros. *Mesas-Redondas Comunicações...* Barra dos Coqueiros: UFS, 1987. p.122.

_____. Citricultura em Sergipe: expansão espacial e mudança na utilização da terra 1970-1985. In: ENCONTRO NACIONAL DE GEOGRAFIA AGRÁRIA, 9, 1988, Florianópolis. *Anais...* Florianópolis: UFSC, 1988. p.199-221

WANDERLEY, M. M. B. O espaço rural nordestino e uma estratégia para interiorização do desenvolvimento urbano. In: ENCONTRO NACIONAL DOS GEÓGRAFOS, 4, 1980, Rio de Janeiro. *Anais...* Rio de Janeiro: AGB, 1980. p.362-7.

WEBB, K.E. Problemas do abastecimento de víveres no Brasil. *Boletim Geográfico*, ano 24, n.184, p.49-54, 1965.

WESCHE, R. A moderna ocupação agrícola em Rondônia. *Revista Brasileira de Geografia*, ano 40, n.3-4, p.233-47, 1978.

WHATELY, M.H. Uso da terra no Município de Albertina – MG – levantamento e mapeamento – situação em 1979. *Revista Brasileira de Geografia*, ano 48, n.2, p.219-33, 1986.

ZANELATO, G. M. Distribuição da terra agrícola na região de Araçatuba. *Boletim de Geografia*, ano 6, n.1, p.37-58, 1988.

ZANELATO, G. M., GEBARA, J. J. O avanço da monocultura canavieira e o retrocesso da pecuária e dos produtos alimentícios no Município de Rio Claro – São Paulo. In: ENCONTRO NACIONAL DE GEOGRAFIA AGRÁRIA, 10, 1990, Teresópolis. *Anais...* Teresópolis: UFRJ, 1990. v.1, p.283-94.

ZEFERINO, A. C. Localização de centrais de abastecimento de produtos agrícolas – um modelo probabilístico regional. In: ENCONTRO NACIONAL DE GEOGRAFIA AGRÁRIA, 5, 1984, Santa Maria. *Comunicações...* Santa Maria: UFSM, 1984. p.185-9.

_____. Problemas que afetam a distribuição de produtos agrícolas. *Geosul*, ano 3, n.5, p.41-9, 1988.

ZIBORDI, A. F. G. *As transformações agrárias ocorridas no município de Mogi-Mirim e Mogi-Guaçu. Rio Claro, 1982, 167p. Dissertação (Mestrado em Geografia – Organização do Espaço) – Instituto de Geociências e Ciências Exatas, Universidade Estadual Paulista.*

ZIMIANI, A. *Transformações na agricultura e constituição do mercado de trabalho no município de Garça (SP).* In: ENCONTRO NACIONAL DE GEOGRAFIA AGRÁRIA, 12, 1994, Águas de São Pedro. *Comunicações...* Águas de São Pedro: UNESP, 1994. *p.104-5.*

SOBRE O LIVRO

Formato: 14 x 21 cm
Mancha: 23 x 43 paicas
Tipologia: Classical Garamond 10/13
Papel: Offset 75 g/m² (miolo)
Cartão Supremo 250 g/m² (capa)
1ª edição: 2002

EQUIPE DE REALIZAÇÃO

Coordenação Geral
Sidnei Simonelli

Produção Gráfica
Anderson Nobara

Edição de Texto
Nelson Luís Barbosa (Assistente Editorial)
Carlos Villarruel (Preparação de Original)
Ana Paula Castellani e Ada Santos Seles (Revisão)
Oitava Rima Prod. Editorial (Atualização Ortográfica)

Editoração Eletrônica
Santana

Impressão e acabamento